법과 종교

Law and Religion

윤 종 행

Jonghaeng Yoon

pnc publishing and culture
피앤씨 미디어

머리말

'법과 종교'에 관한 논의가 아직 국내에서 크게 이루어지지 않은 듯하다. 그런데 미국에서는, 많은 로스쿨에 '법과 종교 연구센터(Center for the Study of Law and Religion)'가 운영되고 있듯이, '법과 종교'는 매우 중요하게 다루어지는 학문 분야이고, 이에 관한 연구 결과물은 매우 방대한 규모로 축적이 되어 오고 있다. 종교와 관련된 법적 문제가 오랜 세월 동안 미국 법원에서 논의되어 왔는데, 종교의 자유와 관련한 헌법적 다툼을 비롯하여 민·형사법적 쟁점에서, 종교는 매우 중요한 주제가 되어 왔다.

우리나라에서도 오늘날 기독교와 불교 등 다양한 종교활동이 이루어지고 있고, 종교와 관련된 법적 분쟁도 점차 증가하고 있다. 기쁨과 평화만이 아니라 악과 고통이 혼재하는 인생의 현실적 난관을 초월적 신앙으로 극복하면서 선을 추구하는 종교의 가르침에 충실하게 된다면, 대립과 갈등보다는 겸손과 화해의 문화가 확산될 것이다. 그 어느 때보다도 타인의 신앙과 다른 문화의 존중과 평화로운 공존을 향한 열린 마음이 강조되고 있다.

본서는 그동안 법과 종교에 관한 주요 쟁점과 원리를 탐구하여 온 저자의 연구실적을 보완하여 정리한 것이다. 우리나라와 미국 법을 중심으로 하여, 최근의 법령과 판례, 그리고 학설의 동향을 반영하였다. 종교인들에게는 종교 관련 법적 다툼의 예방과 합리적 해결에 도움이 되고, 법률가에게는 유용한 참고자료로서 활용될 수 있길 기대한다. 본서의 출간에 이르기까지 학문적 조언을 아끼지 않으신 University of San Diego 로스쿨의 Steven Smith 교수님과 Lawrence Alexander 교수님, Cornell University 로스쿨의 Stephen P. Garvey 교수님, 그리고 Syracuse University 로스쿨의 Mary Szto 교수님께 특별히 감사드린다. 그리고 본서의 출간을 위하여 힘써주신 피앤씨미디어 박노일 대표님과 최준규 전무님, 그리고 실무자분들께 깊은 감사의 말씀을 드린다.

2024년 5월

저자 씀

차 례

제 1 장 종교와 법의 관계(The Relationship between Religion and Law)

제2장 종교와 인권(Religion and Human Rights)

제9장 증오범죄와 종교 (Hate Crimes and Religion)

제10장 법관, 배심원의 개인적 신앙과 판결 (Verdict and the Personal Religions of Judges and Jurors)

第11장 종교인과 신자가 나눈 대화내용에 대한 증언거부의 특권 (Clergy-Penitent Privilege)

머리말(Preface)

영원을 추구하고 신비로운 영적 체험을 믿는 인간의 종교적 본성으로 인하여, 종교의 역사는 인류문명의 시초에까지 거슬러 올라간다고 볼 수 있다.[1] 오늘날 지구 인구는 약 80억 명 정도로 추산되는데, 세계 인구의 약 85% 정도가 종교를 갖고 있다고 한다. 세계 주요 종교의 분포를 보면, 카톨릭과 개신교를 포함한 기독교가 약 25억 명, 이슬람교 약 18억 명, 힌두교 약 11억 명, 불교 약 5억 명, 기타 민족 또는 부족 신앙 약 8억 명 정도가 신봉하고 있다고 한다.[2] 그만큼 인류의 역사에 있어서 종교는, 인간의 내면적 정신 세계뿐만 아니라 문명과 문화의 주요한 부분을 차지한다고 볼 수 있다. 2021년 한국리서치의 종교인구에 관한 조사에 의하면, 우리나라에서는 인구의 거의 절반 정도가 특정한 종교에 속하여 있지 않다고 답하였으며, 인구의 약 20% 정도가 개신교, 약 11% 정도가 카톨릭, 그리고 약 17% 정도가 불교라고 답하였으며, 기타 종교인의 수는 그리 많지 않은 것으로 나타났다고 한다.[3] 전 세계 종교인의 비율에 비하여 종교를 갖고 있지 않은 사람의 비율이 상대적으로 많음을 알 수 있다.

오늘날의 현대국가들은 대체로 종교의 자유를 인정하고 있지만 중국, 북한, 중동, 아프리카[4] 지역 등에서는 종교의 자유가 위협을 받고 있다고 알려져 있다.[5] 종교의 자유는 신앙의 자유, 신앙 표현의 자유, 그리고 신앙에 따른 행동의 자유를 포함한다. 오늘날 신앙의 자유는 외적으로 드러나지 않는 인간 내면의 자유로서 절대적으로 보호되는 것이지만, 신앙의 외적 표현의 자유와 신앙에 따른 행동의 자유 등은 공적 안전, 질서유지, 공공복리 등을 위하여 법률로써 제한될 수 있는 것으로 보편적으로 받아들여지고 있다. 대체로 우리나라에서는 종

---

1) W. L. Reese, Dictionary of Philosophy and Religion, 488 (1980).

2) https://ko.wikipedia.org/wiki/%EC%84%B8%EA%B3%84%EC%9D%98_%EC%A3%BC%EC%9A%94_%EC%A2% 85%EA%B5%90 참조.

3) https://hrcopinion.co.kr/archives/20186 참조.

4) 54개 국가로 이루어진 아프리카 대륙에서의 종교적 박해는, 나라마다 각각 다른 상황으로서 차이가 많은데, 대체로 정부의 박해보다도 오히려 비정부 무장단체, 집단, 또는 개인에 의하여 이루어지는 경우가 많고, 경제적, 정치적, 또는 사회적 불만 등이 혼합된 양태로서 매우 복잡한 상황이며, 기독교·무슬림·유대교 등 모든 종교의 신자가 박해의 대상이 될 수 있다고 한다. Mark Hill QC & Thomas J. Hellenbrand, *Religious Persecution in Africa: Nigeria, Algeria, and Eritrea,* 97 Notre Dame L. Rev. Reflection 226–244 (2022).

5) 2021년 5월 12일 미 국무부(U.S. Department of State)가 발표한 "2020 국제 종교자유 보고서(2020 Report on International Religious Freedom)"는 북한과 중국의 종교 탄압 실태가 매우 심각하다고 지적하고 있다. https://blog.naver.com/ch_yoem/222349186269.

교의 자유의 내용은 '신앙의 자유, 종교적 고백의 자유, 종교적 행위의 자유'로 구성되어 있고, 종교적 행위의 자유에는 종교적 의식 및 집회·결사의 자유, 종교전파·교육의 자유 등이 포함되어 있다고 이해되고 있다.[6]

그런데 오늘날 다양한 종교가 존재함으로 인하여 국가와 종교 간, 그리고 종교와 종교 간,[7] 신앙인과 비신앙인 간의 갈등과 충돌의 가능성이 상존한다. 신앙인의 종교의 자유를 보호하는 것이 제3자의 권익을 침해하는 경우도 발생할 수 있다.[8] 물론 국가는 모든 종교를 평등하게 대우하여야 하고, 종교의 자유가 국가적 이익 또는 다른 기본권과의 충돌 상황에서는 갈등을 조정하거나 분쟁을 해결하기 위한 법 제도적 장치를 필요로 한다.[9] 또한 종교 관련 재판에서는, 재판의 공정성만이 아니라 종교의 자유와 평등권 등을 함께 고려하여야 한다.[10] 더욱이 현대인들은 종교 공동체 내에서의 민주주의에 대한 목소리가 커져가고 있고 종교, 문화, 그리고 가정 등의 사적 영역에서 합리적 이성, 평등, 자유 등을 추구하게 되었다.[11]

우리나라에서도, 세계화 추세에 따라, 백의민족이라는 단일민족의 특성을 강조하던 분위기는 이제 바뀌어, 어떻게 다양한 인종과 문화의 유입에 대처하여 조화롭게 공존할 수 있는지에 관심이 모아지고 있다. 우리나라의 대표적 종교인 기독교와 불교 간 교리의 차이 등으로 인한 갈등의 소지가 있고, 이단 종교의 병폐가 사회적 이슈가 되고 있으며, 최근 이슬람교 등 타 종교의 유입이 증가하고 있는 상황이다. 고려시대의 불교, 조선시대의 유교 등 국가가 장려하는 대표적 종교를 신봉하던 시대와는 달리, 오늘날 우리나라는 그 어느 때보다도 타 종교를 존중하는 문화와 평화로운 공존을 위한 성숙한 시민의식이 요청된다. 무엇보다도 자신과 다른 인종과 종교에 대한 잘못된 편견과 혐오를 줄이고 다문화역량을 키워야 할 필요성이 강조되고 있다.

---

6) 이부하, "종교의 자유와 관련한 헌법적 쟁점 – 독일 헌법상 논의를 중심으로 –", 『아주법학』 제19권 제4호, 2016, 5면 참조.

7) 오늘날 독일을 비롯한 유럽에서는 무슬림 신자들이 급증하면서 기독교적 전통문화와 법질서와의 갈등이 사회문제화되고 있다. 강태수, "독일 무슬림의 종교의 자유", 『세계헌법연구』 제15권 제2호, 2009, 3면 이하 참조.

8) *Reframing the Harm: Religious Exemptions and Third-Party Harm After Little Sisters,* 134 Harv. L. Rev. 2186 (2021).

9) 윤종행, "종교, 법, 그리고 인권 – 최근 미연방 대법원 판례의 시사점 – ", 『경희법학』 제56권 제4호, 2021, 79면 참조.

10) Douglas NeJaime & Reva Siegel, *Religious Exemptions and Antidiscrimination Law in Masterpiece Cakeshop,* 128 Yale L.J.F. 201–202 (2018).

11) Madhavi Sunder, *Piercing the Veil,* 112 Yale L.J. pp. 1401–1408 (2003); 윤종행, "종교, 법, 그리고 인권 – 최근 미연방 대법원 판례의 시사점 – ", 앞의 글, 86면 참조.

본서에서는, 종교 관련 법적 쟁점들에 대한 우리나라와 외국의 판례와 이론을 소개하면서, 다음과 같은 순서로 논하고자 한다. 제1장 종교와 법의 관계, 제2장 종교와 인권, 제3장 신앙의 자유 관련 미국과 우리나라 판례의 동향, 제4장 종교활동의 자유에 관한 우리나라 판례의 동향, 제5장 종교인과 종교단체의 지위에 관한 우리나라 판례의 동향, 제6장 종교단체의 내부 의사결정과정 등에 관한 우리나라 판례의 동향, 제7장 종교 관련 범죄와 재판, 제8장 종교인의 종교활동상 발생하는 범죄, 제9장 증오범죄와 종교, 제10장 법관, 배심원의 개인적 신앙과 판결, 그리고 제11장 종교인과 신자가 나눈 대화내용에 대한 증언거부의 특권 등의 순서로 살펴보겠다.

제1장

종교와 법의 관계
(The Relationship between Religion and Law)

Ⅰ. 종교의 개념

1. 종교란?

오늘날의 법적 다툼에서 어떤 주장이 종교의 자유에 근거한 것인지, 또는 종교의 평등을 주장하는 전제로서 종교에 해당하는지를 우선 판단하여야 한다. 그런데 종교란 무엇인가의 물음을 접하게 되면, 한마디로 답하기가 어려움에 이르게 된다. 나아가 전통적 종교와는 다른 불가지론(agnosticism), 무신론(atheism), 범신론(다신론: pantheism), 또는 형이상학적 사유를 통하여 도출한 도덕 원칙(moral doctrine) 등은 종교라고 할 수 없는가 하는 물음은 이를 더욱 어렵게 만든다.[1] 또한 전통적인 형식이 아닌 기이하고 특이한 형태의 신앙을 어떻게 볼 것인가 등 많은 의문이 이어진다. 이와 같이 종교에 대한 개념 정의가 어려우므로,[2] 자연스레 종교의 특징적 요소가 무엇인지를 하나하나 거론하게 된다.

---

1) Steven G. Gey, *Why is Religion Special?: Reconsidering the Accommodation of Religion under the Religion Clauses of the First Amendment,* 52 U. Pitt. L. Rev. pp. 150−151 (1990).

2) Max Weber, The Sociology of Religion, Translated by Ephraim Fischoff (Beacon Press,

종교의 역사는 원시인의 토템(totems)이나 터부(taboos)에까지 거슬러 올라가는데, 인간의 이성과 논리로써 설명하기 어려운 초월적인 우주의 원리와 인간의 삶에 대한 궁극적 답을 찾는 데서 종교가 비롯되었다고 이해할 수 있다.[3] 우선 종교는 인간의 궁극적인 관심사(ultimate concerns)에 관하여 초월자(supreme being)와의 관계성에서 진리의 해답을 찾고자 한다. 즉 종교는 삶과 죽음의 의미, 세상(우주)에서의 인간의 역할, 선과 악, 또는 옳고 그름에 대한 윤리적 규범 등을 내포한다.[4] 종교의 특징으로서 첫째, 종교의 원리는 인간의 통제 영역을 넘어서는 것에서 유래하는 것이고, 둘째는 종교의 원리는 불변의 절대적 권위가 있고, 셋째는 종교의 원리는 논리나 이성에 기반하는 것이 아니므로 증명될 수 없는 것이라는 점들이 거론된다.[5] 그런데 인류 역사상 다양한 종교가 생성, 진화, 소멸하여 왔고, 종교에 따라 신과 사후 세계를 인정하거나 인정하지 않기도 한다. 또한 종교에 근거한 인간의 활동이 사회적으로 많은 윤리적·법적 논란의 대상이 되어 왔는데 철학적, 사회학적, 또는 법학적 시각에서의 종교의 정의는 달라질 수 있다. 미연방 대법원, 독일 연방헌법재판소,[6] 그리고 우리나라의 대법원과 헌법재판소 등은 종교의 개념 정의를 적극적으로 시도하고 있지 않다.[7] 독일 연방헌법재판소는, 국가는 신앙문제에 있어서 종교적·세계관적 중립성을 유지함으로써 평화로운 공존을 보장할 수 있다고 판시한 바 있다.[8] 이는 종교 개념을 법에서 절대화할 수 없고 개방적으로 접근할 수밖에 없는 것임을 알 수 있다. 이와

1993), p. 1; 윤진숙, "종교의 자유의 의미와 한계에 대한 고찰", 『법학연구』(연세대) 제20권 2호, 2010, 114면에서 재인용.

3) R. Federico, Sociology, p. 389 (2d ed. 1979).

4) Malnak v. Yogi, 592 F.2d, p. 208 (3rd Cir. 1979)(Adams J., concurring).

5) Steven G. Gey, *Why is Religion Special?: Reconsidering the Accommodation of Religion under the Religion Clauses of the First Amendment, Id.*, p. 167

6) 독일에서도 신흥 소수종교에 대한 차별 금지의 필요성이 강조되고 있다. Chr. Waldhoff, Neue Religionskonflikte und staatliche Neutralität - Erfordern weltanschauliche und religiöse Entwicklungen Antworten des Staates?, NJW－Beil. 2010, S. 91 f.

7) 박종보, "헌법 제20조", 『헌법주석서 I 제2판』(법제처), 2010, 664－665면; 김종철, "종교의 자유와 그 한계에 관한 소고", 『연세 공공거버넌스와 법』 제4권 제1호, 2013, 41면 참조.

8) BVerfGE 19, 206 (216); 24, 236 (246); 33, 23 (28); 42, 312 (330); 93, 1 (16 f.); 이부하, "종교의 자유와 관련한 헌법적 쟁점 － 독일 헌법상 논의를 중심으로 － ", 앞의 글, 11－13면 참조.

같이 법의 관점에서의 종교의 개념도 절대적으로 명확하게 정의되어질 수 있는 성질의 것이 아니고, 그 범위를 설정하는 선도 얼마든지 보다 넓거나 좁게 그어질 수 있는 것이다. Lawrence Tribe 교수는 종교활동의 자유에서의 종교는 보다 넓게 해석하고, 정교분리의 원칙에서의 종교는 상대적으로 좁게 해석되어야 한다고 주장한 바 있다.[9)]

요컨대 법학에서의 종교의 개념, 즉 법적 종교의 개념은 사안에 따라, 예컨대 신앙과 양심의 자유의 측면에서는 폭넓게 정의되어야 할 것이고, 종교적 표현과 활동의 자유의 측면에서는 다른 권리와의 충돌의 문제 등을 고려하여 보다 제한적으로 해석될 수도 있을 것이다.[10)]

2. 종교와 이념(Ideology)

일반적으로 종교는 단지 개인적 윤리 규범에 토대를 둔 정치적, 사회학적, 또는 철학적 견해와는 구별되는 것으로 이해되고 있다. 우리나라 헌법도 종교의 자유만이 아니라 사상과 양심의 자유를 보장하고 있다.[11)] 따라서 공산주의(communism), 마르크시즘(Marxism), 나치즘(Nazism), 파시즘(Fascism), 군국주의(militarism) 등을 종교라고 보기는 어려울 것이다. 그런데 이념(ideology)이란 개념은 17, 18세기 계몽주의 시대에 처음 등장한 신개념이다. 인간의 합리적 사고와 과학적 검증을 토대로 하여, 인간의 자유와 권리를 보장하는 이상적인 사회와 국가를 추구하는 계몽주의는, 인간의 이성을 초월하는 종교적 절대주의와는 다른 것이었다.[12)] 합리적 이성을 가진 인간의 자유와 인권을 보장하는 사회와 국가를 이루기 위한, 이상적인 법과 사회제도를 모색하는 철학적 가치체계가 Montesquieu, Voltaire, Bacon,

9) Lawrence Tribe, American Constitutional Law §14.6, 828 (1st ed. 1978); Steven G. Gey, *Why is Religion Special?: Reconsidering the Accommodation of Religion under the Religion Clauses of the First Amendment,* 52 U. Pitt. L. Rev. p. 155 (1990).

10) 윤종행, "종교 관련 재판의 전제로서의 몇 가지 쟁점들 — 미국 판례를 중심으로 —", 『법학연구』(연세대) 제32권 제1호, 2022. 3. 31, 184－186면 참조.

11) 대한민국 헌법 제19조 : 모든 국민은 양심의 자유를 가진다. 제20조 : ① 모든 국민은 종교의 자유를 가진다. ② 국교는 인정되지 아니하며, 종교와 정치는 분리된다.

12) Stanley Ingber, *Religion or Ideology: A Needed Clarification of the Religion Clauses,* 41 Stan. L. Rev. p. 279 (1989).

Locke 등의 사상가들에 의하여 형성되었다.

그런데 어느 특정한 법률의 해석과 관련하여, 그 법이 종교적인 목적을 위한 것인지, 아니면 세속적인 의도로 제정된 것인지에 따라 법적 쟁점이 달라질 수 있다. 경우에 따라서는 그 성격이 양자가 혼재하는 경우도 있기 때문에, 종교적인 것인지의 판단이 쉽지 않을 수 있다.[13] 저명한 프랑스의 사회학자 Emile Durkheim은 종교를 "신성한 것들과 관련된 신앙(beliefs)과 의식(practices)의 통일체계"라고 정의한 바 있다.[14] 종교는 인간의 이성을 뛰어넘는 초월적인 것에 절대적으로 의지한다는 점에서 이념이나 사상과는 구별된다고 볼 수 있다.[15] 이념(ideology)은 이성, 합리성, 그리고 감각적 체험 등을 강조하는 점에서 애당초 종교적 관점과 권위와는 모순되는 것이었다.[16] 종교와 이념 모두 이상적인 인간의 삶과 세상을 추구하는 인간에게 형성된 가치체계로서의 신념이라는 점은 공통적이지만,[17] 종교적 규범, 의무 등은 개인의 선택이나 가치평가를 전제로 하는 것이라기보다 초과학적인 체험과 복종의 특징이 있다는 점에서, 합리적 이성과 사유를 통하여 형성된 신념인 이념과 다른 것이다.[18]

요컨대 종교는 신성한 존재 또는 초월적 현실을 인식하고 그로부터 인간의 기본적 의무를 도출하며, 이는 인간의 논쟁, 평가, 또는 판단의 대상이 되지 않는다는 점이다. 그러나 이념은 인간적 판단의 산물로서 민주적 정치과정에서의 판단을 허용한다는 점에서 종교와 구별된다.[19]

---

13) Abner S. Green, *The Political Balance of the Religion Clauses*, 102 Yale L.J. p. 1624 (1993).

14) E. Durkheim, The Elementary Forms of the Religious Life, p. 62 (J. Swain Trans. 1965); Stanley Ingber, *Religion or Ideology: A Needed Clarification of the Religion Clauses,* 41 Stan. L. Rev. p. 285 (1989).

15) Abner S. Green, *The Political Balance of the Religion Clauses*, 102 Yale L.J. p. 1616－1619 (1993).

16) Stanley Ingber, *Religion or Ideology: A Needed Clarification of the Religion Clauses, Id, at* 279.

17) 종교를, 인간의 이성과 과학을 초월한 것으로 특정 절대자에 대한 숭배행위를 통해 영적 안정을 얻고 이를 바탕으로 새로운 가치관이나 세계관을 형성하는 것이라고 정의하는 학자도 있다. 이수진·문채규, "종교적 행위의 형사법적 허용범위", 『비교형사법연구』 제19권 제4호, 2018, 111면.

18) 윤종행, "종교 관련 재판의 전제로서의 몇 가지 쟁점들 — 미국 판례를 중심으로 —", 앞의 글, 187면 참조.

3. 종교와 공익(Common Good)

일반적으로 종교는 공익에 기여한다고 받아들여지고 있다. 신앙심은 도덕의 기반으로서 기능하고, 종교와 도덕은 개인과 사회가 행복하고 번영하기 위하여 필요한 것이라고 보기 때문이다.[20] 선행을 하면 현세와 내세에서 복을 받게 된다는 가르침은 범종교적인 가르침이다. 우리나라의 종교 역사를 돌아보면, 뿌리 깊은 민간신앙으로서 샤머니즘이 존재해 왔고, 그 후 전래된 불교와 유교는 국가 차원에서 장려되었었고, 개화기에 전래된 기독교는 자유롭고 평등한 사회로 발전하는 데 크게 기여하였음을 알 수 있다.[21]

18세기 미국의 토마스 리스(Thomas Reese) 목사는 "시민사회에서 종교의 영향에 관한 글(An Essay on the Influence of Religion in Civil Society)"을 발표하였는데, 성경에 의하면 하느님은 도덕적인 나라를 축복해 주시고, 사악한 나라를 벌하신다고 기록되어 있으므로, 결국 미국에서 기독교는 다양한 방식으로 국가 사회의 구성원인 시민의 평화와 행복에 기여하게 된다고 역설하였다.[22] 17세기 후반과 18세기의 미국에서는 양심의 자유를 위한 입법, 종교적 다양성의 추구와 신학적 논쟁 등을 통하여 소수 종교가 번창하였는데, 양심의 자유는 "참된 종교(true religion)"가 번창하게 하고, 이는 사회에 유익한 것이라고 믿었기 때문이었다.[23]

윤리적인 내용을 포함하고 있는 종교적 가르침을 실생활에서 실천하려고 노력하게 되면, 개인뿐만 아니라 사회는 보다 평화롭고 행복하게 되며, 가정과 국가도 번창하고 복을 받게 된다는 믿음이 있다. 종교적 가르침을 실천하고자 하는 신앙인은 보다 이타적이고 온건하며, 소박하고 절제하는 삶을 살게 된다고 이

19) Stanley Ingber, *Religion or Ideology: A Needed Clarification of the Religion Clauses, Id,* at 332–333.

20) Mark David Hall, *America's Founders, Religious Liberty, and the Common Good,* 15 U. St. Thomas L.J. p. 643 (2019).

21) 윤종행, "종교 관련 재판의 전제로서의 몇 가지 쟁점들 — 미국 판례를 중심으로 —", 앞의 글, 188면.

22) Thomas Reese, An Essay on the Influence of Religion in Civil Society, pp. 321–335 (1788).

23) Michael W. McConnell, *The Origins and Historical Understanding of Free Exercise of Religion,* 103 Harv. L. Rev. p. 1409 (1990).

해되고 있다.[24] 또한 종교는 사람들을 보다 정직하게 하고 타인을 존중하고 배려함으로써 사회의 정의와 자유에 기여하는 측면이 있다.[25]

4. 종교와 이단(Cults)

이단은 당대에 지배적인 사회질서와 배치되는 것을 신성시하면서, 기성 종교와 갈등을 빚기도 한다. 그런데 좋은 종교와 나쁜 종교, 또는 정통과 이단을 구별하는 것은 쉽지 않다. 이론적으로나 경험적으로 종교와 이단을 구별하는 명확한 선을 긋는 것은 불가능하다고 말하는 학자도 있다.[26] 독일에서 신앙의 자유는 전통적인 교회나 종교단체의 신자뿐만 아니라 신흥종교나 이단의 종교인들에게도 인정된다고 이해되고 있다.[27]

1989년의 미연방 대법원 판례 하나를 보면, L. Ron Hubbard가 1953년 미국 뉴저지(New Jersey)주에서 창시한 사이언톨로지 교회(The Church of Scientology)가 문제되었다. 이 신흥종교는 모든 이의 내면에 불멸의 영혼이 존재한다고 가르치면서, 종교적 훈련과정으로서 청강(auditing or training services)을 하는 대가로 비용을 지불하도록 하고 있었다. 이 교회는 그 지불 비용에 대하여 기부금으로서 소득세 감면혜택을 주장하였다. 그러나 미연방 대법원은, 사이언톨로지 신자들이 교회에 기부한 것은 훈련과정에 참여한 대가로 지불한 것(*quid pro quo*)이므로, 세금 감면혜택이 주어지는 자선적인 기부가 아니라고 판단하였다.[28] 사이언톨로지 교회는 통상의 교회들과는 다르게 운영되었고, 독특한 교리를 갖고 있는 이단 시비가 있는 교회이다.[29]

---

24) Mark David Hall, *America's Founders, Religious Liberty, and the Common Good, Id,* at 643–651.

25) 윤종행, "종교 관련 재판의 전제로서의 몇 가지 쟁점들 — 미국 판례를 중심으로 —", 앞의 글, 188면.

26) Dena S. Davis, *Joining a "Cult": Religious Choice or Psychological Aberration?,* 11 J. L. & Health, p. 172 (1996–1997).

27) BVerfGE 33, 23, 29; 32, 98, 107; 90, 112, 115. 강태수, "독일 무슬림의 종교의 자유", 『세계헌법연구』 제15권 제2호, 2009, 6면 참조.

28) Hernandez v. Commissioner, 490 U.S. 680 (1989).

29) https://en.wikipedia.org/wiki/Church_of_Scientology 참조.

1950년대 말과 60년대 초 문선명에 의하여 창시된 통일교(Unification church)도 많은 이단 논란을 일으켰고, 교주가 탈세 등의 혐의로 미국에서 18개월의 징역형과 벌금을 선고받은 바 있다.[30] 그리고 하레 크리쉬나(Hare Krishna movement)라는 신흥종교가 1966년 미국 뉴욕에서 A. C. Bhaktivedanta Swami Prabhupada에 의하여 창시되었다. 이는 힌두교와 불교 등을 바탕으로 하여 채식주의, 알코올, 담배, 마약 등 환각식품과 도박 금지, 그리고 혼인 외 성적 순결 등을 계율로 하였는데, 이 또한 이단 논란을 일으켰으나 이단과는 구별되는 신흥종교로 보기도 한다.[31] 그 밖에도, 한때는 이단 논란이 있었으나 오늘날 폭넓게 받아들여지고 있는 종교로서, 모르몬교(Mormonism), 여호와의 증인(the Jehovah's Witnesses) 등이 있다.[32]

그런데 자신과 다른 사람들에 대하여는 편견이 형성되어 사회적·정치적 입장에 영향을 주게 되는 경향이 강하다.[33] 또한 비록 소수종교를 다수파와 똑같이 존중하기로 하는 규칙을 정해 놓더라도, 실제로 그 규칙이 존중되기가 매우 어렵다고 한다.[34] 따라서 무엇보다도 자신과 다른 생각과 느낌을 갖고 있는 사람들과의 화합이 강조되는 것이다. 그런데 자신의 믿음과 완전히 다른 사람들을 접하게 되면 자연스레 차이를 극복해 보려고 시도하지만, 결국에는 도저히 불가능한 것임을 확신하게 되면서 불편함, 불안, 그리고 긴장감을 경험하게 된다고 한다.[35] 그러나 자신의 눈에 이단이라고 보이는 종교일지라도 또 다른 사람에게는 보통의 종교일 수 있음을[36] 유념하여야 할 것이다. 타 종교에 대한 배타적인 정서는 사회적 평온과 화합에 걸림돌이 되기 때문이다.[37]

---

30) David G. Bromley & J. Gordon Melton, Cults, religion, and violence, pp. 21–23 (2004); https://en.wikipedia.org/wiki/Unification_Church_of_the_United_States 참조.

31) David G. Bromley & J. Gordon Melton, *id,* at 43; Dena S. Davis, *Joining a "Cult": Religious Choice or Psychological Aberration?,* 11 J. L. & Health, p. 172 (1996–1997); https://en.wikipedia.org/wiki/International_Society_for_Krishna_Consciousness 참조.

32) Cynthia Norman Williams, *America's Opposition to New Religious Movements: Limiting the Freedom of Religion,* 27 Law & Pscychol. Rev. p. 176 (2003).

33) Joseph F. Byrnes, The Psychology of Religion, p. 151 (1984).

34) Ronald J. Krotoszynski, Jr., *If Judges Were Angels: Religious Equality, Free Exercise, and the (Underappreciated) Merits of Smith,* 102 Nw. U. L. Rev. pp. 1235–1236 (2008).

35) Joseph F. Byrnes, *Id,* at 152, 156.

36) Dena S. Davis, *Id,* at 149.

37) 윤종행, "종교 관련 재판의 전제로서의 몇 가지 쟁점들 — 미국 판례를 중심으로 —", 앞

Ⅱ. 종교와 자유민주주의

1. 서 설

종교가 국가권력과 일체가 되었던 중세의 절대군주시대와 종교전쟁의 경험과 같이, 국가와 종교, 그리고 법과 종교의 관계는 역사적으로 많은 변천을 겪어왔다. 본 장에서는 종교와 자유민주주의라는 주제로, 종교와 관련된 법적 쟁점에 대한 온당한 시각과 추구해야 할 방향성을 찾아보고자 한다. 우선 정교분리의 원칙과 종교활동의 자유와 관련된 미국의 판례와 우리나라에서의 논의상황을 살펴보고자 한다. 이어서 법과 종교의 공통적인 요소로서의 도덕과 연계하여 인간의 행위와 의도의 면을 비난성의 측면에서 조명한 다음, 종교와 관련된 법의 해석에 있어서 의사자유론과 결정론의 시각을 고찰하겠다. 다음으로 종교와 타 법익 간의 충돌의 문제를 살펴보고자 한다.

2. 신앙의 자유

오늘날 대부분의 문명국가는 자유민주주의와 법치주의를 지향하면서 정교분리의 원칙을 확립하였다. 또한 모든 사람들에게 신앙과 종교활동의 자유를 보장하면서 일정한 법의 테두리 안에서 평등의 원칙과 소수 종교인 또는 종교를 갖고 있지 않는 사람들의 양심의 자유를 아울러 보장하고 있다. 종교의 자유는 신앙의 자유를 기본으로 하는데, 이는 양심의 자유를 근거로 하여 어떤 종교적 신념을 선택하거나 선택하지 않을 자유를 내포하는 것이기 때문에 무신앙의 자유도 헌법상 보장된다.[38]

그런데 오늘날 첨단 과학기술의 눈부신 발전과 세속화의 거센 물결 속에서도, 여전히 종교는 직·간접적으로 현실세계에 지대한 영향을 주고 있다. 현실정치와 사회적 쟁점에 대하여 더 이상 침묵하기를 거부하는 종교지도자들의 설교

의 글, 189－190면 참조.

38) Wallace v. Jaffree, 472 US 38, 52－53 (1985).

는 낙태, 에이즈(AIDS) 교육과 예방, 자선사업, 그리고 동성애자들의 권리 등에 관하여 유권자들의 의사결정과 정부정책에 영향력을 행사하고 있다.[39] 그리고 그와 같은 종교기관과 종교인들의 메시지는 표현의 자유와 종교활동의 자유로서 보호된다. 그런데 오늘날 정부의 기능 확대와 정책 시행은 종교인이나 종교기관 및 단체 등과 관련될 수 있고, 다양한 종교간 또는 종교를 갖고 있는 사람과 갖고 있지 않는 사람들 간의 갈등을 낳을 수 있으며, 종교와 관련하여 평등의 원칙과 자유권의 보장 등 많은 법적 다툼과 논란이 되고 있다.[40]

현대의 자유주의적 법치국가에서는 모든 사람의 종교의 자유가 법적으로 보장되지만, 그 자유권의 행사에 있어서는 일정한 한계가 있을 수밖에 없다. 또한 종교의 자유가 국가적 이익 또는 다른 기본권과의 충돌 상황에서는, 법이 개입하여 갈등을 조정하거나 분쟁을 해결하여야 하는 과제가 법에 주어지는 동시에, 법이 개입하여서는 안 되는 종교의 자유 영역이 존재한다. 따라서 종교와 법이 관련되는 다툼에서는, 자유와 평등, 공익과 사익, 기본권의 제한과 한계 등 많은 법적 쟁점과 다양한 시각이 존재하고, 복합적 가치평가를 필요로 하는 것이다.[41]

위에서 언급한 바와 같이 신앙의 자유는 무신앙의 자유를 내포하는 것이므로, 국가나 공공기관에서 신앙을 갖고 있는 사람과 신앙을 갖고 있지 않는 사람의 양심과 신앙의 자유를 침해하거나 차별하는 일이 없도록 하여야 할 것이다. 따라서 자유민주주의 국가에서는, 예컨대 의무교육에서 특정 종교재단의 학교를 선택할 것인가 종교 중립적인 학교를 선택할 것인가의 문제에 있어서, 가능한 한 학생과 학부모의 의사를 존중하여 그 선택권을 보장하고, 공립학교는 옵션이 지정되지 않을 경우에 자동으로 선택되는 옵션으로 기능하게 하는 것이 바람직할 것이다.[42] 종교의 자유의 바탕에는 정교분리의 원칙과 종교활동의 자유가 자리하고 있다.

---

39) Kathleen M. Sullivan, *Religion and Liberal Democracy*, 59 U. Chi. L. Rev. 195, 196 (1992).

40) 윤종행, "종교와 법의 교차점", 『강원법학』 제62권, 2021. 2, 431－432면 참조.

41) 위의 글, 432면 참조.

42) Kathleen M. Sullivan, *Religion and Liberal Democracy*, *Id,* at 199.

3. 정교분리의 원칙

(1) 정교분리 원칙의 의의와 연혁

정교분리의 원칙은 국교의 금지와 종교기관에 대한 차별적 대우의 금지를 포함한다. 우리나라 헌법은 제20조에서 "① 모든 국민은 종교의 자유를 가진다. ② 국교는 인정되지 아니하며, 종교와 정치는 분리된다."라고 규정하고 있다.

유럽과 미국에서는 오랜 세월을 거쳐 종교와 정치의 분리(Separation of Church and State) 원칙이 형성되었다. 이는 근대 유럽의 존 로크(John Locke), 몽테스키외(Montesquieu) 등으로 대표되는 계몽적 합리주의 사상과 권력분립의 원칙에 근거하는 것이었으며, 프랑스의 1789년 인간과 시민의 권리선언(French Declaration of Rights of Man and Citizen)에 명문화되었다.[43] 그리고 미국에서는, Thomas Jefferson 등 사상가의 개인의 양심의 자유와 종교선택의 자유, 그리고 세속적 부패로부터 교회 순결을 보호하여야 한다는 청교도주의 등에 근거하는 것이었으며,[44] 미연방 헌법에 명문화되었다.[45] 그런데 하나의 종교가 국가 전체를 지배할 경우에는 종교의 교리에 따른 절대적 진리가 모든 것을 좌우하게 되는 신정국가가 되고, 종교의 자유뿐만 아니라 사상의 자유, 언론의 자유 또한 제대로 인정되기 어렵게 된다. 또한 종교는 교리의 절대성을 추구하는 경향이 매우 강하기 때문에, 중세 기독교의 십자군전쟁이나 마녀사냥 등에서와 같이 이른바 이교와 이단에 대한 박해가 매우 심각하게 나타날 수 있고, 절대적 권력을 갖는 종교는 타락에 빠질 위험이 있다.[46]

정치와 종교의 분리 원칙은 구체적으로, 종교와 국가 간에 담을 쳐서 국가가 공적인 영역에서 종교적 후원이나 종교적 상징물을 사용하지 못하도록 하는 것이며,[47] 국가는 모든 종교들에 대하여 중립적이어야 하고,[48] 국가는 어떤 특

43) Jonatas E. M. Machado, *Freedom of Religion: A View From Europe,* 10 Roger Williams U. L. Rev. 518−519 (2005).

44) Edward J. Eberle, *Roger Williams' Gift: Religious Freedom in America,* 4 Roger Williams U. L. Rev. 453 (1999).

45) U.S. Const. art. VI, §3.

46) 장영수, "종교인의 정치참여와 정교분리의 원칙", 『고려법학』 제94호, 2019. 9, 4−6면 참조.

47) Gidon Sapir, *Religion and State− A Fresh Theoretical Start,* 75 Notre Dane L. Rev, 587 (1999).

정 종교나 종교 일반을 받아들이도록 할 의도로 법이나 정책을 시행하여서는 아니 된다는 원칙[49] 등을 포함한다.

오늘날 정교분리의 원칙은 국가별로 특성이 나타나는데, 독일의 경우에는 정치와 종교가 역사적으로 상호 협력적 측면을 지녀서 '우호적 관계형'을 유지하고 있고, 프랑스는 정치의 종교에 대한 통제가 강하여 '엄격한 관계형'을 보이고 있으며, 미국은 정치와 종교는 분리되지만 정치적, 공적 지원이 있어 '친화적 분리형'의 성격을 가진다고 한다.[50]

이러한 정교분리의 원칙은, 국가가 공적인 영역에서 종교적 후원이나 종교적 상징물을 사용하지 못하고,[51] 국가는 모든 종교들에 대하여 중립적이어야 하며,[52] 국가는 어떤 특정 종교나 종교 일반을 받아들이도록 할 의도로 법이나 정책을 시행하여서는 아니 된다는 원칙[53] 등을 내용으로 한다. 이는 국교의 금지와 정부의 부당한 재정적 지원과 징세의 금지 등을 포함한다.

우선 국교의 금지는 국가가 모든 종교들에 대하여 중립적이어야 함을 의미하므로,[54] 국가가 특정 종교를 강요하거나 지지하는 것은 허용될 수 없다.[55] 미연방 대법원은 일찍이, 종교교육 등 종교활동이 도덕률에 반하거나 타인의 재산권을 침해하거나, 또는 타인의 권리를 침해하지 않는 한, 국가가 개입할 수 없으며, 종교교육의 진실성 또는 허위성을 판단할 수 없다는 원칙을 확립하였다.[56] 미연방 대법원 판례를 살펴보면, 일정한 형식의 종교적 선서를 하지 않으면 형사처벌을 가한다거나, 공립학교 교실에서 특정 종교 방식의 기도를 따라 하게 하거

48) Michael J. Perry, Religion in Politics, Constitutional and Moral Perspectives, 15 (1997).

49) Jesse H. Choper, *Religion in the Public Schools: A proposed Constitutional Standard,* 47 Minn. L. Rev, 329, 330 (1963).

50) 윤승용, "한국의 정교분리와 종교정책", 『종교문화비평』 제25권, 2014, 215면; 명재진, "헌법과 종교", 『법학연구』(충남대학교 법학연구소) 제29권 제1호, 2018, 115면 참조.

51) Gidon Sapir, *Religion and State – A Fresh Theoretical Start, Id,* at 587.

52) Michael J. Perry, Religion in Politics, Constitutional and Moral Perspectives, 15 (1997).

53) Jesse H. Choper, *Religion in the Public Schools: A proposed Constitutional Standard, Id,* at 329, 330.

54) Michael J. Perry, Religion in Politics, Constitutional and Moral Perspectives, 15 (1997).

55) Torcaso v. Watkins, 367 US 488, 495–496 (1961) 참조.

56) Watson v. Jones, 80 U.S. 679 (1871).

나, 특정 종교의 교리 암송을 사실상 강요하거나,[57] 종교적 교리를 가르치는 것은 정교분리의 원칙에 위배된다는 입장이다.[58] 그리고 공직 임용시 신앙선서를 요구하는 것은 헌법상 종교의 자유를 침해하고,[59] 주 법에 따라 공립학교에서 성경 읽는 시간을 갖도록 하는 것은 종교의 자유를 침해하는 위헌적인 법이라고 판시한 바 있다.[60] 그러나 주 의회의 개회 의식에서 특정 종교의 목사가 교리적 기도를 낭독하거나,[61] 정부가 성탄절에 기독교 상징물을 설치한 것은[62] 허용되는 것으로 이해하였다.[63]

(2) 국교의 금지

17~8세기의 유럽에서는 자유주의적 계몽주의 사상의 보급으로 정교분리의 원칙이 형성되었고, 1791년 프랑스 헌법은 개인의 신앙의 자유 보장과 국가의 종교적 중립 원칙을 선언하였다. 그리고 1776년 미국의 버지니아 권리장전 제16조는 종교의 자유를 선언하였고, 1791년의 미연방 수정헌법 제1조에서 정교분리의 원칙과 종교의 자유를 헌법에 명문화하였다. 국교의 금지는 국가가 모든 종교들에 대하여 중립적이어야 함을 의미하는데,[64] 국가가 특정 종교를 강요하거나 지지하는 것은 금지하지만, 단순히 승인하는 것은 허용되는 것으로 이해되고 있다.[65] 미연방 대법원 판례를 살펴보면, 일정한 형식의 종교적 선서를 하지 않으면 형사처벌을 가한다거나, 공립학교 교실에서 특정 종교 방식의 기도를 따라 하게 하거나 특정 종교의 교리 암송을 사실상 강요하거나,[66] 종교적 교리를 가르치는 경우가[67] 전형적인 강요의 예이다. 그러나 주 의회의 개회 의식에서 특정

57) Kathleen M. Sullivan, *Religion and Liberal Democracy*, *Id,* at 202.
58) Epperson v. Arkansas, 393 US 97 (1968); Edwards v. Aguillard, 482 US 578 (1987).
59) Torcaso v. Watkins, 367 U.S. 488 (1961).
60) Abington School District v. Schempp, 374 U.S. 203 (1963); 윤종행, "종교와 법의 교차점", 앞의 글, 433-435면 참조.
61) Marsh v. Chambers, 463 US 783 (1983).
62) Lynch v. Donnelly, 465 US 668 (1984).
63) Kathleen M. Sullivan, *Religion and Liberal Democracy*, *Id,* at 206, 208.
64) Michael J. Perry, Religion in Politics, Constitutional and Moral Perspectives, *Id,* at 15.
65) Torcaso v. Watkins, 367 US 488, 495-496 (1961) 참조.
66) Kathleen M. Sullivan, *Religion and Liberal Democracy*, *Id,* at 202.

종교의 목사가 교리적 기도를 낭독한 경우,[68] 정부가 성탄절에 기독교 상징물을 설치한 것은,[69] 단순한 승인으로서 허용된다고 판시한 바 있다. 그러나 정교분리의 원칙에 충실하기 위하여서는, 강요나 지지만이 아니라 승인하는 것도 금지하는 것이 바람직할 것이다.[70]

일찍이 1865년 미연방 대법원은, 종교교육 등 종교활동이 도덕률에 반하거나 타인의 재산권을 침해하거나, 또는 타인의 권리를 침해하지 않는 한 국가가 개입할 수 없으며, 종교교육의 진실성 또는 허위성을 판단할 수 없다고 판시한 바 있다.[71] 그리고 1961년 미연방 대법원은, 매릴랜드주가 공직 임용시 신앙선서를 요구하는 것은 헌법상 종교의 자유를 침해한다고 판시하였다.[72] 그리고 1963년 펜실베니아주 법에 따라 공립학교에서 성경을 읽는 시간을 갖는 것에 대하여, 비록 학부모가 학생의 참석면제를 요청하면 학교에서 이를 허용하는 형식이었더라도, 종교의 자유를 침해하는 위헌적인 법이라고 판시하였다.[73] 미연방 대법원이 정교분리의 원칙에 기본적으로 매우 엄격한 입장이지만, 정부가 성탄절에 전통적인 상징물을 설치하는 것에 대하여는 포용적인 해석을 하고 있음을 알 수 있다.

최근 2022년 미연방 대법원의 Kennedy v. Bremerton School District 판결은, 워싱턴주의 브레머튼시(Bremerton, Washington)의 한 공립 고등학교 축구 코치 Joseph Kennedy가 경기 후 경기장에서 기도하는 시간을 가졌고, 다른 선수들도 이에 가담하자 지역 교육청에서는 정교분리의 원칙에 어긋나는 것을 우려하여, 코치에게 다른 곳이나 나중에 기도하기를 권유하면서 대화하였으나, 코치는 이를 받아들이지 않았고, 결국 교육청에서 재임용계약을 거부하자 케네디가 교육청을 상대로 소를 제기하게 된 사건이다. 미연방 대법원은, 지역 교육청이 코치

67) Epperson v. Arkansas, 393 US 97 (1968); Edwards v. Aguillard, 482 US 578 (1987).
68) Marsh v. Chambers, 463 US 783 (1983).
69) Lynch v. Donnelly, 465 US 668 (1984).
70) Kathleen M. Sullivan, *Religion and Liberal Democracy*, *Id*, at 206, 208.
71) Watson v. Jones, 80 U.S. 679 (1871).
72) Torcaso v. Watkins, 367 U.S. 488 (1961).
73) Abington School District v. Schempp, 374 U.S. 203 (1963); 윤종행, “종교와 법의 교차점”, 앞의 글, 433–435면 참조.

에 대한 재임용계약을 거부한 것은 개인의 종교행사의 자유와 표현의 자유를 침해한 것이라고 판시하였다.[74] 비록 축구부의 코치가 공립 고등학교 소속이고, 장소가 운동장이라고 하더라도, 개인의 신앙에 따라 경기 후에 기도를 한 것이고, 기도에 참가한 다른 선수들도 자발적으로 이루어진 것이라서, 신앙을 가진 소속 학생들에게 심리적인 부담으로 작용한 것이 아니라면, 운동장에서 한 케네디의 기도 행위는 정교분리의 원칙에 위배되지 않는다고 보는 것이 타당할 것이다.[75]

(3) 정부의 부당한 재정적 지원과 징세의 금지

정교분리의 원칙은 또한, 정부가 종교기관에 대하여 부당한 재정적 지원과 징세를 금하는 것을 내용으로 한다. 오늘날 정부의 기능은 단순한 질서유지나 관리통제의 기능을 넘어서서 사업주, 교육자, 고용주, 그리고 후원자 또는 고객의 역할을 하고 있다. 이러한 정부 역할의 확대로 인하여 국가가 종교기관이나 종교단체에게 정교분리의 원칙에 어긋나게 재정적 지원을 해서는 안된다는 점이 더욱 쟁점화되고 있다. 미국 법원은 이 문제에 관하여 유연하게 대처하여 왔는데, 오늘날 종교기관이나 단체에도 비종교 자선단체나 교육기관에 부여하는 혜택과 마찬가지의 재산세 면제혜택을 주는 것은 무방하고,[76] 개인에게 직접적인 현금지원 대신에 간접적인 세금감면 혜택을 활용할 수 있는 선택권을 주는[77] 방향으로 해결하고 있다. 그러나 연방정부가 정교분리의 원칙에 어긋나게 재정수입을 지출하는 경우에는 납세자가 연방정부의 위헌적 징세와 재정지출을 근거로 소를 제기할 수 있다는 것이 미연방 대법원의 입장이다.[78] 그러나 납세자가 종교를 지원하기 위한 납세를 거부할 권리는 있지만 낙태를 지원하기 위한 징세를 거부할 권리는 없고, 주 정부가 낙태를 위한 재정 지원을 하지 않더라도 정교분리의 원칙에 어긋나는 것이 아니라는 입장이다.[79]

74) Kennedy v. Bremerton School District, 597 U.S. ___ (2022).

75) 윤종행, "종교단체의 내부 의사결정과정 등에 관한 우리나라 판례의 동향", 『동북아법연구』(전북대) 제16권 제4호, 2023, 147면 참조.

76) Walz v. Tax Commission, 397 US 664 (1970); Bowen v. Kendrick, 487 US 589 (1988).

77) Muller v. Allen, 463 US 388, 399–400 (1983).

78) Flast v. Cohen, 392 U.S. 83 (1968).

79) Harris v. McRae, 448 U.S. 297 (1980).

또한 미국의 한 사립대학(Bob Jones University)이 타 인종간의 이성교제(interracial dating)가 자신들이 신봉하는 종교적 교리에 반한다는 이유로, 1971년까지 흑인의 입학을 전면적으로 불허하다가, 그 이후 1975년까는 결혼한 흑인의 입학만을 허용하는 등 인종차별을 하였다는 이유로 미국 국세청(Internal Revenue Service: IRS)이 교육기관에 제공하는 세금면제 혜택(tax-exempt)을 취소한 사건이 있었다. 미연방 대법원은 교육에 있어서 인종차별을 철폐하는 국가적 이익이 종교학교의 종교활동의 자유보다 우월하다고 보면서, 국세청의 조치는 적법하다고 판시하였다.[80] 교육에 있어서 인종차별을 철폐하는 국가적 이익이 종교학교의 종교활동의 자유보다 우월하다는 것이 그 근거였다.[81] 한편 교육청(school district)이 체스, 가정관리, 자연의 이해 등을 가르치는 방과 후 교육프로그램을 운영하면서, 공립학교와 사립 천주교학교 교사가 공립학교와 사립학교에서 일과시간에 가르친 사례에서는, 교사가 감수성이 예민한 학생들에게 의도적이거나 또는 부주의하여 종교적 영향을 줄 수 있고, 정부가 지나치게 종교에 연루되어 정교분리의 원칙에 어긋난다고 판시하였다.[82] 그리고 워싱턴주 법에 의하여 장애인의 직업교육을 지원받을 수 있는 시각장애인이 신학교에 가기 위하여 재정지원을 신청한 사건에서, 1986년 미연방 대법원은, 주 정부가 이를 지원하더라도 정교분리의 원칙에 어긋나는 것이 아니므로, 이를 거부한 시각장애인 위원회가 헌법을 위반한 것이라고 보았다.[83] 미연방 대법원이 종교단체에 공익적 기능이 있을 경우 세금감면, 재정지원 등의 혜택을 부여하고, 인종차별적 정책을 시행한 학교에 대하여 세금혜택을 취소하더라도, 정교분리의 원칙이나 평등의 원칙에 반하지 않는다고 해석하는 실용주의적 접근을 하고 있음을 알 수 있다.[84]

그리고 최근 미연방 대법원은 2022년의 Carson v. Makin 판결에서, 메인(Maine) 주 정부가 어떤 비종교 사립학교 학생들에 대하여서는 허용하는 공적 등

80) Bob Jones University v. United States, 461 U.S. 574 (1983).

81) *Id.*

82) School District of the City of Grand Rapids v. Ball, 473 U.S. 373 (1985).

83) Witters v. Washington Department of Services for the Blind, 474 U.S. 481 (1986); 윤종행, "종교와 법의 교차점", 앞의 글, 435－437면 참조.

84) 윤종행, "종교인의 지위와 종교단체의 관리운영에 관한 우리나라 판례의 동향", 『법학연구』 (인하대) 제25집 제4호, 2022, 307면 참조.

록금 지원 프로그램인 voucher를 사립 종립학교에 대하여서는 허락하지 않은 것은, 사립 종립학교를 차별함으로써 헌법상 종교의 자유를 침해하였다고 판시하였다.[85] 그러나 이 판결에 대하여서는, 사립학교에 대한 정부의 재정 지원은 백인을 우대하는 인종주의에서 유래하는 것으로서, 평등권을 근거로 하여 종립 사립학교에 대한 지원을 강화하는 것은, 결과적으로 공적 지원금을 공립학교에만 사용하는 것을 차별이라고 주장하는 등 사회의 다양성, 형평성, 그리고 포용성 등을 저해하는 결과로 이어질 수 있다는 비판이 있다.[86] 같은 맥락에서, 미연방 대법원이 종립 사립학교에 대하여 우호적인 법리 해석을 하는 것은 결과적으로 백인 우월주의를 부추기는 것이라고 비판하기도 한다.[87]

또한 최근의 Robert 대법원장 재임 기간의 미연방 대법원은, 종교의 자유를 근거로 하여 제기하는 헌법적 다툼에 대하여 83% 정도가 승소하는 등 매우 보수화 경향이지만,[88] 이러한 판결이 오히려 진보적 입장에서는 주 정부가 평등권의 시각에서 성소수자(LGBT) 학생들에 대한 차별을 철폐하고, 정부와 종교단체의 협력을 줄이며, 보다 공교육에 집중하도록 하는 효과를 가져올 수 있다는 분석도 제기되고 있다.[89] 이와는 달리, 전통적으로 사립학교에 대한 정부지원은 정교분리의 원칙에 반하는 것이고, 정부가 종교를 가진 사람들을 신앙을 이유로 차별하

85) Carson v. Makin, 596 U.S. ___ (2022). 본 판례에서 사용된 "종교적 차별(religious discrimination)"이라는 개념의 불명확성으로 인하여, 결과적으로 법원이 매우 당파적이고 직관적인 규범적 판단을 함으로써 문화적·정치적 분열을 가져오게 되었다는 비판이 제기되고 있는데, 통계에 의하면 코비드 팬데믹 하에서 종교의 자유와 관련된 헌법적 다툼에서, 미연방 대법관 중 민주당 정권 중 임명된 대법관이 종교의 자유를 주장하는 측을 옹호한 경우는 없었고, 공화당 정권 중 임명된 대법관의 66%가, 트럼프 대통령 재임 중 임명된 대법관의 82%가 종교의 자유를 주장하는 측을 옹호하였다고 한다{Zalman Rothschild, *Free Exercise Partisanship,* 107 Cornell L. Rev. 1071 (2022); Mark L. Movsesian, *Law, Religion, and the Covid Crisis,* 37 J. L. & Religion 9-24 (2022) 참조}.

86) Derek W. Black, *When Religion and the Public-Education Mission Collide,* Yale L.J. Forum 559-597 (2022).

87) Vania Blaiklock, *The Unintended Consequences of the Court's Religious Freedom Revolution: A History of White Supremacy and Private Christian Church Schools,* 117 Nw. U. L. Rev. Online 46-73 (2022).

88) Lee Epstein & Eric A. Posner, *The Robert Courts and the Transformation of Constitutional Protections for Religion: A Statistical Portrait,* Sup. Ct. Rev. 315, 324 (2021).

89) Aaron Tang, *Who's Afraid of Carson v. Makin?,* 132 Yale L.J. Forum 504-528 (2022).

는 것은 종교의 자유를 침해하는 것이라는 법 해석이 지배하였으나, 어차피 종교의 자유 또는 종교적 중립성이라는 개념은 특정한 상황에 따라 상대적일 수밖에 없는 것이고, 이제 종립 사립학교에도 정부가 재정적 지원을 하는 상황에서, 결국 사립 종립학교에 아이를 보낼 것인가 공립학교에 보낼 것인가는 학부모 선택의 몫이 되었다고 논평하기도 한다.[90]

한편 종교단체에 대한 비과세와 관련하여 선진국들의 경향은, 종교단체의 고유목적에 사용하는 재산과 수익사업에 사용하는 재산을 명확하게 구별하여 과세, 비과세를 규율하고 있고,[91] 경제협력개발기구(OECD) 회원국 대부분은 종교인에 대하여 근로소득세를 부과하고 있다고 한다.[92]

4. 종교활동의 자유

(1) 종교활동의 자유에 관한 미연방 대법원 판례의 흐름

종교의 자유는 신앙의 자유와 종교활동의 자유를 내포하는데, 종교활동의 자유와 법의 충돌 문제는 미국에서 매우 오래전부터 쟁점화되었다. 우선 1879년의 모르몬교 신자의 중혼 사례를 들 수 있다. 모르몬교(The Church of Jesus Christ of Latter-day Saints: LDS Church) 신자로서, 모르몬교의 교리에 따라 중혼을 하였다가, 중혼을 금지하는 연방법에 의하여 처벌을 받게 된 George Reynolds가 미연방 대법원에 중혼금지법은 헌법상 종교활동의 자유를 침해하는 것이라고 제소한 사건이다. 미연방 대법원은 중혼금지법은 국가의 도덕률을 보호하기 위한 것으로서 국가가 종교적 신념을 통제할 수는 없지만, 종교활동이 건강, 안전, 그리고 도덕률 등을 보호하는 국가의 경찰작용을 침해할 경우까지 종교의 자유로서 보호되는 것은 아니라는 소위 "신념－행동 이분법(the belief－action dichotomy)"적 접

---

90) Lael Weinberge, *Carson v. Makin and the Relativity of Religious Neutrality,* Harv. J.L. & Pub. Pol'y Per Curiam, 20 (2022).

91) 김유찬·홍성익, "종교단체에 대한 지방세 비과세·감면의 문제점과 개선방안", 『조세연구』 제13권 제1집(한국조세연구포럼), 2013, 225면.

92) 이원주, "종교단체와 성직자의 과세제도에 관한 연구", 『조세와 법』 제4권 특별호(서울시립대학교 법학연구소), 2011, 73면.

근으로 판단하였다.[93)]

그 후 1882년 미국 의회가 일부다처제를 중범죄로 규정하고, 투표를 하기 위하여서는 자신이 중혼이나 일부다처주의자가 아니라는 선서를 하여야 하는 법(Edmunds Act)을 제정함으로써 1,300명이 넘는 모르몬교 신자들이 감옥에 가게 되었다. 그런데 아이다호주의 Samuel D. Davis가 허위선서를 하였다고 소추되어 유죄판결을 받자 이에 항소하고, 모르몬교도들이 아이다호법이 헌법상 종교의 자유를 침해하는 것이라고 다투게 되었다. 이 사건에서 미연방 대법원은 중혼이나 복혼제(bigamy and polygamy)는 혼인의 순수성을 파괴하고, 가정의 평화를 해치며, 여성의 품격을 떨어뜨리며 남성을 모독할 수 있는 위험이 있는 것으로서, 종교의 자유가 사회의 평화, 미풍약속, 도덕을 해치는 행위까지 보호하는 것은 아니라고 판시하였다.[94)]

그리고 한 비영리 종교기업(Tony and Susan Alamo Foundation)이 이전에 마약 중독자, 부랑자, 범죄 전과자였던 사람들의 갱생을 돕고 기독교적 신앙과 실천을 돕기 위하여, 이들을 자발적 참여 형태로 고용하여 돼지 농장, 음식점, 소매상점 등을 운영하면서 음식과 숙소를 제공였지만, 미국 노동청(the Department of Labor)이 적정노동법(Fair Labor Standards Act: FLSA) 위반이라고 제소한 사건이 있었다. 미연방 대법원은, 비록 자발적 참여자라고 하더라도 근로자로 볼 수 있고, 음식과 숙소와 의료혜택을 받았지만 제대로 임금을 받지 않았으므로 최저임금법을 위반한 경우로서, 근로자들이 임금을 받더라도 자유롭게 반납할 수도 있는 것이므로, 이들에게 최저임금과 초과근로수당 기준을 적용하더라도 이들의 종교활동의 자유를 침해하는 것이 아니라고 판시하였다.[95)]

또한 미국의 원주민이 미국 정부의 복지프로그램에 따른 재정지원을 신청하기 위하여 필요한 자녀들의 주민등록번호(social security numbers)를 제공하는 것이, 자녀들의 영적 특별함(spiritual uniqueness)을 저하시키고 영혼을 빼앗는 것이라고 믿는 종교적 이유를 들어 이를 거부한 것이 문제되었다. 이 사건에서 미연

93) Reynolds v. United States, 98 U.S. 145 (1878).
94) Davis v. Beason, 133 U.S. 333 (1890).
95) Tony & Susan Alamo Fndn. v. Secretary of Labor, 471 U.S. 290 (1985).

방 대법원은, 자녀들의 주민등록번호를 국가가 사용하는 것은 가족의 종교의 자유(freedom to "believe, express and exercise" their religion)를 침해하지 않는다고 판단하였다.[96] 그리고 목수이자 농부인 아미쉬 신자(a member of the Old Order Amish) Edwin D. Lee가 몇몇의 아미쉬 신자들을 고용하고도 약 7년 동안 사회안전세(social-security taxes)를 내지 않다가, 추후에 미납 세금 27,000달러를 추징한 것에 대하여 종교의 자유 등을 근거로 체납세액 납부를 거부하고 소를 제기한 사건에서, 미연방 대법원은 사회안전세의 면제에 관한 헌법적 제한은 없고, 현행 법령상 면제조항은 자영업자에게만 적용되는 것으로서, 본 사건의 청구인과 같은 고용주에게는 적용되지 않는다고 청구를 기각하였다.[97]

그리고 1982년 미국의 산림관리청(the United States Forest Servic)이 미국 원주민들이 신성시하는 지역인 숲(the Chimney Rock Area in the Six Rivers National Forest)의 목재를 벌목하고 도로를 건설하려 하자, 원주민 단체들(Northwest Indian Cemetery Protective Association 등)이 이를 반대하면서 원주민들의 헌법상 권리인 종교활동의 자유(the Free Exercise Clause of the First Amendment)를 침해하는 불법이라고 소송을 제기하였다. 미연방 대법원은 도로건설과 벌목은 원주민들의 활동을 강제하는 것이 아니기 때문에 종교활동의 자유를 침해하는 것이 아니라고 판시하였다.[98] 또한 베트남전쟁을 반대한다는 정치적 표현으로 징집카드(draft card)를 불태운 행위를 처벌하더라도 이는 중대한 국가적 이익을 위한 것으로서 표현의 자유를 침해하는 것이 아니라고 본 바 있다.[99]

그러나 아미쉬 종교(The Order Amish religion and the Conservative Amish Mennonite Church) 신자들이 자녀들이 16세 될 때까지 사립 또는 공립학교에 보내야 하는 Wisconsin주의 의무교육법을 위반하였다고 기소된 사건에서, 고등학교에 다니는 것이 아미쉬 종교와 생활방식과 맞지 않는다고 믿었기 때문에 자녀들을 고등학교에 보내지 않은 것은 종교적 신념에 따른 것이므로, 그들에게 강제적인 의무교육을 적용하는 것은 헌법상 종교의 자유를 침해하는 것이라고 보았다.[100] 또한 미

---

96) Bowen v. Roy, 476 U.S. 693 (1986).

97) United States v. Lee, 455 U.S. 252 (1982).

98) Lyng v. Northwest Indian Cemetery Protective Association, 485 U.S. 439 (1988).

99) United States v. O'Brien, 391 U.S. 367 (1968).

연방 대법원은 개신교 목사가 주 의회 의원으로 선출되는 것을 금지한 테네시주 법은 종교의 자유를 침해하는 위헌이라고 판시한 바 있다.101) 또한 여러 해 동안 주립대학의 학생 종교단체가 강의실을 사용하여 오다가 수업이 없는 시간에 강의실 하나를 추가적으로 사용하는 것을 대학당국에 요청하였을 때 이를 거부한 것은 종교활동의 자유를 침해하는 헌법위반이라고 보았다.102) 그리고 제7일안식일예수재림교(the Seventh-Day Adventist Church) 신자가 자신의 신앙에 따라 안식일인 토요일에 근무하지 않으려 하였다는 이유로 South Carolina의 고용주로부터 해고를 당하여, South Carolina주 실업수당법에 따라 실업수당을 청구한 경우, South Carolina주 위원회가 지급을 거부한 것은 미연방 헌법 수정 제1조상의 종교활동의 자유를 침해하였다고 판시하였다.103) 또한 인디애나주의 한 공장의 주조 부서에서 일하던 여호와의 증인 신자 Thomas는 주조공장이 문을 닫고 무기 제조 공장으로 부서를 옮기게 되자, 무기 제조에 참여하는 것이 자신의 신앙에 반한다는 이유로 휴직을 신청하였으나 거부되자 사직하였는데, 인디애나주 고용안정법상의 실업보상혜택을 받지 못하자 소를 제기한 사건에서, 미연방 대법원은 인디애나주가 실업보상을 거부한 것은 토마스의 헌법상 종교의 자유를 침해한 것이라고 판시하였다.104)

그리고 여호와의 증인(Jehovah's Witness) 신자인 Newton Cantwell과 그의 두 아들이 코넷티컷주의 도시 뉴 헤이븐(New Haven)의 카톨릭 신자 밀집지역에서 여호와의 증인 교리에 관한 팜플렛, 책자, 녹음테이프와 녹음기 등을 가지고 집집마다 방문하면서 길가는 사람에게 들려주기도 하였는데, 책자의 내용에는 기성 종교 일반과 카톨릭교에 대한 공격적인 내용이 담겨 있었고, 그들은 홍보활동(solicitoring)을 하기 위하여서는 당국에 미리 허가를 받아야만 하는 코넷티컷주법을 위반하였다는 이유로 기소된 사건에서, 미연방 대법원은 종교의 자유는 신

100) Wisconsin v. Yoder, 406 U.S. 205－222 (1972); 윤종행, "형법과 종교", 『경희법학』 제55권 제1호, 2020. 3. 30, 81면 참조.

101) McDaniel v. Paty, 435 U.S. 618 (1978).

102) Widmar v. Vincent, 454 U.S. 263 (1981).

103) Sherbert v. Verner, 374 U.S. 398－410 (1963); 윤종행, "형법과 종교", 앞의 글, 79면 참조.

104) Thomas v. Review Board of the Indiana Employment Security Division, 450 U.S. 707 (1981).

앙의 자유(freedom to believe)와 종교활동의 자유(freedom to act)를 포함하는데 신앙의 자유는 절대적인 것이지만 종교활동의 자유는 사회적 제약이 따르는 것이더라도, 본 사안에서는 종교적 활동(religious activity)으로서 국가가 부당하게 침해하여서는 아니되는 헌법상 자유권이라고 판시하였다.[105] 이 판결로부터 3년 후인 1943년, 펜실베이니아주의 Jeannette 자치구에서 호별방문 홍보활동을 할 때 당국에 허가를 받도록 하는 조례가 문제된 사안에서, 미연방 대법원은 이 조례가 여호와의 증인 신자인 Murdock이 책자와 팜플렛을 배포하면서 기부를 권유하는 종교활동에 대한 부담으로서 종교의 자유를 침해하는 것이라고 판시하였다.[106]

그러나 미국 평등고용기회위원회(Equal Employment Opportunity Commission: EEOC)가 미국의 한 교회(Lutheran Church-Missouri Synod)가 학교를 운영하면서 한 교사(Cheryl Perich)를 부당해고하였다고 소를 제기한 사건에서, 미연방 대법원은 헌법상 종교의 자유 조항의 해석상, 교회가 미국 장애인법(Americans with Disabilities Act: ADA)에 위반되는 부당해고를 하였다고 하여 목사가 고용차별금지법 위반으로 소속교회를 상대로 소송을 제기할 수 없는 것이라고 판단하였다.[107]

한편 미국 법원은 군대와 교도소의 경우에는 종교활동의 자유보다 국가적 이익을 보다 고려하는 경향인데, 유대인 공군 장교가 유대인 남자들이 머리에 쓰는 장식물인 '야머카(yamulke)' 착용을 금지하는 군대 헬멧 규정의 적용면제를 주장한 사례에서, 군대에서는 종교활동의 자유가 일반인에 비하여 제한될 수 있다고 보았다.[108] 그리고 무슬림 신자인 재소자가 '주무하(Jumu'ah)'라는 무슬림 금요 종교집회 참석을 불허하는 교도소 보안규정의 적용 면제를 주장한 사례에서, 이는 "적법한 행형목적(legitimate penological interests)"을 위한 것으로서 위헌적으로 종교활동의 자유를 침해하는 것이 아니라고 판단하였다.[109]

---

105) Cantwell v. Connecticut, 310 U.S. 296 (1940).

106) Murdock v. Pennsylvania, 319 U.S. 105 (1943).

107) Hosanna-Tabor Evangelical Lutheran Church and School v. Equal Employment Opportunity Commission, 565 U.S. 171 (2012).

108) Goldman v. Weinberger, 475 U.S. 503 (1986).

109) O'Lone v. Estate of Shabazz, 482 U.S. 342 (1987).

(2) 코비드-19 팬데믹 상황에서의 종교단체 집회에 대한 정부의 규제

코로나(Covid−19) 팬데믹 상황에서 종교단체에 대한 정부의 규제에 대한 시민들의 시각에 있어서, 다양한 개인차를 보이고 갈등이 증폭되면서 법적 분쟁으로 비화되기도 하였다.[110] 미국의 뉴욕주 주지사에 의해 발령된 행정명령에 의해 '레드' 구역 혹은 '오렌지' 구역으로 지역을 분류하고, 예배 참석자 수를 레드 구역은 각 예배마다 10인 이하만 참석, 오렌지 구역에서는 25인 이하로 제한하자, 뉴욕주 브루클린시의 천주교 교구는 행정명령의 위헌성을 주장하며 집행정지를 청구하였다. 이 사안에서 미연방 대법원은, 이 사건 행정명령은 반드시 기본권제한의 '엄격심사 기준'을 충족해야 하는데 '최소 침해의 원칙'을 준수하지 못하였고, 감염병이 전 세계를 강타한 와중에도 헌법은 경시될 수 없으며, 이 사건 행정명령은 많은 사람들이 예배에 참석하는 것을 실질적으로 막음으로써 종교의 자유를 보장하는 미연방 수정헌법 제1조를 침해하여 위헌이라고 판결하였다.[111]

(3) 종교활동의 자유와 관련한 우리나라에서의 사례

종교활동의 자유와 관련된 우리나라의 헌법재판소 판례를 살펴보면, 미결수용자의 종교집회 불허가 종교활동의 자유를 침해하는지가 문제된 바 있다. 2014년의 미결수용자 등 종교집회참석 불허 위헌확인 사건에서, 헌법재판소는 미결수용자의 신분으로 구치소에 수용되었던 기간 중, 조사수용 내지 징벌(금치)집행 중이었던 기간을 제외한 기간 및 미지정 수형자(추가 사건이 진행 중인 자 등)의 신분으로 수용되어 있던 기간 동안, 교정시설 안에서 매주 화요일에 실시하는 종교집회 참석을 제한한 행위는 미결수용자의 종교의 자유를 침해하였다고 보았다. 출력수(작업에 종사하는 수형자)를 대상으로 원칙적으로 월 3~4회의 종교집회를

110) 최근 중국에서는 엄격하고 강력한 "제로 코로나" 정책에 반대하는 시위가 베이징, 상하이, 광저우 등 주요 도시에서 발생한 사실이 여러 국내 언론매체에 2022년 11월 28일자로 크게 보도된 바 있다(https://www.yna.co.kr/view/AKR20221128048852074).

111) Roman Catholic Diocese of Brooklyn, New York v. Andrew M. Cuomo, 592 U. S. ____ (2020).

실시하는 반면, 미결수용자와 미지정 수형자에 대해서는 원칙적으로 매월 1회, 그것도 공간의 협소함과 관리 인력의 부족을 이유로 수용동별로 돌아가며 종교집회를 실시하여 실제 연간 1회 정도의 종교집회 참석 기회를 부여하고 있는 것은, 미결수용자 및 미지정 수형자의 구금기간을 고려하면 사실상 종교집회 참석 기회가 거의 보장되지 않는 결과를 초래할 수도 있다고 보았다. 그리고 현재의 시설 여건 하에서도 종교집회의 실시 횟수를 출력수와 출력수 외의 수용자의 종교의 자유를 보장하는 범위 내에서 적절히 배분하는 방법, 공범이나 동일사건 관련자가 있는 경우에 한하여 이를 분리하여 종교집회 참석을 허용하는 방법, 미지정 수형자의 경우 추가사건의 공범이나 동일사건 관련자가 없는 때에는 출력수와 함께 종교집회를 실시하는 등의 방법으로 청구인의 기본권을 덜 침해하는 수단이 있음에도 불구하고 이를 전혀 고려하지 아니하였으므로, 해당 구치소의 열악한 시설을 감안하더라도 과잉금지원칙을 위반하여 청구인의 종교의 자유를 침해하였다고 판단하였다.[112)]

그러나 헌법재판소는 2015년의 결정에서는, 구치소장이 2012. 12. 21.부터 2013. 4. 5.까지 구치소 내 미결수용자를 대상으로 한 개신교 종교행사를 4주에 1회, 일요일이 아닌 요일에 실시한 행위가 청구인의 종교의 자유를 침해하지 않았다고 보았다. 해당 구치소에 종교행사 공간이 1개뿐이고, 종교행사는 종교, 수형자와 미결수용자, 성별, 수용동별로 진행되며, 미결수용자는 공범이나 동일사건 관련자가 있는 경우 이를 분리하여 참석하게 해야 하는 점을 고려하면, 구치소에서 미결수용자 대상 종교행사를 4주에 1회 실시했더라도 종교의 자유를 과도하게 제한하였다고 보기 어렵고, 구치소의 인적·물적 여건상 하루에 여러 종교행사를 동시에 하기 어려우며, 개신교의 경우에만 그 교리에 따라 일요일에 종교행사를 허용할 경우 다른 종교와의 형평에 맞지 않고, 공휴일인 일요일에 종교행사를 할 행정적 여건도 마련되어 있지 않다는 점을 고려하면, 이 사건 종교행사 처우는 미결수용자의 종교의 자유를 침해하지 않는다고 판단하였다.[113)] 비록 미결수용자의 신분이라고 하더라도, 교정행정상의 중대한 사유가 있지 않는 한,

---

112) 헌재결 2014. 6. 26. 2012헌마782.

113) 헌재결 2015. 4. 30. 2013헌마190.

모든 인간의 기본권인 종교활동의 자유가 침해되지 않도록 최대한 배려하여야 할 것이고, 이것이 수형자의 개선·교화라는 교정행정의 목적에도 부합하는 결과가 될 것이다.***

한편 우리나라에서도 코비드-19 팬데믹 하에서 교회 등 종교단체의 집회인원을 제한하고 규제한 정부의 방역조치에 대하여 많은 교회들의 반발을 야기하였는데, 정부가 유흥주점 등 고위험시설과 종교시설을 동일하게 취급하여 과도하게 종교단체를 규제하는 것은, 헌법의 상대적 평등대우의 원칙에 위배되는 것이며, 헌법 제20조의 종교의 자유를 침해하는 조치라는 비판이 있다.[114]

또한 최근 우리나라에서 논란이 되고 있는 인권위의 평등법 시안에 대하여, 동성애, 동성결혼을 비판을 차별로 규정하고 법적 제재를 가하는 평등법 시안은, 대부분의 국민이 수긍하지 못하는 동성애를 비판한다는 것만으로 무차별적으로 민·형사제재를 부과하려는 것은 설득력이 없고 균형에 맞지 않으며, 기독교인의 종교의 자유를 심각하게 위협한다는 비판이 제기되고 있다.[115] 창조질서에 도전하면서 사인간 평등을 법으로 강제하게 되면, 협력과 사회윤리, 성도덕 등 억제가 아닌 소통을 통해 발현되는 자유가 심각하게 억압받는다는 주장도 있다.[116] 또한 성 소수자들의 신념도 존중받아야 하지만, 그것을 반대하는 신념 또한 존중받아야 하고, 동성결혼의 허용 여부와 관계없이 종교적 양심에 반하여 어떠한 행위를 국가가 강요한다면 국가가 개인의 종교의 자유를 침해하게 된다는 견해도 제기되고 있다.[117] 한편 기본적으로 차별금지법 제정의 필요성을 주장하면서도, 독일의 "일반평등대우법"이나 "유럽연합 이사회 고용평등지침" 등과 같이 종교와 관련한 적용 배제 조항을 두되, 특정 종교조직의 특성상 종교를 이유로 한 차별대우를 하지 않으면 그 종교조직의 본질적인 목적을 수행하기가 불가능한 경

114) 명재진, "감염병의 예방 및 관리에 관한 법률에 대한 헌법소원의 정당성", 『교회와 법』 Vol. 7, No. 2, 2021, 282-317면 참조.

115) 음선필, "종교적 병역거부와 기독교", 『교회와 법』 제6권 1호, 2019, 59면 이하; 서헌제, "국가인권위원회의 「평등법(시안)」에 대한 비판적 검토 - 성소수자 차별금지와 종교의 자유를 중심으로 -", 『교회와 법』 제7권 제1호, 2020. 8, 157-179면 참조.

116) 이상현, "포괄적 차별금지법안에 의한 신앙과 표현의 자유 침해", 『기독교사상』 743호, 2020. 11, 28면.

117) 김병록, "젠더 평등과 종교의 자유 - 동성결혼과 종교의 자유는 동시에 보장될 수 있는가?", 『법학논총』(조선대) 제25집 제3호, 2018, 26-27면.

우 등, 최소 필요 범위 내에서의 예외만을 허용하여야 한다는 주장도 제기되고 있다.[118] 차별금지법의 취지를 고려하더라도, 만약 종교교리의 교육이나 선교 활동의 차원에서 "동성애가 교리에 반한다"는 말이나 표현을 하는 것을 차별금지법 위반으로 처벌한다면, 이는 개인의 종교활동의 자유를 심각하게 침해하는 결과가 될 것이다.

종교활동의 자유에 관한 우리나라 판례에 대하여서는 뒤의 별도의 장에서 자세히 살펴보고자 한다.

Ⅲ. 종교와 법의 관계

1. 서

종교는 인간의 일상을 뛰어넘는 보다 높은 가치와 궁극적 목적을 추구하며, 이 세상의 삶을 넘어서는 변화와 초월적 능력에 의지한다. 종교와 법은 공통적으로 의식, 전통, 권위, 그리고 보편성 등을 요소로 하며, 도덕률을 포함하고 있다는 점에서 공통점이 있다.[119] 우리나라 헌법 제20조는 종교의 자유 보장과 종교와 정치의 분리원칙을 선언하고 있다. 따라서 모든 종교에 대한 지원과 규제는 차별 없이 공평하여야 하고, 정부의 행정은 종교에 대하여 중립적이어야 한다. 국가의 형법은 범죄를 억제하는 기능과, 응보를 통한 신과의 화해, 그리고 회복(개선) 등의 기능을 한다고 이해할 수 있다. 종교의 자유는 합리적, 객관적, 그리고 공적 차원에서의 종교만이 아니라, 정서적·주관적, 그리고 사적 차원에서 해석되어야 한다.[120] 오늘날 종교단체들은 낙태, 안락사, 줄기세포(stem-cell) 연구, 동성애 결혼 등 많은 문제들에 대하여 매우 적극적으로 목소리를 내고 있다.[121]

118) 홍성수, "포괄적 차별금지법의 필요성: 평등기본법을 위하여", 『이화젠더법학』 10(3), 2018. 12, 30-33면.

119) 윤종행, "형법과 종교", 앞의 글, 92면 참조.

120) Jonatas E. M. Machado, *Freedom of Religion: A View From Europe, Id,* at 535.

121) Michael Rosenfeld, *Introduction: Can Constitutionalism, Secularism and Religion be*

종교와 법은 서로 다른 영역이지만 매우 밀접하다. 종교의 역사는 거의 인류의 역사와 동일하다고 한다.[122] 서양에서는 오랫동안 종교의 침체기를 지나 오늘날 종교의 부흥기를 맞고 있다고 말한다.[123] 우리나라 헌법 제20조는 "① 모든 국민은 종교의 자유를 가진다. ② 국교는 인정되지 아니하며, 종교와 정치는 분리된다."라고 종교의 자유 보장과 종교와 정치의 분리원칙을 선언하고 있다. 따라서 모든 종교에 대한 지원과 규제는 차별 없이 공평하여야 하고, 정부의 행정은 종교에 대하여 중립적이어야 한다. 그런데 우리나라에서 종교의 자유가 형법적으로 문제된 경우를 살펴보면, 종교적 양심에 근거한 수혈 거부 등이 문제되어 왔는데, 최근 양심적 병역거부는 정당화될 수 있다는 대법원 판례가 나왔다.[124]

그리고 종교의 자유에 관한 미연방 대법원 판례를 살펴보면, 2014년 Burwell v. Hobby Lobby Stores, Inc., 사건에서, 미국의 보건후생부(the Department of Health & Human Services: HHS)에서 피임기구를 의무화하도록 규정하는 것은 "종교의 자유 회복 법(the Religious Freedom Restoration)"을 위반한 것이라고 판시하였다.[125] 그 밖에도 형법,[126] 교육의 영역,[127] 고용의 영역,[128] 양심적 병역거부의 문제[129] 등 다양한 영역에서 종교와 법은 마주쳐 왔다. 그러나 어떤 개인도 종교의 자유를 이유로 타인에게 피해를 입히는 것은 허용될 수 없고, 종교적인 이유로 타인에게 의료서비스 제공을 부인할 수 없는 것이며, 환자의 보호자가 종교적인 이유로 치료를 거부하더라도 국가는 아이들을 보호하여야 하는 책무가 있다고 이해되고 있다.[130]

Reconciled in an Era of Globalization and Religious Revival?, 30 Cardozo L. Rev. 2360 (2009).

122) W. L. Reese, Dictionary of Philosophy and Religion, 488 (1980).

123) Gidon Sapir, *Religion and State — A Fresh Theoretical Start*, 75 Notre Dame L. Rev. 651 (1999).

124) 대법원 2018. 11. 1. 선고 2016도10912 전원합의체 판결.

125) Burwell v. Hobby Lobby Stores, Inc., 134 S.Ct. 2751 (2014).

126) United States v. Ballard, 322 U.S. 78 (1944).

127) Wisconsin v. Yoder, 406 U.S. 205 (1972).

128) Sherbert v. Verner, 374 U.S. 398 (1963).

129) United States, v. Seeger, 380 U.S. 163 (1965); Welsh v. United States, 398 U.S. 333 (1970).

130) Erwin Chemerinsky & Michele Goodwin, *Religion is not a Basis for Harming Others: Review Essay of Paul A. Offit's Bad Faith: When Religious Belief Undermines Modern*

2. 종교와 법의 상호작용

미연방 대법원은 일찍이 1890년 Davis v. Beason 판결에서 종교란 개인의 창조주의 존재와 인격에 대한 경외에 대한 시각으로 이해하였다.[131] 그러나 오늘날 신이나 초월적 존재에 대한 믿음은 종교의 요건이 아니라고 보고 있다.[132] 종교는 일반적으로 영혼불멸 또는 영원한 존재 등과 관련되지만, 초기의 불교와 같이 신이나 절대자를 믿지 않더라도 종교로 인식되고 있다. 종교로 인정되기 위하여서는 외형상 담론(discourse), 실천(practice), 공동체(community), 그리고 제도(institution) 등을 갖추어야 한다.[133] 그리고 종교의 인간 내면적 구성요소로서는 믿음, 종교적 공동체에 대한 소속 의지, 인간의 보통의 삶을 초월할 수 있는 변화와 초월적 힘과 고차원의 가치와 목표를 향한 의지 등을 포함하고 있는 것으로 이해된다.[134] 그런데 법과 종교는 상호의존적인 것으로 이해되고 있다. 법이 사회에서의 권리와 의무의 배분에 관한 것이라면, 종교는 사회에서 인간의 삶의 궁극적 의미와 목적을 향한 헌신과 직관의 문제라고 설명하기도 한다.[135] 법이 사회가 혼란스럽고 난장판이 되는 것에 저항하는 것이라면 종교는 인간의 부패와 타락에 저항하는 것이다.[136] 또한 형법이 인간의 사회생활을 규제한다면, 종교의 도덕률은 인간의 영적 생활에 관한 것이다.[137] 그러나 법은 삶의 궁극적 의미와 목적에 관하여 대답하여 주지 못한다.[138]

Medicine, 104 Geo. L. J. 1129－1135 (2016).

131) Davis v. Beason, 133 U.S. 333, 342 (1890).

132) Torcaso v. Watkins, 367 U.S. 488 (1966).

133) Bruce Lincoln, Holy Terrors: Thinking about Religion after September 11, 5－7 (2003); Jonatas E. M. Machado, *Freedom of Religion: A View From Europe*, 10 Roger Williams U. L. Rev. 479 (2005).

134) Encyclopedia of the World's Religions, R.C. Zaehner ed., 393－394 (1997).

135) Harold J. Berman, The Interaction of Law & Religion, Abington Press, 12 (1974).

136) Harold J. Berman, *Id*, at 24.

137) John E. Witte, Jr. & Thomas C. Arthur, *The Three Uses of the Law: A Protestant Source of the Purposes of Criminal Punishment?*, 10 J.L. & Religion 451 (1993/1994).

138) Harold J. Berman, *Id*, at 134－135; John O. Hayward, *The Power of Religion in a Secular Society*, 21 Trinity L. Rev. 68 (2016).

3. 종교와 법의 공통점

종교와 법은 공통적으로 의식(ritual), 전통(tradition), 권위(authority), 그리고 보편성(universality) 등을 요소로 한다.[139] 또한 종교와 법은 도덕률(moral law)을 포함하고 있다는 점에서 공통점이 있다. 예컨대 기독교의 역사에서 16세기의 Martin Luther와 John Calvin 등의 종교개혁자들은 종교 교리를 자연법 또는 도덕률(natural or moral law)에 토대를 두었다. 그들은 신이 모든 사람들의 마음에 양심과 이성으로 알 수 있는 도덕률을 새겼다고 믿었는데, 이 도덕률은 사람들이 신의 벌을 받는 것을 두려워하여 죄를 저지르지 않도록 하고, 법을 위반한 사람을 비난하며 자신을 돌아보아 잘못을 깨닫게 하고, 신자들이 영적으로 보다 성숙해지도록 격려하고 가르치는 기능을 한다고 이해되었다. 따라서 국가의 형벌은 사람들에게 인간의 죄에 대한 신의 분노를 깨닫게 하고, 자신의 행동을 개선하고 보다 나은 사람이 될 수 있도록 경고하는 기능을 하여야 한다고 이해하였다. 결과적으로 국가의 형법은 범죄를 억제하는 기능(deterrent function)과, 응보(retributive function)를 통한 신과의 화해(reconciliation with God), 그리고 회복(갱생) 또는 개선(rehabilitation or reformation) 등의 기능을 한다고 이해하였다.[140] 예컨대 1984년의 미연방 형 선고법(Federal Sentencing Act)은 "형벌은 범죄를 저지른 사람에게, 범죄의 중대성에 상응하는 공정한 형벌을 부과하여 법을 존중하도록 하여야 하고, 범죄에 대한 억제, 범인의 후속 범죄로부터 일반인의 보호, 그리고 범인에게 필요한 교육과 직업훈련, 의료서비스 제공, 기타 가장 효과적인 교정처우를 하여야 한다."고 규정하고 있다.[141]

---

139) Harold J. Berman, Id. at 25; John O. Hayward, *The Power of Religion in a Secular Society*, *Id*, at 30.

140) John E. Witte, Jr. & Thomas C. Arthur, T*he Three Uses of the Law: A Protestant Source of the Purposes of Criminal Punishment?*, *Id*, at 434–459 (1993/1994).

141) 18 USCA §3553(a)(2)(1988).

Ⅳ. 종교와 법의 교차점

1. 인간의 행위와 의도, 그리고 비난성

종교에서는 악한 마음을 품는 것 자체가 죄악이라고 말한다. 성서에는 형제를 미워하는 자마다 살인하는 자이고,[142] 여자를 보고 음란한 생각을 품는 자마다 이미 죄를 범한 것이라고 한다.[143] 종교는 사람들의 시선이나 겉으로 들어나는 행위에 대한 외적 평가보다도 신과의 관계와 관점에서 바라보는 도덕적·인격적 성숙성과 순수성에 보다 집중하는 측면이 있음을 알 수 있다. 그러나 법은 실천되지 않은 단순한 생각이나 신념, 욕망, 환상, 또는 의도만으로는 처벌할 수 없다는 원칙이 확립되어 있다.[144] 공정하게 법을 집행하고 자의적인 권력의 남용을 방지하기 위하여서는, 객관적인 사실을 토대로 하여 행위에 대한 법적 평가를 하여야 한다는 원리로 이해할 수 있을 것이다. 그러나 법에서도 외적으로 드러나는 행위가 있는 한 사람의 의도나 생각은 비난의 정도와 처벌에 영향을 준다. 예컨대 어떤 사람이 총을 겨누고 방아쇠를 당겼으나 그 총이 장난감 총으로 판명이 된 경우와 같이, 그와 같은 행위에 대해서만이 아니라 악한 의도에 대해서도 비난하는 감정이 들 수 있으며, 경우에 따라서는 행위 자체보다도 행위자의 의도 자체를 더 비난할 수 있는 것이다. 특히 테러범죄나 증오범죄의 경우에는, 비록 미수에 그친 경우라고 하더라도 행위자의 생각을 근거로 처벌될 수 있는 면이 크다고 볼 수 있고,[145] 범행 도중 생각이 바뀌어 중단한 중지미수의 경우, 보다 관대한 처벌이 주어지는 것은 행위자의 생각이나 마음가짐 여하에 따라 법적 처벌이 달라지는 면을 볼 수 있다. 이와 같이 법은 도덕을 바탕으로 하여 일반인의 비난의 정도에 민감하게 반응하는 면이 있다는 점에서, 종교와도 공유하

142) 요한일서 3:15은 "그 형제를 미워하는 자마다 살인하는 자니 살인하는 자마다 영생이 그 속에 거하지 아니하는 것을 너희가 아는 바라"라고 기록하고 있다.

143) 마태복음 5:28은 "나는 너희에게 이르노니 음욕을 품고 여자를 보는 자마다 마음에 이미 간음하였느니라"라고 기록하고 있다.

144) Gabriel S. Mendlow, *Why Is It Wrong To Punish Thought?* 127 YALE L. J. 2345 (2018).

145) Gabriel S. Mendlow, *Thoughts, Crimes, and Thought Crimes*, 118 Michigan L. Rev. 842, 843 (2020).

는 면이 있다고 볼 수 있다.[146)]

2. 의사자유론과 결정론

오늘날 의사자유론(volitionalism)이 법학, 정치학, 종교, 그리고 윤리 모든 분야에서 지배적인 이론적 바탕이 되고 있다. 의사자유론은 개인이 자유롭게 선택하고 행동한 결과에 대하여서만 책임을 지게 되고 또한 어떠한 행위를 하지 않을 자유도 주어져야 한다는 생각에 기초하고 있다. 자신의 통제범위를 벗어나거나 통제할 수 없는 타인의 행위에 대하여 책임을 묻는 것은 부당하기 때문이다. 그러나 많은 사람들은 현실로 세상에서는 자신이 통제할 수 없는 사건이 자신의 운명에 영향을 줄 수 있고, 아무리 개인이 자신의 노력을 다한다고 해도 소용 없이 신이 자신의 직업이나 운명을 결정하게 된다고 믿고 있다. 심지어 열성 신자들은 개인의 행위가 어떠하든지 상관없이 신이 천국에 갈 사람을 정하게 된다고 믿기도 한다. 그럼에도 이러한 운명론 또는 결정론은 개인이 자신의 운명을 개척하고 통제할 수 있는 권리가 있다는 것을 인지하는 것을 강하게 부인하고자 하는 어두운 세계관의 흔적으로 치부되고 있는 것이 사실이다. 그리고 의사자유론이 자유주의와 내재적으로 밀접하게 연결된다는 검증되지 않은 보편적 생각으로 인하여, 법원과 의회가 의사자유론자들의 신앙에 보다 우호적인 방향으로 흐를 수 있다. 그러나 종교의 자유와 종교적 중립성을 보다 충실히 보장하게 위하여서는, 의사자유론자들과 결정론자들의 신앙을 공평하게 다루어야 하는 것이다. 종교의 자유와 관련하여 미국의 전통과 법이론, 그리고 현실적 정부정책에서 인정하여 온 바와 같이, 법원과 의회에서 의사자유론자들과 결정론자들의 신앙을 동등하게 보호하여야 한다는 주장이 타당하다고 여겨진다.[147)]

그런데 오늘날 정부의 권한과 활동이 보다 증가하고 있는 상황에서, 표면적으로 중립적인 법(facially neutral laws)에 의하여 현실적으로 국민의 종교의 자유가

146) 윤종행, “형법과 종교”, 앞의 글, 75면, 76면 참조.

147) David C. Williams & Susan H. Williams, Volitionalism and Religious Liberty, 76 Cornell L. Rev. 770, 772 (1991).

침해되는 상황을 법원이 간과한다면, 정부는 점차 국민의 삶에서 종교가 점점 하찮은 것이 되도록 할 수 있다는 우려를 낳을 수 있다. 표면적으로 중립적인 법이라고 해서 실제로 결정론자들의 신앙을 차별하지 않는다고 볼 수 없기 때문이다.[148] 따라서 종교와 관련하여 의사자유론자들(volitionalists)과 결정론자들(nonvolitionalists)의 견해 차이가 크기 때문에, 국민의 현실 삶에서 실제로 헌법상 종교의 자유를 폭넓게 보장하여야 하고, 국가는 의사자유론자들과 결정론자들의 권리를 동등하게 보호하는 것에 보다 관심을 가져야 할 것이다. 아울러 소수 종교인, 외국인, 그리고 이민자들의 고유한 종교를 신봉하는 신앙의 자유를 동등하게 보호하는 데에도 세심하게 유념하여야 할 것이다.[149]

3. 종교와 도덕적 신념

종교와 법은 공통적으로 의식(ritual), 전통(tradition), 권위(authority), 그리고 보편성(universality) 등을 요소로 하며,[150] 도덕률(moral law)을 포함한다. 종교는 일반적으로 영혼불멸 또는 영원한 존재 등과 관련되지만, 초기 불교와 같이 신이나 절대자를 믿지 않을 수도 있다고 한다. 일반적으로 종교로 인정되기 위하여서는 외형상 담론(discourse), 실천(practice), 공동체(community), 그리고 제도(institution) 등의 요소가 필요하고,[151] 종교의 인간 내면적 구성요소로서, 믿음, 종교적 공동체에 대한 소속 의지, 인간의 보통의 삶을 초월할 수 있는 변화와 초월적 힘과 고차원의 가치와 목표를 향한 의지 등을 포함한다고 설명하고 있다.[152]

그런데 오늘날 정보통신의 획기적 발달과 세계화로 인하여 다양한 문화와

148) *Id,* at 923, 925.

149) 윤종행, "종교와 법의 교차점", 앞의 글, 447면 참조.

150) Harold J. Berman, The Interaction of Law & Religion, Abington Press, 25 (1974); John O. Hayward, *The Power of Religion in a Secular Society*, 21 Trinity L. Rev. 30 (2016).

151) Bruce Lincoln, Holy Terrors: Thinking about Religion after September 11, 5−7 (2003); Jonatas E. M. Machado, *Freedom of Religion: A View From Europe*, 10 Roger Williams U. L. Rev. 479 (2005).

152) Encyclopedia of the World's Religions, R.C. Zaehner ed., 393−394 (1997); 윤종행, "형법과 종교", 앞의 글, 75면, 76면 참조.

전통을 공유하게 되었고, 사람들은 전통적인 종교만이 아니라 무신론적 신념, 철학적·윤리적 또는 도덕적 원칙들을 포함하여 다양한 내면적 가치체계를 형성하고 있는 것이 현실이다.[153] 이러한 사람들의 다양한 인식론적 가치체계나 신념들이 헌법상 종교의 자유와 구분하는 양심의 자유[154]로서 보호될 수 있다고 보는 것이 세계적 추세이지만,[155] 종교활동의 자유와 같은 실제적인 문제에 있어서는 아직도 종교와는 구분될 필요성이 있다. 법원은 신앙의 신실성(the sincerity of belief)에 대하여 법원이 판단할 수 있다는 입장이지만,[156] 종교의 자유의 보호대상인 신앙으로 인정되기 위하여 반드시 지속적이고 일관성이 있는 교리가 있어야 하는 것은 아니고, 논리적이거나 다른 사람들에게 납득될 수 있어야 하는 것도 아니라고 이해되고 있다.[157]

4. 존중와 겸허함의 자세

종교는 자신이 진리라고 믿는 것을 절대화함으로써 비타협적·배타적으로 흐를 위험이 크다. 따라서 종교와 관련된 법적 쟁점에 있어서 분쟁당사자에게 요구되는 것은 무엇보다도 존중(respect)과 겸허함(humility), 그리고 유연한 사고가 필요하다. 특히 종교의 자유와 평등권이 대립하는 긴장관계와 같이 첨예하게 의견 차이를 보이는 경우에는 상대방의 견해를 존중하는 태도가 요구된다. 또한 자신이 믿는 진리가 틀릴 수도 있다는 것을 인정하는 겸손의 자세가 요구되고, 반드시 자신의 신념과 원칙에 부합하는 결론이어야 한다고 고수하지 않는 사고의

153) Micah Schwartzman, *What If Religion Is Not Special?*, 79 U. Chi. L. Rev. 1426, 1427 (2012).

154) 우리나라 헌법 제19조는 "모든 국민은 양심의 자유를 가진다."라고 규정하고 있다.

155) 우니나라 대법원은 최근 양심적 병역거부가 병역법상 정당화될 수 있다고 판시하였다 (대법원 2018. 11. 1. 선고 2016도10912 전원합의체 판결). 이에 대한 비평은 윤종행, "형법과 종교", 앞의 글, 84면 참조.

156) Garrett Epps, *What We Talk About When We Talk About Free Exercise*, 30 Ariz. St. L. J. 563, 570 (1998).

157) Thomas v. Review Board of the Indiana Employment Security Division, 450 U.S. 707, 714 (1981); Mark Strasser, *Definitions, Religion, and Free Exercise Guarantees*, 51 Tulsa L. Rev. 38 (2015).

유연성(flexibility)이 필요하다. 또한 겸손함이 자신의 신념이나 원칙에 대한 회의를 의미하는 것이 아니라는 전제 하에, 자신의 주장이 지나치지 않도록 절제하며 상대방의 관점을 이해하기 위하여 노력하겠다는 마음의 여유가 필요하다.[158] 예컨대 동성애자나 성전환자의 권리와 같이 첨예하게 가치관이 충돌하는 쟁점을 접함에 있어서, 종교의 자유와 차별 금지 등의 원칙을 준수하면서, 다양한 성향의 사회구성원들이 자유롭고 평화롭게 공존할 수 있는 화해와 타협의 미덕이 요구된다.[159]

5. 소 결

오늘날 대부분의 문명국가는 자유민주주의와 법치주의를 지향하면서 정교분리의 원칙을 확립하였고, 모든 사람들에게 신앙과 종교활동의 자유를 보장하면서, 일정한 법의 테두리 안에서 평등의 원칙과 소수 종교인 또는 종교를 갖고 있지 않는 사람들의 양심의 자유를 아울러 보장하고 있다. 물론 종교의 자유는 신앙의 자유를 기본으로 하고 무신앙의 자유도 헌법상 보장된다. 오늘날 정보통신의 획기적 발달과 세계화로 인하여 다양한 문화와 전통을 공유하게 되었고, 사람들은 전통적인 종교만이 아니라 무신론적 신념, 철학적·윤리적 또는 도덕적 원칙들을 포함하여 다양한 내면적 가치체계를 형성하고 있는 것이 현실이다.[160]

그런데 법은 도덕을 바탕으로 하여 일반인의 비난의 정도에 민감하게 반응하는 면이 있다는 점에서 종교와도 공유하는 면이 있다. 그리고 종교와 관련하여 의사자유론자들과 결정론자들의 이해가 많이 다르기 때문에 국민의 현실 삶에서 실제로 헌법상 종교의 자유를 폭넓게 보장하여야 하고, 국가는 의사자유론자들과 결정론자들의 권리를 동등하게 보호하기 위한 세심한 주의가 필요하다. 아울러 소수 종교인, 외국인, 그리고 이민자들의 고유한 종교를 신봉하는 신앙의 자유를 동등하게 보호하여야 한다.[161]

---

158) Martha Minow, *Should Religious Groups Be Exempt from Civil Rights Laws?*, 48 B.C. L. Rev. 844−846 (2007) 참조.

159) 윤종행, “종교와 법의 교차점”, 앞의 글, 450면 참조.

160) 위의 글, 451면 참조.

오늘날 정부의 기능과 정책의 확대로 인하여 종교활동이 보다 어려워지거나 위험하여질 수도 있고, 보다 많은 비용을 부담하게 될 가능성이 있다.[162] 종교의 자유와 공공의 안전과 건강 등 국가적 이익이 충돌할 경우, 자유민주적 기본질서와 법치주의라는 현대국가의 기본원칙에 충실하면서 다양한 사회구성원들의 공존공영과 기본권 보장을 추구하여야 할 것이다. 따라서 예컨대 미결수용자의 신분이라고 하더라도, 교정행정상의 중대한 사유가 있지 않는 한 모든 인간의 기본권인 종교활동의 자유가 침해되지 않도록 배려하여야 할 것이고, 이것이 수형자의 개선·교화라는 교정행정의 목적에도 부합하는 결과가 될 것이다. 그리고 현실적으로 종교적 입장이 비타협적·배타적으로 흐를 위험이 크기 때문에, 개인과 개인 또는 기관이나 단체의 종교적 다툼과 관련되는 시각이나 이해관계가 대립하는 상황에서는, 상호 존중과 겸허함의 자세와 유연한 사고로 해법을 찾을 것이 요구된다. 또한 우리 사회가 지향하는 가치적 공감대를 바탕으로 갈등을 조정하고, 자유민주적 방식의 사회통합을 이루는 방향으로의 법리 형성이 요구된다. 특히 종교활동에 대한 형사처벌이 문제되는 경우에는 형법의 비례성의 원칙에 따라 국가형벌권 행사를 최대한 억제하면서, 국민의 종교의 자유, 평등권 등의 기본권 보장과 국가의 안전과 공공복리 등 상충하는 법익 간의 규범조화적 해결방안을 모색하여야 할 것이다. 요즘 논란이 되고 있는 차별금지법의 경우를 보면, 만약 종교교리의 교육이나 선교활동의 차원에서 "동성애가 교리에 반한다"는 말이나 표현을 하는 것을 차별금지법 위반으로 처벌한다면, 이는 개인의 종교활동의 자유를 심각하게 침해하는 결과가 될 수 있음을 유의하여야 할 것이다.[163]

---

161) 위의 글, 451-452면 참조.

162) Ira C. Lupu, *Where Rights Begin: The Problem of Burdens on the Free Exercise of Religion*, 102 Harv. L. Rev. 938 (1989).

163) 윤종행, "종교와 법의 교차점", 앞의 글, 452면 참조.

V. 종교의 자유와 타 법익 간의 충돌

종교의 자유도 다른 기본권들과 마찬가지로 다른 법익과 충돌하는 경우가 있다. 물론 내면적인 신앙의 자유는 절대적으로 보호되므로 어떠한 방식으로든지 이를 침해하여서는 아니 되지만, 신앙의 외적 표현의 행위와 신앙에 따른 행동의 자유 등은 타 법익을 침해할 수 있는 소지가 있으므로 법적인 제한을 받을 수 있다. 세계의 보편적 흐름에 따라 우리나라에서도 헌법상 종교의 자유가 보장되지만, 종교활동의 자유는 국가의 안전보장, 질서유지, 공공복리를 위하여 필요한 경우 그 본질적 내용을 침해하지 아니하는 한 법률로써 제한될 수 있다고 이해되고 있다. 그런데 그 본질적 내용의 범위가 어디까지인지, 그리고 제한의 범위가 필요 최소한에 해당하는지를 확정하는 것은 쉽지 않다. 종교의 자유와 충돌하는 타 법익으로서 공공의 건강과 안전, 사회적 평온과 질서, 공공복리, 그리고 사회도덕 등을 들 수 있다.[164]

1. 공공의 건강과 안전(Public Health and Safety)

우선, 공공의 건강과 안전에 위협이 되는 종교의 자유의 행사에 대하여서는 국가가 법률로써 이를 제한할 수 있다.[165] 예컨대 국가에서 백신접종의 의무화 정책을 시행하는 경우,[166] 종교적 방식으로 병을 치료하면서 무면허로 약을 사용한 것을 형사소추하는 경우,[167] 또는 종교의식에서 뱀을 사용하는 것을 금지하는 경우[168] 등을 들 수 있다.

1941년의 유명한 미연방 대법원 판례를 보면, 당시 미국 뉴햄프셔 주에서는 시내에서 퍼레이드를 하기 위하여서는 미리 허가를 받아야만 했는데, 여호와의

164) 윤종행, "종교 관련 재판의 전제로서의 몇 가지 쟁점들 — 미국 판례를 중심으로 —", 앞의 글, 190-191면 참조.

165) Sherbert v. Verner, 374 U.S. 403 (1963).

166) Jacobson v. Massachusetts, 197 U.S. 11 (1905).

167) People v. Handzik, 343 U.S. 927 (1952).

168) Kirk v. Commonwealth, 186 Va. 839, 44 S.E.2d 409 (1947).

증인 신자들이 허가 없이 거리에서 퍼레이드를 하였다는 이유로 소추되어 벌금형을 선고받은 사건이 있었다. 미연방 대법원은 만장일치로, 국가는 공공의 안전을 위하여 표현의 자유에 관하여 시간, 장소, 방식 등을 합리적으로 제한할 수 있으며, 시위에 대하여 일정한 비용을 지불하면서 사전에 허가를 받게 하는 것은, 평화적인 행사가 되도록 하는 데 필요한 정당한 국가적 이익이 있는 것이라고 판시하였다.[169)]

그리고 미국 캘리포니아주의 원주민 인디언들이 전통 종교의식에서 환각작용으로 인하여 법으로 소지를 금지한 Peyote라는 멕시코산 선인장을 사용한 이유로 소추된 사건이 있었다. 캘리포니아주 대법원은, 인디언 원주민들이 전통 종교의식을 행하는데 피요테의 사용은 필수적인 것으로 보았다. 따라서 이를 절대적으로 금지하는 것은 종교의식을 행하는 것을 불가능하게 하는 것으로서, 종교의 자유를 침해하는 것이라고 판단하였다.[170)]

또한 미국 아칸소주 아칸사스군(county)에서 지난 50년 이상 백신을 맞지 않았어도 천연두에 걸린 적이 없었다고 주장하면서, 천연두(smallpox) 백신 접종을 아동의 등교 조건으로 하고 있는 교육당국의 정책은 종교의 자유를 침해하는 것이라는 주장이 있었다. 그러나 아칸소주 대법원은, 신앙의 자유는 제한될 수 없는 절대적인 것이지만, 종교행사의 자유로서의 종교활동의 자유는 사회의 보호를 위하여 제한될 수 있는 것이라고 판단하였다. 종교의 자유를 행사하는 것이 사회적 이익과 타인의 권리를 침해하여서는 안 된다고 보았다. 천연두는 전염성이 강한 질병으로서, 종교의 자유의 행사가 감염병에 노출하게 함으로써 아동의 건강과 생명을 위험하게 하는 것까지 허용하는 것은 아니라고 판단하였다.[171)]

최근에는, 미국의 바이든 행정부가 민간 대기업 종사자들에게 백신 미접종 시 마스크 착용과 매주 코로나19 진단 검사를 받도록 해 사실상 접종을 의무화한 것에 대하여, 미연방 대법원은 2022년 1월 13일, 조 바이든 대통령의 '백신 접종 의무화' 명령은 무효라고 판단하였다. 다만 연방정부의 재정지원을 받는 기관

---

169) Cox v. New Hampshire, 312 U.S. 569 (1941).

170) People v. Woody, 61 Cal.2d 716 (1964).

171) Wright v. DeWitt School Distric, 238 Ark. 906, 385 S.W.2d 644 (1965).

에 종사하는 의료인들에 대한 백신접종의무화는 제한적으로 허용될 수 있다고 보았다.[172]

2. 사회적 평온과 질서(Public Peace and Order)

사회적 평온과 공공의 질서를 위협하는 명백하고 현존하는 위험(clear and present danger)이 존재하는 경우에는, 종교적 표현이나 활동을 제한할 수 있다는 원칙이 확립되어 있다. 따라서 종교적 의식이나 표현, 또는 활동이 사회적 평온을 해할 위험이 있다고 하여 바로 경찰권을 발동하여 이를 규제하여서는 아니 된다. 종교의 자유와 충돌하는 타 법익과의 이익형량을 함에 있어서, 직접적이고 급박한 위험이 인정되지 않는 한 최대한 종교의 자유를 제한하는 것에 신중을 기하여야 함을 의미한다.[173]

이와 관련된 유명한 판례를 보면, 미국의 코넷티컷 주에 사는 여호와의 증인(Jehovah's Witness) 신자인 Newton Cantwell과 그의 두 아들이, 뉴 헤이븐(New Haven)시의 카톨릭 신자 밀집지역에서, 여호와의 증인 교리에 관한 팜플렛, 책자, 녹음테이프와 녹음기 등을 가지고 집집마다 방문하면서 길 가는 사람에게 들려주기도 하였다. 책자의 내용에는 기성 종교 일반과 카톨릭교에 대한 공격적인 내용이 담겨 있었다. 그들은 홍보활동을 하기 위하여서는 당국에 미리 허가를 받아야만 하는 코넷티컷주 법을 위반하였다는 이유로 기소되었다. 미연방 대법원은, 종교활동의 자유는 사회적 제약이 따르는 것이더라도, 본 사안에서는 국가가 종교적 활동의 자유를 부당하게 침해하였다고 판시하였다.[174]

또한 여호와의 증인 신자인 Thelma Martin이, 오하이오주의 Strutherst시에서, 가가호호 방문하여 문을 두드리고 종교적 광고전단지를 배포함으로써 소란

172) https://www.nytimes.com/2022/01/13/us/politics/supreme-court-biden-vaccine-mandate; National Federation of Independent Business v. OSHA, 595 U. S. ____ (2022).

173) Donald A. Giannella, *Religious Liberty, Nonestablishment, and Doctrinal Development. Part I. The Religious Liberty Guarantee*, 80 Harv. L. Rev. p. 1396 (1967).

174) Cantwell v. Connecticut, 310 U.S. 296 (1940). 윤종행, "종교와 법의 교차점", 앞의 글, 440-441면 참조.

스럽게 하였다는 이유로 소추되어 Strutherst시 조례 위반으로 벌금을 받은 사건이 있었다. 미연방 대법원은, 비록 종교적 광고전단지를 배포하는 행위가 주민들에게 성가신 일일지라도, 이를 금지하는 Strutherst시의 조례는 헌법상 표현의 자유를 침해하는 것이라고 판시하였다.175)

3. 공공복리(Public Welfare)

종교의 자유의 행사가 공공복리에 반하는 경우에는 종교의 자유로서 보호받지 못할 수 있다. 그런데 공공복리는 매우 폭넓은 개념으로서, 종교의 자유와의 충돌 문제와 관련하여 공공의 건강, 안전, 평온 등에 비하여 덜 보호받는 개념이다. 공공복리와 종교의 자유가 문제된 사례를 보면, 일찍이 미국 매사추세츠(Massachusetts)주에서, 여호와의 증인 여성 신자인 Sarah Prince가, 자신이 후견하는 9세 여아(Betty M. Simmons)를 거리에서 종교적 유인물을 돌리면서 기부금을 받는 일을 시킨 것에 대하여, 아동근로법(child labor laws) 위반으로 기소한 사건이 있었다. 이에 대하여 Prince와 그녀의 남편은 종교의 자유와 평등권을 침해하는 것이라고 주장하였으나, 아칸소주 대법원은, 부모의 아동에 대한 권리는 절대적이지 않고 아동의 복리를 위하여 제한될 수 있는 것으로서, 아동의 복리를 위하여 육체적·정신적 성장에 해로운 종교적 유인물을 판매하는 일을 금하는 매사추세츠 법은 정당하다고 판단하였다.176)

그리고 제7일안식일예수재림교(the Seventh-Day Adventist Church) 신자가 자신의 신앙에 따라 안식일인 토요일에 근무하지 않으려 하였다는 이유로 South Carolina의 고용주로부터 해고를 당하자, South Carolina주 실업수당법에 따라 실업수당을 청구하였으나 거부당한 사건이 있었다. 미연방 대법원은, South Carolina주 위원회가 실업수당 지급을 거부한 것은, 미연방 헌법 수정 제1조상의 종교활동의 자유를 침해하였다고 판시하였다.177)

---

175) Martin v. Struthers, 319 U.S. 141 (1943).

176) Prince v. Massachusetts, 321 U.S. 158 (1944).

177) Sherbert v. Verner, 374 U.S. 398－410 (1963); 윤종행, “형법과 종교”, 앞의 글, 79면 참조.

또한 펜실베이니아주에서 상업을 하는 Abraham Braunfeld와 몇몇의 정통 유태교(Orthodox Jews) 신자들은, 펜실베이니아주법이 일요일 영업을 금지하자, 자신들이 신봉하는 유태교의 교리상 토요일에 일할 수 없으므로, 일요일까지 업무를 못하면 경쟁업체에 밀려 곤란하게 되므로, 일요일 영업금지 조치는 자신들을 차별하는 결과를 가져오게 된다고 법적 다툼을 하였다. 미연방 대법원은, 펜실베이니아주의 일요일 영업금지법은 보편적 복지(general welfare)를 위한 것으로서, 국가는 중요한 사회적 목적과 선량한 질서를 위하여 입법으로써 자유로운 종교활동의 자유를 제한할 수 있는 것이며, 본 사안에서 정당한 국가적 목적 달성을 위한 덜 제약적인 다른 수단(less burdensome means)이 있다고 볼 수 없다고 판단하였다.[178)]

4. 사회도덕(Public Morality)

종교의 자유가 사회도덕과 충돌하는 경우도 있다. 종교 교리가 사회도덕에 어긋날 경우인데, 대개는 도덕의 중요 부분은 형법으로 보호하기 때문에 형법에 위반될 수도 있다. 미연방 대법원은 일찍이 유명한 1878년의 Reynolds v. United States 사건에서, George Reynolds라는 모르몬교(The Church of Jesus Christ of Latter-day Saints: LDS Church) 교도가 당시의 중혼금지법(Morrill Anti-Bigamy Act, 1862)에 의하여 형사소추되자, 종교의 자유를 근거로 일부다처제를 허용하여야 한다는 주장을 만장일치로 배척하였다. 국가가 개인의 종교교리에 따른 종교활동(practices)에 개입할 수 있다고 보면서, 미국에서 중혼의 문화는 낯선 것이고, 의회는 영미의 오랜 전통인 중혼금지의 법을 제정할 수 있는 권한을 갖고 있다고 판단하였다. 비록 현재로서는 일부다처제가 모르몬교도 공동체에 국한되는 것이지만, 이를 허용하면 불가피하게 사회 전체로 확산될 것을 우려하였다. 사람들은 보편적인 법을 회피하기 위하여 종교적 신념을 주장할 수 있고, 이는 무정부주의에까지 이를 수 있는 위험성이 있다는 논지였다.[179)]

---

178) Braunfeld v. Brown, 366 U.S. 599 (1961).

179) Reynolds v. United States, 98 U.S. 145–168 (1878); Bernadette Meyler, *The Equal*

그런데 형법상 범죄는 도덕 중에서도 국가가 형벌권을 발동하여 강행하고자 하는 내용을 포함하는 것이 일반이지만, 도덕과는 상관 없이 행정목적 달성을 위한 경우도 있다. 따라서 사회적·도덕적 비난에 근거한 자연범(*malum in se*)과 공중의 건강, 안전, 또는 사회복지를 도모할 목적으로 설계된 법정범(*malum prohibitum*)을 구별하여, 도덕 중에서도 무엇을 형법으로 보호할 것인가, 종교의 자유를 근거로 하여 형법 적용의 특별한 예외를 인정할 것인가를 판단하여야 할 것이다.[180] 여기서 종교적 이유에 근거한 법정범을 위반한 경우는 보다 종교의 자유를 보호하는 방향으로 해석하고, 자연범의 경우는 보다 엄격한 이익형량을 하여 형법의 원칙에 충실한 해석이 필요할 것이다. 도덕 중에서도 사회적으로 용인될 수 없는 중요한 내용을 형법에 규정하여 보호한다는 점에서, 종교적 이유를 근거로 하는 형법 적용의 예외 인정에는 신중을 기할 수밖에 없을 것이다.[181]

5. 기타 국민의 의무

그 밖에도 납세의무, 배심원 의무, 병역의무 등 국민의 기본 의무의 이행을 종교의 자유를 들어 거부할 수 있는가가 문제된다. 1963년 미국의 Johnson v. Wilkins 판결에서 미연방 대법원은, 배심원으로서 판결에 참여하는 것이 종교적 신념에 반한다는 이유로 배심원의 의무를 거부할 수 있다고 판단하였다.[182] 그리고 1965년의 United States v. Seeger 판결에서 미연방 대법원은, 양심적 병역거부는 종교적 이유만이 아니라 신을 믿지 않는 사람이더라도 "신에 대한 정통적 믿음으로 꽉 차 있는 신념에 비견되는 정도로 그 신념의 소유자의 삶에서 자리 잡고 있는" "진지하고 유의미한 신념(sincere and meaningful belief)"에 근거한 경우에는 인정될 수 있다고 판시하였는데, 1970년의 Welsh v. United Sates 판결에서

Protection of Free Exercise: Two Approaches and their History, 47 B. C. L. Rev. pp. 312–314 (2006). 윤종행, "형법과 종교", 앞의 글, 3면, 78면 참조.

180) Donald A. Giannella, *Id*, at 1403–1405.

181) 윤종행, "종교 관련 재판의 전제로서의 몇 가지 쟁점들 — 미국 판례를 중심으로 —", 앞의 글, 196면 참조.

182) Johnson v. Wilkins, U.S. 14 (1963).

이를 보다 분명히 하였다.183)

그런데 1982년의 United States v. Lee 판결은, 아미쉬 신자인 Edwin D. Lee가 몇몇의 아미쉬 신자들을 고용하고도 약 7년 동안 사회안전세(social-security taxes)를 내지 않다가, 추후에 미납 세금 27,000달러를 추징한 것에 대하여 종교의 자유 등을 근거로 체납세액 납부를 거부하고 소를 제기한 사건이다.184) 미연방 대법원은, 사회안전 제도를 위하여 고용주에게 부과되는 세금은 의회에서 예외적으로 허용하는 경우가 아닌 한 모든 고용주에게 적용되어야 한다고 봄으로써, Lee의 주장을 배척하였다.185)

우리나라 헌법 제38조는 "모든 국민은 법률이 정하는 바에 의하여 납세의 의무를 진다."라고 규정하고 있다. 납세의무는 국민의 기본의무로서 이에 대하여 종교적 이유로 면제를 주장할 만한 합리적 근거를 제시하여야 할 것이다. 그리고 헌법 제39조는 "① 모든 국민은 법률이 정하는 바에 의하여 국방의 의무를 진다. ② 누구든지 병역의무의 이행으로 인하여 불이익한 처우를 받지 아니한다."라고 규정하고 있다. 그런데 위에서 언급한 바와 같이 병역의무와 관련하여, 2018년 우리 나라 헌법재판소는 양심적 병역거부를 인정하여 대체복무제를 규정하여야 한다는 결정을 하였고, 대법원도 종교적 양심을 이유로 입영하지 않고 병역을 거부한 경우는 병역을 거부할 정당한 사유에 해당하므로 병역법 위반이 아니라는 판결을 내렸다. 따라서 종교적·양심상 이유로 한 병역거부는 이제 2021년부터 시행하는 "대체역의 편입 및 복무 등에 관한 법률"에 따라 해결되었다.

그리고 국민의 형사재판 참여에 관한 법률186) 제3조(국민의 권리와 의무)는

183) The United States Supreme Court ruled that the exemption from the military draft for conscientious objectors could not be reserved only for those professing conformity with the moral directives of a supreme being, but also for those whose views on war derived from a "sincere and meaningful belief which occupies in the life of its possessor a place parallel to that filled by the God of those" who had routinely gotten the exemption; United States v. Seeger, 380 U.S. 163 (1965); Welsh v. United Sates, 398 U.S. 333 (1970); John O. Hayward, *The Power of Religion in a Secular Society*, 21 Trinity L. Rev. 44–49 (2016).

184) 윤종행, "종교와 법의 교차점", 앞의 글, 439면 참조.

185) United States v. Lee, 455 U.S. 252 (1982).

186) 법률 제14839호, 2017. 7. 26. 시행.

"① 누구든지 이 법으로 정하는 바에 따라 국민참여재판을 받을 권리를 가진다. ② 대한민국 국민은 이 법으로 정하는 바에 따라 국민참여재판에 참여할 권리와 의무를 가진다."라고 규정하고 있다. 그리고 동법 제33조(배심원의 사임)는 "① 배심원과 예비배심원은 직무를 계속 수행하기 어려운 사정이 있는 때에는 법원에 사임을 신청할 수 있다. ② 법원은 제1항의 신청에 이유가 있다고 인정하는 때에는 당해 배심원 또는 예비배심원을 해임하는 결정을 할 수 있다. ③ 제2항의 결정을 함에 있어서는 검사·피고인 또는 변호인의 의견을 들어야 한다. ④ 제2항의 결정에 대하여는 불복할 수 없다."라고 규정하고 있다. 만약 배심원이 종교상 이유를 들어 배심원의 의무를 이행하기 어렵다고 판단할 때는, 동법 제33조 제2항의 "직무를 계속 수행하기 어려운 사정이 있는 때"에 해당한다는 이유로 사임을 신청할 수 있을 것이다. 그러나 정당한 사유가 없는 한 배심원의 의무를 거부할 수 없다고 보아야 할 것이다. 따라서 종교상 이유로 직무를 계속 수행하기 어려운 사정이 있는 때에 해당한다고 주장하기 위하여서는, 일반 사회공동체의 구성원들이 납득할 만한 충분한 사유를 제시하여야 할 것이다.[187)]

6. 소 결

이상에서 본 바와 같이, 인간의 궁극적인 관심사에 관하여 초월자와의 관계성에서 진리의 해답을 찾고자 하는 인간의 본성으로 인하여, 다양한 종교가 존재해 왔고, 오늘날 국가와 종교 간, 그리고 종교와 종교 간, 신앙인과 비신앙인 간의 갈등과 충돌의 가능성이 상존하고 있다. 그리고 신앙의 자유는 외적으로 드러나지 않는 인간 내면의 자유로서 절대적으로 보호되는 것이지만, 신앙의 외적 표현의 자유와 신앙에 따른 행동의 자유 등은 공적 안전, 질서유지, 공공복리 등을 위하여 법률로써 제한될 수 있다고 보편적으로 인식되고 있다.

그런데 종교란 무엇이라고 정의하기 어렵고, 종교 개념을 법에서 절대화할 수 없고 개방적으로 접근할 수밖에 없는 것임을 알 수 있다. 따라서 법적 종교의

187) 윤종행, "종교 관련 재판의 전제로서의 몇 가지 쟁점들 — 미국 판례를 중심으로 —", 앞의 글, 197면 참조.

개념은 사안에 따라, 신앙과 양심의 자유의 측면에서는 폭넓게 정의되어야 할 것이고, 종교적 표현과 활동의 자유의 측면에서는 다른 권리와의 충돌의 문제 등을 고려하여, 보다 제한적으로 해석될 수도 있을 것이다. 그리고 종교와 이념 모두 이상적인 인간의 삶과 세상을 추구하는 인간에게 형성된 가치체계로서의 신념이라는 점은 공통적이지만, 종교는 인간의 이성을 뛰어넘는 초월적인 것에 절대적으로 의지한다는 점에서, 합리적 이성과 사유를 통하여 형성된 신념인 이념과 다르다.

한편, 이타적이고 온건하며, 소박하고 절제하는 삶을 가르치는 종교적 가르침을 실생활에서 실천하려고 노력하게 되면, 개인뿐만 아니라 사회적 평화, 자유와 정의에 기여하는 측면에서 종교는 공익에 부합한다. 그리고 좋은 종교와 나쁜 종교, 또는 정통과 이단을 구별하는 것은 쉽지 않으므로, 자신과 다른 생각과 느낌을 갖고 있는 사람들과의 화합이 중요하고, 자신의 눈에 이단이라고 보이는 종교일지라도 또 다른 사람에게는 보통의 종교일 수 있음을 유념하여야 할 것이다.

또한 종교의 자유가 공공의 건강과 안전, 사회적 평온과 질서유지, 공공복리, 그리고 사회도덕 등의 다른 법익을 침해하는 경우에는 법률로써 제한될 수 있는데, 충돌하는 법익간 이익형량을 함에 있어서 직접적이고 급박한 위험이 인정되지 않는 한 최대한 종교의 자유를 제한하는 것에 신중을 기하여야 한다. 종교적 이유에 근거한 법정범을 위반한 경우는 보다 종교의 자유를 보호하는 방향으로 해석하고, 자연범의 경우는 보다 엄격한 이익형량을 하여 형법의 원칙에 충실한 해석이 필요할 것이다. 기타 국민의 의무와 관련하여, 납세의무는 국민의 기본의무로서 이에 대하여 종교적 이유로 면제를 주장할 만한 합리적 근거를 제시하여야 할 것이고, 이제 종교적·양심상 이유로 한 병역거부는 대체복무제를 통하여 해결되었다. 그리고 국민의 형사재판 참여에 관한 법률상의 배심원 의무는, 동법 제33조 제2항의 "직무를 계속 수행하기 어려운 사정이 있는 때"에 해당한다는 이유로 사임을 신청할 수 있는데, 이를 위하여서는 일반 사회공동체의 구성원들이 납득할 만한 충분한 사유를 제시하여야 할 것이다.[188)]

188) 윤종행, "종교 관련 재판의 전제로서의 몇 가지 쟁점들 — 미국 판례를 중심으로 —", 앞의 글, 190－197면 참조.

제2장

종교와 인권
(Religion and Human Rights)

Ⅰ. 서

오늘날 자유민주주의와 법치주의를 지향하는 국가들은 모든 사람에게 평등하게 신앙과 종교활동의 자유를 보장하고 있다. 그러나 종교활동의 자유는 절대적인 권리로서 무제한으로 보장되는 것은 아니므로, 누구도 종교적인 이유로 타인에게 의료서비스 제공을 거부하거나 종교의 자유를 이유로 타인에게 피해를 입히는 것은 허용될 수 없다.[1] 또한 국가는 모든 종교를 평등하게 대우하여야 할 뿐만 아니라, 종교의 자유가 국가적 이익 또는 다른 기본권과 충돌하는 상황에서는, 법이 개입하여 갈등을 조정하거나 분쟁을 해결할 것을 요구하고 있다. 그런데 종교와 관련된 법적 다툼에서는 자유와 평등, 공익과 사익, 기본권의 제한과 한계 등 많은 법적 쟁점과 다양한 윤리적·종교적 시각이 존재하고,[2] 복합

1) Erwin Chemerinsky & Michele Goodwin, *Religion is not a Basis for Harming Others: Review Essay of Paul A. Offit's Bad Faith: When Religious Belief Undermines Modern Medicine,* 104 Geo. L. J. 1129–1135 (2016).

2) 예컨대 최근 논란이 되고 있는 차별금지법안과 관련하여 표현의 자유, 종교의 자유도 우리 사회의 중요한 가치인 평등원리 및 차별금지와 충돌할 때는 이를 규제하는 것이 필요하며, 성적 지향에 대한 차별에 대한 징벌적 손해배상규정을 명문화하여야 한다는 견해

적 가치평가를 필요로 한다. 더욱이 오늘날 종교의 자유는, 국가가 국민의 자유권을 보장하여야 한다는 측면만이 아니라, 종교단체 또는 종교 공동체 내에서의 구성원들의 평등권과 인권의 침해를 방지하여야 한다는 의식이 확산되고 있다. 이하에서는 종교의 자유와 관련된 법적 다툼을 접하면서 갖게 되는 종교, 법, 그리고 인권에 관한 근원적인 물음의 시각에서, 미국에서 전개되어 오고 있는 논의와 최근 판례의 동향을 살펴보고자 한다.[3)]

Ⅱ. 종교의 자유와 권리에 관한 미국 헌법의 형성

1. 서

종교의 자유와 권리에 관한 미국 헌법의 시작은, 1791년의 미연방 헌법 수정 제1조에서, "국교의 금지(Establishment Clause)"와 "종교행사의 자유(Free Exercise Clause)"를 규정한 것이었다.[4)] 그런데 종교의 자유를 찾아 신대륙으로 떠난 이들이 이룬 나라인 미국에서, 종교행사의 자유 조항이 연방 차원이 아닌 주에서 본격적으로 적용되게 된 것은 1940년의 캔트웰(Cantwell)[5)] 판결에서부터였고, 국교금지조항은 1947년 에버슨(Everson)[6)] 판결로부터였다.[7)] 종교의 자유와 권리에 관

가 있다(이지현, "한국에서 차별금지법 제정에 있어서 성적지향을 둘러싼 갈등과 전망", 『중앙법학』 제16권 제3호, 2014. 9, 124, 133면). 이에 반하여, 성적 지향에 따른 차별에 대한 법적 제재가 야기하는 사회적 논란, 표현의 자유, 종교의 자유의 침해에 대한 검토가 충분히 이루어지고, 시민사회 및 종교단체와의 충분한 논의가 필요하다는 주장이 있다(이상현, "성적지향을 포함한 차별금지법안에 대한 비판적 접근: 영미법제 연구를 중심으로", 『법학논총』(숭실대) 제39집, 2017. 9, 28－29면).

3) 윤종행, "종교, 법, 그리고 인권 － 최근 미연방 대법원 판례의 시사점 － ", 『경희법학』 제56집 제4호, 2021, 79면 참조.

4) 그 후 1964년 연방 민권법(Civil Rights Act of 1964)은 인종, 종교, 피부색, 성별, 그리고 출신국가(national origin) 등을 근거로 하여 교육, 공적 편의 제공(public accommodation) 및 선거에서 부당한 차별을 금지하고, 그에 대한 국가의 금지명령과 제재를 규정하였다. 이상현, "미국의 포괄적 차별금지법과 관련 사례 연구", 『교회와 법』 제7권 제1호, 2020. 8, 186－187면 참조.

5) Cantwell v. Connecticut, 310 U.S. 296 (1940).

한 미국 헌법의 형성은, 1776년에서 1791년 사이에 신학적 · 정치학적 정서를 바탕으로 하여 형성되었다. 이는 미국 독립전쟁기의 선도적 신학자인 이삭 바쿠스(Isaac Backus),[8] 존 위더스푼(John Witherspoon)[9] 등과 토머스 제퍼슨(Thomas Jefferson),[10] 토머스 페인(Thomas Pain)[11]과 같은 당대의 정치철학자들의 사상을 반영하는 것이었다.[12] 이들이 주장한 종교의 자유와 권리의 핵심은 신앙과 양심의 자유(Liberty of Conscience), 종교활동의 자유(Free Exercise), 종교의 다양성 보장(Pluralism), 종교적 평등권(Equality), 정교분리의 원칙(Seperationism), 국교의 금지(Disestablishment) 등이었다.[13] 그리고 이와 같은 18세기 후반의 종교의 자유에 대한 이해는 다음과 같은

6) Everson v. Board of Education, 330 U.S. 1 (1947).

7) 강승식, "미국헌법상 종교의 자유", 『미국사연구』 제22집, 2005. 11, 223－224면 참조.

8) 이삭 바쿠스(Isaac Backus; 1724년 1월 9일~1806년 11월 20일)는 미국 혁명 당시에 뉴잉글랜드에서 영국 국교회의 설립을 반대했던 침례교 목사이다. 그가 회중교회를 떠나 침례교회를 세우고, 1756년 신앙고백서를 작성하면서 교회의 두 가지 직분을 선언하였다. https://en.wikipedia.org/wiki/Isaac_Backus 참조.

9) 존 위더스푼(John Witherspoon, 1723년 2월 5일~1794년 11월 15일)은 스코틀랜드 기포드에서 출생한 미국의 장로교 목사이다. 에딘버러 대학과 세인트 앤드류스 대학에서 공부하였다. 후에 미국의 건국 아버지들 가운데 한 사람이 되었다. 그는 스코틀랜드 상식 학파 개념을 수용하였다. 뉴저지 대학교(현 프린스턴 대학교)의 총장으로서 미국의 발전에서 가장 영향력 있는 인물이 되었다. 특히, 그의 제자 중에는 미국의 정치사에 이름을 남긴 인물이 많았는데, 그 중에 제임스 매디슨이 대표적이다. 그는 뉴저지 대표로 유일한 성직자로 미국 독립선언서에 서명하였다. https://en.wikipedia.org/wiki/John_Witherspoon_(actor) 참조.

10) 토머스 제퍼슨(Thomas Jefferson, 1743년 4월 13일~1826년 7월 4일)은 미국의 정치인으로 3번째 미국 대통령(재임 1801년~1809년)이자 미국 독립 선언서의 기초자이다(1776년). 제퍼슨은 영향력 있는 건국의 아버지 중 한 사람으로, 미국 공화주의의 이상을 논의 역대 대통령 중 존경을 받는 대통령 중의 한 사람이다. 그의 대통령 재임 기간 중 일어난 큰 사건은 루이지애나 매입과 루이스와 클라크의 서부 원정이었다.
https://en.wikipedia.org/wiki/Thomas_Jefferson 참조.

11) 토머스 페인(영어: Thomas Paine, 1737년 1월 29일~1809년 6월 8일)은 18세기 미국의 작가이자 국제적 혁명이론가로 미국 독립전쟁과 프랑스혁명 때 활약하였다. 1776년 1월에 출간된 <상식론>(Common Sense)[아메리카 식민지 주민이 느끼지 못하는 자신의 침해당한 권리를 알게 해서 보편적인 느낌으로 전환시킨다. 그것은 상식이 된다. 모두에게 내재되어 있다가 누군가 일깨우면 반향이 일어나며 동의하고 '전환'된다.]로 미국이 공화국으로 독립해야 한다고 촉구하고, 독립이 가져오는 이익을 펼쳐 사람들에게 독립에 대한 열망을 불어넣어준 영향을 끼쳤다. 또한 그 책에서 봉건과 왕을 강하게 비판했다. 미국 독립전쟁 때 <위기론>(Crisis)을 간행, 시민의 전투의지를 끌어올렸다.
https://en.wikipedia.org/wiki/Thomas_Paine 참조.

12) John Witte, Jr., *The Essential Rights and Liberties of Religion in the American Constitutional Experiment, Id,* at 376.

네 가지 견해를 대변하는 것이었다. 청교도적 회중파(Congregational Puritans), 자유교회 복음주의(Free Church Evangelicals), 계몽주의 정치사상(Enlightment Thinkers), 그리고 공화주의(Civic Republicans) 등이다.[14]

2. 청교도주의(Puritan Views)

18세기 미국 독립기의 청교도주의는 종교의 자유에 관한 유럽 캘빈주의 신학의 전통을 계승한 것이었다. 청교도주의는 기본적으로 교회와 국가의 성격과 양자의 관계성에 집중하였는데, 교회와 국가를 하나님으로부터 권위를 부여받은 독립된 두 주체의 언약적 제휴관계(covenantal associations)로 이해하였다. 교회는 설교, 성례 집전, 젊은이 교육, 그리고 가난하고 곤궁한 사람들의 구제 등을 위하여 부름을 받아 목회, 교육, 그리고 돌봄 등을 할 수 있는 권위를 부여받은 사람들에 의하여 다스려지는 것이었다. 한편 국가는 법을 집행하고, 형벌을 부과하고, 도덕적 수련을 권장하며, 평화와 질서를 지키기 위하여 부름을 받은 행정, 입법, 사법부에 의하여 다스려지는 것으로 보았다.[15] 이러한 정교분리의 원칙은, 기본적으로 성직자가 정치적 직책을 맡지 않고, 배심원이 되지 않고, 정부 일에 관여하지 않으며, 정치적 후보자를 지지하지 않고, 정치인의 공식적 활동을 비난하지 않는 것 등을 의미하였다. 그리고 정치인들은 대신에 성직을 맡지 않고, 교회 내정에 간섭하지 않고, 성직자의 공식적 행위를 비난하지 않을 것을 요구하였다.[16] 그러나 교회와 정부 양자는 본질적으로 하나님으로부터 권위를 부여받아 사회공동체를 구성하고 지탱하는 두 축으로서, 그 본래의 성격과 기능 면에서 상호 불가분적으로 밀접하게 연관되어 있는 것으로 이해되었다. 이와 같이 청교도주의는 교회와 국가 간의 조화와 협력을 지지하는 입장이었다.[17]

---

13) John Witte, Jr., *The Essential Rights and Liberties of Religion in the American Constitutional Experiment, Id,* at 388－403.

14) 윤종행, "종교, 법, 그리고 인권 － 최근 미연방 대법원 판례의 시사점 － ", 앞의 글, 81－84면 참조.

15) John Witte, Jr., *The Essential Rights and Liberties of Religion in the American Constitutional Experiment, Id,* at 379.

16) Williston Walker, The Creeds and Platforms of Congregationalism, 194, 234－237 (1960).

3. 복음주의(Evangelical Views)

종교의 자유와 권리에 관한 복음주의적 시각은, 18세기 후반에 Isaac Backus, John Wesley 등의 당대의 신학자들에 의하여 본격화되었다. 복음주의적 견해는 청교도주의보다도 더 교회와 정부의 분리 원칙을 강조하면서, 개인의 양심의 자유와 종교단체의 결성과 활동의 자유를 추구하였다. 이는 모든 사람이 신앙을 선택하거나 바꿀 양심의 자유가 주어져야 하고, 국가가 특정 종교를 강요하거나 박해하여서는 아니 되며, 특정 종교에 특혜를 주는 것뿐만 아니라 특정 종교 신봉을 이유로 시민의 권리나 자유를 제한하여서는 아니 되는 것을 의미하였다.[18]

4. 계몽주의(Enlightment Views)

18세기 중반 이후 미국에서는, 유럽의 John Locke, David Hume과 같은 계몽주의 사상가들의 영향을 받은 Thomas Jefferson, Benjamin Franklin 등의 정치인들이 미국의 독립과 헌법 형성 과정을 주도하였다. 이와 같은 계몽주의의 입장은 종교의 자유와 권리에 관하여, 기본적으로 종교와 교회가 정치와 정부로부터 간섭을 받지 않는 것뿐만 아니라, 정치와 정부가 종교와 교회의 개입으로부터 자유로워야 함을 강조하였다. 계몽주의 주창자들은 정부가 종교 기관이나 단체에 대하여 면세, 형사절차상 특혜, 행정적 지원 등을 통한 특혜나 지원을 하여서는 아니 된다는 정교분리의 원칙을 주장하였다. 이와 같은 사상의 배경에는 정치와 종교가 서로 간섭하기 시작하면 자의적 남용의 위험을 초래할 수 있다는 것이고, 국가는 시민의 자유를 최대한 보장하여야 하고, 개인이 타인의 권리를 침해할 경우에만 국가가 개입하여야 한다는 계약적 정치철학(contractarian political philosophy)에 기초하는 것이었다. 이러한 계몽주의 주창자들의 주장은 1776년 버지니아 권리장전(Virginia Bill of Rights) 제16조[19]에 성문화되었다.[20]

---

17) John Witte, Jr., *The Essential Rights and Liberties of Religion in the American Constitutional Experiment, Id,* at 379.

18) *Id,* at 379, 381-383.

19) That religion, or the duty which we owe to our Creator, and the manner of discharging

5. 공화주의(Civic Republican Views)

미국 독립기의 공화주의자들로 불리는 이들은 새로운 국가를 위한 보편적 가치와 신념체계를 구축하기 위하여 노력했던 정치인, 설교가, 그리고 집필가 등의 다양한 그룹으로서, John Adams, Samuel Adams, Oliver Ellsworth, George Washington, James Wilson 등이 대표적 인물이다. 이들은 앞서 설명한 청교도주의, 복음주의, 계몽주의 등과 많은 것을 공유하였는데, 모든 이의 양심의 자유와 공동체 안에서의 종교적 다양성을 국가가 보장할 것을 주창하였다. 신권정치를 초래할 수 있는 종교의 정치 간섭과, 국교의 인정을 불러일으킬 수 있는 정치의 종교 개입을 반대하였다. 그런데 청교도주의보다는 덜하지만, 그들이 공적 영역에서 보통법(the common law)과 공동체적 권고(communal suasion)를 통하여 보편적 종교적 윤리와 정신을 고취하고자 한 점은,[21] 복음주의나 계몽주의적 시각과는 다른 것이었다. 공화주의자들은 정직, 근면, 헌신, 투철한 공공심(public spiritedness), 애국심, 순종, 하나님의 사랑, 이웃, 자신 등에 관한 교리를 가르쳤는데 성경, 독립선언서, 자유의 종, 헌법 등이 그 상징물들(icons)이었다.[22] 그들은 교회 재산에 대한 면세, 종교학교, 자선단체, 신학교 등에 대한 세제지원, 종교단체에 대한 공유토지의 기부, 그리고 신성모독과 예배방해 등으로부터의 형사법적 보호 등에 찬성하였다.[23]

---

it, can be directed only by reason and conviction, not by force or violence; and therefore all men are equally entitled to the free exercise of religion, according to the dictates of conscience; and that it is the mutual duty of all to practise Christian forbearance, love, and charity toward each other(Virginia Declaration of Rights of 1776, Section 16.).

20) John Witte, Jr., *The Essential Rights and Liberties of Religion in the American Constitutional Experiment, Id,* at 381–383.

21) Martin E. Marty, *On a Medial Moraine: Religious Dimensions of American Constitutionalism,* 39 Emory L.J. 9, 16–17 (1990).

22) W. Tarver Rountree, Jr., *Cositutionalism as the American Religion: The Good Portion,* 39 Emory L.J. 203–207 (1990).

23) John Witte, Jr., *The Tax Exemption of Church Propery: Historical Anomaly or Valid Constitutional Practice,* 64 S. Cal. L. Rev. 363, 368–395 (1991); John Witte, Jr., *The Essential Rights and Liberties of Religion in the American Constitutional Experiment, Id,* at 385–387.

Ⅲ. 종교 공동체 내의 평등과 자유

1. 문화적 예외론과 전통적 인권법

오늘날의 포스트모던 사회의 도래와 함께, 종래의 국가 주권의 시대가 변하여 문화, 종교 등이 새로운 주권을 대변하면서, 국가에 의한 인권의 침해는 용납되지 않으면서도, 역설적으로 종교 또는 문화의 이름으로 인권 침해가 정당화되고 있는 것이 현실이다. 법외 영역으로서의 종교의 권위를 인정함으로써 불평등 등의 인권 침해가 방임되어 오고 있다. 예컨대 이슬람 전통의 샤리아(Shari'a)법에 따라 정신질환을 앓고 있던 파키스탄의 한 젊은이가 신성모독으로 돌에 맞아 죽임을 당한 바 있다.[24] 특히 여성의 인권은 종교의 자유 내지는 "문화적 예외론(cultural exceptionalism)"의 주장으로 인하여 위축되어 왔다. 나이지리아의 아미나 라왈(Amina Lawal)이라는 한 여성은, 혼외 임신을 하였다는 이유로, 2002년 제1심에서 돌로 죽임을 당하는 형벌을 선고받음으로써 국제적 논란을 불러일으킨 바 있다.[25] 그런데 법이나 과학과 같이, 합리적 이성을 통하여 끊임없이 검증되고 다투어지는 것과는 달리, 종교는 신의 존재가 과학적으로 증명될 수 없는 신앙에 의하여 존재하는 것이므로, 종교 교리나 신앙이 검증이나 판단을 거부하는 절대적인 것으로 자리잡게 될 수 있다는 본질적 한계가 있다.[26] 한 인류학자는 종교란 의미, 징후, 그리고 상징 등으로 구성된 문화적 시스템이라고 정의한 바 있다.[27]

또한 전통적인 인권법(human rights law)은 종교의 자유와 문화적 전통을 모두 존중하는 입장이었다. 예컨대 무슬림 여성에게 종교를 선택할 것인가 권리를 선택할 것인가를 결정할 것을 요구하는 방식이었다. 여기서 무슬림 여성이 여성

24) Beena Sarwar, *Brutality Cloaked as Tradition*, N.Y. Times, Aug. 6. 2002.

25) https://en.wikipedia.org/wiki/Amina_Lawal. 다행히 샤리아 항소법원(Sharia Court of Appeals)은 이 판결이 이슬람법에 반한다는 이류로 이를 파기하였고, 아미나 라왈은 나중에 재혼하게 되었다.

26) Stephen Jay Gould, Rocks of Ages: Science and Religion in the Fullness of Life, 111 (1999); Cornel West, The Historicist Turn in Philosophy of Religion, in The Cornel West Reader, 360, 361 (1999).

27) Clifford Geertz, Religion as a Cultural System, in The Interpretation of Cultures, 87, 89 (1973).

의 권리를 선택한다는 것은, 자신이 속한 공동체를 떠나거나 기존의 여성차별적 문화가 사라지기만을 기도하는 것을 의미하는 것이었다.[28] 이와 같이, 법은 그동안 공적 영역에서의 종교의 자유를 합리적으로 정의하여 오면서, 종교 공동체 안에서의 구성원의 권리에는 무관심함으로써 종교를 보호하여 온 면이 있다.[29] 종교의 자유를 본질적으로 개인적인 신앙에 대한 개별적이거나 존엄적인 권리로 이해하였다.[30]

2. 종교 공동체 내의 평등 · 자유와 현대인의 인권의식

사실 종래의 법학은 주로 종교활동의 자유와 종교 간 또는 종교인과 비종교인 간의 평등에 관심을 기울여 왔고, 종교 공동체 안에서의 구성원 간의 평등에는 소홀해 온 면이 있다. 그러나 21세기의 현대인들은 종교 공동체에서도 민주주의가 관철되도록 끊임없이 변화를 요구해 왔고, 공적 영역만이 아니라 종교, 문화, 그리고 가정 등의 사적 영역에서도 합리적 이성(reason), 평등, 자유 등을 추구하고 있다. 보다 평등하고 민주적인 종교 공동체가 될 것을 요구하여 온 여성들은 기존의 문화적, 종교적 전통에 도전해 왔다.[31] 예컨대 무슬림 사회의 여권개혁론자들은 그러한 선택의 강요를 거부하면서 종교와 권리 모두를 요구하여 왔다.[32] 비록 종교가 영적이고 교리중심적이라고 하더라도, 종교를 해석하고 시대적인 의미를 찾는 것은 인간이고, 종교는 이성적이고 규범적인 평가를 수반하는 것이며, 인간의 판단, 선택, 결단, 그리고 인간의 이성, 책임과 관련된다는 인식이 부각되게 되었다.[33]

---

28) Susan Moller Okin, Is Multiculturalism Bad for Women? 22－23 (1999).

29) Madhavi Sunder, *Piercing the Veil,* 112 Yale L.J. 1421 (2003).

30) Alan E. Brownstein, *Harmonizing the Heavenly and Earthly Spheres: The Fragmentation and Synthesis of Religion, Equality, and Speech in the Constitution,* 51 Ohio St. L.J. 89, 95 (1990).

31) Madhavi Sunder, *Piercing the Veil,* 112 Yale L.J. 1401－1408 (2003).

32) Azizah al－Hibri, *Islam, Law and Custom: Redefining Muslim Woman's Right,* 12 Am. U. J. Int'l L. & Pol'y 1, 3 (1997).

33) Bhikhu Parekh, Rethinking Multiculturalism: Cultural Diversity and Political Theory 334, 335 (2000).

그런데 종교적 권위주의에 대항하여 종교 공동체 안에서의 자유와 평등을 지향하는 힘겨운 노력은, 단지 소수 인권운동가들만의 몫이 아니라 인류사회의 보편적 평등, 자유, 개혁에 관심을 갖고 행복을 추구하는 모든 인간의 문제가 아닐 수 없다. 오늘날 종교 영역에서 어느 정도 범위에서 종교의 자율적 규율에 맡길 것인가, 그리고 종교 차원에서 허용될 수 있는 자율성과 평등의 정도 등에 관한 문제는, 종교만의 문제가 아니라 법의 문제이고, 법적 평가의 대상이 되어야 한다는 목소리가 점차 확산되고 있다. 종교와 문화 영역에서 여성이나 사회적 약자에 대한 부당한 차별대우는, 법이 개입하여야 할 인권의 문제로 부각되는 것이다. 이는 종교 공동체 안에서, 구성원 모두가 차별대우에 대한 두려움 없이 자유롭게 종교활동에 참여할 수 있어야 하고, 종교적 또는 문화적 전통을 이유로 하는 차별대우가, 공적 영역만이 아니라 사적 영역에서도 금지되어야 함을 의미하는 것이다.[34)]

Ⅳ. 연루된 양심적 주장(complicity-based conscience claims)

1. 의 의

오늘날 성, 출산, 결혼 등에 대한 신념을 토대로 하여, 반대자의 시선에 의하면 비난의 대상이 되는 행위들에 대하여 법적 판단으로부터의 면제를 주장하는 목소리가 커지고 있다. 그런데 이와 같은 쟁점들에 있어서, 청구인의 주장에 대한 특별 배려(accommodation) 자체가 어떤 문제의 해결을 가져오기는커녕 문제를 확대할 수 있고, 비도덕적이라고 인식되고 있는 사람들에게 유해할 수 있으며, 이와 무관한 일반 시민들의 존엄감을 심각하게 해칠 수 있다는 특징이 있다.[35)] 이와 같이 자신의 신념에 반하는 행동 자체는 아니지만, 간접적으로 연루

34) 윤종행, “종교, 법, 그리고 인권 – 최근 미연방 대법원 판례의 시사점 – ”, 앞의 글, 86면 참조.

35) Douglas Nejaime & Reva B. Siegel, *Conscience War: Complicity-Based Conscience Claims in Religion and Politics,* 124 Yale L.J. 2516 (2015).

되게 하는 행동을 함으로써 결과적으로 자신의 신념에 반하는 행위를 하지 않을 권리를, “연루된 양심적 주장(complicity-based conscience claims)”이라고 표현하기도 한다. 이와 같은 주장은 “문화전쟁(culture war)”이라고 표현하는 바와 같이, 전통적인 성도덕에 반하는 법에 대하여 반대하는 신앙심 강한 이들을 동원하려 하는 특징을 보인다. 그런데 이와 같은 주장과 이에 대한 특별 배려(accommodation)는, 법을 지키는 성소수자들이 직접 관련이 없음에도 피해를 볼 수 있게 한다는 점이다. 이와 같이 성, 출산, 결혼 등과 관련하여, 공적 영역에서의 종교적·철학적 견해는 매우 다양한 시각차를 보이고 있으므로, 이와 같은 주장과 논의의 여파를 주목할 만하다.[36)]

미국의 2015년 Holt v. Hobbs 판례를 보면,[37)] 살라피 무슬림(Salafi Muslim) 신자인 한 재소자가 자신이 신봉하는 종교 계율을 지키기 위하여, 턱수염 기르는 것을 금하는 규정의 적용면제를 주장하면서 법적 다툼을 하였다. 미연방 대법원은, 재소자가 무슬림 신앙을 이유로 턱수염을 기르는 것을 금지한 아칸소주의 교도소는, 중대한 국익을 위한 기본권의 최소침해 수단 요건[38)]을 충족하였음을 보이지 못하였으므로, 종교적 토지 사용 및 재소자 행위법(Religious Land Use and Institutionalized Persons Act: RLUIPA)을 위반한 것이라고 판시하였다. 그런데 본 사안은 청구인의 주장을 허용하더라도 청구인과 다른 신앙을 갖고 있는 사람들에게 어떤 피해를 줄 염려가 없고, 청구인의 주장이 다른 신앙을 갖고 있는 사람들의 비도덕적 행동에 연루되는 것을 근거로 하는 것이 아니라는 점에서, “연루된 양심적 주장”의 경우들과는 구별되는 것이라고 이해되고 있다.[39)]

---

36) Thomas C. Berg, *Religious Accomodation and the Welfare State,* 38 Harv. J.L & Gender, 103 (2015); Douglas Nejaime & Reva B. Siegel, *Conscience War: Complicity-Based Conscience Claims in Religion and Politics,* 124 Yale L.J. 2519-2520 (2015).

37) Holt v. Hobbs, 574 U.S. 352 (2015). 이 사건에서 미연방 대법원은 무슬림 재소자가 자신의 종교 계율에 따라 턱수염을 기르는 것을 금하는 Arkansas주 재소자 규정은 “Religious Land Use and Institutionalized Persons Act (RLUIPA)”을 위반한 것이라고 판시하였다.

38) the law: that policymakers may not burden a person's exercise of religion unless they can show a compelling governmental interest and that the policy was the least-restrictive means of achieving that goal.

39) Douglas Nejaime & Reva B. Siegel, *Conscience War: Complicity-Based Conscience Claims in Religion and Politics,* 124 Yale L.J. 2524 (2015).

2. 관련 판례

(1) Hobby Lobby Stores 판례

연루된 양심적 주장과 관련된 판례로서, 우선 2014년의 Burwell v. Hobby Lobby Stores, Inc. 판결을 들 수 있다. 본 사안에서 미연방 대법원은, 영리기업의 종교적 신념에 반하게, 종업원들의 의료보험혜택을 위하여서 피임기구 사용을 요건으로 하는 의료보험법(the Affordable Care Act)은 "종교의 자유 회복법(the Religious Freedom Resoration Act: RFRA)"에 위반된다는 청구인의 주장을 인정하였다.[40] "종교의 자유 회복법"은, 긴급한 국가적 이익(a compelling governmental in-terest)이 존재하고, 그와 같은 국가적 이익을 추구하기 위한 필요최소한의 수단(the least restrictive means)이어야 한다는 요건을 충족하지 않는 한, 국가가 개인의 종교의 자유를 침해하는 것을 금하고 있다.[41] 기업이 종업원의 피임약(contraceptives) 구입을 가입조건으로 하는 의료보험을 이용하는 것은, 기업의 종교적 신념에 반하는 것으로서, 종업원의 죄스런 행동에 기업이 연루되게 한다는 주장을 미연방 대법원이 받아들인 것이다.[42] 피임약은 태아(embryo)를 죽일 수 있는 낙태로 연결될 수 있다는 청구인들의 생각을 존중하였는데, 결론적으로 미국 보건후생국(the Department of Health & Human Services)이 기업에 종업원의 피임기구 사용을 의무화하도록 하는 의료보험법(the Affordable Care Act)을 시행하는 것은, 기업의 종교의 자유를 침해하는 것이라고 판시하였다. 즉 Hobby Lobby 기업에 종업원의 의료보험 혜택을 위하여 종업원의 피임약 구입을 의무화하는 것은, 기업이 종업원에게 피임약을 구매해 줌으로써 피임약 사용을 촉진 또는 지지하는 의미를 갖는 것으로서, 생명이 임신으로부터 시작된다는 신실한 종교적 신념

---

40) 42 U.S.C. § 2000bb-1(a) to (b)(2) (2018). RFRA는 필수불가결한 국가적 이익의 증진을 위하여 필요한 최소침해의 수단이 아닌 한, 국가가 개인의 종교의 자유에 상당한 부담을 주는 것을 금지하는 법이다.

41) (1) in furtherance of a compelling governmental interest; (2) the least restrictive means of furthering that compelling governmental interest. 42 U.S.C. § 2000bb-1(a) to (b)(2) (2018) 참조.

42) Douglas Nejaime & Reva B. Siegel, *Conscience War: Complicity-Based Conscience Claims in Religion and Politics, Id,* at 2518.

에 반하는 것이라고 보았다. 기업이 피임약 구입을 거부할 경우에는 매년 약 4억 7,500만 달러의 경제적 손실을 얻게 되므로, 사실상 기업의 피임약 구입을 강제하는 것이라고 판단하였다. 그리고 다른 방법에 의하여서는 달성할 수 없는 정부의 목적을 위하여 필요한 수단 중 기본권을 최소로 침해하는 방식[43]이라는 것을 미국 보건후생국은 입증하지 못하였다고 판단하였다.[44]

이 판례의 의미는, 개인만이 아니라 영리기업의 종교의 자유도 보호되어야 한다는 점과, 타인의 종교적 신념에 근거한 의료보험조건 미충족을 이유로 의료 서비스 제공을 거부하는 등 피해를 주어서는 안 된다는 것을 밝힌 점이다.[45] 아울러 이 판례에서 미연방 대법원이, 피임기구의 강제에 내항하는 종교의 자유의 주장을 보호하더라도, 이로 인하여 종업원에게 어떠한 피해를 주지 않는("precisely zero" effect) 범위 내에서만 보호한다는 점에서, 뒤에서 보게 될 제3자 피해 원칙(the Third-Party Harm Principle)을 적용하였음을 주목할 필요가 있다.[46]

(2) Masterpiece Cakeshop 판례

2018년에 미연방 대법원은, 케이크숍 주인인 필립(Jack Phillips, the owner of Masterpiece Cakeshop)이 동성애자의 결혼축하 케이크 제작을 거부함으로써 차별금지법을 위반하였다는 주장에 대하여, 법은 동성애자와 동성커플의 시민권 행사를 보호하여야 할 뿐만 아니라, 동성커플에 반대하는 이들의 종교 또는 철학적 신념을 보호하여야 한다고 판시함으로써, 기독교인인 케이크 아티스트의 손을 들어주었다.[47] 이 판례는 동성애자의 시민권보다 종교적 성향에 대한 개인의 종

---

43) a substantial government interest and is the least restrictive way of accomplishing the governments intended goal.

44) Burwell v. Hobby Lobby Stores, Inc., 134 S. Ct. 2751–2766 (2014).

45) Erwin Chemerinsky & Michele Goodwin, *Religion is not a Basis for Harming Others: Review Essay of Paul A. Offit's Bad Faith: When Religious Belief Undermines Modern Medicine,* Geo. L. J., Vol. 105, No. 5, 1132–1134(2016); 윤종행, "형법과 종교", 『경희법학』 제55권 제1호, 2020. 3. 30, 82면 참조.

46) Burwell v. Hobby Lobby Stores, Inc., 573 U.S. 682 (2014).

47) Masterpiece Cakeshop, Ltd. v. Colo. C.R. Comm'n, 138 S. Ct. 1719, 1727 (2018); 김병록, "젠더 평등과 종교의 자유 – 동성결혼과 종교의 자유는 동시에 보장될 수 있는가?", 『법학논총』(조선대) 제25집 제3호, 2018. 12, 13–21면.

교적 신념을 보다 보호한 것으로 이해할 수 있다.[48)]

그런데 미연방 대법원은 이 사안에서, 주의 시민권익위원회(state civil rights commission)가 필립의 종교의 자유를 침해한 것은 차별금지법(antidiscrimination law)상의 의무면제를 거부하였기 때문이 아니라, 필립의 주장을 존중하는 중립적인 입장에서 제대로 검토하지 않았기 때문임을 밝혔다.[49)] 이는 소송에서 법원이 기회의 평등(equal opportunity)만이 아니라 중립성(neutrality in adjudication)을 존중하여야 함을 보인 것이다.[50)] 아울러 일반인에게 개방된 시장(open markets) 등의 공적 영역에서, 신실한 신앙인의 종교의 자유를 존중하면서도, 재화와 서비스 등을 제공받기를 희망하는 성소수자들의 존엄감을 해치지 않는 방식으로, 법적 분쟁이 해결되어야 함을 강조한 점을 눈여겨 보아야 할 것이다.[51)]

48) 윤종행, "종교와 법의 교차점", 『강원법학』 제62권, 2021. 3, 442면 참조. 이와 유사한 사례가 2018년 영국의 Ashers Banking Company 판례에서도 다루어졌다. 사건의 개요는, 2014년 5월 동성애자 Lee는 맥아더(McArthur) 부부가 운영하는 "Ashers Banking Company Ltd."라는 제과점에 들러 북아일랜드의 동성 결혼 지원행사에 가져갈 케이크를 주문하면서 케이크에 '동성 결혼 지원'이라는 문양을 새겨 주기를 부탁하였는데, 맥아더 부인은 처음에 주문을 받았지만 기독교인의 양심상 그런 케이크를 제작할 수 없다는 이유로 케이크 대금을 환급한 사건이다. 법적 다툼으로 이어져 결국 영국 대법원은 누구도 자신의 신념에 반한 표현을 강요당하지 않을 권리가 있다고 보아 맥아더 부부의 손을 들어주었다. Lee v. Ashers Baking Co. [2018] U.K. Supreme Court(UKSC), 49 [9]; 서헌제, "국가인권위원회의 평등법(사안)에 대한 비판적 검토", 『교회와 법』 제7권 제1호, 2020. 8, 170－178면 참조.

49) Masterpiece Cakeshop, Ltd. v. Colo. C.R. Comm'n, 138 S. Ct. 1732 (2018).

50) Douglas NeJaime & Reva Siegel, *Religious Exemptions and Antidiscrimination Law in Masterpiece Cakeshop*, 128 Yale L.J.F. 203 (2018).

51) Douglas NeJaime & Reva Siegel, *Religious Exemptions and Antidiscrimination Law in Masterpiece Cakeshop, Id,* at 220.

Ⅴ. 기회의 평등과 제3자 피해 원칙

1. 공적 특별 배려와 제3자 피해 원칙(the Third-Party Harm Principle)의 의의

위에서 본 바와 같이, 동성애 커플에게 케이크 제작을 거부한 Masterpiece Cakeshop 판례에서 주목할 점은, 미연방 대법원이 본 사안을 전통적인 시각에서 접근하여 종교적 신앙에 근거한 차별금지법의 적용을 면제할 것인가의 문제로 보지 않았다는 것이다. 대신에 종교적 이유에 근거한 주장에 대한 특별 배려(accommodation)를 함으로써 청구인과 같은 신앙을 갖고 있지 않은 사람들에게 피해를 주지 않게 하기 위하여, 청구인의 주장을 제한하여야 할 것인가의 문제로 접근한 점이다. 이를 "특별 배려를 할 경우의 제3자에 대한 피해(the third-party harms of accommodation)"라고 말한다.[52] 한 뉴욕타임즈 기사에 의하면, 임신 9주 된 여성 Nicole Arteaga가, 태아의 심장이 더 이상 뛰지 않는다는 주치의의 진단에 의하여 미소프로스톨이라는 낙태약을 처방 받은 다음, 인근 Walgreens 약국에 가서 처방전을 제시하자, 약사는 Arteaga에게 임신 중인지 질문한 다음 자신의 도덕적 신념에 반하므로 자신은 약을 줄 수 없다고 거절하였다. 이에 Arteaga는 눈물을 흘리며 약국을 나오면서, 다른 고객들과 자신의 7살 딸 앞에서 창피와 모욕을 당하였다.[53] 이와 같이 자신의 종교적 신념에 따라 신념에 반하는 행위를 거부할 경우에는, 제3자에게 모욕감을 주고 존엄감에 상처를 입힐 수 있는 것이다.[54]

전통적인 보수적 견해는, 동성애자에 대한 차별 문제는 인종(race)에 대한 차별과는 차원이 다른 문제로 보고, 종교적 신념을 근거로 한 차별금지법 적용의

52) Douglas Nejaime & Reva B. Siegel, *Conscience War: Complicity-Based Conscience Claims in Religion and Politics, Id,* at 2566-2578.

53) Louis Lucero II, *Walgreens Pharmacist Denies Woman with Unviable Pregnancy the Medication Needed to End It,* N.Y. TIMES (June 25, 2018); Douglas NeJaime & Reva Siegel, *Religious Exemptions and Antidiscrimination Law in Masterpiece Cakeshop, Id,* at 209. https://www.nytimes.com/2018/06/25/us/walgreens-pharmacist-pregnancy-miscarriage.html 참조.

54) 윤종행, "종교, 법, 그리고 인권 - 최근 미연방 대법원 판례의 시사점 - ", 앞의 글, 92면 참조.

면제를 주장하여 왔다. 그리고 오늘날의 종교적 보수주의자들은 "공적 특별 배려(public accommodations)"라는 개념을 비판하면서,[55] 사업자들이 시장에서 자신의 종교적 신념에 따라 행동할 수 있어야 함을 주장해 오고 있다.[56] 그런데 미연방 대법원은 위에서 본 케이크숍 판례에서, 공적 영역에서의 특별 배려법(public ac－commodations law)에 대한 도전적 물음에 대하여, 공개된 시장에서 동성애자들이 모욕감을 느끼지 않도록 하면서도, 신실한 신앙인들의 믿음을 부당하게 무시하지 않을 수 있는 합리적인 해결책을 제시하고자 하였다. 요컨대 시장에 서비스를 제공하는 사람은 모든 사람에게 똑같은 조건으로 제공하여야 할 것을 요구하는 공적 특별 배려법(public accommodations law)도, 보편적으로 종교의 자유를 존중하여야 한다고 판시하였다는 점이다.[57]

2. 공적 특별 배려법(public accommodations law)의 연혁

공적 특별 배려법(public accommodations law)은 1964년의 시민권법(Civil Rights Act)에서 비롯되었는데, 이 법은 1968년의 Newman v. Piggie Park Enterprises, Inc. 미연방 대법원 판결에서,[58] "중대한 국가적 이익(compelling interest)" 기준을 충족한다고 봄으로써 합헌성을 인정받았다. 1964년의 시민권법을 포함한 공적 특별 배려법들은, 역사적으로 차별을 받아 온 사람들이 일상생활에서 필요로 하는 진입 접근으로부터 배제나 거절을 당할 것이라는 두려움을 가질 필요가 없는 세상을 만들자는 의도로 제정된 것이다.[59] 그리고 1983년의 Bob Jones

55) 우리나라에서 "public accommodations"를 "공적 편의 제공"으로 번역하기도 하지만(이상현, "미국의 포괄적 차별금지법과 관련 사례 연구", 『교회와 법』 제7권 제1호, 2020. 198면), 본고에서는 보다 중립적이고 포괄적인 개념인 "공적 특별 배려"로 표현하기로 한다.

56) Ronald J. Colombo, *The Naked Private Square,* 51 Hous. L. Rev. 1, 18－20 (2013).

57) Masterpiece Cakeshop, Ltd. v. Colo. C.R. Comm'n, case no. 16－111, U.S. Supreme Court (June 4, 2018).

58) Newman v. Piggie Park Enterprises, Inc., 390 U.S. 400 (1968).

59) Joseph William Singer, *We Don't Serve Your Kind Here: Public Accommodations and the Mark of Sodom,* 95 B.U. L. Rev. 929, 946－47 (2015); Joseph William Singer, *No Right to Exclude: Pubḻic Accommodations and Private Property,* 90 NW.U. L. Rev. 1283, 1293 (1996).

University v. United States 판결에서는,[60] 인종차별 철폐라는 중대한 국가 정책에 반하는 종교 대학에 대하여 세금혜택을 주는 것을 철회하더라도, 종교의 자유에 반하지 않는다고 판시하였다. 그리고 이듬해의 Roberts v. United States Jaycees 판결에서는, 결사의 자유 영역에서 성·연령 등을 이유로 하는 차별금지의 중요성이 부각되었다. 당시 18세 이상 35세 이하 남성만 정회원으로 가입할 수 있고, 여성과 나이 많은 남성은 준회원으로서 투표권 등의 자격 제한을 하였던 미네소타 청년회의소가 헌장(Jaycee charters in Minnesota)을 바꾸어 여성을 회원으로 받아들이기 시작하자, 미국 청년회의소(The United States Junior Chamber: Jaycees: JCI USA)[61]가 이에 반발하여 법적 다툼을 한 사안이다. 주 법원을 거쳐 최종 미연방 대법원은, 미네소타 청년회의소가 남성들의 기본권인 결사의 자유를 침해한 것이 아니며, 미네소타주 인권법은 합헌이라고 판시하였다.[62]

또한 위에서 본 바와 같이, Masterpiece Cakeshop 판례에서는, 종교적 이유를 들어 공적 특별 배려법의 적용 면제를 인정하면서도, 이로 인하여 성소수자 등의 공개된 시장으로의 접근을 제한하거나 제3자에게 낙인을 찍게 해서는 안된다는 점을 강조하였다.[63] Masterpiece Cakeshop 판례는, BBQ 체인점이 흑인의 이용을 제한하는 것은 인종차별을 금하는 시민권법(Civil Rights Act)에 반하는 것임을 확인한, 역사적으로 유명한 Piggie Park 판례를 인용하였다.[64] 본 판례는 아울러, 레스비언이나 게이가 차별을 받지 않을 평등권의 주체인 온전한 사회구성원으로 보면서, "중립적(neutral)"이고 "보편적으로 적용될 수 있는(generally applicable)"[65] 공적 특별 배려법 하에서, 사업자가 종교적 이유를 들어 물건이나 서비스를 거부하여서는 아니 된다는 일반원칙을 밝혔다.[66] 또한 게이, 레스비언 등과 같은 성소수자들의 물질적 피해뿐만 아니라 인격적 존엄상의 피해로부터 보호하

---

60) Bob Jones University v. United States, 461 U.S. 574 (1983).
61) 18세 이상 40세 이하의 청년으로 구성된 리더십 훈련 단체임.
62) Roberts v. United States Jaycees, 468 U.S. 609 (1984).
63) Douglas NeJaime & Reva Siegel, *Religious Exemptions and Antidiscrimination Law in Masterpiece Cakeshop, Id,* at 202-204.
64) Newman v. Piggie Park Enterprises, Inc., 390 U.S. 400, 402 n.5 (1968).
65) "neutral" and "generally applicable."
66) Masterpiece Cakeshop, Ltd. v. Colo. Civil Rights Comm'n, 138 S. Ct. 1719, 1727 (2018).

기 위하여, 종교적 이유에 근거한 공적 특별 배려법의 적용면제는 제한되어야 하고, 공동체 내에서의 광범위한 낙인효과와 제3자 피해를 막아야 한다는 점을 강조하였다.[67)]

이는 종교의 자유를 근거로 차별금지법의 적용을 면제함에 있어서, 법원의 중립성 요건을 강조한 것으로 이해할 수 있다. 요컨대 미연방 대법원은, 일상 생활에서 성소수자 등이 차별을 받지 않도록 하기 위하여 제정된 소위 "공적 특별 배려법"도 종교의 자유를 존중하여야 하지만, 종교의 자유와 평등권이 충돌하는 법률의 해석에 있어서 법원은 중립성의 요건을 충족하여야 하고, 제3자에 대한 피해를 고려하여야 한다는 입장이라고 이해할 수 있다.[68)]

3. 최근 미연방 대법원 판례들의 시사점

이와 같은 쟁점들에 대한 판례로부터 다음과 같은 시사점들을 얻을 수 있다. 첫째는, 미연방 대법원이 종교적 이유를 근거로 하여 차별금지법 등으로부터의 면제를 주장하는 경우의 가이드라인을 제공하였으나, 이에 대한 논란은 계속될 것이라는 전망이다.[69)] 둘째는, 이와 같은 판례는 앞으로 연방, 주, 그리고 지방정부 차원의 차별금지법의 입법 방향을 제시한다는 점이다. 즉 물건, 서비스,

67) Douglas NeJaime & Reva Siegel, Conscience Wars in Transnational Perspective: Religious Liberty, Third-Party Harm, and Pluralism, in The Conscience Wars: Rethinking the Balance Between Religion, Identity, and Equality, 187, 203 (Susanna Mancini & Michel Rosenfeld eds., 2018).

68) 윤종행, "종교, 법, 그리고 인권 – 최근 미연방 대법원 판례의 시사점 – ", 앞의 글, 94면 참조.

69) 최근의 워싱턴주 대법원 판결은 Masterpiece Cakeshop 판례와 유사한 사례에서 동성애자들의 손을 들어 준 바 있다. 워싱턴 주에서 발생한 사건의 개요는, 남성 동성애자 Robert Ingersoll과 Curt Freed가 2013년 결혼하기로 하여, 9년 동안 단골인 꽃장식 회사(Arlene's Flowers)에 자신들의 결혼식을 위한 꽃장식을 요청하였으나, 꽃장식 회사의 사장 Barronelle Stutzman(여성)은 자신의 종교적 신념으로 서비스 제공을 거절하고 다른 회사들을 소개해 주었다. 이에 워싱턴 주의 차별금지법 위반임을 근거로 하여 법적 다툼으로 비화되어, 동성커플의 주장을 미국 시민자유연합(American Civil Liberties Union: ACLU)이 대변하게 된 사건이다. 워싱턴주 대법원은 Stutzman이 종교적 반감을 표현한 것인지 증거가 없다는 이유로 동성애자들의 손을 들어주었다. State v. Arlene's Flowers, Inc. 441 P.3d 1203 (Wash. 2019) 참조.

그리고 공적 배려 영역에서 평등한 접근권을 보장하는 시민권법의 취지에 반하게 공동체 내에서의 광범한 낙인효과를 가져올 수 있다면, 헌법상 종교의 자유에 근거한 적용면제를 제한할 수 있는 근거가 제공될 수 있다는 점이다. 셋째는, 낙태나 피임 등과 연계한 의료혜택의 거부, 낙태와 출산 보조기술, 그리고 성소수자들과 관련된 아직 다투어지지 않은 수 많은 법률들에 시사하는 바가 크다는 것이다. 이와 같은 쟁점들과 관련하여, 미국에서는 그동안 입법부과 사법부 간에 차이를 보여 왔는데, 종교와 양심의 자유를 근거로 하는 표현의 자유를 보호하는 수많은 법률이 제정되어 왔으나, 법원은 자신이 신봉하는 종교를 이를 갖고 있지 않는 사람들에게 요구할 수 없음을 보이는 방향으로 종교의 자유를 제한하여 왔다고 볼 수 있다.[70)]

4. 앞으로의 전망

위에서 서술한 바와 같이, 이미 2014년의 Burwell v. Hobby Lobby Stores, Inc. 판례에서 미연방 대법원은, 종교적 소매 프랜차이즈 기업(Christian-based retail franchise)이 종교자유회복법(RFRA)과 헌법상의 종교의 자유에 근거하여 피임기구 비용의 의무적 부담으로부터 면제를 주장한 것을 5대 4로 인정한 바 있다.[71)] 이 판례에서, 피임기구의 강제에 대항하는 종교의 자유의 주장을 인용하더라도, 이로 인하여 종업원에게 어떠한 피해를 주지 않는 범위 내에서만 보호된다는 것을 밝힌 점에서, 제3자 피해 원칙을 존중하고 있음을 알 수 있다.[72)]

그러나 현재의 보수적인 미연방 대법원은 아직 제3자 피해의 원칙이 무엇을 의미하는지, 어느 정도가 허용될 수 없는 피해인지를 밝히지 않고 있다. 이와 관련한 2020년의 Little Sisters 판례[73)]에서, 미연방 대법원의 다수의견은 아예 제3자

70) Douglas NeJaime & Reva Siegel, *Religious Exemptions and Antidiscrimination Law in Masterpiece Cakeshop,* 128 Yale L.J.F. 221-224 (2018).

71) Burwell v. Hobby Lobby Stores, Inc., 573 U.S. 682 (2014).

72) 윤종행, “종교, 법, 그리고 인권 - 최근 미연방 대법원 판례의 시사점 - ”, 앞의 글, 95면 참조.

73) Little Sisters of the Poor Saints Peter & Paul Home v. Pennsylvania, 140 S. Ct. 2367(2020).

피해의 원칙에 대한 언급을 하지 않았다. 이 판례는 환자보호 및 부담적정보험법(Patient Protection and Affordable Care Act: 오바마 케어)[74]에 따라 피임기구 사용을 의무화하는 것에 대하여, 종교자유회복법(Religious Freedom Restoration Act: RFRA)에 근거하여 법적 다툼으로 이어진 사건이다. 대통령에 당선된 도날드 트럼프는 2017년 보건사회복지부(the Department of Health and Human Services)에 행정명령을 내려, 피임기구 사용의 의무화 규정에 대하여 영리단체도 종교적 또는 도덕적 이의 제기를 할 수 있도록 규정을 바꾸도록 하였는데, 당시에는 오직 비영리 종교단체에만 피임기구 사용의 의무화 규정의 적용면제를 인정하였다. 이에 대하여 일부 주에서 미연방 정부를 상대로 행정소송을 제기하였고, 결국 미연방 대법원은 2020년 7월, 7대 2로 새로운 규정이 행정절차법(Administrative Procedure Act: APA)을 위반하지 않은 것으로서 유효한 것이라고 판단하였다.[75]

그런데 2020년 가을, 진보적인 대법관 Ruth Bader Ginsburg의 타계와 상대적으로 보수적인 성향의 여성인 Amy Coney Barrett의 임용으로 인하여, 미연방 대법원은 앞으로 더욱 보수화될 것이고, 연루된 양심적 주장에 대한 배려로 인한 제3자 피해의 원칙보다는 종교의 자유에 보다 무게가 실릴 것으로 예상되고 있다. 그러나 제3자 피해의 원칙은 앞으로도 계속 쟁점화될 것이고, 누구에게 가해지는 어떠한 피해인가, 그리고 어떠한 권리를 침해받았는지가 문제될 것이라는 전망이다.[76]

---

74) 이 법은 2010년 Barack Obama 대통령 재임시 제정된 법으로서, 교회와 비영리 종교단체를 제외한 모든 사용자는 피용자의 의료보험 가입을 위하여 피임기구 비용을 포함하는 것을 의무화하는 내용으로서, 종교 학교나 영리 단체들도 이에 따라야 하는 것이었다. https://en.wikipedia.org/wiki/Affordable_Care_Act 참조.

75) 이에 대하여 Ruth Bader Ginsburg 대법관은 소수반대의견을 제시하였고, Sonia Sotomayor 대법관이 동참하였는데, 긴스버그 대법관은 명시적으로 제3자 피해(the third−party harm)의 원칙을 언급하였다. Little Sisters of the Poor Saints Peter and Paul Home v. Pennsylvania, 591 U.S. ___ (2020).

76) *Reframing the Harm: Religious Exemptions and Third−Party Harm After Little Sisters,* 134 Harv. L. Rev. 2197, 2200(2021).

VI. 소 결

미국에서 종교의 자유와 권리의 핵심은 신앙과 양심의 자유, 종교활동의 자유, 종교의 다양성 보장, 종교적 평등권, 정교분리의 원칙, 국교의 금지 등이다. 이는 18세기 후반의 청교도적 회중파, 자유 교회 복음주의, 계몽주의 정치사상, 그리고 공화주의 등의 사상을 반영하는 것이었다. 그런데 오늘날 국가에 의한 인권의 침해뿐만 아니라, 종교 또는 문화의 이름으로 인권 침해가 정당화되고 있는 것이 현실이다. 법외 영역으로서의 종교의 권위를 인정함으로써 불평등 등의 인권 침해가 방임되기도 하고, 특히 여성의 인권이 위축되어 왔다. 전통적인 인권법은 종교의 자유와 문화적 전통을 존중하는 입장이었고, 종교 공동체 안에서의 구성원의 권리에는 무관심하여 온 면이 있다. 또한 종래의 법학은 주로 종교활동의 자유와 종교 간 또는 종교인과 비종교인 간의 평등에 관심을 기울여 왔고, 종교 공동체 안에서의 구성원 간의 평등에는 소홀해 온 면이 있다. 그러나 현대인들은 종교 공동체 내에서도 민주주의가 관철되도록 끊임없이 변화를 요구해 왔고, 공적 영역만이 아니라 종교, 문화, 그리고 가정 등의 사적 영역에서의 합리적 이성, 평등, 자유 등을 추구하고 있다. 종교와 문화 영역에서 여성이나 사회적 약자에 대한 부당한 차별대우는 법이 개입하여야 할 인권의 문제로 부각되었다.

한편 성, 출산, 결혼 등에 대한 신념과 관련하여, 자신의 신념에 반하는 행동 자체는 아니지만, 간접적으로 연루되게 하는 행동을 함으로써 결과적으로 자신의 신념에 반하는 행위를 하지 않을 권리를, “연루된 양심적 주장”이라고 표현하기도 한다. 그러나 이와 같은 주장에 대한 “특별 배려” 자체가 이와 무관한 일반 시민들의 존엄감을 심각하게 해칠 수 있다는 특징이 있다.

미연방 대법원은 2014년의 Hobby Lobby Stores 판결에서, 기업에 종업원의 의료보험 혜택을 위하여 종업원의 피임약 구입을 의무화하는 것은, 기업이 종업원에게 피임약을 구매해 줌으로써 피임약 사용을 촉진 또는 지지하는 의미를 가질 수 있으므로, 생명이 임신으로부터 시작된다는 신실한 종교적 신념에 반하는 것이라고 보았다. 이 판례의 의미는, 개인만이 아니라 영리기업의 종교의 자유도 보호되어야 한다는 점과, 타인의 종교적 신념에 근거한 의료보험조건 미충족을 이유로 의료 서비스 제공을 거부하는 등 피해를 주어서는 안 된다는 점을 밝힌 점이다.

그리고 2018년의 Masterpiece Cakeshop 판례에서는, 케이크숍 주인인 필립이 동성애자의 결혼축하 케이크 제작을 거부함으로써 차별금지법을 위반하였다는 주장에 대하여, 법은 동성애자와 동성커플의 시민권 행사를 보호하여야 할 뿐만 아니라, 동성커플에 반대하는 이들의 종교 또는 철학적 신념을 보호하여야 한다고 판시하였다. 이는 동성애자의 시민권보다 종교적 성향에 대한 개인의 종교적 신념을 보다 보호한 판결이다. 아울러 소송에서 법원은 기회의 평등만이 아니라 중립성을 존중하여야 함을 밝혔다. 또한 일반인에게 개방된 시장 등의 공적 영역에서, 신실한 신앙인의 종교의 자유를 존중하면서도 재화와 서비스 등을 제공받기를 희망하는 성소수자들의 존엄감을 해치지 않는 방식으로 법적 분쟁이 해결되어야 함을 강조하였다. 그런데 미연방 대법원은, 본 사안을 전통적인 시각에서 접근하여 종교적 신앙에 근거하여 차별금지법의 적용을 면제할 것인가의 문제로 보지 않고, 대신에 종교적 이유에 근거한 주장에 대한 특별 배려를 함으로써 청구인과 같은 신앙을 갖고 있지 않은 사람들에게 피해를 주지 않기 위하여, 청구인의 주장을 제한하여야 할 것인가의 문제로 접근하였다는 점은 주목할 만하다. 즉 미연방 대법원은 종교적 이유를 근거로 하는 "공적 특별 배려법"의 적용 면제를 인정하면서도, 그로 인하여 성소수자 등의 공개된 시장으로의 접근을 제한하거나 제3자에게 낙인을 찍게 하는 등의 피해를 입게 해서는 안된다는 점을 강조하였다.

이와 같이 미연방 대법원은 종교적 이유를 근거로 하여 차별금지법 등으로부터의 면제를 주장하는 경우의 가이드라인을 제공하였고, 향후 입법의 방향을 제시하였다고 평가될 수 있으나, 이에 대한 논란은 계속될 것이라는 전망이다. 그리고 낙태나 피임 등과 연계한 의료혜택의 거부, 낙태와 출산 보조기술, 그리고 성소수자들과 관련된 수 많은 법률들에 시사하는 바가 크다. 이와 같은 쟁점들과 관련하여, 미국 의회에서는 그동안 종교와 양심의 자유를 근거로 하는 표현의 자유를 보호하는 수많은 법률을 제정하여 왔으나, 법원은 타인의 시민권을 침해하지 않는 방향으로 종교의 자유를 제한하여 왔다고 평가되고 있다.

그런데 현재의 보수적인 미연방 대법원은, 아직 제3자 피해의 원칙이 무엇을 의미하는지, 어느 정도가 허용될 수 없는 피해인지를 밝히지 않고 있다. 2020년의 Little Sisters 판례에서는, 아예 제3자 피해의 원칙에 대한 어떠한 언급도 하지 않았는데, 이는 종교의 자유를 보다 보호하는 방향이라고 읽힐 수 있겠다. 그러나 제3자 피해의 원칙은 앞으로도 계속 쟁점화될 것이고, 누구에게 가해지는 어떠한 피해인가, 그리고 어떠한 권리를 침해받았는지가 문제될 것이라는 전망이다.

종교와 관련된 피임, 성소수자들에 관한 사회적 논란을 접하면서, 종교적 신념의 보호와 성소수자들의 평등권 등이 충돌하는 상황에서 "특별 배려를 할 경우의 제3자에 대한 피해" 개념은, 우리나라의 판례와 입법의 방향과 해석에 있어서도 유용한 참고자료로서 활용될 수 있을 것이다. 종교의 자유에 대한 보호가 타인의 기본권을 침해하는 상황에서는, 종교의 자유에 근거한 행동의 자유가 제한될 수 있음을 알 수 있고, 이로 인하여 제3자가 입게 될 피해의 정도가 어떠한지에 따라 종교의 자유의 인정 범위는 달라지게 될 것이다.[77]

---

77) 윤종행, "종교, 법, 그리고 인권 – 최근 미연방 대법원 판례의 시사점 – ", 앞의 글, 97–99면 참조.

제3장

신앙의 자유 관련 미국과 우리나라 판례의 동향

(Trends in Court's Decisions on Religious Freedom)

Ⅰ. 서 설

우리나라 헌법 제20조는 "① 모든 국민은 종교의 자유를 가진다. ② 국교는 인정되지 아니하며, 종교와 정치는 분리된다."라고 종교의 자유를 보장하고 있다. 그리고 헌법 제37조 제2항은 "국민의 모든 자유와 권리는 국가안전보장·질서유지 또는 공공복리를 위하여 필요한 경우에 한하여 법률로써 제한할 수 있으며, 제한하는 경우에도 자유와 권리의 본질적인 내용을 침해할 수 없다."라고 규정하고 있다. 따라서 인간의 내면적인 신앙의 자유는 절대적으로 보호되므로 이를 근거로 하여 국가가 간섭할 수는 없는 것이지만, 개인의 신앙이 외부적으로 표현되는 종교활동의 자유는 공공의 안전과 평화를 해치거나 타인의 권익을 침해하여서는 아니 된다는 한계가 있고, 일정한 범위에서 법률로써 제한될 수 있는 것이다.[1)]

1) 윤종행, "신앙의 자유 관련 미국과 우리나라 판례의 동향", 『법이론실무연구』(한국법이론실무학회) 제11권 제3호, 2023, 97면 참조.

그런데 오늘날 종교적 다양성으로 인하여 국가와 종교 간, 종교와 종교 간,[2] 또는 신앙인과 비신앙인 간의 갈등과 충돌의 위험성이 있고, 신앙인의 종교의 자유를 보호하는 것이 제3자의 권익을 침해하는 상황도 발생할 수 있다.[3] 물론 국가는 모든 종교를 평등하게 대우하여 보호하여야 하지만, 종교의 자유가 국가적 이익 또는 다른 기본권과 충돌하는 경우에는, 국가가 개입하여 갈등을 조정하거나 분쟁을 해결하여야 하는 과제가 주어진다.[4] 따라서 종교 관련 재판에서 법원은 재판의 공정성만이 아니라 종교의 자유, 평등권 등을 함께 고려하여야 한다.[5] 특히 개인의 신앙의 자유가 국가의 이익, 공공복리, 타인의 종교활동의 자유, 또는 타인의 권리와 충돌하는 갈등상황에서, 법적 다툼을 공평하고 합리적으로 해결함으로써 사회구성원들의 동의를 얻는 것은, 현실적인 갈등의 조정과 규범적인 가치평가를 수반하는 난제일 수밖에 없다.[6]

이하에서는 신앙의 자유 관련 우리나라 판례의 동향을 고찰하고자 한다. 그런데 신앙의 자유를 찾아 나선 이들에 의하여 세워진 나라인 미국에서는 이에 관한 다양한 판례가 많이 축적되었으므로, 향후 우리나라에서 발생할 수도 있는 유사 사례에 대한 법리 형성에 유익한 시사점을 얻을 수 있을 것이다. 따라서 우선 미국에서 발생한 신앙의 자유 관련 판례들을 주제별로 분류하여 양심적 병역거부, 공립학교 학생의 신앙의 자유, 성소수자의 평등권과 신앙의 자유의 충돌, 그리고 코비드-19 팬데믹 하에서의 신앙의 자유 등으로 나누어 살펴보고자 한다. 이어서 1980년대 이후 현재까지의 우리나라 대법원과 하급심 판례 등을 분석하여, 종교적 신념에 근거한 양심적 병역 거부, 종립학교의 종교 교육과 학생의 신앙의 자유, 종교적 이유로 한 수혈거부와 관련된 다툼, 종교의 자유를 근거로

---

2) 오늘날 독일을 비롯한 유럽에서는 무슬림 신자들이 급증하면서 기독교적 전통문화와 법질서와의 갈등이 사회문제화되고 있다. 강태수, "독일 무슬림의 종교의 자유", 『세계헌법연구』 제15권 제2호, 2009, 3면 이하 참조.

3) *Reframing the Harm: Religious Exemptions and Third-Party Harm After Little Sisters,* 134 Harv. L. Rev. 2186 (2021).

4) 윤종행, "종교, 법, 그리고 인권 – 최근 미연방 대법원 판례의 시사점 – ", 『경희법학』 제56권 제4호, 2021, 79면 참조.

5) Douglas NeJaime & Reva Siegel, *Religious Exemptions and Antidiscrimination Law in Masterpiece Cakeshop,* 128 Yale L.J.F. 201–202 (2018).

6) 윤종행, "신앙의 자유 관련 미국과 우리나라 판례의 동향", 앞의 글, 97면 참조.

한 행정구제 청구, 그리고 종교적 박해를 근거로 한 난민신청 등의 순서로 분류하고, 시간적 순서에 따라 소개하고자 한다.

이를 통하여 신앙의 자유와 관련된 법적 다툼을 예방하고, 이에 관한 법적 다툼에 대한 해결의 판단기준을 확립하는 데 기여하게 되길 바란다. 아울러 신앙의 자유와 관련되는 바람직한 사법정책과 판례의 형성에 필요한 참고자료로서 활용될 수 있길 기대한다.

Ⅱ. 신앙의 자유 관련 미국에서의 논의의 흐름

종교의 자유와 권리에 관한 미국 헌법의 형성은 1776년에서 1791년 사이에 신학적·정치학적 정서를 바탕으로 하여 형성되었는데,[7] 1791년의 미연방 헌법 수정 제1조에서, "국교의 금지(Establishment Clause)"와 "종교행사의 자유(Free Exercise Clause)"를 규정하였다.[8] 종교의 자유와 권리의 핵심 내용은 신앙과 양심의 자유(Liberty of Conscience), 종교활동의 자유(Free Exercise), 종교의 다양성 보장(Pluralism), 종교적 평등권(Equality), 정교분리의 원칙(Seperationism), 국교의 금지(Disestablishment) 등이었다.[9] 이하에서는 신앙의 자유와 관련한 미국 판례로서 양심적 병역거부 사건, 공립학교 학생의 신앙의 자유 관련 사례, 성소수자의 평등권과 신앙의 자유의 충돌 사례, 그리고 코비드-19 팬데믹 하에서의 신앙의 자유가 문제된 사례 등에 관하여 간단히 살펴보겠다.

---

7) John Witte, Jr., *The Essential Rights and Liberties of Religion in the American Constitutional Experiment,* 71 Notre Dame L. Rev. 376 (1996).

8) 그 후 1964년 연방 민권법(Civil Rights Act of 1964)은 인종, 종교, 피부색, 성별, 출신국가(national origin) 등을 근거로 하여 교육, 공적 편의 제공(public accommodation) 및 선거에서 부당한 차별을 금지하고, 그에 대한 국가의 금지명령과 제재를 규정하였다. 이상현, "미국의 포괄적 차별금지법과 관련 사례 연구", 『교회와 법』 제7권 제1호, 2020. 8, 186-187면 참조.

9) John Witte, Jr., *The Essential Rights and Liberties of Religion in the American Constitutional Experiment, Id,* at 388-403; 윤종행, "종교, 법, 인권 - 최근 미연방 대법원 판례의 시사점 - ", 앞의 글, 80-81면 참조.

1. 양심적 병역거부

종교의 자유를 추구하는 이들이 세운 나라인 미국에서는, 지금까지 신앙의 자유와 관련한 법적 다툼이 다양하게 이어져 왔다. 우선 양심적 병역거부와 관련하여, 미연방 대법원은 1965년의 United States v. Seeger 판결에서, 종교적 신념에 근거한 징집거부의 허용 기준을 판단하였다. 이 판결에서 Daniel Seeger는 초월적 존재로서의 신(God)을 믿진 않지만, 도덕적 가치로서의 선(goodness)에 헌신하고자 하는 믿음이 있으므로 자신이 신앙이 없다고 말할 수 없다고 주장하였으나, 법원은 그의 신념이 초월적 존재(Supreme Being)와 깊이 연결되지 않았다는 이유로 양심적 병역거부자에 해당되지 않는다는 판단을 하였다.[10] 법률에 근거한 군징집[11]을 거부할 수 있는 것은 도덕적 교리를 바탕으로 하는 종교적 신념에 근거하여야 하는 것이지, 본질적으로 정치적, 사회적, 또는 철학적 견해나 단지 개인적, 도덕적 이유에 근거하는 경우에는 적용되지 않는다고 판시하였다.[12] 그러나 1970년의 Welsh v. United Sates 판결에서는, 징집을 거부한 피고인이 반드시 초월적 존재를 신봉하는 종교에 기반을 두어야 하는 것은 아니고, 옳고 그름에 대한 도덕적, 윤리적, 또는 종교적 신념에 근거하여 양심적으로 징집을 거부하는 경우라면 허용하여야 한다고 판시함으로써 이전의 판단기준을 완화하였다.[13] 법원이 종교의 자유에 의하여 보호되는지를 판단하기 위하여 사람의 종교적 신념의 내용에 대하여 살펴볼 수 있지만, 그러한 판단이 종교적 신념이 진실한지 거짓된 것인지를 판단할 수는 없는 것이고, 다만 그것이 매우 기이한 것인지 또는 그러한 신념이 순전히 세속적인 것인지에 대한 판단으로 제한되어야 한다는 주장이 제기되고 있다.[14]

---

10) Mark Strasser, *Definitions, Religion, and Free Exercise Guarantees,* 51 Tulsa L. Rev. 20 (2015).

11) The Universal Military Training and Service Act, 50 U.S.C. App. §456(j) (1958).

12) United States v. Seeger, 380 U.S. 163–167 (1965).

13) Welsh v. United Sates, 398 U.S. 333 (1970); John O. Hayward, *The Power of Religion in a Secular Society,* 21 Trinity L. Rev. 44–49 (2016); 윤종행, “형법과 종교”, 『경희법학』 제55권 제1호, 2022. 3. 30, 80–81면 참조.

14) Mark Strasser, *Definitions, Religion, and Free Exercise Guarantees, Id,* at 38.

2. 공립학교 학생의 신앙의 자유

정교분리의 원칙상, 공립학교 교실에서 특정 종교 방식의 기도를 따라 하게 하는 것, 또는 특정 종교의 교리 암송을 사실상 강요하거나[15] 종교적 교리를 가르치는 것은[16] 허용되지 않는 것이 일반적이다. 일찍이 미연방 대법원은 1963년에, 펜실베아니아주 법에 따라 공립학교에서 성경을 읽는 시간을 갖는 것에 대하여, 비록 학부모가 학생의 참석면제를 요청하면 학교에서 이를 허용하는 형식이었더라도, 이와 같은 법은 헌법상 종교의 자유를 침해하는 것이라고 판시하였다.[17]

그리고 정교분리의 원칙과 관련하여 앞서 소개한 2022년 미연방 대법원의 Kennedy v. Bremerton School District 판결은, 공립학교 학생의 신앙의 자유와도 관련되는 것이므로, 여기서 다시 한 번 살펴보겠다. 워싱턴주의 브레머튼시(Bremerton, Washington)의 한 공립 고등학교 축구 코치 Joseph Kennedy가 경기 후 일부 학생들과 함께 경기장에서 기도하는 시간을 가진 것이 문제되었다. 지역 교육청은, 공립 고등학교 학생 신분인 축구 선수들이 경기 후 축구 코치의 기도에 참여하자, 정교분리의 원칙에 위배된다는 법적 다툼을 우려하였다. 이에 관할 교육청은 축구 코치 Kennedy에게 다른 곳이나 나중에 기도하기를 권유하면서 대화하였으나, 코치는 이를 받아들이지 않았다. 결국 교육청은 코치의 재임용계약을 거부하였고, 코치는 교육청을 상대로 소를 제기하였다. 미연방 대법원은 이 사건에서, 지역 교육청이 코치에 대한 재임용계약을 거부한 것은, 개인의 종교행사의 자유와 표현의 자유를 침해한 것이라고 판시하였다.[18]

비록 축구부의 코치가 공립 고등학교 소속이고, 장소가 운동장이라고 하더라도, 개인의 신앙에 따라 경기 후에 기도를 한 것이고, 코치의 기도에 참여한 다른 선수들도 자발적인 것으로서, 축구부 소속 학생들에게 심리적인 부담으로

15) Kathleen M. Sullivan, *Religion and Liberal Democracy*, 59 U. Chi. L. Rev. 202 (1992).

16) Epperson v. Arkansas, 393 US 97 (1968); Edwards v. Aguillard, 482 US 578 (1987).

17) Abington School District v. Schempp, 374 U.S. 203 (1963). 윤종행, “종교와 법의 교차점”,『강원법학』 제62권, 2021. 2, 434－435면 참조.

18) Kennedy v. Bremerton School District, 597 U.S. ___ (2022).

작용한 것이 아니라면, 운동장에서 한 Kennedy의 기도 행위가 정교분리의 원칙에 위배된다고 보기는 어려울 것이다.[19] 공립 고등학교 축구부 소속 일부 학생들이 경기 후 자율적으로 기도하는 시간을 갖는 것에 대하여, 기도에 참여하거나 참여하지 않는 다른 학생들에게 어떠한 불편함이나 심리적인 부담으로 작용할 수 있는지는 문화에 따라 달라질 수 있을 것이다. 우리나라와 미국의 고등학교 운동부의 문화 차이가 있을 수 있다는 점에서, 우리나라에서도 본 판례와 같은 기준을 적용할 수 있는지는, 코치와 학생들 간의 관계 등 제반 정황을 고려하여, 사실상 운동부 소속 학생들의 신앙의 자유를 침해하는 것인지를 신중히 판단하여야 할 것이다.

3. 성소수자의 평등권과 신앙의 자유의 충돌

(1) 신앙에 반하는 성소수자에 대한 서비스 거부

위에서 소개한 바와 같이 최근 미국에서는, 신앙의 자유와 관련하여 종교적 신념에 반하는 서비스 제공을 거부하여 헌법적 다툼으로 비화되었다. 동성애가 자신의 종교적 신념에 반한다는 이유로, 동성애자의 케이크 주문 제작 요청을 거부한 사건이 크게 논란이 되었다. 2012년 콜로라도(Colorado)주에 사는 동성 커플인 찰리 크레이그(Charlie Craig)와 데이비드 멀린스(David Mullins)는, 당시에 콜로라도주에서는 동성결혼이 합법화되지 않았기 때문에,[20] 매사추세츠(Massachusetts)주에 가서 결혼식을 하고 콜로라도주에 와서 가족과 친구들과 함께 축하자리를 마련하려고 계획하였다. 찰리와 데이비드는 콜로라도주에 있는 매스터피스 케이크숍(Masterpiece Cakeshop)의 주인인 잭 필립스(Jack Phillips)에게 결혼 축하 케이크 제작을 부탁하였다. 그러나 기독교인인 필립스는 동성결혼이 자신의 종교적 신념에 반하기 때문에 동성결혼 축하 케이크는 만들 수 없다고 거절하였다. 이에 크레이그와 멀린스는 미국 시민자유연맹(American Civil Liberties Union) 콜로라도 지부의 변호사를

19) 윤종행, "신앙의 자유 관련 미국과 우리나라 판례의 동향", 앞의 글, 100면 참조.

20) 그 후 2014년에 콜로라도주는 동성결혼을 합법화하였고, 2015년 미연방 대법원은 동성애 커플이 결혼할 기본권이 있다는 판결을 내렸다{*Obergefell v. Hodges* 576 U.S.644 (2015)}.

위축해 소송을 제기하였다. 콜로라도주 항소법원은, 동성결혼 케이크 제작 주문을 거절한 케이크 아티스트인 잭 필립스(Jack Phillips)에 대해 차별금지법을 위반했다며 유죄 판결을 내렸다. 그러나 2018년 미연방 대법원은 동성애자와 동성커플의 시민권 행사를 법적으로 보호해야 하는 것이지만, 동성 결혼에 대한 종교적·철학적 반대 역시 보호받아야 하므로, 동성커플에게 결혼 축하 케이크 제작을 거부할 수 있는 필립스의 종교의 자유를 보호하여야 한다고 판시하였다.21) 미연방 대법원은 동성애자의 시민권보다 성적 성향에 대한 개인의 종교적 신념과 이에 따를 자유를 보다 우선시하였음을 알 수 있다.22)

이와 유사한 사례로서 2022년에는, 역시 콜로라도주에 거주하는 복음주의 기독교인인 웹 디자이너(web designer) 로리 스미스(Lorie Smith)가 동성애 커플의 결혼식 관련 웹사이트를 디자인 해주는 서비스 제공을 거부함으로써 법적 다툼이 되었다. 이에 대하여 2023년 6월 30일 미연방 대법원은, 2018년 동성결혼 케이크 사건 판결에서와 마찬가지로, 웹 디자이너의 표현의 자유를 중시하여, 로리 스미스 자신이 동의하지 않는 창의적인 행위를 할 것을 강요당하지 않을 자유가 있다고 판시하였다. 미연방 대법원 대법관은 6대 3으로 의견이 갈렸는데, 다수의견은 창의적인 전문가로서 웹디자이너 로리 스미스는 자신이 반대하는 것에 대하여 지지하는 것을 거부할 자유가 헌법상 보장된다고 판단하였다. 따라서 그녀는 동성애 커플에 대하여 서비스 제공을 거부한 이유로 콜로라도주의 차별반대법에 따른 처벌을 받지 않게 되었다. 현재 미국의 29개 주에서는 공적 서비스 제공 영역(public accommodations)에서 동성애자 등 성적 소수자들(LGBTQ)을 보호하는 법을 시행하고 있다.23)

---

21) Masterpiece Cakeshop v. Colorado Civil Rights Commission, 584 U.S. ___ (2018); 김병록, "젠더 평등과 종교의 자유 – 동성결혼과 종교의 자유는 동시에 보장될 수 있는가?", 『법학논총』(조선대) 제25집 제3호, 2018. 12, 13–21면 참조.

22) 이 판결에 대하여, 동성애 커플의 요구에 따라 케이크를 제작하는 것이 원고의 신앙심에 대하여 어느 정도 심각하게 손상을 가하는가에 대하여 법원이 충분히 심사하지 않은 것은 잘못이라는 비판이 있다{Sherif Girgis, *Defining "Substantial Burdens" on Religion and Other Liberties,* 108 Va. L. Rev. 1780 (2022)}.

23) https://www.nbcnews.com/politics/supreme-court/supreme-court-rules-web-designer-refused-work-sex-weddings-rcna68629.

(2) 종교단체의 성소수자에 대한 기회 부여 거부

2021년에는 필라델피아시(the City of Philadelphia)가 카톨릭 사회봉사단체(Catholic Social Services: CSS)의 종교의 자유를 침해하였는지가 문제되었다. 미연방 대법원은 놀랍게도 만장일치로, 카톨릭 사회봉사단체(CSS)가 종교적 이유로 동성애 커플에게 사회봉사의 기회를 주지 않았다는 이유로, 필라델피아시가 비종교단체에도 부여하는 세금면제의 혜택을 종교단체인 CSS에게 거부한 것은, 비례의 원칙(최소침해의 원칙)에 위배되는 것으로서 CSS의 종교의 자유를 침해하였다고 판시하였다.24) 필라델피아시의 면제거부 처분은, 카톨릭 사회봉사단체가 종교행사의 자유의 제한을 감수하면서 종교적 양심에 반하는 결정을 하게끔 하는 부담으로 작용하게 된다고 보았다.25) 동성애 커플의 평등권과 종교단체의 종교의 자유가 충돌하는 상황에서, 미연방 대법원은 종교단체의 종교의 자유를 보다 중시하였다고 이해할 수 있다.26) 이 판결은 종전에 적용되어 온 1990년의 Employment Division v. Smith 판결27)을 뒤집지는 않았으나,28) 종교의 자유를 평등권의 차원에서 접근함으로써, 종교단체에 대한 매우 강력한 면제혜택을 부여하게 되었다고 평가되고 있다.29) 그러나

---

24) Fulton v. City of Philadelphia, 593 U.S. ___ (2021).

25) Fulton v. City of Philadelphia, 141 S.Ct. 1876 (2021). 이에 대한 평석으로는 Donna M. Gitter, *First Amendment Challenges to State Vaccine Mandates: Why the U.S. Supreme Court Should Hold that the Free Exercise Clause Does Not Require Religious Exemptions,* 71 Am. U. L. Rev. 2243-2311 (2022) 참조.

26) 미연방 대법원이 최근 매스터피스 케이크숍 판례와 카톨릭 사회봉사단체의 판결에서, 동성애 커플에 대한 차별을 용인함으로써 평등권을 침해하고 있다는 비판적 견해도 제시되고 있다. Sherry Colb, *Free Exercise in the Mirror,* 2 N.C. Civ. Rts. L. Rev. 67-104 (2022) 참조.

27) 이는 마약류로 취급되어 사용이 금지되는 피요테(peyote)를 종교적 의식에 사용함으로써, 주 법을 위반한 이유로 해고된 사람에 대하여, 주 정부에서 실업수당 혜택을 주지 않더라도 무방하다는 판결이다. Employment Division, Department of Human Resources of Oregon v. Smith, 494 U.S. 872 (1990).

28) 이러한 쟁점에 대하여 종교의 자유와 별도로 특정 종교단체와 다른 종교단체, 또는 비종교단체와의 평등의 관점에서 접근할 때, 종교의 자유는 더욱 강력하게 보장될 수 있다는 점에서, 이 Smith 판결은 머지 않아 파기될 것이라는 전망이 있다{Nelson Tebbe, *The Principle and Politics of Equal Value,* 121 Colum. L. Rev. 2427 (2021)}.

29) Zalman Rothschild, *Individualized Exemptions, Vaccine Mandates, and the New Free Exercise Clause,* 131 Yale L.J. Forum 1106-1139 (2022).

종교행사의 자유와 LGBT 등의 성 소수자의 평등권을 포함하는 정부의 이익을 충분히 비교형량하지 못하였다는 비판도 제기되고 있다.[30]

이와 같이 종교적 이유를 들어 동성애 커플에게 사회봉사의 기회를 주지 않았다는 이유로, 시 정부가 종교단체에 대한 면제혜택을 거부한 처분의 적정성 심사에서, 법원은 우선 시의 처분이 정당한 이유에 근거한 것인지에 대한 판단이 필요할 것이다. 아울러 다른 비종교단체와의 형평성을 따져서 종교단체에 대한 부당한 차별이 되는지를 검토하여, 결국 종교의 자유와 평등권을 침해하는지에 대한 판단을 하여야 할 것이다.[31] 이 때 종교단체의 종교의 자유와 동성애자의 평등권과의 충돌 문제는 또 다른 쟁점으로서, 기본권의 규범조화적 해석과 이익형량의 원칙 등의 견지에서 접근하여야 할 것이다.[32]

4. 코비드-19 팬데믹 하에서의 신앙의 자유

(1) 백신 접종의 의무화

최근에는 종교적 이유를 들어 코로나 백신 접종을 거부하는 사례 등이 보도되었다. 전파력이 강한 신종 코로나 바이러스 오미크론의 전 세계 확산으로, 미국의 뉴욕주 등에서는 백신 접종 의무화를 추진하는 정부의 정책에 반발하는 일부 시민들의 저항과 갈등이 발생하였다.[33] 2021년 미연방 대법원은 Does v.

30) John Inazu, *COVID−19, Churches, and Culture Wars,* 18 U. St. Thomas L.J. 328−329 (2022).

31) 이 판결에 대한 비판적 평석으로서, Leah M. Litman, *Disparate Discrimination,* 121 Mich. l. rev. 24−31 (2022) 참조.

32) 윤종행, “신앙의 자유 관련 미국과 우리나라 판례의 동향”, 앞의 글, 103면 참조.

33) https://www.ytn.co.kr/_ln/0104_202202060157521780. 우리나라의 법 제도에 많은 영향을 미쳐 온 독일에서도, 종교와 관련하여 그동안 히잡 착용(BVerfGE 108, 282. BVerwGE 116, 359), 유대교식 도살(BVerwGE 99, 1; BVerwGE 112, 227. BVerfGE 104, 337.), 남녀공학에서 구분된 스포츠 수업에서의 면제(BVerwGE 94, 82), 양심적 병역거부의 문제, 그리고 종교적 이유로 아동의 포경수술을 행한 경우의 법적 쟁점 등이 문제되어 왔다. 신옥주, “히잡 착용을 통하여 본 유럽에서의 종교자유에 대한 고찰”, 『공법학연구』 제9권 제3호(2008), 305면 이하; 이부하, “종교의 자유와 관련한 헌법적 쟁점 − 독일 헌법상 논의를 중심으로 − ”, 『아주법학』 제19권 제4호, 2016, 5면; 김나루, “유럽의 양심적 병역거부자를 위한 대체복무제의 비교법적 연구”, 『유럽헌법연구』 제29호, 2019, 25−54면; 강태경, “양심적 병역거부의

Mills 판례에서,[34] 의료인들에게 코비드－19 백신 접종을 의무화하는 메인(Maine) 주 행정명령의 집행정지를 위한 긴급 구제 신청에 대하여 거부 판결을 하였다. 그리고 같은 해 Dr. A v. Hochul 판례에서는,[35] 뉴욕주에서 종교적 면제 없이 일정한 의료진들에게 백신 접종을 의무화한 조치에 대한 집행정지 신청에 대하여 거부 판결을 하였다.[36]

(2) 팬데믹 상황에서의 종교집회 규제

주지하듯이, 최근의 코비드－19 팬데믹 상황에서 종교집회를 제한하는 행정적 규제에 대하여 많은 법적 다툼이 이루어졌다. 2020년 미연방 대법원은, 코로나 팬데믹 하에서 예배 참석자 수를 제한하는 뉴욕주 주지사에 의해 발령된 행정명령은, 많은 사람들이 예배에 참석하는 것을 실질적으로 막음으로써, 종교의 자유를 보장하는 미연방 수정헌법 제1조를 침해하여 위헌이라고 판시하였다.[37] 그리고 2021년에는, 캘리포니아주에서 코비드－19의 확산을 우려하여 집에서 종교적 집회를 할 경우 세 가정 이상이 모이지 못하지 못하도록 한 조치는, 최소침해의 원칙에 위배되는 것으로서, 미연방 수정헌법 제1조에서 보장하는 종교의 자유를 침해하는 것이라고 보았다. 소매상, 미용실, 영화관, 음악회, 그리고 음식점 등에서는 규제하지 않는 보다 엄격한 제한을 종교적 집회에 대하여 한 것에 대하여, 미연방 대법원은 덜 제한적인 수단으로는 성부 목적을 이룰 수 없으며,

---

'정당한 사유' 해석론 비판 : '길'로서의 법 vs. '문'으로서의 법", 『형사정책연구』 제29권 제3호, 2018, 26－88면; 장영수, "양심적 병역거부와 병역법 제88조 제1항 등의 '정당한 사유'의 해석", 『강원법학』 제55권, 2018, 285－315면; 박희영, "독일에 있어서 종교적 이유로 아동의 포경수술을 행한 의사의 형사책임", 『의생명과학과 법』(원광대) 제11권 (2014), 33－58면; 윤종행, "종교 관련 재판의 전제로서의 몇 가지 쟁점들 — 미국 판례를 중심으로 —", 『법학연구』(연세대) 제32권 제1호(2022년 3월), 181－184면 등 참조.

34) Does v. Mills, 142 S. Ct. 17 (2021); Does v. Mills, 595 U. S. ____ (2021).

35) Dr. A v. Hochul, 142 S. Ct. 552 (2021); Dr. A v. Hochul, 597 U. S. ____ (2022).

36) 이와 같이 과학에 바탕을 둔 정부의 백신 접종 의무화 조치는 타인의 건강과 공익을 위하여 필요하다고 봄으로써, 미연방 대법원의 판결을 지지하는 견해로서, Donna M. Gitter, *First Amendment Challenges to State Vaccine Mandates: Why the U.S. Supreme Court Should Hold that the Free Exercise Clause Does Not Require Religious Exemptions, Id,* at 2317 참조.

37) Roman Catholic Diocese of Brooklyn, New York v. Andrew M. Cuomo, 592 U. S. ____ (2020).

종교적 집회가 위에서 언급한 다른 장소에서의 모임보다 더 위험하다는 것을 캘리포니아주는 증명하지 못하였다고 판시하였다.[38]

(3) 평 가

코비드-19 팬데믹 하의 정부 규제에 대한 법적 다툼에 직면한 미연방 대법원의 판결에 대하여 많은 비판이 제기되고 있다.[39] 우선 “종교적 차별(religious discrimination)”이라는 불명확한 개념을 사용하여,[40] 결과적으로 법원이 매우 당파적이고 직관적인 규범적 판단을 함으로써 문화적·정치적 분열을 가져오게 되었다는 비판이 있다.[41] 통계에 의하면, 코비드 팬데믹 하에서 종교의 자유와 관련된 헌법적 다툼에서, 미연방 대법원 대법관 중 민주당 정권 중 임명된 대법관이 종교의 자유를 주장하는 측을 옹호한 경우는 없었고, 공화당 정권 중 임명된 대법관의 66%가, 트럼프 대통령 재임 중 임명된 대법관의 82%가 종교의 자유를 주장하는 측을 옹호하였다고 한다.[42] 한편 비례성의 원칙(proportionality) 또는 엄격한 최소침해의 원칙(strict scrutiny)을 적용하든지 간에, 정부는 종교적 활동과 비종교적 활동 간에 차이 없이 공평한 방식으로 제한하여야 하고, 정부는 종교적 수용(제공: accommodation) 거부가 정부 이익을 침해하지 않도록 하기 위하여 필요 불가피하였다는 증거를 제시하여야 한다는 주장과 함께, 법원은 종교적 갈등 상황이 존재하는 것을 무시하는 이론적 재해석을 함으로써 정부 조치의 정당성에 대한 입증책임을 면제하는 결과를 가져와서는 안 된다는 비판이 제기되고 있다.[43] 또한 코로나 위기상황 하에서 종교의 자유에 관한 분열된 법원의 입장이

38) Tandon v. Newsom – 141 S. Ct. 1294 (2021). 이와 같은 미연방 대법원의 판결에 대한 비판적 견해로서는, Donna M. Gitter, *First Amendment Challenges to State Vaccine Mandates: Why the U.S. Supreme Court Should Hold that the Free Exercise Clause Does Not Require Religious Exemptions, Id,* at 2311–2317 참조.

39) Mark Storslee, *The COVID-19 Church-Closure Cases and the Free Exercise of Religion,* 34 J. L. & Religion 72, 94 (2022).

40) Zalman Rothschild, *Free Exercise Partisanship,* 107 Cornell L. Rev. 1071 (2022).

41) Mark L. Movsesian, *Law, Religion, and the Covid Crisis,* 37 J. L. & Religion 9–24 (2022).

42) Zalman Rothschild, *Free Exercise Partisanship, Id,* at 1067–1135.

43) Justin Collings & Stephanie Hall Barclay, *Taking Justification Seriously: Proportionality, Strict Scrutiny, and the Substance of Religious Liberty,* 63 B.C. L. Rev. 453–520 (2022).

종종 신앙과 종교행사의 자유에 관하여 불간섭주의로 흐르기도 하는데, 법원은 사회통합을 위하여 보다 실현 가능하고 실효성 있는 접근을 할 것이 요청된다는 지적도 있다.[44)]

코비드19 팬데믹 상황 하에서 정부의 지나친 규제에 대한 반발과 이로 인한 법적 다툼에 직면하여, 법원은 우선 공중의 건강과 안전 등 행정적 규제의 필요성과 처분의 합리성,[45)] 그리고 기본권의 제한을 당하는 시민의 불편과 부담 등을 비교형량하여야 할 것이다. 아울러 구체적 상황에서 가장 합리적이고 필요로 하는 정부의 규제인지에 관하여, 규제의 목적 달성을 위한 합리적이고 적합한 수단으로서 다른 가능한 경미한 방법은 없었는지 등에 대한 철저한 분석을 한 다음,[46)] 행정적 규제의 적정성과 평등권 또는 종교의 자유 등 기본권의 침해 여부를 판단하여야 할 것이다.[47)]

44) Samuel J. Levine, *The Supreme Court's Hands−off Approach to Religious Questions in the Era of COVID−19 and Beyond,* 24 U. Pa. J. Const. L. 276−312 (2022).

45) Toni M. Massaro Justin R. Pidot Marvin J. Slepian, *Pandemics and the Constitution,* U. Ill. L. Rev. 229−275 (2022).

46) Leah M. Litman, *Disparate Discrimination,* 121 Mich. l. rev. 31−34 (2022) 참조.

47) 윤종행, "신앙의 자유 관련 미국과 우리나라 판례의 동향", 앞의 글, 106면 참조.

Ⅲ. 신앙의 자유 관련 우리나라 판례의 동향

1. 종교적 신념에 근거한 양심적 병역거부

(1) 정당한 양심적 병역거부를 긍정한 사례

1) 대법원 2018. 11. 1. 선고 2016도10912 전원합의체 판결 [병역법위반]

이는 정당한 사유가 있는 양심적 병역거부는 병역법상 구성요건해당성을 조각한다는 획기적인 대법원 전원합의체 판결이다. 여호와의 증인 신도인 피고인이 지방병무청장 명의의 현역병입영통지서를 받고도 입영일부터 3일이 지나도록 종교적 양심을 이유로 입영하지 않고 병역을 거부하여 병역법 위반으로 기소된 사안이다. 피고인은 여호와의 증인 신도인 아버지의 영향으로 만 13세 때 침례를 받고, 그 신앙에 따라 생활하면서 약 10년 전에 최초 입영통지를 받은 이래 현재까지 신앙을 이유로 입영을 거부하고 있고, 과거 피고인의 아버지는 물론 최근 피고인의 동생도 같은 이유로 병역을 거부하여 병역법 위반으로 수감되었으며, 피고인이 부양해야 할 배우자, 어린 딸과 갓 태어난 아들이 있는 상태에서, 형사처벌의 위험을 감수하면서도 종교적 신념을 이유로 병역거부 의사를 유지하고 있다.

대법원은, 우선 국민의 국방의무를 정당한 사유 없이 불응한 사람을 처벌하는 병역법 제88조 제1항에서 정하는 정당한 사유가 있는지를 판단할 때에는, 병역법의 목적과 기능, 병역의무의 이행이 헌법을 비롯한 전체 법질서에서 가지는 위치, 사회적 현실과 시대적 상황의 변화 등은 물론 피고인이 처한 구체적이고 개별적인 사정도 고려해야 한다고 보았다. 그리고 양심적 병역거부란 종교적·윤리적·도덕적·철학적 또는 이와 유사한 동기에서 형성된 양심상 결정을 이유로 집총이나 군사훈련을 수반하는 병역의무의 이행을 거부하는 행위라고 정의하고 있다. 또한 양심적 병역거부의 허용 여부는 헌법 제19조 양심의 자유 등 기본권 규범과 헌법 제39조 국방의 의무 규범 사이의 충돌·조정 문제가 됨을 지적하고 있다.

대법원은, 그동안 실제로 병역거부자에게 1년 6개월 이상 징역형의 실형을 일률적으로 선고하고 있음에도 불구하고, 우리 사회에서 양심적 병역거부자가 매년 평균 약 600명 내외로 발생하고 있는 현실과, 우리나라의 경제력과 국방력, 국민의 높은 안보의식 등에 비추어, 양심적 병역거부를 허용한다고 하여 국가안전보장과 국토방위를 달성하는 데 큰 어려움이 있을 것으로 보이지 않는다고 판단하였다. 따라서 진정한 양심적 병역거부자에게 집총과 군사훈련을 수반하는 병역의무의 이행을 강제하고 그 불이행을 처벌하는 것은, 양심의 자유에 대한 과도한 제한이 되거나 본질적 내용에 대한 위협이 된다고 보았다. 요컨대, 양심적 병역거부자에게 병역의무의 이행을 일률적으로 강제하고 그 불이행에 대하여 형사처벌 등 제재를 하는 것은, 양심의 자유를 비롯한 헌법상 기본권 보장체계와 전체 법질서에 비추어 타당하지 않을 뿐만 아니라, 소수자에 대한 관용과 포용이라는 자유민주주의 정신에도 위배되고, 따라서 진정한 양심에 따른 병역거부는 병역법 제88조 제1항의 '정당한 사유'에 해당한다고 판시하였다.

이어서 정당한 사유로 인정할 수 있는 양심적 병역거부에서의 양심은 그 신념이 깊고, 확고하며, 진실하여야 하는데, 예컨대 종교적 신념에 따른 양심적 병역거부 주장의 경우에는 종교의 구체적 교리가 어떠한지, 그 교리가 양심적 병역거부를 명하고 있는지, 실제로 신도들이 양심을 이유로 병역을 거부하고 있는지, 그 종교가 피고인을 정식 신도로 인정하고 있는지, 피고인이 교리 일반을 숙시하고 철저히 따르고 있는지, 피고인이 주장하는 양심적 병역거부가 오로지 또는 주로 그 교리에 따른 것인지, 피고인이 종교를 신봉하게 된 동기와 경위, 만일 피고인이 개종을 한 것이라면 그 경위와 이유, 피고인의 신앙기간과 실제 종교적 활동 등이 주요한 판단요소가 될 것이라고 판단하였다. 아울러 피고인의 가정환경, 성장과정, 학교생활, 사회경험 등 전반적인 삶의 모습도 살펴볼 필요가 있다고 판시하였다.[48]

그리고 입증책임과 관련하여, 양심적 병역거부를 주장하는 피고인은 자신의 병역거부가 그에 따라 행동하지 않고서는 인격적 존재가치가 파멸되고 말 것이라는 절박하고 구체적인 양심에 따른 것이며, 그 양심이 깊고 확고하며 진실한

48) 대법원 2018. 11. 1. 선고 2016도10912 전원합의체 판결.

것이라는 사실의 존재를 수긍할 만한 구체적인 소명자료를 제시하고, 검사는 제시된 자료의 신빙성을 탄핵하는 방법으로 진정한 양심의 부존재를 증명하여야 한다고 판시하였다.

그러나 4인의 대법관은 반대 견해를 제시하였다. 다수의견은 법적 안정성이라는 중대한 사법적 가치를 손상하고, 자칫 병역의무 이행상의 과도한 특혜를 부여하는 결과를 초래함으로써 병역법의 입법 목적을 근본적으로 훼손시킬 뿐만 아니라, 병역의무 부담의 형평성에 대한 규범적 요청 및 국민의 기대에서 크게 벗어나는 것으로 인식되어, 갈등과 혼란을 초래할 것이라는 우려가 있다고 비판하였다. 그리고 설령 양심적 병역거부자 등 일부 병역의무자들에 대한 병역법의 예외 없는 적용에 다소간의 불합리하거나 가혹한 면이 있더라도, 이는 국회의 입법 절차를 통해 시정해 나갈 일이지, 법원이 병역법의 규정을 그 목적이나 기능에 어긋나게 해석하는 방식으로 해결하여서는 아니 된다는 입장을 밝혔다. 결국 다수의견은 사법권의 한계를 벗어나 입법정책의 영역에서 사실상 입법자의 권한을 행사한다는 오해와 비난을 면하기 어렵다고 비판하였다.[49)]

그런데 양심적 병역거부가 인정되기 위한 요건으로서, 본 판례에서 설시한 바와 같이, 양심이 "그 신념이 깊고, 확고하며, 진실"한지에 대한 판단에 있어서, 종교적 신념을 포함하여 보다 폭넓게 인정할 필요가 있다고 본다. 우리나라 헌법 제19조가 "모든 국민은 양심의 자유를 가진다."라고 선언하고 있으므로, 소위

49) 본 대법원 판결 6개월 전 헌법재판소는, 병역법 제88조 제1항 등 위헌소원에 관한 결정에서, 양심적 병역거부자에 대한 대체복무제를 규정하지 아니한 병역종류조항은 과잉금지원칙에 위배하여 양심적 병역거부자의 양심의 자유를 침해한다고 보았다(헌재 2018. 6. 28. 2011헌바379 등, 판례집 30-1하, 370 [전원재판부]). 또한 본 판결 이후로, 2021년 "대체역의 편입 및 복무 등에 관한 법률"이 공포되었다. 본 대법원 판례에 대하여, 종교적 신념에 따른 병역거부를 인정할 경우, 그러한 교리를 지닌 특정 종교에 속한다는 이유로 사실상 군복무, 특히 현역복무를 이행하지 않고 대체복무를 할 수 있도록 하는 것은 결과적으로 특정 종교에 대하여 국가가 지원·보호를 행한 셈이 됨으로써, 이로 말미암아 종교간 차별 문제를 야기하여 종교간 갈등을 초래할 수 있다는 비판이 있다{음선필, "종교적 병역거부와 기독교 - 대법원 2018.11.1. 선고 2016도10912 전원합의체 판결에 대한 비판적 검토 -", 『교회와 법』(한국교회법학회) Vol. 6 No. 1, 2019, 24면 참조}. 이와 반대로, 형법의 보충성을 고려하여 형사처벌의 개입에 보다 신중할 필요가 있이므로, 대체복무제를 통해 의무수행의 또 다른 방안을 만들어 선택권을 부여하는 방식으로 해결하는 것이 타당하다는 견해가 있다{이수진·문채규, "종교적 행위의 형사법적 허용범위", 『비교형사법연구』(한국국비교형사법학회) 제19권 제4호, 2018, 127-130면}.

"양심적 병역거부"의 정당한 사유는 단지 종교적 신념을 근거로 하는 경우만이 아니라, 정치적·사회적 이유가 아닌 순수한 도덕적 신념에 근거한 경우에도 양심의 자유로서 보장하는 것이 바람직할 것이다.[50)]

2) 대법원 2021. 1. 28. 선고 2018도4708 판결 [예비군법위반]

본 판결은, 진정한 양심에 따른 예비군훈련 거부의 경우에, 정당한 사유가 없다는 사실에 대한 증명책임과 증명 방법에 관하여 판시하고 있다. 대법원은, 진정한 양심이란 그 신념이 깊고, 확고하며, 진실한 것으로서, 인간의 내면에 있는 양심을 직접 객관적으로 증명할 수는 없으므로, 사물의 성질상 양심과 관련성이 있는 간접사실 또는 정황사실을 증명하는 방법으로, 진정한 양심에 따른 병역거부인지 여부를 판단할 수 있다고 보고 있다. 따라서 양심상의 이유로 예비군훈련 거부를 주장하는 피고인은, 자신의 예비군훈련 거부가 그에 따라 행동하지 않고서는 인격적 존재가치가 파멸되고 말 것이라는 절박하고 구체적인 양심에 따른 것이며, 그 양심이 깊고 확고하며 진실한 것이라는 사실의 존재를 수긍할 만한 구체적인 소명자료를 제시하여야 하고, 검사는 제시된 자료의 신빙성을 탄핵하는 방법으로 진정한 양심의 부존재를 증명할 수 있다고 판시하였다.[51)]

대법원은, 양심상 이유로 예비군훈련을 거부하는 사건의 재판에서, 피고인이 진정한 양신에 근거한 것이라는 점에 대하여 소명자료를 제시하고, 검사가 이를 탄핵하는 방식으로 그 정당성에 대한 판단을 하고 있음을 알 수 있다.[52)]

3) 대법원 2021. 2. 4. 선고 2020도3439 판결 [예비군법위반]

이는 여호와의 증인 신도인 예비군대원이 예비군훈련 소집통지서를 전달받고도 종교적 신념을 이유로 예비군훈련을 거부하여, 예비군법 위반으로 기소된 사안이다. 대법원은, 제반 사정을 종합할 때, 피고인이 예비군훈련을 거부한 것은 종교적 신념에 근거한 깊고 확고하며 진실한 양심에 따른 것으로서, 예비군법 제15조 제9항 제1호에서 정한 '정당한 사유'에 해당한다고 판시하였다.

---

50) 윤종행, "형법과 종교", 앞의 글, 84면.

51) 대법원 2021. 1. 28. 선고 2018도4708 판결.

52) 윤종행, "신앙의 자유 관련 미국과 우리나라 판례의 동향", 앞의 글, 110면 참조.

대법원은 본 판결에서, 헌법 제19조에서 보호하는 양심은, 어떤 일의 옳고 그름을 판단할 때 그렇게 행동하지 않고서는 자신의 인격적 존재가치가 파멸되고 말 것이라는 강력하고 진지한 마음의 소리로서 절박하고 구체적인 것으로서, 양심적 병역거부자에게 병역의무의 이행을 일률적으로 강제하고 그 불이행에 대하여 형사처벌 등 제재를 하는 것은, 양심의 자유를 비롯한 헌법상 기본권 보장체계와 전체 법질서에 비추어 타당하지 않을 뿐만 아니라, 소수자에 대한 관용과 포용이라는 자유민주주의 정신에도 위배된다고 판단하였다.

양심적 병역거부자에 대하여 대법원은, 헌법상 양심의 자유뿐만 아니라 소수자에 대한 관용과 표용의 정신에 근거하여, 정당한 사유에 해당한다고 보고 있음을 알 수 있다.[53)]

(2) 정당한 양심적 병역거부를 부정한 사례

1) 대법원 2020. 7. 9. 선고 2019도17322 판결 [병역법위반]

본 판례는, 여호와의 증인 교단에서 침례를 받지 아니한 피고인이 그 신도라고 주장하면서, 지방병무청장 명의의 현역병 입영통지서를 받고도 종교적 양심을 이유로 입영일부터 3일이 지나도록 입영하지 않고 병역을 거부하여 병역법 위반으로 기소된 사안이다. 대법원은, 피고인이 이른바 '모태신앙'으로서 여호와의 증인 신도라고 하면서도, 위 종교의 공적 모임에서 자신의 신앙을 고백하고 그 종교의 다른 신도들로부터 공동체 구성원으로 받아들여지는 중요한 의식인 침례를 아직 받지 않고 있을 뿐 아니라, 종교적 신념의 형성 여부 및 그 과정 등에 관하여 위 종교단체 명의의 사실확인서 등 구체성을 갖춘 자료를 제대로 제출하지 않고 있다는 점 등에서, 피고인의 주장과 달리 가정환경 및 성장과정 등 삶의 전반에서, 해당 종교의 교리 및 가르침이 피고인의 신념 및 사유체계에 심대한 영향을 미칠 만큼 지속적이면서 공고하게 자리 잡았다고 보기 어려운 면이 있다고 판단하였다.

나아가 설령 피고인이 그 주장대로 침례를 받지 않고도 지금까지 종교적 활동을 하여 온 것이 맞다 하더라도, 이러한 종교적 활동은 여호와의 증인의 교리

53) 윤종행, "신앙의 자유 관련 미국과 우리나라 판례의 동향", 앞의 글, 110면 참조.

또한 신앙에 관하여 확신에 이르거나 그 종교적 신념이 내면의 양심으로까지 자리 잡게 된 상태가 아니더라도 얼마든지 행해질 수 있으므로, 피고인이 병역거부에 이르게 된 원인으로 주장하는 '양심'이 과연 그 주장에 상응하는 만큼 깊고 확고하며 진실한 것인지, 종교적 신념에 의한 것이라는 피고인의 병역거부가 실제로도 그에 따라 행동하지 않고서는 인격적 존재가치가 파멸되고 말 것이라는 절박하고 구체적인 양심에 따른 것으로서, 병역법 제88조 제1항의 정당한 사유에 해당하는지에 대하여는 여전히 의문이 남는다고 판시하였다. 대법원은 정당한 양심적 병역거부로 보아 무죄를 선고한 원심판단을 파기환송하였다.[54)]

대법원은, 양심적 병역거부 사건의 피고인이 스스로 여호와의 증인의 신도라면서 양심적 병역거부를 주장하고 있더라도, 병역을 거부하는 피고인의 '양심'이 과연 그 주장에 상응하는 만큼 깊고 확고하며 진실한 것인지, 종교적 신념에 의한 것이라는 피고인의 병역거부가 실제로도 그에 따라 행동하지 않고서는 인격적 존재가치가 파멸되고 말 것이라는 절박하고 구체적인 양심에 따른 것인지에 대하여 의문이 남지 않을 정도로 소명되어야 한다고 엄격하게 해석하고 있음을 알 수 있다. 양심적 병역거부자에 대한 대체복무기간을 통상의 병역의무를 이행하는 경우보다 합리적으로 상당히 길게 설정함으로써, 상식적으로 볼 때 개인에게 불이익한 복무방식임에도 불구하고, 특별히 자신의 양심을 지키기 위한 경우에만 받아들이는 것으로 인식되게 할 필요가 있을 것이다.[55)]

2) 대법원 2020. 9. 3. 선고 2020도8055 판결 [병역법위반]

이는 여호와의 증인 신도임을 주장하는 피고인이, 현역병 입영통지서를 받고도 종교적 양심을 이유로 입영일부터 3일이 지나도록 입영하지 않고 병역을 거부하여 병역법 위반으로 기소된 사안이다. 대법원은, 피고인이 침례를 받아 정식으로 여호와의 증인 신도가 되었으나, 그 후 종교활동을 중단하여 9년간 활동하지 않다가 다시 종교활동을 재개한 점, 현역병 입영대상자로 선정된 이후 5년여 동안 추후 입영예정임을 전제로 중·고등학교 복학 예정, 자격시험 응시, 자기계발 등을 이유로 입영연기를 신청하였을 뿐, 여호와의 증인이라는 등의 사유를

54) 대법원 2020. 7. 9. 선고 2019도17322 판결.

55) 윤종행, "신앙의 자유 관련 미국과 우리나라 판례의 동향", 앞의 글, 111-112면 참조.

제시하며 연기신청을 하거나 병역거부 의사를 명시적으로 표시하지 않았던 점, 피고인은 검찰에서 입영 직전만 해도 정상적으로 군에 입대해 복무할 생각이었으나, 입영 바로 전날인 2018. 8. 12.에야 종교적 신념에 따라 입영을 거부하기로 마음을 먹고 입영을 거부한 후 종교활동을 재개하였다고 진술한 점, 피고인은 폭력행위 등 처벌에 관한 법률 위반(공동공갈), 특수절도 등 사건으로 소년보호처분을, 자동차 허위 매물과 관련된 자동차관리법위반 사건으로 기소유예 처분을, 범인도피죄, 자동차관리법위반죄, 사기죄로 벌금형을 받은 전력이 있고, 무면허운전과 음주운전으로 7차례에 걸쳐 입건되어 처벌받은 전력도 있는 점을 종합하면, 병역거부 당시 피고인의 종교적 신념이 깊거나 확고하다고 볼 수 없고, 진정한 양심에 따른 병역거부로 보기 어렵다는 이유로 피고인에게 유죄를 인정한 원심판결이 정당하다고 판시하였다.[56)]

여호와의 증인 신도가 된 이후 오랫동안 종교활동을 하지 않다가 재개한 점, 정직성에 반하는 활동으로 인하여 형사처벌을 받은 전과가 많은 점 등을 고려할 때, 병역거부가 종교적 이유로 하는 양심적 병역거부라고 보기 어렵다고 판단한 것에 수긍할 수 있다고 본다.[57)]

3) 대법원 2020. 11. 26. 선고 2018도14411 판결 [병역법위반]

본 판례는, 종교적 신념에 따른 양심적 병역거부인지가 문제되는 구체적 사안에서, 병역거부를 하게 된 원인이 진정한 양심에 따른 것인지에 관하여 판단하고 있다. 대법원은, 인간의 내면에 있는 양심 자체는 직접 객관적으로 증명할 수 없을지라도, 피고인이 특정 종교를 신봉하고 있다는 취지로 변소하는 것만으로는 진정한 양심에 기반을 둔 병역거부라고 단정할 수 없다고 보았다. 종교적 신념에 따른 양심적 병역거부의 주장에 관해서는, 양심과 관련된 간접사실 또는 정황사실이 객관적으로 증명되었는지를 신중하고 충실하게 심리되어야 하고, 병역거부에 이르게 된 원인으로 주장하는 '양심'이 과연 그 주장에 상응하는 만큼 깊고 확고하며 진실된 것인지, 종교적 신념에 의한 것이라는 피고인의 병역거부가 실제로도 절박하고 구체적인 양심에 따른 것으로서, 구 병역법 제88조 제1항의

56) 대법원 2020. 9. 3. 선고 2020도8055 판결.

57) 윤종행, "신앙의 자유 관련 미국과 우리나라 판례의 동향", 앞의 글, 112-113면 참조.

정당한 사유에 해당하는지를 판단하여야 한다고 판시하였다.

대법원은 본 사건에서, 원심이 종교적 신념에 따른 양심적 병역거부가 구 병역법 제88조 제1항의 정당한 사유에 속한다는 점을 일반론으로서 밝히는 정도에 그쳤을 뿐, 구체적으로 피고인의 병역거부가 그의 진정한 양심에 의한 것인지 등에 관하여 객관적 자료를 토대로 한 충분한 심리 없이, 피고인의 변소를 그대로 받아들여 이 사건 공소사실을 무죄라고 판단한 것은 잘못이라고 판단하였다.[58]

양심적 병역거부 사건에서, 병역거부를 하게 된 원인이 진정한 양심에 따른 것인지에 대한 판단을 함에 있어서, 간접사실 또는 정황사실을 통하여 객관적으로 증명되었는지를 신중하고 충실하게 심리되어야 한다는 것이 대법원의 입장임을 알 수 있다.

(3) 인적사항공개처분취소 사례(서울행법 2018. 2. 9. 선고 2017구합59581 판결)

이는 병무청장이 '여호와의 증인' 신도로서 현역 입영 또는 소집 통지를 받고도 병역법 제88조에서 정한 기간 이내에 입영하지 않거나 소집에 응하지 않은, 甲 등을 포함한 병역의무 기피자 237명에 대한 인적 사항을 병무청 홈페이지에 게시한 것에 대하여, 인적 사항 공개처분의 취소를 청구한 사안이다.

서울행정법원은, 종교적 양심을 이유로 현역입영 등 병역의무의 이행을 거부하여 수사 또는 재판을 받고 있거나 받게 될 예정인 병역기피자들의 인적 사항을 병무청 홈페이지에 게시한다고 하더라도, 이들이 병역의무의 이행에 관한 입장을 바꿀 것이라고 기대하기도 어려운 사정을 고려할 때, 병역의무 기피자 237명에 대한 인적 사항을 병무청 홈페이지에 게시한 처분은, 원래의 입법 목적 달성에 기여하지 못하고, 오로지 甲 등에게 사회적 불명예와 고통을 가하는 처벌 수단으로만 기능하는 것으로서, 결국 비례의 원칙을 위반하여 재량권을 일탈·남용한 위법이 있다고 판시하였다.[59]

종교적 이유 등을 이유로 하는 양심적 병역거부자들의 인적 사항을 병무청

58) 대법원 2020. 11. 26. 선고 2018도14411 판결.

59) 서울행법 2018. 2. 9. 선고 2017구합59581 판결.

홈페이지에 게시한 것은, 병역의무와 관련한 입법목적 달성을 위한 국가적 이익에 비하여 국민의 명예와 프라이버시를 과도하게 침해하는 행정처분으로서, 비례성의 원칙에 반하는 재량권의 일탈·남용에 해당한다고 본 사례이다.[60]

2. 종립학교의 종교교육과 학생의 신앙의 자유

(1) 대법원 2010. 4. 22. 선고 2008다38288 전원합의체 판결 [손해배상(기)]

이는 종립학교(종교단체가 설립한 사립학교)가 특정 종교의 교리를 전파하는 종파적인 종교행사와 종교과목 수업을 실시하면서 학생들의 참가를 사실상 강제한 것이 문제된 사안이다. 대법원은, 종립 고등학교에서 시행하는 종교행사와 종교과목 수업을 학생들이 거부하는 것이 사실상 불가능한 분위기를 조성하는 등, 신앙을 갖지 않거나 학교와 다른 신앙을 가진 학생들의 기본권을 고려하지 않은 것은, 학생의 종교에 관한 인격적 법익을 침해하는 위법한 행위라고 보았다. 또한 그로 인하여 인격적 법익을 침해받는 학생이 있을 것임이 충분히 예견 가능하고 그 침해가 회피 가능하므로 과실 역시 인정된다고 판시하였다.

사실의 요지는 다음과 같다. 평소 종교를 갖고 있지 않은 학생이, 고등학교 강제배정에 따라 기독교 학교인 학교법인 대광학원의 대광고등학교에 입학하였다. 그런데 대광고등학교에서는 수업이 있는 매일 아침에, 담임교사의 입회 아래 5분 정도 찬송과 기도 등을 실시하는 경건회 시간을 가졌다. 그리고 매주 수요일 정규 교과시간에 강당 등에서 1시간가량 찬송과 목사의 설교, 기도 등을 하는 수요예배를 진행하였다. 또한 학생들에게 매년 3박 4일에 걸쳐 합숙하면서 각종 기도와 성경읽기 등을 하는 생활관 교육을 받게 하였다. 그리고 부활절에는 정규 교과시간에 부활절 예배를 진행하였으며, 그로부터 3일간 정규 수업시간 일부로 심령수양회라는 시간을 편성하여 설교 및 기도 등을 진행하였다. 또한 매년 반별 성가대회를 개최하였고, 추수감사절에도 정규수업 대신 감사예배를 진행하였으며, 성탄절에는 학생들을 교회에 출석하도록 하였다. 그런데 학교는 이와 같은

60) 윤종행, “신앙의 자유 관련 미국과 우리나라 판례의 동향”, 앞의 글, 114면 참조.

종교행사와 관련하여 학생들에게 자율적 참여를 보장하지 않았고, 동의를 구하지 않았으며, 학생들이 경건회 시간에 참석하지 아니하면 지각으로 처리하고 주의를 주기도 하였다. 그리고 수요예배가 있을 때에는, 교사들이 학급을 돌아다니며 참석하지 않는 학생이 있는지 확인하여, 참석하지 않는 학생들에게는 청소를 시키는 등 불이익을 주었다. 그리고 성탄절에 교회에 출석하였는지 여부를 확인하기도 하였다.[61]

대법원은, 공교육체계의 헌법적 도입과 우리의 고등학교 교육 현실 및 평준화정책이 고등학교 입시의 과열과 그로 인한 부작용을 막기 위하여 도입된 사정, 그로 인한 기본권의 제한 정도 등을 모두 고려할 때, 고등학교 평준화정책에 따른 학교 강제배정제도에 의하여 학생이나 학교법인의 기본권에 일부 제한이 가하여진다고 하더라도, 학생이나 학교법인의 기본권을 본질적으로 침해하는 위헌적인 것이라고 할 수 없다고 판단하였다. 그런데 본 사례와 같이 종립학교가 가지는 종교교육의 자유 및 운영의 자유와 학생들이 가지는 소극적 종교행위의 자유 및 소극적 신앙고백의 자유가 충돌하는 기본권의 충돌 상황에서는, 구체적인 사안에서의 사정을 종합적으로 고려한 이익형량과 함께, 양 기본권 사이의 실제적인 조화를 꾀하는 해석 등을 통하여 이를 해결하여야 하고, 상충하는 양 기본권 행사의 한계 등을 감안하여, 그 행위의 최종적인 위법성 여부를 판단하여야 한다고 판시하였다.

그리고 종립학교가 고등학교 평준화정책에 따라 학생 자신의 신앙과 무관하게 입학하게 된 학생들을 상대로, 종교적 중립성이 유지된 보편적인 교양으로서의 종교교육의 범위를 넘어서서, 학교의 설립이념이 된 특정의 종교교리를 전파하는 종파교육 형태의 종교교육을 실시하는 행위의 위법성에 대하여 다음과 같은 판단기준을 제시하였다. 즉 그 종교교육의 구체적인 내용과 정도, 종교교육이 일시적인 것인지 아니면 계속적인 것인지, 학생들에게 그러한 종교교육에 관하여 사전에 충분한 설명을 하고 동의를 구하였는지, 종교교육에 대한 학생들의 태도나 학생들이 불이익이 있을 것을 염려하지 아니하고 자유롭게 대체과목을 선택하거나 종교교육에 참여를 거부할 수 있었는지 여부 등, 구체적인 사정을 종

61) 대법원 2010. 4. 22. 선고 2008다38288 전원합의체 판결.

합적으로 고려하여야 한다고 판단하였다. 이를 토대로 사회공동체의 건전한 상식과 법감정에 비추어 볼 때, 용인될 수 있는 한계를 초과한 종교교육이라고 보이는 경우에는, 종교교육의 위법성을 인정할 수 있다고 판시하였다.

대법원은, 고등학교 평준화정책 및 교육 또한 사립학교의 공공성, 학교법인의 종교의 자유 및 운영의 자유가 학생들의 기본권이나 다른 헌법적 가치 앞에서 가지는 한계를 고려하여, 비록 종립학교의 학교법인이 국·공립학교의 경우와는 달리 종교교육을 할 자유와 운영의 자유를 가진다고 하더라도, 그 종립학교가 공교육체계에 편입되어 있는 이상, 종립학교는 원칙적으로 학생의 종교의 자유, 교육을 받을 권리를 고려한 대책을 마련하여야 한다고 판시하였다.

대법원이 고등학교 평준화정책에 따른 학교 강제배정제도에 따라, 종립학교가 가지는 종교교육의 자유 및 운영의 자유와 학생들이 가지는 소극적 종교행위의 자유 및 소극적 신앙고백의 자유가 충돌 상황에서, 이익형량의 원칙과 기본권의 규범조화적 해석의 원리를 적용한 것은 타당하다고 본다. 종립학교의 종교교육의 자유와 운영의 자유, 그리고 고등학교 강제배정제도에 의하여 입학하게 된 학생들의 종교의 자유, 교육을 받을 권리를 아울러 존중하는 방향의 구체적 입법과 판례의 형성이 요구된다. 아울러 현재 시행하고 있는 추첨에 의한 고등학교 강제배정제도를 보완하여, 입학 전 학교의 교육방침을 학생들에게 충분히 설명한 후, 학생의 선호를 최대한 반영하는 배정이 되도록 하고, 만약 학생이 배정받은 종립학교에 입학하길 원하지 않을 경우에는 일반학교에 갈 수 있는 기회를 제공하는 등, 학생의 종교적 선택의 자유와 종립학교의 종교교육의 자유를 함께 보장할 수 있는 합리적인 제도를 고안할 필요가 있다.[62]

(2) 대법원 1998. 11. 10. 선고 96다37268 판결 [학위수여이행]

이는 기독교 재단이 설립한 사립대학에서 일정 학기 동안 대학예배에 참석할 것을 졸업요건으로 하는 학칙을 정한 경우, 헌법상 종교의 자유에 반하는지가 문제된 사안이다. 대법원은, 기독교 재단이 설립한 사립대학인 숭실대학교가 학칙으로 대학예배의 6학기 참석을 졸업요건으로 정한 것에 대하여 다음과 같이 판단하

62) 윤종행, “신앙의 자유 관련 미국과 우리나라 판례의 동향”, 앞의 글, 117면 참조.

였다. 우선 위 대학교의 대학예배는 목사에 의한 예배뿐만 아니라 강연이나 드라마 등 다양한 형식을 취하고 있고, 학생들에 대하여도 예배시간의 참석만을 졸업의 요건으로 할 뿐 그 태도나 성과 등을 평가하지는 않는 사실 등에 비추어 볼 때, 위 대학교의 예배는 복음 전도나 종교인 양성에 직접적인 목표가 있는 것이 아니고, 신앙을 가지지 않을 자유를 침해하지 않는 범위 내에서 학생들에게 종교교육을 함으로써, 진리·사랑에 기초한 보편적 교양인을 양성하는 데 목표를 두고 있다고 보았다. 따라서 대학예배에 6학기 참석할 것을 졸업요건으로 정한 위 대학교의 학칙은, 헌법상 종교의 자유를 침해하는 것이 아니라고 판시하였다.[63]

위에서 본, 고등학교 강제배정에 따라 입학하게 된 종립학교 학생의 경우와는 달리, 사립대학의 입학은 공시된 대학방침을 지원자가 인지한 후 자유로운 선택에 의하여 입학하게 된 학생이라는 점에서, 기독교 대학의 자유와 자치를 중시한 대법원의 판단은 타당하다고 본다.[64]

3. 종교적 이유로 한 수혈거부와 관련된 다툼

(1) 대법원 2004. 8. 20. 선고 2003다26075 판결 [보험금]

이는 자신이 졸음운전으로 교통사고를 유발하였고, 이로 인하여 다발성 양측 늑골골절 등의 중상해를 입은 동승자를 병원으로 후송하였으나, 많은 피를 흘려 저혈량성 쇼크 등으로 생명이 위급한 상황이어서 긴급히 수혈이 필요하다는 담당의사의 권유를 받고도, 사고운전자가 종교적인 이유로 동승자에 대한 수혈을 거부함으로써 사망에 이르게 된 사안이다. 그런데 자동차 보험회사는 종교적 이유로 한 수혈거부행위가 사망의 중요한 원인 중 하나였다는 이유로 보험금의 지급을 거부하였다. 그러나 대법원은, 이 사건 사고로 인한 상해가 중하여 망인에게 1,600㏄가량의 피를 수혈하였다 할지라도 생존을 보장할 수 없었고, 따라서 수혈거부가 사망의 유일하거나 결정적인 원인이었다고 단정할 수 없다면, 원고의 수혈거부행위가 사망의 중요한 원인 중 하나였다는 점만으로는 보험회사가

63) 대법원 1998. 11. 10. 선고 96다37268 판결.

64) 윤종행, “신앙의 자유 관련 미국과 우리나라 판례의 동향”, 앞의 글, 115면 참조.

보험금의 지급책임을 면할 수 없다고 판시하였다.[65]

대법원이 교통사고로 인한 심각한 상해로 인하여 수혈을 하였더라도 생존 가능성이 많지 않고, 수혈거부가 사망의 유일하거나 결정적인 원인이었다고 단정할 수 없다는 점에서, 교통사고와 환자의 사망 간의 인과관계의 단절을 부정한 것으로 이해할 수 있다. 종교적 이유로 하는 수혈거부가 환자의 사망에 얼마만큼 결정적으로 기여하였는가의 판단에 있어서, 교통사고에 대한 보험회사의 보험금 지급의무를 면제하는 데 신중을 기하여야 할 것이다.

(2) 대법원 2014. 6. 26. 선고 2009도14407 판결 [업무상과실치사]

이는 여호와의 증인 신자인 환자와 그 가족이 종교적 이유로 수혈을 거부함으로써 환자가 사망에 이르게 된 사안이다. 사실의 개요를 보면 다음과 같다. 여호와의 증인 신자인 환자(1945년생, 당시 62세 여성)는 1975년경 우측 고관절 부위에 결핵성 관절염을 앓아 골반과 대퇴골의 유합수술을 받았는데, 골반과 대퇴골의 유합된 부위에서 통증 등이 있자, 우측 고관절을 인공고관절로 바꾸는 수술을 받기를 원하였다. 그 환자는 다른 사람의 혈액을 수혈(타가수혈) 받지 않는 방식(무수혈 방식)으로 시술되는 수술을 받고자 2007. 12. 초순경 ○○대학교병원에 와서 위 병원 소속 정형외과 의사(담당의사)에게 문의하였다. 담당의사는 전반적인 검사와 혈액종양내과의 답변을 확인한 후, 그 환자에게 무수혈 방식의 수술이 가능하지만 수술 상황에 따라서는 수혈을 하지 아니하면 출혈로 인하여 사망에 이를 위험성이 있음을 설명하였다. 그 환자는 '여호와 증인' 신도로 다른 사람의 피를 받지 않아야 한다는 교리를 생명보다 소중히 하는 신념을 가지고 있었기에, 어떠한 상황에서도 수혈을 하지 말 것을 담당의사에게 요구하였다. 그 환자는 2007. 12. 17. 위 병원에 타가수혈을 거부하겠다는 의사를 명확히 표시하였고, 병원측의 책임면제 각서를 제출하였다.[66]

65) 대법원 2004. 8. 20. 선고 2003다26075 판결.

66) 책임면제 각서는 "치료에 있어 전혈수혈이나 성분수혈을 전적으로 금해 주실 것을 본 각서를 통해 알려드립니다. … 본인은 여호와의 증인 신분으로, 관련된 문제를 심사숙고한 후 본 의료적/종교적 각서를 작성합니다. 본인의 이러한 방침을 따름으로 인하여 야기되는 모든 피해에 대하여 본인은 병(의)원 및 담당 의료진에게 민·형사상의 어떠한 책임도 묻지 않겠습니다."라는 내용이다.

그 후 같은 병원 마취통증의학과 의사는, 수술 전날인 2007. 12. 19. 그 환자와 그의 딸을 만나 수술 도중 대량출혈이 발생할 가능성이 있고, 그러한 경우 타가수혈을 하지 않으면 장기손상 및 부전에 의한 사망 가능성이 매우 높다는 설명을 하였다. 2007. 12. 20. 수술 시작 직전에 다시 그 환자에게 타가수혈을 거부하는 의사가 유효한지 확인하였으나, 그녀는 여전히 타가수혈을 강력하게 거부하였다. 그런데 담당의사가 환자의 요구에 따라 무수혈 방식으로 수술하던 도중 과다출혈로 인하여 범발성 응고장애가 발생하여 지혈이 되지 않고 타가수혈이 필요한 상황이 발생하였다. 이에 담당의사는 다른 정형외과 전문의로 하여금 수술실 밖으로 나가 환자의 가족들에게 환자의 상태를 설명한 후 타가수혈을 할 것인지 여부를 묻도록 하였다. 그런데 환자의 남편은 '여호와의 증인' 신도였으므로 타가수혈을 거부한 반면, 환자의 자녀들은 타가수혈을 강력히 원하는 등 가족들 사이에 의견이 나뉘어 확실한 대답을 얻지 못하였다. 따라서 담당의사는 타가수혈 여부를 결정하지 못하고, 의료진을 통해 '여호와의 증인' 교섭위원회에 이 사건과 관련된 자문을 급하게 요청하였으나, 별다른 답신을 받지 못하였다. 그러는 중에도 환자의 출혈이 계속되어 담당의사는 수술을 중단한 후 환자를 중환자실로 옮겼다. 그 후 환자의 남편도 타가수혈에 동의함으로써 가족들 전부가 타가수혈을 원하였으나, 당시는 폐울혈 및 범발성 응고장애가 발생하고 있는 상태라 타가수혈이 증상을 악화시킬 가능성이 있어, 병원 측에서는 망인에게 타가수혈을 시행하시 아니하였다. 환자는 결국 다량 실혈로 인한 폐부종으로 사망하였다.

대법원은, 정형외과 의사인 담당의사가 자신의 직업적 양심에 따라 환자의 자기결정권을 존중하여, 환자에게 타가수혈을 하지 아니하고 이 사건 인공고관절 수술을 시행한 행위에 대하여, 업무상과실치사에 관한 범죄의 증명이 없는 경우에 해당한다고 판시하였다. 아울러 다음과 같이 설시하였다.

환자의 명시적인 수혈거부 의사가 존재하여 수혈하지 아니함을 전제로 환자의 승낙을 받아 수술하였는데, 수술 과정에서 수혈을 하지 않으면 생명에 위험이 발생할 수 있는 응급상태에 이른 경우에, 환자의 생명을 보존하기 위해 불가피한 수혈 방법의 선택을 고려함이 원칙이라 할 수 있지만, 한편으로 환자의 생명 보호에 못지않게 환자의 자기결정권을 존중하여야 할 의무가 대등한 가치를 가지는 것으로 평가되는 때에는, 이를 고려하여 진료행위를 하여야 한다. 어느 경우에 수혈을 거부하는 환자의 자기결정권이 생명과 대등한 가치가 있다고 평가될 것인지는 환자의 나이, 지적 능력, 가족관계, 수혈 거부라는 자기결정권을 행사하게 된 배경과 경위 및 목적, 수혈 거부 의사가 일시적인 것인지 아니면 상당한 기간 동안 지속되어 온 확고한 종교적 또는 양심적 신념에 기초한 것인지, 환자가 수혈을 거부하는 것이 실질적으로 자살을 목적으로 하는 것으로 평가될 수 있는지 및 수혈을 거부하는 것이 다른 제3자의 이익을 침해할 여지는 없는 것인지 등, 제반 사정을 종합적으로 고려하여 판단하여야 한다.

다만 환자의 생명과 자기결정권을 비교형량하기 어려운 특별한 사정이 있다고 인정되는 경우에, 의사가 자신의 직업적 양심에 따라 환자의 양립할 수 없는 두 개의 가치 중 어느 하나를 존중하는 방향으로 행위하였다면, 이러한 행위는 처벌할 수 없다. 그렇지만 이러한 판단을 위해서는, 환자가 치료행위 과정에서의 수혈의 필요성 또는 수혈을 하지 아니할 경우에 야기될 수 있는 생명 등에 대한 위험성, 수혈을 대체할 수 있는 의료 방법의 효용성 및 한계 등에 관하여 의사로부터 충분한 설명을 듣고, 이러한 의사의 설명을 이해한 후 진지한 의사결정을 하여야 한다. 또한 그 설명 및 자기결정권 행사 과정에서 예상한 범위 내의 상황이 발생되어야 하며, 의사는 실제로 발생된 상황 아래에서 환자가 수혈 거부를 철회할 의사가 없는지 재확인하여야 한다.

특히 의사는 수술과정 등에서 발생되는 출혈로 인하여 환자의 생명이 위험에 빠지지 않도록 하기 위하여 환자에게 수혈하는 것이 통상적인 진료방법이고, 또한 수혈을 통하여 출혈로 인한 사망의 위험을 상당한 정도로 낮출 수 있음에도, 환자의 의사결정에 따라 수혈을 포기하고 이를 대체할 수 있는 수술 방법을 택하는 것인데, 그 대체수술 방법이 수혈을 완전히 대체할 수 있을 정도의 출혈 방지 효과를 가지지 못한다면, 그만큼 수술과정에서 환자가 과다출혈로 인한 사망에 이를 위험이 증가할 수 있으므로, 그럼에도 불구하고 수술을 할 필요성이 있는지에 관하여 통상적인 경우보다 더욱 세심하게 주의를 기울임으로써, 과연 수술을 하는 것이 환자를 위한 최선의 진료방법인지 신중히 판단할 주의의무가 있다.

그리고 이러한 대체수술을 하는 경우라 하더라도, 수혈 대체 의료 방법과 함께 당시의 의료 수준에 따라 출혈로 인한 위험을 최대한 줄일 수 있는 사전준비나 시술방법을 시행함으로써, 위와 같은 위험 발생 가능성을 줄이도록 노력하여야 하며, 또한 수술 과정에서 예상과 달리 다량의 출혈이 발생될 수 있는 사정이 드러남으로써 위와 같은 위험 발생 가능성이 현실화되었다면, 과연 위험을 무릅쓰고 수술을 계속하는 것이 환자를 위한 최선의 진료방법인지 다시 판단하여야 한다. 또한 환자가 수혈 대체 의료 방법을 선택하였다고 하더라도, 이는 생명에 대한 위험이 현실화되지 아니할 것이라는 전제 또한 기대 아래에서의 결정일 가능성이 크므로, 위험 발생 가능성이 현실화된 상태에서 위험을 무릅쓰고 수술을 계속하는 것이 환자의 자기결정권에 기초한 진료라고 쉽게 단정하여서는 아니 된다는 점을 밝혔다.[67]

대법원이 본 판결에서, 정형외과 의사인 담당의사가 자신의 직업적 양심에 따라 환자의 자기결정권을 존중하여 환자에게 타가수혈을 하지 아니하고 인공고관절 수술을 시행하다가 사망에 이르게 한 행위에 대하여, 법원이 업무상과실치사죄를 부정한 것은 타당하다고 본다. 의사의 입장에서 필요로 하는 설명의무와 주의의무를 위반하였다고 볼 수 없기 때문이다. 또한 환자측에서 수혈을 거부함으로써 무수혈 방식의 수술을 하는 것이 환자를 위한 최선의 진료방법인지 신중히 판단하여 시행할 주의의무가 있고, 수술 과정에서 예상과 달리 다량의 출혈 등의 위험 발생 가능성이 현실화되었다면, 과연 위험을 무릅쓰고 수술을 계속하는 것이 환자의 자기결정권에 기초한 진료라고 쉽게 단정하여서는 아니 되며, 환자를 위한 최선의 진료방법인지 다시 판단하여야 한다고 본 점도 수긍할 만하다고 본다.[68]

그러나 대법원이, 이와 같은 종교적 이유로 하는 수혈거부의 상황에서, 환자의 생명을 보존하기 위해 불가피한 수혈 방법의 선택을 고려함이 원칙이라 할 수 있지만, 한편으로 환자의 생명 보호에 못지않게 환자의 자기결정권을 존중하여야 할 의무가 대등한 가치를 가지는 것으로 평가되는 때에는 이를 고려하여

67) 대법원 2014. 6. 26. 선고 2009도14407 판결.

68) 윤종행, “신앙의 자유 관련 미국과 우리나라 판례의 동향”, 앞의 글, 121면 참조.

진료행위를 하여야 한다고, 예외적으로 환자의 자기결정권을 존중하는 의사의 판단이 용납될 수 있다고 본 것에 대하여, 확대해석을 하는 것은 위험하다고 본다. 환자와 그 가족의 입장은 의료적 경험과 지식이 부족하고, 상황판단과 의사결정을 하기에 매우 제한적 정보가 제공되고 심리적 불안상태에 처해 있기 때문이다.[69]

종교적 이유로 수혈을 거부하는 가족의 입장을 살펴보면, 가족의 부양의무로부터 가족이 치료를 받도록 조치를 취하여야 할 의무가 도출되므로, 종교적 신념에 근거하여 환자인 미성년 자녀에 대한 수혈 등 치료를 거부하는 것은 유기죄 등 부작위범으로서 형사처벌의 대상이 될 수 있을 것이다. 그런데 이와 같은 상황에서 요구되는 의사의 역할을 보면, 환자에 대한 치료의무와 환자의 자기결정권 사이에서 환자의 생명보호 의무를 우선시하고, 환자의 자기결정권은 부차적으로 고려하는 것이 타당할 것이다.[70] 따라서 예컨대 환자인 미성년자인 자녀에 대한 치료 과정에서, 환자의 부모가 종교적 이유로 수혈을 거부하는 경우에, 의사로서는 환자의 가족에게 상황을 설명하고 환자를 치료할 수 있는 최선의 방안에 협력할 수 있도록 최대한 설득하기 위한 노력이 요구된다고 보아야 할 것이다. 그러므로 이러한 노력 없이, 종교적 신념에 근거하여 환자인 미성년 자녀에 대한 수혈 등 치료를 거부하는 것을 묵인하는 의사는, 부작위에 의한 방조범으로서의 책임을 지게 될 수도 있을 것이다.[71]

69) 윤종행, "종교인의 종교활동상 발생하는 범죄에 관한 우리나라 판례의 동향", 『법학연구』(충남대) 제34권 제1호, 2023, 106면 참조.

70) 환자의 자기결정권을 우선시하는 입장에서, 사전 의사의 설명을 전제로 하여 환자 스스로의 치료행위 선택이 아주 진지하고, 상당한 고민과 판단 끝에 이루어진 것이라면 자신의 생명의 위태로움을 감수한다는 자유로운 승낙으로서 존중할 수 있다는 견해가 있다(이수진·문채규, "종교적 행위의 형사법적 허용범위", 앞의 글, 121면).

71) 윤종행, "형법과 종교", 앞의 글, 85-86면 참조.

4. 종교의 자유를 근거로 한 행정구제 청구

(1) 대구고법 2018. 9. 21. 선고 2018누3005 판결 [추가시험신청거부처분취소]

국립대학교 의학전문대학원에 재학 중인 대학원생이 수강 과목 중 토요일에 시험을 실시한 일부 과목에 관하여, 각 시험 전후에 네 차례에 걸쳐 "제칠일안식일예수재림교회 소속 교인으로서 안식일을 지키기 위해 토요일에 실시하는 시험에 응시할 수 없으니, 다른 요일에 추가시험 또는 성적추가평가를 실시하여 달라"고 신청하였으나, 의학전문대학원장이 이를 거부한 사안이다.

대구고등법원은 우선, 학칙에서 정한 통상적인 추가시험의 경우에는 학업성적처리규정에서 정한 성적추가평가 요건인 '질병 그 밖의 부득이한 사정'이 요구되지 않는 점, 본건 대학원생이 처음 정해진 시험기간에 해당 과목의 시험에 응시하지 못한 이유는 종교적 사유 때문이더라도, 그 후 위 거부처분 당시까지 해당 과목의 시험에 응시하지 못한 이유는, 지도교수나 과목별 담당교수가 부적법한 이유로 추가시험 승인을 해주지 않았기 때문이며, 이는 학업성적처리규정에서 정한 '부득이한 사정'에 해당한다고 보았다. 그리고 학칙과 학업성적처리규정은 추가시험사유가 본인의 책임에 있는 경우 추가시험성적이 B+를 초과하지 못하도록 제한하고 있으므로, 이에 더하여 추가시험사유를 너무 엄격하게 해석함으로써 학생의 장래를 포기하게 하는 것은 너무 가혹할 뿐만 아니라, 위와 같이 이미 성적불이익 규정을 둔 취지에도 맞지 않는다고 판단하였다. 결국 이 거부처분은 소속 대학교 학칙과 학업성적처리규정에 대한 해석을 그르치고, 비례의 원칙 등을 위반하여 재량권을 일탈·남용한 것으로서 위법하다고 판시하였다.[72)]

국립대학교에서 종교적인 이유 등으로 학교 시험에 응시하지 못한 대학원생의 추가시험 신청에 대한 거부처분을 한 것에 대하여, 학칙과 학업성적 처리규정의 해석을 잘못하고 비례의 원칙에 위반되는 것으로서, 재량권의 일탈·남용에 해당한다고 판시한 사례이다. 종교의 자유에 대한 침해 여부의 법리가 아닌, 행정법법규 해석의 원리로 접근한 점이 특징이다.[73)]

---

72) 대구고법 2018. 9. 21. 선고 2018누3005 판결.

73) 윤종행, "신앙의 자유 관련 미국과 우리나라 판례의 동향", 앞의 글, 123면 참조.

5. 종교적 박해를 근거로 한 난민신청

(1) 대법원 2016. 7. 22. 선고 2015두59129 판결 [난민불인정결정취소]

이는 종교적 이유를 근거로 한 난민신청을 불인정한 결정에 대하여 취소를 구한 사안이다. 대법원은, 이 사건 처분 당시 원고의 개종 경위나 종교활동의 정도 등에 비추어 스리랑카에서 박해받을 가능성이 있는지 여부에 관하여 충분히 심리하지 아니한 채, 난민에 해당한다고 판단한 원심판단을 파기하였다.

대법원에서 인정한 사실의 요지를 보면 다음과 같다. 우선, 스리랑카 국적의 원고의 남편은 원고의 개종 이전에도 원고의 귀국 요청에 응하지 않고 원고의 대한민국 입국에도 반대하는 등 이미 원고와 갈등 상황에 있었다고 보이므로, 원고가 주장하는 원고의 남편 등으로부터 협박 등이 원고의 개종이라는 종교적인 원인에서 비롯된 것이라고 단정하기 어렵다. 둘째, 원고가 최초 대한민국에 입국할 당시 남편을 데리고 스리랑카로 돌아갈 예정이었다고 진술한 점을 보면, 원고 스스로도 스리랑카로 돌아갈 경우 개종을 이유로 박해받을 위험이 높다고 생각하지는 아니한 것으로 보인다. 셋째, 스리랑카에서 불교와 다른 소수 종교 사이에 분쟁이 발생한 경우가 있으나, 분쟁의 대부분은 일부 불교 신자들이 교회 건물과 기물을 파손하거나 목사 등 지도자들을 공격하는 형태를 띠고 있고, 기독교 평신도를 상대로 개종을 이유로 원고 주장과 같은 살해 위협 등을 가하였다고 볼 만한 객관적 자료는 발견되지 아니한다. 또한 원고의 개종 경위 및 이 사건 처분 당시까지의 원고의 종교활동의 정도 등에 비추어 볼 때, 원고가 주장하는 바와 같이 불교집단 신자들로부터 주목받을 정도로 활발히 종교활동을 하였다고 보기 어렵다. 넷째, 스리랑카의 헌법은 국가의 불교에 대한 보호·장려의무를 규정하면서도 다른 한편 종교의 자유를 보장하고 있고, 이에 따라 기독교 신자의 비율도 약 7%로 작지 아니하며, 스리랑카 정부가 교회를 공격한 용의자들을 재판에 회부하는 등 사법적 조치를 취한 사례도 발견되는 등의 사정을 종합하면, 원고가 스리랑카에 돌아갈 경우 원고 주장의 불교집단 등으로부터 박해를 받게 될 것이라는 공포는 충분한 근거가 있다고 하기 어렵고, 나아가 그러한 박해가

있을 경우 국적국의 보호를 받을 수 없다고 보기도 어렵다.[74)]

본국인 스리랑카로 돌아가게 될 경우 종교적 이유로 박해를 받을 것이라는 이유로 난민신청을 한 것에 대하여, 신청인이 기독교 종교활동을 활발히 한 것으로 보이지 않고, 신청인이 본국으로 돌아가더라도 기독교 개종을 이유로 박해받을 가능성이 높지 않으므로, 종교적 박해를 이유로 하는 난민에 해당한다고 보기 어렵다고 본 판결이다.[75)]

(2) 대법원 2017. 12. 5. 선고 2016두42913 판결 [난민불인정결정취소]

이는 라이베리아 공화국 국적인 만 14세의 여성으로서 가나 난민촌에서 태어난 후 어머니를 따라 2012. 3. 7. 대한민국에 입국하였는데, 그녀의 어머니가 딸의 신변을 보호하기 위하여 딸을 난민으로 인정하여 줄 것을 신청하면서, 딸이 본국으로 돌아가게 되면 'Sande Bush School'에 들어가 여성 할례를 받을 수밖에 없다고 주장한 사안이다.

대법원은, 난민 인정 요건인 '특정 사회집단의 구성원인 신분을 이유로 한 박해'에서 '특정 사회집단'이란, 한 집단의 구성원들이 선천적 특성, 바뀔 수 없는 공통적인 역사, 개인의 정체성 및 양심의 핵심을 구성하는 특성 또는 신앙으로서 이를 포기하도록 요구해서는 아니 될 부분을 공유하고 있고, 이들이 사회환경 속에서 다른 집단과 다르다고 인식되고 있는 것이라고 정의하였다. 그리고 그 외국인이 받을 '박해'란, 생명, 신체 또는 자유에 대한 위협을 비롯하여 인간의 본질적 존엄성에 대한 중대한 침해나 차별을 야기하는 행위를 의미한다고 해석하였다.[76)]

---

74) 대법원 2016. 7. 22. 선고 2015두59129 판결.

75) 윤종행, "신앙의 자유 관련 미국과 우리나라 판례의 동향", 앞의 글, 124면 참조.

76) 유럽연합이사회 규정 제9조 제1항은 난민의 요건으로서의 "박해"에 관하여 다음과 같이 인간의 기본적 권리와 자유에 대한 심각한 침해를 의미하는 것으로 규정하고 있다. EU COUNCIL DIRECTIVE 2004/83/EC of 29 April 2004, Article 9 : Acts of persecution. 1. Acts of persecution within the meaning of article 1 A of the Geneva Convention must: (a) be sufficiently serious by their nature or repetition as to constitute a severe violation of basic human rights, in particular the rights from which derogation cannot be made under Article 15(2) of the European Convention for the Protection of Human Rights and Fundamental Freedoms; or L 304/16 Official Journal of the European Union EN 30.9.2004, (b) be an accumulation of various measures, including violations of human rights which is sufficiently severe as to affect an individual in a similar manner as mentioned in (a).

그리고 대법원은 '여성 할례'(Female genital mutilation)는 의료 목적이 아닌 전통적·문화적·종교적 이유에서 여성 생식기의 전부 또는 일부를 제거하거나 여성 생식기에 상해를 입히는 행위로서, 여성의 신체에 대하여 극심한 고통을 수반하는 직접적인 위해를 가하고 인간의 존엄성을 침해하는 행위라고 보고, 이는 특정 사회집단의 구성원이라는 이유로 가해지는 '박해'에 해당한다고 판단하였다. 아울러 여성 할례를 당하게 될 개별적·구체적인 위험이 있다는 점이, 난민신청인이 속한 가족적·지역적·사회적 상황에 관한 객관적인 증거에 의하여 합리적으로 인정되어야 한다고 판시하였다. 나아가 원고의 나이와 성장 환경, 출신 부족, 원고의 국적국에서 이루어지고 있는 여성 할례의 현황, 원고 어머니가 국적국을 떠나게 된 경위, 국적국 정부가 여성 할례를 없애기 위하여 실효적인 노력을 다하고 있다고 평가되는지 등, 원고가 속한 가족적·지역적·사회적 상황에 관한 객관적인 자료에 대하여 합리적으로 심사할 필요가 있다고 판단하였다.[77]

대법원은 결국, 난민신청인이 국적국으로 송환될 경우 본인의 의사에 반하여 여성 할례를 당하게 될 위험이 있음에도 국적국으로부터 충분한 보호를 기대하기 어렵다는 사정이 인정된다면, 국적국을 벗어났으면서도 박해를 받을 수 있다고 인정할 충분한 근거가 있는 공포로 인하여 국적국의 보호를 받을 수 없는 경우에 해당한다고 판시하였다.

본국으로 송환될 경우, 전통적·문화적·종교적 이유에서 특정 사회집단의 구성원인 신분을 이유로 강제적 여성 할례를 당하게 될 개별적·구체적인 위험이 인정된다는 이유로, 난민신청을 인정하여야 한다는 판결이다.[78]

(3) 수원지법 2018. 2. 13. 선고 2017구합67316 판결 [난민불인정결정취소]

이는 이란이슬람공화국 국적의 甲이 단기종합(C-3) 체류자격으로 대한민국에 입국한 후, 약 13년을 불법체류하던 중 강제퇴거명령을 받고 외국인보호소에 보호되어 있다가, '대한민국 체류 중 이슬람교에서 기독교로 개종하여 종교적 박해를 받을 우려가 있다'는 사유로 난민인정을 신청한 것에 대하여, 외국인보호소

77) 대법원 2017. 12. 5. 선고 2016두42913 판결.
78) 윤종행, "신앙의 자유 관련 미국과 우리나라 판례의 동향", 앞의 글, 126면 참조.

장이 난민불인정결정 통지를 한 사안이다.

수원지방법원은 우선, 甲이 체류기간 연장을 위하여 난민신청을 한 것이 아닌지 동기가 의심되기는 하나, 개종으로 인한 자신과 가족들에 대한 이란 정부의 탄압, 난민인정 여부의 불확실성 등을 고려하여 실제로 개종을 하였더라도 신변의 위험성을 감소시키기 위하여 난민신청을 미루었던 것으로 볼 수도 있으므로, 그러한 사정만으로 甲의 개종사실에 대한 진술의 신빙성을 부정하기는 어렵다고 보았다. 또한 甲이 기독교 교회 교인으로 등록 후 세례를 받고 상당한 기간 동안 신앙생활을 지속하였으며, 이란인들을 자신의 집으로 불러 기독교를 소개하거나 노방전도 등을 통해 다수의 이란인들을 교회로 데려오는 등 적극적인 종교활동을 한 점, 이란인이 단순히 기독교로 개종하는 것에 그치지 아니하고 적극적인 포교활동까지 나아갈 경우, 이란 정부에 의해 임의적인 체포와 심문을 당할 우려가 있고, 신체적·정신적 고문에 노출될 것으로 보이는 점 등을 고려하였다. 결국 수원지방법원은, 甲이 이란으로 귀국하면 이란 정부에 의하여 기독교 개종자라는 이유로 박해를 받을 충분한 근거 있는 공포가 있다고 보이므로, 난민법 제2조 제1호에서 정한 난민에 해당한다고 판결하였다.[79]

이란이슬람공화국 국민이 본국으로 돌아갈 경우, 기독교 개종자라는 이유로 박해를 받을 우려와 공포가 인정되므로, 종교적 박해를 이유로 하는 난민신청을 인정하여야 한다는 판결이다.[80]

(4) 서울고법 2022. 4. 19. 선고 2021누34345 판결 [난민불인정결정취소]

이는 파키스탄 이슬람 공화국 국적의 甲과 배우자 乙 및 미성년 자녀가, 甲과 乙이 가족의 의사에 반하는 연애결혼을 하여 본국으로 귀국하면 甲의 가족 등으로부터 '박해를 받을 충분히 근거 있는 공포'가 있다는 이유로 난민인정 신청을 하였으나, 관할 출입국·외국인청장이 난민불인정 처분을 한 사안이다. 서울고등법원은, 파키스탄 이슬람 공화국의 사회적·정치적 상황에 대하여, 연애결혼이 금지되고, '가족의 반대를 무릅쓰고 자기의 자유의사로 종족 및 사회계급이

79) 수원지법 2018. 2. 13. 선고 2017구합67316 판결.
80) 윤종행, "신앙의 자유 관련 미국과 우리나라 판례의 동향", 앞의 글, 127면 참조.

다른 남성과 결혼한 여성과 그 배우자'는 본국의 사회문화적 규범에 반하여, '가족의 명예를 더럽힌 사람들'로서, 전통적인 규범을 따르는 동족집단이나 지역사회로부터 배척당하고, 명예범죄의 위협을 받을 위험이 큰 점을 인정하였다. 그리고 실제로 파키스탄 본국에서는 연애결혼을 한 여성과 배우자, 자녀에 대한 명예살인이 매년 다수 발생하고 있는 현실을 확인하였다.[81]

서울고등법원은, 사람에게 의사에 반하는 결혼을 강요하거나 스스로 선택한 혼인 상대방과 결혼할 수 없도록 강제하는 것, 그리고 강제로 이혼하도록 강요하는 것은, 모두 인격권과 행복추구권, 성적 자기결정권을 박탈하는 것으로서, 인간의 본질적 존엄성에 대한 중대하고도 본질적인 침해에 해당한다고 보았다. 그리고 파키스탄 본국에서 가족의 의사에 반하여 종족이나 사회계급이 다른 상대와 연애결혼을 한 혼인 적령기 여성과 그녀의 그 배우자가, 자신의 신체에 관한 위협을 당하는 등 구체적 박해를 받고 대한민국에 입국하였고, 이들은 본국에 돌아갈 경우 여성의 가족 등으로부터 박해를 받을 것에 대한 우려와 공포를 느끼는 사람들에 해당하고, 미성년 자녀에 대하여도 가족결합의 원칙과 박해 가능성 등을 고려하여 난민의 지위를 부여할 인도적 필요가 있다고 판단하였다.

종교에 근거하여 사회문화적으로 인간의 결혼의 자유를 제약하고 인격권을 침해하고 있는 파키스탄 이슬람 공화국의 인권 현실을 보여주는 판례이다.[82]

Ⅳ. 소 결

신앙의 자유와 관련하여 미국에서 그동안 논란이 되어 온 판례를 살펴보면, 우선 1970년대에 이미 종교적 신념을 이유로 하는 경우만이 아니라 도덕적, 윤리적 신념을 근거로 하는 양심적 병역거부도 허용되어야 한다는 법리가 형성되었다. 또한 기본적으로 공립학교에서 정교분리의 원칙에 충실하게 학생들의 신앙의 자유가 보호되어야 한다는 입장이지만, 최근 미연방 대법원은 공립학교 축구

81) 서울고법 2022. 4. 19. 선고 2021누34345 판결.
82) 윤종행, "신앙의 자유 관련 미국과 우리나라 판례의 동향", 앞의 글, 128면 참조.

코치가 경기 후 운동장에서 개별적인 기도회 시간을 갖은 것에 대하여, 엄격한 정교분리의 원칙을 적용하기보다 코치의 종교활동의 자유를 보호하는 판결을 내렸다. 구체적 상황을 고려하여 상충하는 기본권을 비교형량하고 있음을 알 수 있다. 또한 최근 매우 논란이 되고 있는 동성애자들의 시민권과 서비스 제공자의 신앙의 자유가 충돌하는 상황에서, 미연방 대법원은 서비스 제공자의 신앙의 자유를 보다 보호하는 경향이다. 또한 최근 미연방 대법원은 동성애자들의 평등권보다 종교단체의 종교의 자유를 보다 중시하였다고 평가할 수 있다. 종교적 이유를 들어 동성애 커플에게 사회봉사의 기회를 주지 않았다는 이유로, 시 정부가 종교단체에 대한 면제혜택을 거부한 처분의 적정성 심사에서, 법원은 우선 시의 처분이 정당한 이유에 근거한 것인시에 대한 판단이 필요할 것이다. 아울러 다른 비종교단체와의 형평성을 따져서 종교단체에 대한 부당한 차별이 되는지를 검토하여, 결국 종교의 자유와 평등권을 침해하는지에 대한 판단을 하여야 할 것이다.

그리고 최근 전파력이 강한 신종 코로나 바이러스 오미크론의 전 세계 확산으로, 백신 접종 의무화를 추진하는 정부의 정책에 대한 반발과 갈등이 발생하였는데, 미연방 대법원은 의료인들에 코비드-19 백신 접종을 의무화하는 메인(Maine) 주 행정명령과 뉴욕주가 일정한 의료진들에게 백신 접종을 의무화한 조치에 대하여 정당하다고 판단하였다. 그러나 코로나 팬데믹 하에서 예배 참석자 수를 제한하는 뉴욕주 주지사의 행정명령과 캘리포니아주의 조치는, 최소침해의 원칙에 위배되는 종교의 자유에 대한 침해라고 판시하였다.

이와 같이, 개인의 신앙의 자유는 국가의 이익, 공공복리, 타인의 종교활동의 자유, 또는 타인의 권리와 충돌하는 갈등 상황을 마주할 수 있고, 이러한 법적 다툼에 대한 공평하고 합리적인 해결을 통하여 사회구성원들의 동의를 얻는다는 것은, 현실적인 갈등의 조정과 규범적인 가치평가를 수반하는 매우 어려운 과제가 아닐 수 없다. 예컨대 코비드19 팬데믹 상황 하에서 정부의 지나친 규제에 대한 반발과 이로 인한 법적 다툼에 직면하여, 법원은 우선 공중의 건강과 안전 등 행정적 규제의 필요성과 처분의 합리성과 적정성, 그리고 기본권의 제한에 관한 최소침해의 원칙 등에 부합하는지를 심사하여, 평등권 또는 종교의 자유 등 기본권에 대한 위헌적 침해 여부를 판단하여야 할 것이다.

신앙의 자유에 관한 우리나라 판례를 살펴보면, 종립학교에서 학생의 신앙의 자유, 종교적 이유로 한 수혈거부, 종교적 신념에 근거한 양심적 병역 거부, 그리고 종교적 박해를 근거로 한 난민신청 등에 관한 법적 다툼이 많이 발생하였음을 알 수 있다. 대법원은 우선, 고등학교 평준화정책에 따른 학교 강제배정 제도에 따라 종립학교가 가지는 종교교육의 자유 및 운영의 자유와 학생들이 가지는 소극적 종교행위의 자유 및 소극적 신앙고백의 자유가 충돌하는 상황에서, 이익형량의 원칙과 기본권의 규범조화적 해석을 해결방안으로 활용하였다. 이는 매우 타당한 접근으로서, 이와 같이 상충하는 기본권을 조화롭게 존중하는 방향의 구체적 입법과 판례의 형성이 요구된다고 할 것이다. 그리고 이와 같은 평준화된 종립고등학교의 경우와는 달리 사립대학의 경우에는, 공시된 대학방침을 지원자가 인지한 후 자유로운 선택에 의하여 입학하게 된 학생이라는 점에서, 기독교 대학의 자유와 자치를 보다 중시한 대법원의 판단은 타당하다고 본다. 무엇보다도, 현재 시행하고 있는 추첨에 의한 고등학교 강제배정 제도를 보완하여, 입학 전 학생들에게 학교의 교육방침을 충분히 설명한 후, 학생의 선호를 최대한 반영하는 배정이 되도록 하고, 만약 학생이 배정받은 종립학교에 입학하길 원하지 않을 경우에는 일반학교에 갈 수 있는 기회를 제공하는 등, 학생의 종교적 선택의 자유와 종립학교의 종교교육의 자유를 함께 보장할 수 있도록 하여야 할 것이다.

그리고 종교적 이유로 수혈을 거부하는 여러 사례에서, 대법원은 의사가 설명의무와 주의의무를 다하였다면, 환자의 생명 보호에 못지않게 환자의 자기결정권을 존중하여야 할 의무가 대등한 가치를 가지는 것으로 평가되는 때에는 이를 고려하여 진료행위를 하여야 한다고 보고 있다. 그런데 환자와 그 가족의 입장은 의료적 경험과 지식이 부족하고 상황판단과 의사결정을 하기에 매우 제한적 정보가 제공되고 심리적 불안상태에 처해 있다는 점에서, 이와 같은 대법원의 입장을 확대해석하는 것은 위험하다. 의사의 입장에서는, 환자에 대한 치료의무와 환자의 자기결정권 사이에서 환자의 생명보호 의무를 우선시하고, 환자의 자기결정권은 부차적으로 고려하는 것이 타당할 것이다. 또한 대법원은, 교통사고 피해자가 종교적 이유로 수혈을 거부하여 결국 사망한 사례에서, 교통사고로 인한 심각한 상해로 인하여 수혈을 하였더라도 생존 가능성이 많지 않고, 수혈거부가 사망의 유일하거나 결정적인 원인이었다고 단정할 수 없다는 점에서, 교통사고와 환자의 사망 간의 인과관계의 단절을 부정한 것은 타당하다고 본다. 종교적 이유로 하는 수혈거부가 환자의 사망에 얼마만큼 결정적으로 기여하였는가의 판단에 있어서, 교통사고에 대한 보험회사의 보험금 지급의무를 면제하는 것에 대하여는 신중을 기하여야 할 것이다.

한편 양심적 병역거부자에 대하여 대법원은, 헌법상 양심의 자유뿐만 아니라 소수자에 대한 관용과 표용의 정신에 근거하여 정당한 사유에 해당한다고 보고 있다. 그리고 병역거부를 하게 된 원인이 진정한 양신에 따른 것인지에 대한 판단을 함에 있어서, 간접사실 또는 정황사실을 통하여 객관적으로 증명되었는지를 신중하고 충실하게 심리되어야 한다는 입장으로서, 피고인이 진정한 양심에 근거한 것이라는 점에 대하여 소명자료를 제시하고, 검사가 이를 탄핵하는 방법으로 그 정당성에 대한 판단을 하고 있다. 이에 대하여 대법원은, 병역을 거부하는 피고인의 '양심'이 과연 그 주장에 상응하는 만큼 깊고 확고하며 진실한 것인지, 종교적 신념에 의한 것이라는 피고인의 병역거부가 실제로도 그에 따라 행동하지 않고서는 인격적 존재가치가 파멸되고 말 것이라는 절박하고 구체적인 양심에 따른 것인지에 대하여, 의문이 남지 않을 정도로 소명되어야 한다고 엄격하게 해석하고 있음을 알 수 있다. 그런데 이세 합리적 대체복무제도가 마련되었으므로, '양심적 병역거부'의 정당한 사유로서 "그 신념이 깊고, 확고하며, 진실"한지에 대한 판단에 있어서, 단지 종교적 신념을 근거로 하는 경우만이 아니라, 정치적·사회적 이유가 아닌 순수한 도덕적 신념에 근거한 경우에도 보다 폭넓게 양심의 자유로서 보장하는 것이 바람직할 것이다. 다만, 양심적 병역거부자에 대한 대체복무기간을 통상의 병역의무를 이행하는 경우보다 합리적으로 상당히 길게 설정함으로써, 상식적으로 볼 때 개인에게 불이익한 복무방식임에도 불구하고, 특별히 자신의 양심을 지키기 위한 경우에만 받아들이는 것으로 인식되게 할 필요가 있을 것이다. 그리고 종교적 이유 등을 이유로 하는 양심적 병역거부자들의 인적 사항을 병무청 홈페이지에 게시한 것에 대하여, 병역의무와 관련한 입법목적 달성을 위한 국가적 이익에 비하여 국민의 명예와 프라이버시를 과도하게 침해하는 행정처분으로서, 비례성의 원칙에 반하는 재량권의 일탈·남용에 해당한다고 본 서울행정법원의 판단은 옳다.

그리고 국립대학교에서 종교적인 이유 등으로 학교 시험에 응시하지 못한 대학원생의 추가시험 신청에 대한 거부처분을 한 것에 대하여, 학칙과 학업성적 처리 규정의 해석을 잘못하고 비례의 원칙에 위반하는 것으로서, 재량권의 일탈·남용에 해당한다고 판시한 대구고등법원의 판결에 동의한다. 또한 본국으로 돌아갈 경우 종교적 박해를 이유로 하는 난민신청 사례가 여러 차례 문제되었는데, 이란 이슬람공화국 국민이 본국으로 돌아갈 경우, 기독교 개종자라는 이유로 박해를 받을 우려와 공포가 인정된다는 판례, 라이베리아 공화국 본국으로 송환될 경우, 전통적·문화적·종교적 이유에서 특정 사회집단의 구성원인 신분을 이유로 강제적 여성 할례를 당하게 될 개별적·구체적인 위험이 인정된다는 판례 등에서, 종교적 박해를 이유로 난민신청을 인정하였음을 알 수 있다. 그러나 신청인이 기독교 종교활동을 활발히 한 것으로 보이지 않고, 본국인 스리랑카로 돌아가더라도 기독교 개종을 이유로 박해받을 가능성이 높지 않다는 이유로, 종교적 박해를 이유로 하는 난민에 해당한다고 보기 어렵다고 본 대법원 판례도 있었다. 종교·문화적 전통에 의하여 종교의 자유가 제한되고 개인의 기본권이 침해되고 있는 나라에서 고통받고 있는 수많은 이들이 처한 상황이 조속히 개선되길 고대한다.[83]

83) 윤종행, “신앙의 자유 관련 미국과 우리나라 판례의 동향”, 앞의 글, 128–131면 참조.

제4장

종교활동의 자유에 관한 우리나라 판례의 동향

(Trends in Court Decisions on the Free Exercise of Religion)

Ⅰ. 서 설

현대 문명국가의 보편적 추세에 따라, 우리나라는 모든 사람들에게 신앙과 종교활동의 자유를 보장하고 있다. 우리나라 헌법 제20조는 "① 모든 국민은 종교의 자유를 가진다. ② 국교는 인정되지 아니하며, 종교와 정치는 분리된다."라고 종교의 자유를 보장하고 있다. 종교의 자유는 신앙의 자유와 종교활동의 자유를 포함한다.[1] 따라서 타인의 종교활동의 자유를 침해할 경우에는, 민법상 불법행위로 인한 손해배상책임 또는 국가배상책임이 문제될 수 있고, 형법상 강요죄 또는 예배방해죄 등의 형사책임이 주어질 수도 있다.

그런데 내면적인 신앙의 자유는 절대적으로 보장되는 것이지만, 외적으로 표현되는 종교활동의 자유는 도덕률에 위반하거나, 타인의 권리를 침해하거나

1) Wallace v. Jaffree, 472 US 38, 52–53 (1985).

공공의 안전을 위협하는 행위를 하여서는 아니 된다는 등의 일정한 한계가 있다.[2] 우리나라 헌법 제37조 제2항은 "국민의 모든 자유와 권리는 국가안전보장·질서유지 또는 공공복리를 위하여 필요한 경우에 한하여 법률로써 제한할 수 있으며, 제한하는 경우에도 자유와 권리의 본질적인 내용을 침해할 수 없다."라고 규정하고 있다. 따라서 종교활동의 자유도 국가안전보장·질서유지 또는 공공복리를 위하여 일정한 범위에서 제한이 가능하다. 따라서 종교활동의 자유가 사회적 공감대와 충돌할 수 있다. 예컨대 독일에서는 종교적 의식으로서의 유아 할례를 상해죄로 처벌하여야 하는지가 문제되었는데, 독일 법원은 회피 가능성이 없는 금지착오로 보아 의사에게 무죄를 선고한 바 있다.[3]

최근 전세계적인 코비드-19 팬데믹 하에서는, 미국과 유럽 등에서뿐만 아니라 우리나라에서도 종교집회에 대한 정부와 지방자치단체의 규제에 대하여 반발하는 등, 종교활동의 자유와 관련된 갈등이 표출된 바 있다. 예컨대 2021년 7월 21일, 서울 은평구청이 200여 명의 교인이 모인 상태로 대면예배를 진행한 은평제일교회에 방역 수칙 위반을 이유로 10일간 운영 중단 명령을 내리자, 은평제일교회 측은 "은평구청장의 운영 중단 처분의 효력을 정지해 달라"며 집행정지 신청을 내었다. 법원이 이를 인용하자, 은평구가 이에 불복해 항고하였으나,[4] 2022년 6월 16일 서울고등법원은 은평제일교회 측 손을 들어주었다.[5] 이와 같은 코로나 상황 하에서 정부와 지방자치단체의 종교집회 규제와 관련하여, 종교의

2) Erwin Chemerinsky & Michele Goodwin, *Religion is not a Basis for Harming Others: Review Essay of Paul A. Offit's Bad Faith: When Religious Belief Undermines Modern Medicine,* 104 Geo. L. J. 1129-1135 (2016).

3) 박규환, "종교의 자유 기본권 재고찰 -법적 논증을 위한 신학적 고찰의 필요성", 『유럽헌법연구』 제33호, 유럽헌법학회, 2020, 185-225면 참조.

4) 남정아, "코로나19 상황 아래 행정명령에 의한 종교의 자유 제한 가능성과 그 한계에 관한 소고 — 미국의 연방법원의 판례를 중심으로 —", 『공법연구』(한국공법학회) 제50집 제3호, 2022, 23면 참조.

5) 아울러 동 재판부는 서울시내 18개 교회가 서울특별시장을 상대로 제기한 '교회의 대면예배 금지 처분 등 취소 청구의 소'(2021누76387)에 대해서도, "종교활동의 자유가 신앙의 자유와 같은 절대적 기본권이 아니라고 하더라도 그 본질적인 부분은 제한할 수 없고, 법률에 의한 기본권의 제한도 최소 침해의 원칙, 비례의 원칙을 따라야 한다."고 판시함으로써 서울시가 서울시내 교회들에 대한 방역조치에 있어서 최소침해원칙을 준수하였음을 보이지 못하였다고 밝혔다. 자유일보, "'예배 자유' 소송 승소 잇달아…"일방적 예배 금지에 경종", 2022. 6. 21. 참조.

자유에 대한 과잉금지원칙, 기본권의 본질적 내용 침해금지, 평등의 원칙 등에 위반되는지에 대하여 논란이 되었다.[6] 우리나라 보수 개신교 단체는 코로나 19 방역을 위하여 교회의 대면예배를 금지한 것이 헌법위반이라고 헌법소원을 신청한 바 있으며, 독일의 헤센(Hessen)주 행정명령에 대하여 집행금지가처분 신청을 한 사건에서는 독일연방헌법재판소가 신청을 기각한 바 있다.[7]

또한 근래 논란이 되어 온 차별금지법안과 관련하여 표현의 자유, 종교의 자유도 우리 사회의 중요한 가치인 평등원리 및 차별금지와 충돌할 때는 표현의 자유에 대한 규제가 필요하고, 성적 지향에 대한 차별에 대하여 징벌적 손해배상 규정을 명문화하여야 한다는 견해가 제기되고 있다.[8] 이와는 달리, 차별금지법안이 시행된다면 표현의 자유, 종교의 자유, 기업활동의 자유를 심각하게 훼손할 것이며, 고소·고발의 남발로 인한 갈등과 불신이 확산될 수 있는 사회적 문제를 우려하는 목소리도 있다.[9] 또한 성적 지향에 따른 차별에 대한 법적 제재가 야기하는 사회적 논란과, 표현의 자유 또는 종교의 자유에 대한 침해에 대하여 충분한 검토가 이루어져야 하고, 차별금지법안에 대하여 시민사회 및 종교단체와의 보다 많은 논의가 필요하다고 주장하기도 한다.[10]

이하에서는 종교활동의 자유와 관련된 우리나라 판례의 동향을 살펴보고자 한다. 그런데 종교의 자유를 찾아 떠난 이들에 의하여 세워진 나라인 미국에서는 종교의 자유와 관련한 법적 다툼의 오랜 역사가 있으므로, 우선 이를 개괄함으로써 우리나라에서의 법적 다툼에 대한 해결에 있어서 시사점을 찾고자 한다. 이어서 1980년대 이후 현재까지의 우리나라 대법원과 하급심 판례 등을 분석하여, 종

6) 송기춘, "코로나19와 종교적 집회의 자유", 『헌법학연구』 제27권 제2호, 2021, 236면 이하; 김진곤, "예방접종과 기본권의 관계", 『공법연구』 제49집 제3호, 2021. 2., 59면 이하 참조.

7) Beschluss vom 29. April 2020 – 1 BvQ 44/20; 송기춘, "코로나19와 종교적 집회의 자유", 『헌법학연구』 제27권 제2호, 한국헌법학회, 2021, 246–253면 참조.

8) 이지현, "한국에서 차별금지법 제정에 있어서 성적지향을 둘러싼 갈등과 전망", 『중앙법학』 제16권 제3호, 2014. 9, 124면, 133면.

9) 서헌제, "국가인권위원회의 「평등법(시안)」에 대한 비판적 검토 – 성소수자 차별금지와 종교의 자유를 중심으로 –", 『교회와 법』 제7권 제1호, 한국교회법학회, 2020, 157–179면 참조.

10) 이상현, "성적지향을 포함한 차별금지법안에 대한 비판적 접근: 영미법제 연구를 중심으로", 『법학논총』(숭실대) 제39집, 2017. 9, 28–29면.

교적 표현의 자유, 종교활동의 자유 침해, 기타 종교의 자유에 대한 사법행정적 규제, 종교활동 관련 불법행위로 인한 손해배상청구, 종교활동 관련 이혼 사유, 종교단체에 대한 기부와 뇌물죄의 성부 등으로 분류하고, 최신 판례 우선으로 시간적 순서에 따라 소개하고자 한다. 이에 대한 우리나라 판례의 흐름을 파악함으로써 앞으로의 입법과 판례의 형성에 필요한 자료로 활용되고, 종교 관련 분쟁의 평화로운 해결에 기여하게 되길 기대한다.[11]

Ⅱ. 종교활동의 자유 관련 미국 판례의 흐름 개관

1. 종교적 신념에 따른 중혼금지법 위반

미국에서 종교활동의 자유와 관련된 법적 다툼은 매우 오래전부터 시작되었는데, 우선 1879년의 모르몬교 신자의 중혼 관련 사례를 들 수 있다.

모르몬교(the Church of Jesus Christ of Latter-day Saints: LDS Church) 신자인 George Reynolds가, 모르몬교의 교리에 따라 중혼을 하였다가, 중혼을 금지하는 연방법(the Morrill Anti-Bigamy Act, 1862)에 의하여 형사처벌을 받게 되자, 미연방 대법원에 제소한 사건이다. Reynolds는 이미 유타 지역(Utah Territory)에서 Mary Ann Tuddenhamsms와 결혼한 상태에서 또 Amelia Jane Schofield와 결혼하였다는 이유로 중혼금지법 위반으로 기소되었다. 그는 1875년 2년의 징역형과 중노동(hard labor), 그리고 500달러의 벌금형을 선고받았다. 그런데 당시 모르몬교는 연방법인 중혼금지법이 연방헌법이 보장하는 종교행사의 자유를 침해하는 것으로서 위헌이라고 믿었다. Reynolds는 모르몬교의 교리상 중혼은 남성에게 있어서 종교적 의무라고 주장하였다. 그러나 미연방 대법원은 만장일치로, 중혼금지는 미국의 오랜 전통으로서 중혼은 미국 법체계상 용인될 수 없는 것으로서, 헌법상 종교의 자유에 의하여 보호될 수 없다고 판시하였다. 미국의 중혼금지법은

11) 윤종행, “종교활동의 자유에 대한 미국과 우리나라 판례의 동향”, 법이론실무연구(법이론실무학회) 제12권 제2호, 2024. 5, 241－244면 참조.

국가의 도덕률을 보호하기 위한 것으로서, 종교활동이 건강, 안전, 그리고 도덕률 등을 보호하는 국가의 경찰작용을 침해하는 경우에는, 종교의 자유로서 보호될 수 없는 것이라고 판단하였다.[12)]

그 후 1882년의 미연방 대법원 판결에서도 만장일치로, 중혼을 금지하는 연방법은 미연방헌법상 보호되는 종교의 자유에 반하는 것이 아니라고 판시하였다. 미 의회는 1882년, 중혼을 하면 중형에 처하는 에드먼드법(the Edmunds Act in 1882)을 제정하여, 1,300명 이상의 모르몬교 신자들이 감옥에 가게 되었다. 또한 이 법은 선거에서 투표를 하기 전에 자신은 중혼자가 아니라는 선서를 하도록 의무화하였다. 아이다호 지역(Idaho Territory)의 오네이다군(Oneida County)에 사는 모르몬교 신자 사무엘 데이비스(Samucl D. Davis)가 투표 전 허위 선서한 것으로 기소되어 유죄판결을 받게 되었다. 데이비스는, 이 선서제도는 모르몬교 신자들의 종교의 자유를 침해하는 것이라고 주장하면서 항소하였다. 그러나 미연방 대법원은, 종교의 자유가 사회의 평화, 미풍약속, 도덕을 해치는 행위까지 보호하는 것은 아니며, 중혼이나 복혼제는 혼인의 순수성을 파괴하고, 가정의 평화를 해치며, 여성의 품격을 떨어뜨리며 남성을 모독할 수 있는 위험이 있으므로, 허용될 수 없다고 판시하였다.[13)]

이러한 판례를 통하여, 중혼을 허용하는 종교적 교리가 미국 법에 반하여 금지됨으로써, 종교법과 세속법의 충돌과 길등의 과정을 거치면서, 결국 중혼제도가 사라지게 되는 역사를 확인할 수 있다.[14)]

2. 종교적 신념에 따른 미성년 자녀에 대한 의무교육법 위반

1972년의 미연방 대법원 판결로서, 아미쉬 종교 신자들이 자녀들이 16세 될 때까지 사립 또는 공립학교에 보내야 하는 위스콘신주(the state of Wisconsin)의 의무교육법을 위반하였다고 기소된 사건이 있다. 미연방 대법원은, 고등학교에 다니는

12) Reynolds v. United States, 98 U.S. 145 (1878).

13) Davis v. Beason, 133 U.S. 333 (1890); 윤종행, “종교와 법의 교차점”, 앞의 글, 437−438면 참조.

14) 윤종행, “종교활동의 자유에 대한 미국과 우리나라 판례의 동향”, 앞의 글, 245면.

것이 아미쉬 종교의 생활방식과 맞지 않는다고 믿었기 때문에, 자녀들을 고등학교에 보또한 않은 것은 종교적 신념에 따른 것이므로, 그들에게 강제적인 의무교육법을 적용하는 것은 헌법상 종교의 자유를 침해하는 것이라고 판시하였다.[15]

미연방 대법원은, 주 정부가 개인이 신봉하는 종교의 자유를 침해함에도 불구하고 자녀를 학교에 보내도록 강제할 수 없는 것이므로, 본 사건에서 위스콘신주는 아미쉬 신자들의 합법적인 종교행사의 자유를 침해하였다고 판단하였다. 그 근거로서, 미국에서 자녀들이 8학년(우리나라에서의 중학교 3학년)을 마친 이후에는 사립 또는 공립학교에 보또한 않고, 부모가 자녀를 자신이 신봉하는 종교적 방식으로 자율적으로 가르칠 수 있는 권리가 있다고 판단하였다. 부모의 기본권인 종교의 자유가, 자녀를 교육하여야 하는 국가적 이익보다 우월하다고 본 것이다. 위스콘신주는, 8학년 이후에도, 미국의 정치제도에 시민들이 효과적이고 생산적으로 참여할 수 있도록 준비하는 데 추가적인 교육이 필요하다고 주장하였으나, 법원은 이에 동의하지 않았다. 아미쉬 공동체는 미국 사회에서 매우 성공적인 공동체로서 자족적이고, 그 어떤 공적 복지 혜택을 받는 것을 거부하면서도 필요한 세금을 납부하며, 법을 준수하고 있다고 판단하였다. 또한 아미쉬 공동체는 자녀들이 8학년을 마친 이후에도, 직업훈련 형식으로 교육을 지속하고 있다고 보았다.[16]

이 판결은, 이후 홈스쿨링(homeschooling)과 같이 전통적인 사립 또는 공립학교에 보또한 않는 자율적인 교육을 허용하는 근거로서 인용되게 되었다.[17]

3. 선교활동에 대한 행정적 규제

미국에서는 일찍이 1940년의 판례에서, 선교활동의 일환으로 가가호호 방문하면서 종교 홍보활동을 한 것에 대한 주 정부의 규제가 문제된 바 있다. 여호와의 증인(Jehovah's Witness) 신자인 뉴튼 캔트웰(Newton Cantwell)과 그의 두 아들은

15) Wisconsin v. Yoder, 406 U.S. 205－222 (1972); 윤종행, “형법과 종교”, 앞의 글, 81면 참조.
16) Wisconsin v. Yoder, 406 U.S. 205－222 (1972).
17) Steven M. Nolt, A History of the Amish, at 263 (1992).

코넷티컷주의 뉴 헤이븐(New Haven)시의 카톨릭 신자 밀집지역에서, 여호와의 증인 교리에 관한 팜플렛, 책자, 녹음테이프와 녹음기 등을 가지고 집집마다 방문하면서 나누어주고 길가는 사람들에게 들려주기도 하였다. 책자들 중의 하나가 "적들(Enemies)"이라는 책인데, 그 안에는 기성 종교 일반과 특별히 카톨릭교에 대한 공격적인 내용이 담겨 있었다. 뉴튼의 아들 제씨 캔트웰(Jesse Cantwell)이 길을 가던 두 남성에게 접근하여 녹음기를 틀어 듣게 하는 것을 요청하여 이를 허락하였고, 이를 듣게 된 두 남성은 매우 격분하게 되었다. 두 남성은 캔트웰 부자들에게 폭력을 가하고 싶었지만 참았다. 캔트웰 부자들은 홍보활동을 하기 위하여서는 당국에 미리 허가를 받아야만 하는 코넷티컷주 법 위반과, 미국 보통 법상의 평화 위반(소란행위)으로 기소되었다. 1940년 미연방 대법원은 만장일치로, 본 사안에서 문제된 여호와의 증인 신자들의 종교적 활동은, 국가가 부당하게 침해하여서는 아니되는 미연방 수정헌법 제1조의 종교의 자유와 제14조의 적법절차 조항에 의하여 보호된다고 판시하였다.[18]

이로부터 3년 후인 1943년의 미연방 대법원 판결에서도, 펜실베이니아주의 Jeannette 자치구에서 호별방문 홍보활동을 할 때 당국에 허가를 받도록 하는 조례에 대하여, 여호와의 증인 신자인 Murdock이 책자와 팜플렛을 배포하면서 기부를 권유할 수 있는 종교활동의 자유를 침해하였다고 판시하였다. 비록 기부를 권유하는 행위가 있었지만 이는 종교적 목적의 활동으로서, 선교의 자유는 종교활동의 자유의 핵심으로서 인간의 기본권으로서 보호되어야 한다고 보았다.[19]

4. 신앙인, 종교인, 종교기업 등의 고용관계에 대한 법적 다툼

신앙인의 고용관계에 대한 법적 다툼의 예로서 종교적 이유로 토요일 근무를 거부하여 해고된 사례가 있다. 제7일안식일예수재림교(the Seventh-Day Adventist Church) 신자인 아델 셔버트(Adell Sherbert)는, 자신의 신앙에 따라 안식일인 토요

18) Cantwell v. Connecticut, 310 U.S. 296 (1940).

19) Murdock v. Pennsylvania, 319 U.S. 105 (1943); 윤종행, "종교와 법의 교차점", 앞의 글, 440−441면 참조.

일에 근무하지 않으려 하였다는 이유로, South Carolina의 고용주로부터 해고를 당하였다. 이에 셔버트는 South Carolina주 실업수당법에 따라 실업수당을 청구하였으나 거부당하였다. 1963년 미연방 대법원은 이 사안에서, South Carolina주 고용안전위원회(the South Carolina Employment Security Commission)가 실업수당 지급을 거부한 것은, 미연방 헌법 수정 제1조에서 보장하는 종교활동의 자유를 침해하였다고 판시하였다. 근로자가 자신의 종교와 충돌하는 고용주의 업무방침에 따라 해고된 경우, 정부가 실업수당 지급을 거부하기 위하여서는 그럴 만한 정부의 긴급하고 중대한 이익이 있고, 법률이 이러한 목적 달성을 위하여 필요하다는 것(a compelling interest and that the law in question was narrowly tailored)을 증명하여야 한다고 판단하였다. 이 판례는 이후의 미연방 대법원 판결[20]에서 중요한 판단의 기준이 되었다.[21]

그리고 근로자가 종교적 이유로 사직하게 된 경우에, 정부가 실업보상의 지급을 거부하는 것이 종교활동의 자유를 침해하는지가 문제되었다. 인디애나주의 한 공장의 주조 부서에서 일하던 여호와의 증인 신자인 Thomas가, 주조공장이 문을 닫게 되어 군용 탱크 등 무기 제조 공장으로 부서를 옮기게 되자, 무기제조에 참여하는 것이 자신의 신앙에 반한다는 이유로 휴직을 신청하였으나 거부되어, 결국 사직하게 되었다. 토마스는 인디애나주 고용안정법(the Indiana Employment Security Act)에서 정하는 실업보상혜택을 받지 못하자 소를 제기하였다. 1981년 미연방 대법원은, 인디애나주가 실업보상을 거부한 것은 토마스의 헌법상 종교활동의 자유(First Amendment right to free exercise of religion)를 침해한 것이라고 판시하였다.[22]

또한 종교기업에 최저임금법을 적용하는 것이 종교활동의 자유를 침해하는지가 문제된 바 있다. 미국의 한 비영리 종교기업(Tony and Susan Alamo Foundation)이 이전에 마약중독자, 부랑자, 범죄 전과자였던 사람들의 갱생을 돕고 기독교적 신앙과 실천을 돕기 위하여, 이들을 자발적 참여 형태로 고용하여

20) Gonzales v. O Centro Espírita Beneficente União do Vegetal, 546 U.S. 418 (2006); Burwell v. Hobby Lobby, 573 U.S. 682 (2014) 등.

21) Sherbert v. Verner, 374 U.S. 398–410 (1963); 윤종행, “형법과 종교”, 앞의 글, 79면 참조.

22) Thomas v. Review Board of the Indiana Employment Security Division, 450 U.S. 707 (1981).

돼지 농장, 음식점, 소매상점 등을 운영하면서 음식과 숙소를 제공였지만, 적정노동법(FLSA) 위반으로 기소된 사건이 있다. 1985년 미연방 대법원은, 비록 자발적 참여자라고 하더라도 근로자로 볼 수 있고, 음식과 숙소와 의료혜택을 받았지만 제대로 임금을 받지 않았으므로 최저임금법을 위반하였다고 보았는데, 이들에게 최저임금과 초과근로수당 기준을 적용하더라도 이들의 종교활동의 자유를 침해하는 것이 아니라고 판시하였다.[23)]

그리고 1990년의 Employment Division v. Smith 판결에서는, 두 남성이 자신들이 신봉하는 미국 원주민 교회(the Native American church)의 성찬식 의식에서 환각성 있는 페요테(peyote) 선인상을 섭취한 것을 이유로, 사설 마약갱생단체에서 해고당한 것에 대하여 다투어졌다. 오리건주(Oregon state)에서는 일 관련 부당행위로 인하여 해고된 경우에는 지급대상이 아니라고 실업수당 지급을 거절하였다. 오리건주 항소법원과 대법원은 오리건주가 청구인의 종교활동의 자유를 침해하였다고 판단하였으나, 미연방 대법원은 이를 뒤집었다. 어떤 법이 특별히 종교적 활동과 관련되는 경우가 아니고 비종교적인 이유에서 한 특별한 행위에 적용되는 경우에 위헌이라고 볼 수 없는 경우에는, 헌법상의 종교의 자유는 그 법이 자신의 종교에서 요구하는 특별한 행위를 부수적으로 금지하는 것에 따를 의무를 면제하지 않는다고 판시하였다. 종교의식을 시행하는 중에 환각성 있는 페요테 선인장을 섭취한 것을 이유로 사설 마약갱생단체에시 해고한 것에 대하여 잘못이 없다고 본 것이다. 그런데 이 판결 이후로 미국 의회는, 미국 원주민들이 종교적 의식을 위하여 페요테를 사용하는 것을 합법화하는 입법을 하였다.[24)] 비록 마약갱생단체 종사자라는 특수성이 있다고 하더라도 종교적 의식을 시행하는 과정에서 섭취한 경우는 통상의 마약 섭취의 경우와는 다르게 취급하는 것이 타당할 것이라는 점에서 타당한 입법이라고 본다. 복지국가를 지향하는 오늘날, 종교에 대한 국가의 규제가 점점 증가하는 상황에서, 잘 알려진 종교만이 아니라 사이비 종교가 아닌 한 소수 종교들도 보호함으로써 종교의 다양성과 평화로운 공존을 추구하는 것이 바람직할 것이다.[25)]

---

23) Tony & Susan Alamo Fndn. v. Secretary of Labor, 471 U.S. 290 (1985).
24) Employment Division v. Smith, 494 U.S. 872–890 (1990).

그리고 미국의 한 교회(Lutheran Church－Missouri Synod)가 학교를 운영하면서 한 교사(Cheryl Perich)를 부당해고하였다는 이유로, 미국 평등고용기회위원회(Equal Employment Opportunity Commission: EEOC)가 소를 제기한 사건이 있었다. Cheryl Perich은 1999년부터 미시간주의 레드포드시(Redford, Michigan)에 있는 한 종립학교(Hosanna－Tabor Evangelical Lutheran Church and School)에서 가르치기 시작하였는데, 일주일에 며칠씩 학생들의 기도를 인도하거나 종교 과목을 학생들에게 가르쳤다. 그런데 2004년에 퍼릭은 수면장애 관련 질병(narcolepsy) 등으로 휴직하였다. 그후 퍼릭은 2005년 의사의 완치 확인으로 업무에 복귀하려 하였으나, 학교는 이미 다른 사람을 고용하였다는 이유로 이를 거부하였다. 이에 퍼릭이 학교를 상대로 소를 제기하겠다고 협박하자, 학교는 Perich을 '반항과 소란스런 행동(insubordination and disruptive behavior)'을 하였다는 이유로 해고하였다. 퍼릭은 연방법인 '미국 장애인법(Americans with Disabilities Act: ADA)'에 위반되는 부당해고라고 소송을 제기하였다. 그러나 2012년 미연방 대법원은 만장일치로, 종교의 자유에 관한 헌법 조항의 해석상, 교회가 '미국 장애인법'에 위반되는 부당해고를 하였다는 이유로, 교회 소속 목사가 교회를 상대로 고용차별금지법 위반으로 소송을 제기할 수 없는 것이라고 판시하였다. 정교분리의 원칙과 종교단체의 종교활동의 자유로 인하여, 종교단체가 그 구성원인 성직자를 선임하는 것에 대하여 정부가 간섭할 수 없다고 본 것이다.[26] 그러나 종립학교의 소속 교사에 대한 해고가 장애인법에 위반되는지에 대한 판단에 있어서, 장애인법의 입법취지를 고려한 헌법적 해석을 하여야 할 것이다. 정교분리의 원칙과 장애인법의 입법 취지를 고려할 때, 장애인법의 취지를 몰각하는 부당한 해고를 방임하는 결과로 이어지는 정교분리의 원칙에 대한 해석에 찬동하기 어렵다.[27] 장애인을 사회에서 보호하기 위한 장애인법은 종교의 문제를 떠난 보다 근원적인 인간의 존엄성에 직결되는 인권의 문제로서 우선시되어야 할 것이기 때문이다.

---

25) David E. Steinberg, *Religious Exemptions as Affirmative Action,* 40 Emory L.J. 139 (1991).

26) Hosanna－Tabor Evangelical Lutheran Church and School v. Equal Employment Opportunity Commission, 565 U.S. 171 (2012).

27) 윤종행, "종교활동의 자유에 대한 미국과 우리나라 판례의 동향", 앞의 글, 250면.

한편 미연방 대법원의 2014년 Burwell v. Hobby Lobby Stores, Inc. 판결에서는, 미국 보건후생국(the Department of Health & Human Services)이 기업에 피임기구 사용을 의무화하도록 규정하는 것에 대하여, 종교의 자유 회복법(the Religious Freedom Resoration Act: RFRA)에 위반된다고 판시하였다. Hobby Lobby 기업에 종교적 신념에 반하는 피임기구를 의무화하는 것은 생명이 임신으로부터 시작된다는 신실한 종교적 신념에 반하는 것이고, 그들이 이를 거부할 경우에는 매년 약 4억 7,500만 달러의 경제적 손실을 얻게 된다는 점에서, 미국 보건후생국은 다른 방법에 의하여서는 달성할 수 없는 정부의 목적을 위한 기본권에 대한 최소 침해의 수단이라는 점을 증명하지 못하였다고 판단하였다.[28] 이 판례의 의미는 개인만이 아니라 영리기업의 종교의 자유도 보호되어야 한다는 점과, 타인의 종교적 신념을 이유로 그에게 의료 서비스 제공을 거부하는 등 피해를 줄 수 없다는 점을 미연방 대법원이 밝힌 점이다.[29] 피임기구를 사용하지 않으면 종교적 기업에 경제적 손실을 입게 함으로써 사실상 종교적 영리 사기업에 피임기구의 사용을 강제하는 효과가 있다면, 종교적 영리 사기업에 종사하는 여성근로자들이 자신들의 종교적 신념에 반하는 피임기구 사용을 사실상 강제하게 되는 결과가 된다는 점에서, 정부의 목적 달성을 위한 기본권에 대한 최소침해의 수단인지에 대한 판단을 신중히 한 연방대법원의 판단은 타당하다고 본다.[30]

5. 원주민 지역에 대한 벌목과 도로 건설

1982년 미국의 산림관리청(United States Forest Service)이, 미국 원주민들이 신성시하는 지역인 캘리포니아주의 Six Rivers National Forest 지역 숲의 목재를 벌목하고 도로를 건설하려 하자, 원주민 단체들(Northwest Indian Cemetery Protective Association 등)이 이에 반대하면서, 원주민들의 헌법상 권리인 종교활동의 자유를 침

28) Burwell v. Hobby Lobby Stores, Inc., 134 S. Ct. 2751–2766 (2014).

29) Erwin Chemerinsky & Michele Goodwin, *Religion is not a Basis for Harming Others: Review Essay of Paul A. Offit's Bad Faith: When Religious Belief Undermines Modern Medicine, Id,* at 1132–1134.

30) 윤종행, “종교활동의 자유에 대한 미국과 우리나라 판례의 동향”, 앞의 글, 250–251면.

해하는 불법이라고 소송을 제기한 사건이다. 그런데 개발에 대한 환경영향평가(Environmental Impact Statement: EIS) 결과에 의하면, 제안된 개발계획을 시행하면 미국 원주민들이 매우 신성시하는 곳이라서 그 훼손이 심각하고 회복 불가능하다고 평가하였고, 대안으로서 종교적 핵심지역을 피하는 다른 우회로를 제안하였다. 그러나 미국 산림관리청은 이를 거절하였다. 1988년 미연방 대법원은 5대3으로, 도로 건설과 벌목은 원주민들의 활동을 강제하는 것이 아니므로, 종교활동의 자유를 침해하는 것이 아니라고 판시하였다.[31] 그러나 원주민들의 종교적 신성지역을 보호할 수 있는 우회로를 택하지 않고 개발계획을 강행한 것은 종교의 자유를 침해하는 것으로서, 국가적 이익을 위한 정부의 기본권 침해가 최소침해의 원칙을 위반한 것이라고 판단된다.[32]

6. 군인과 재소자에 대한 종교활동의 자유 제한

미국 법원은, 군대와 교도소 내에서는 국가적 이익을 위해 종교활동의 자유가 제한될 수 있다는 입장이다. 유대인 공군 장교가 유대인 남자들이 머리에 쓰는 장식물인 '야머카(yamulke)' 착용을 금지하는 군대 헬멧 규정의 적용면제를 주장한 사례가 있다. Goldman은 1973년 미 공군에 지원하여, 캘리포니아주의 Reverside시에 있는 March Air Force Base에서 심리치료 담당 장교로 근무하였다. 그는 정통 유대교의 종교지도자(rabbi)로서 존귀한 신을 섬긴다는 의미로 야머카 착용을 원하였다. 몇 해 동안 그는 자신의 치료실에서 야머카를 착용하였고, 밖에 나갈 때는 그 위에 장교모를 썼다. 나중에 그가 법정에서 증언할 기회가 되어, 그가 야머카를 쓰는 것이 공군 복무규정 위반이라는 지적을 받았다. 이에 그의 상관인 Joseph Gregory 대령은 골드만에게 치료실 밖에서 제복을 입었을 때는 야머카 착용을 하지 말라는 지시를 내렸다. 골드만은 이를 따르지 않고, 공군 법무 자문위원(Air Force General Counsel)에게 이의신청을 하였다. 그러자 상관인 그레고리 대령은 골드만에게 병원 내에서도 야머카 착용을 금지하였다.

31) Lyng v. Northwest Indian Cemetery Protective Association, 485 U.S. 439 (1988).
32) 윤종행, "종교활동의 자유에 대한 미국과 우리나라 판례의 동향", 앞의 글, 251면.

1986년 미연방 대법원은, 군인의 종교활동의 자유가 일반인에 비하여 제한될 수 있다고 보았다. 일반 시민과 달리 군대는 "즉각적인 명령에의 복종, 단합, 충성, 그리고 사기(foster instinctive obedience, unity, commitment, and esprit de corps)"가 요청되는 특수한 조직으로서, 일반인보다 기본권이 보다 제한될 수 있다는 것이다.[33] 그러나 그 후 로널드 레이건(Ronald Reagan) 대통령 재임시, 군인이 복무 중 제복을 입는 동안 개인적으로 종교적 장신구를 착용하는 것을 허용하는 법이 통과되었다.[34]

그리고 무슬림 신자인 재소자가 '주무하(Jumu'ah)'라는 무슬림 금요종교집회 참석을 불허하는 교도소 보안규정의 적용면제를 주장한 사례가 있다. 1987년 미연방 대법원은, 문제의 교도소 보안규정은 적법한 행형목적을 위한 것으로서, 헌법상 보장되는 종교활동의 자유를 침해하는 것이 아니라고 판시하였다.[35]

7. 혐오스런 종교의식의 자유

종교의식에서 일반인의 정서에 반하는 혐오스런 행위를 하는 것을 법으로 금할 수 있는지가 문제되기도 한다. 미연방 대법원은 1993년의 Church of Lukumi Babalu Aye v. Hialeah 판결에서, 혐오스런 종교의식일지라도 종교의 자유로서 보호될 수 있다고 판시하였다. Florida주 Hialeah시에 소재한 Lukumi Babalu Aye 교회는 아프리카계의 쿠바 종교인 산테리아(Santeria)교 의식을 행하였는데, 헌물의 의미로 동물을 희생하였다. 이 교회는 장례식이나 치유의 의식을 제하곤 모든 종교의식에서 동물의 경동맥을 끊어 살해하고 요리하여 먹었다. 그런데 당시 Hialeah시의 조례는 당국이 혐오스럽고 불쾌하다고 판단되는 특정한 종교의식을 금할 수 있도록 규정하고 있었다. 동 교회는 이 조례가 미연방 헌법 수정 제1조의 종교활동의 자유에 반한다고 소를 제기하였다. 지방법원과 지방항소법원은, 본 조례의 규정

33) Goldman v. Weinberger, 475 U.S. 503 (1986).

34) 1988년의 미국 국방부 예산에 관한 법인 The National Defense Authorization Act (NDAA)이 이러한 규정을 포함하였는데, 이 법안은 로널도 레이건 대통령이 사인함으로써 발효되었다. https://en.wikipedia.org/wiki/Goldman_v._Weinberger 참조.

35) O'Lone v. Estate of Shabazz, 482 U.S. 342 (1987).

이 중대한 국가적 이익(the compelling governmental interests)을 위한 것으로서, 보다 덜 제한적인 수단(more narrower restrictions)은 불가능하다고 판단함으로써, 조례의 정당성을 인정하였다. 그러나 미연방 대법원은 만장일치로, Hialeah시의 조례는 중립적이지 못하고, 중대한 국가적 이익(the compelling governmental interests)을 위한 덜 제한적인 수단의 요건(narrowly tailored to advance that interest)을 충족하지 못할 뿐만 아니라, 종교의 자유를 보장하는 헌법에 위반되는 것이라고 판시하였다.[36] 오랜 전통의 종교의식에서 비록 현대인들의 정서에 혐오스럽게 여겨지는 행위를 하더라도, 종교의 자유로서 보호하는 것이 미연방 대법원의 입장임을 알 수 있다. 그러나 종교의식의 일부가 용인하기 어려운 혐오스런 행위인지에 대한 평가는, 사회공동체의 가치적 공감대를 바탕으로 이루어져야 한다는 점에서, 지역과 시대적 문화에 따라 다르게 평가될 수 있는 상대적인 것이므로, 종교의식이 행하여진 장소와 참여자, 그리고 문제된 종교단체의 활동과 이에 대한 사회공동체 구성원들의 인식과 평가 등을 종합적으로 고려하여 신중히 접근하여야 할 것이다.[37]

8. 기 타

그 밖에도 개신교 목사가 주 의회 의원으로 선출되는 것을 금지한 테네시주법에 대한 위헌 여부가 다투어진 바 있다. 미국 테네시주 차타누가 시(Chattanooga, Tennessee) 출신 침례교회 목사인 McDaniel이 테네시주 주 의회 의원으로 출마하자, 경쟁 후보는 테네시주법상 목사 등 성직자는 선출직 공무원에 임용되는 것이 금지되었으므로, McDaniel은 출마자격이 없다고 주장하였다. 1978년 미연방 대법원은, 개신교 목사의 주 의회 의원 출마를 금지하는 테네시주 법은, 헌법이 보장하는 종교의 자유를 침해하는 것이라고 판시하였다.[38]

그리고 주립대학의 학생 종교단체의 강의실 사용 요청을 거부한 것이, 학생

36) Church of Lukumi Babalu Aye v. Hialeah, 508 U.S. 520－546 (1993).
37) 윤종행, "종교활동의 자유에 대한 미국과 우리나라 판례의 동향", 앞의 글, 253면.
38) McDaniel v. Paty, 435 U.S. 618 (1978).

종교단체의 종교활동의 자유를 침해하는지가 문제되었다. 미국 미주리주 캔사스 시에 소재하는 주립대학(University of Missouri-Kansas City)의 코너스톤(Cornerstone)이라는 학생 종교단체가 여러 해 동안 강의실을 매주 사용하여 왔는데, 1977년 이 학생 종교단체가 수업이 없는 시간에 강의실 하나를 추가적으로 사용하는 것을 대학 당국에 요청하였다. 그러나 대학 당국은, 대학교와 테네시주의 규정상 공공장소를 예배를 위하여 사용하는 것은 정교분리의 원칙상 금지된다는 이유로, 이를 거부함으로써 법적 다툼이 되었다. 1981년 미연방 대법원은, 주립대학이 일반 학생 단체의 강의실 사용을 허용하면서도 종교적 학생 단체의 강의실 사용을 금지하기 위하여서는, 그럴 만한 중대한 국가적 이익을 위하여 매우 필요한 조치라는 것을 입증하여야 함에도, 이를 충족하지 못하였다고 판단하였다. 결국 학생 종교단체의 추가적인 강의실 사용 승인 요청을 대학 당국이 거부한 것은, 학생 종교단체의 종교활동의 자유를 침해하는 헌법위반이라고 판시하였다.[39)]

최근에는 코로나(Covid-19) 팬데믹 상황에서, 코비드 확산을 막기 위하여 내리는 정부의 종교활동에 대한 제한 조치에 대한 많은 항의와 법적 다툼이 발생하였다. 예컨대 미국의 뉴욕주 주지사는 2020년, 코비드-19 대응 행정명령(COVID-19 Response Executive Orders)을 발령하여,[40)] 예배 참석자 수를 "red" 구역(zones)은 10명, "orange" 구역(zones)은 25명으로 제한하였다. 이에 뉴욕주 브루클린시의 천주교 교구(Roman Catholic Diocese of Brooklyn and Agudath Israel of America)는, 행정명령의 위헌성을 주장하며 집행정지(injunctive relief)를 청구하였다. 이 사안에서 미연방 대법원은, 예배 참석자들에게 심각한 피해를 주는 행정명령이 중대한 국가적 이익을 위한 매우 필요한 제한 조치라고 보기 어렵고, 그러한 종교집회가 공중의 건강을 위험에 빠뜨린다는 증거도 충분치 않다고 보았다. 결국 이 사건 행정명령에 의하여, 뉴욕주 주지사는 많은 사람들이 예배에 참석하는 것을 실질적으로 막음으로써, '최소 침해의 원칙'에 어긋나게 미연방 수정헌법 제1조에서 보장하는 종교의 자유를 침해하였다고 판시하였다.[41)]

---

39) Widmar v. Vincent, 454 U.S. 263 (1981).

40) Executive Order 202.68-October 6, 2020.

41) Roman Catholic Diocese of Brooklyn, New York v. Andrew M. Cuomo, 592 U. S. ____ (2020). 우리나라에서도, 코비드-19 팬데믹 상황 하에서 교회 등 종교단체의 집회 인원

이와 같이 공중의 건강 및 안전과 종교활동의 자유가 충돌하는 상황 하에서, 법원은 우선 행정적 규제의 필요성과 그 처분의 합리성,[42] 그리고 적합한 수단으로서 다른 가능한 경미한 방법은 없었는지 등에 대한 평가를 통하여,[43] 종합적으로 행정적 규제의 적정성과 평등권 또는 종교의 자유 등 국민의 기본권 침해 여부를 판단하여야 할 것이다.[44]

Ⅲ. 종교활동의 자유 관련 우리나라 판례의 동향

1. 종교적 표현의 자유

(1) 대법원 2010. 9. 9. 선고 2008다84236 판결 [손해배상(기)]

이는 대한예수교장로회 평강제일교회와 소속 목사의 교리에 이단성이 있다는 내용의 광고를 게재하고, 같은 내용의 보고서 등을 작성·배포한 행위에 대하여, 종교적 비판의 표현행위로서 위법성이 없다고 본 사례이다. 대법원은 우선 다음과 같은 내용을 확인하였다. ① 총신대학교 신학대학원 교수 신분인 피고들이 이 사건 보고서·비판서를 작성·배포할 당시에는, 원고들이 이미 정통 기독교계의 여러 단체에 의해 이단성이 있다고 밝혀진 상황이었다. ② 피고들이 비록 자신들의 주장을 뒷받침하는 근거자료로서 일부 신빙성이 없거나 부적절한 자료들을 사용하였다고 하더라도, 일반적인 언론·출판의 자유와는 달리 다른 종교나 종교집단을 비판할 수 있는 종교의 자유는 최대한 보장되어야 한다는 점 등을

을 제한하고 규제한 정부의 방역조치에 대하여 많은 교회들의 반발을 야기하였고, 정부가 고위험시설(유흥주점, 클럽, 콜라텍)과 종교시설을 동일하게 취급하여 과도하게 종교단체를 규제하는 것은, 헌법의 상대적 평등대우의 원칙에 위배되는 것이며, 헌법 제20조의 종교의 자유를 침해하는 조치라는 비판이 있다(명재진, "감염병의 예방 및 관리에 관한 법률에 대한 헌법소원의 정당성", 『교회와 법』 Vol. 7, No. 2, 2021, 282−317면 참조).

42) Toni M. Massaro Justin R. Pidot Marvin J. Slepian, *Pandemics and the Constitution,* U. Ill. L. Rev. 229−275 (2022).

43) Leah M. Litman, *Disparate Discrimination,* 121 Mich. l. Rev. 31−34 (2022) 참조.

44) 윤종행, "종교활동의 자유에 대한 미국과 우리나라 판례의 동향", 앞의 글, 255면.

고려하여 볼 때, 적어도 피고들은 이 사건 보고서·비판서의 각 주요 내용들을 진실이라고 믿었고, 또 그렇게 믿을 만한 상당한 이유가 있었다.

이어서 대법원은, 피고들이 이 사건 보고서·비판서에서 진실한 내용이라고 단정하기는 어려운 사실들을 적시하고 다소 과장되고 부적절한 표현을 사용하였을 뿐 아니라, 원고들의 명예를 침해하는 내용을 다소 포함하고 있다고 하더라도, 이는 신앙의 본질적 내용으로서 최대한 보장받아야 할 종교적 비판의 표현행위에 해당한다고 보았다. 또한 피고들은 교단 가입을 추진하는 원고들의 이단성 검증의 목적에서 이 사건 보고서·비판서를 작성·배포한 것이므로, 그 목적과 취지 등에 비추어 볼 때 위법성이 없다. 또한 피고들이 신학자로서 원고들의 교리에 관하여 연구하여 이 사건 보고서·비판서를 작성한 후, 장차 목회자가 될 신학대학원 학생들을 대상으로 위 보고서를 배포하고, 자신들이 속해 있는 합동교단의 총회에서 위 비판서를 배포한 행위는, 학문의 자유 및 교수의 자유에 의해 보호되어야 한다고 판시하였다.

그리고 피고들의 이 사건 광고 게재행위의 위법성에 관하여서도, 피고들의 지위, 비판행위로 얻어지는 이익, 가치와 공표가 이루어진 범위의 광협, 그 표현방법 등 그 비판행위 자체에 관한 제반 사정과, 그 비판에 의하여 훼손되거나 훼손될 수 있는 원고들의 명예 침해의 정도 등에 비추어, 비록 그 표현에 다소 과장되고 부적절한 표현을 사용한 점이 있다 하더라도, 역시 위법성이 없다고 보았다.[45]

명예훼손 등 종교적 활동과 관련된 법적 분쟁을 마주하는 법원의 입장에서, 상충하는 법익을 비교형량하여 사회적 공감대에 부응하는 방향의 법리형성과 판단이 요구될 것이다.[46]

(2) 대법원 2007. 4. 26. 선고 2006다87903 판결 [손해배상(기)]

이는 공군참모총장이 전 공군을 지휘·감독할 지위에서, 수하의 장병들을 상대로 단결심의 함양과 조직의 유지·관리를 위하여, 계몽적인 차원에서 군종장교로 하여금 교계에 널리 알려진 특정 종교에 대한 비판적 정보를 담은 책자를

45) 대법원 2010. 9. 9. 선고 2008다84236 판결.

46) 윤종행, “종교활동의 자유에 대한 미국과 우리나라 판례의 동향”, 앞의 글, 256면.

발행·배포하게 한 행위가, 정교분리의 원칙에 위반하는 위법한 직무집행에 해당하는지가 문제된 사안이다.

사실의 요지는 다음과 같다. 대한민국 공군 내에서 원고 교회[47] 소속 신자가, 기존 기독교를 믿거나 신앙이 없는 장병들을 대상으로 한 전도의 과정에서 강요를 하는 등으로 물의를 빚는 사건을 일으키자, 피고 공군참모총장은 2003. 7. 21. 군종감에게 공군 내 이단종교 신봉자를 파악하여 그에 대한 대책을 강구하라고 지시하였다. 군종감실의 조사 결과, 2003. 7. 말 현재 공군 내에는 장교 5명, 부사관 3명, 병 4명, 군무원 3명, 총 15명의 원고 교회 소속 신자가 있음이 확인되었다. 이에 공군본부 군종감실은, 2003. 9. 30.과 2003. 10. 30. 모두 2회에 걸쳐 군내 사이비 이단종교 확산 방지를 위한 대책회의를 거쳐, 공군참모총장의 지시를 이행하는 차원에서 이단종교에 대한 예방대책의 일환으로, 피고 고동훈으로 하여금 교육책자를 집필하게 하였다. 그 결과 2003. 12. 29. "이단, 사이비란 무엇인가?"라는 총 75면의 교육책자를 발행하였다. 이 사건 책자에는 '이단의 의의, 이단이 군에 미치는 영향, 2003년도 현재 공군 내에서 활동하고 있는 구원파 등 18개 사이비 종교단체의 폐해와 실상, 그 교리에 대한 비판' 등의 내용이 담겨져 있었고, 그 중 원고 교회와 관련된 부분은 모두 3면이다. 이 사건 책자는 총 3,000부가 발행되어 2004. 2. 9.부터 2004. 2. 10.까지 사이에 공군본부에 600부, 작전사령부에 250부, 공군사관학교에 100부, 군수사령부에 200부, 제1전투비행단에 100부 등의 방식으로 나누어 공군 전 예하부대에 배포하여, 각 부대 군종실을 통하여 지휘관 및 참모, 그리고 부대 내 사무실에 배부될 수 있도록 하였다.[48]

대법원은, 군대 내에서 군종장교는 국가공무원인 참모장교로서의 신분뿐 아니라 성직자로서의 신분을 함께 가지고, 소속 종단으로부터 부여된 권한에 따라 설교·강론 또는 설법을 행하거나 종교의식 및 성례를 할 수 있는 종교의 자유를 가지는 것이므로, 군종장교가 최소한 성직자의 신분에서 주재하는 종교활동을 수행함에 있어, 소속 종단의 종교를 선전하거나 다른 종교를 비판하였다고 할지

---

47) 원고 교회는 기존 교단에 소속됨이 없이 독립침례교회로 설립되어 후원사업으로 국제청소년연합(I.Y.F. : International Youth Fellowship) 세계대회를 개최하는 한편, 소외 소식사를 통하여 월간지를 발간하였다(서울고등법원 2006. 11. 16. 선고 2006나21639 판결).

48) 서울고법 2006. 11. 16. 선고 2006나21639 판결.

라도, 그것만으로 종교적 중립을 준수할 의무를 위반한 직무상의 위법이 있다고 할 수 없다고 판시하였다.

아울러 대법원은, 우리 헌법 제20조 제1항의 해석상 종교의 자유에는 자기가 신봉하는 종교를 선전하고 새로운 신자를 규합하기 위한 선교의 자유가 포함되고, 선교의 자유에는 다른 종교를 비판하거나 다른 종교의 신자에 대하여 개종을 권고하는 자유도 포함되므로, 종교적 선전과 타 종교에 대한 비판 등은 동시에 표현의 자유의 보호대상이 되는 것이라고 보았다. 그리고 종교의 자유에 관한 헌법 제20조 제1항은 표현의 자유에 관한 헌법 제21조 제1항에 대하여 특별규정의 성격을 갖는 것이므로, 종교적 목적을 위한 언론·출판의 경우에는 그 밖의 일반적인 언론·출판에 비하여 고도의 보장을 받게 되는 것임을 밝혔다. 특히 그 언론·출판의 목적이 다른 종교나 종교집단에 대한 신앙교리 논쟁으로서 같은 종파에 속하는 신자들에게 비판하고자 하는 내용을 알리고, 아울러 다른 종파에 속하는 사람들에게도 자신의 신앙교리 내용과 반대종파에 대한 비판의 내용을 알리기 위한 것이라면, 그와 같은 비판할 권리는 최대한 보장받아야 한다고 판시하였다. 따라서 종교적 언론·출판으로 인하여 타인의 명예 등 인격권을 침해하는 경우에, 종교의 자유 보장과 개인의 명예 보호라는 두 법익을 어떻게 조정할 것인지에 관하여, 그 비판행위로 얻어지는 이익, 가치와 공표가 이루어진 범위의 광협, 그 표현방법 등 그 비판행위 자체에 관한 제반 사정을 감안함과 동시에, 그 비판에 의하여 훼손되거나 훼손될 수 있는 타인의 명예 침해의 정도를 비교 고려하여 결정하여야 한다는 기존 입장을 유지하였다.[49)]

종교활동의 과정에서 이루어지는 언론·출판이 통상의 경우보다 보다 강하게 보호받아야 하는 이유는, 표현의 자유로서뿐만 아니라 종교활동의 자유로서 헌법상 두 겹의 보호장치를 갖추고 있기 때문이다. 그리고 언론·출판으로 인하여 타인의 명예 등 인격권의 침해가 문제되는 경우에는, 비판행위로 얻어지는 이익, 가치와 공표가 이루어진 범위의 광협, 그 표현방법 등 그 비판행위 자체에 관한 제반 사정을 감안하고, 그 비판에 의하여 훼손되거나 훼손될 수 있는 타인의 명예 침해의 정도를 비교 형량하여 판단하고 있는 대법원 판례는 매우 타당하다.[50)]

---

49) 대법원 2007. 4. 26. 선고 2006다87903 판결.

(3) 대법원 1999. 4. 27. 선고 98다16203 판결 [손해배상(기)]

이는 종교단체에 대한 출판물에 의한 명예훼손 행위에 있어서, 위법성조각사유와 그 입증책임이 문제된 사안이다.

대법원은, 도서·잡지에 의하여 사실을 적시하여 개인의 명예를 훼손하는 행위를 한 경우에도, 그 목적이 오로지 공공의 이익을 위한 것일 때에는, 적시된 사실이 진실이라는 증명이 있거나 그 증명이 없다 하더라도, 행위자가 그것을 진실이라고 믿었고 또 그렇게 믿을 상당한 이유가 있으면 위법성이 없다고 보았다. 그리고 그에 대한 입증책임은 명예훼손 행위를 한 도서·잡지의 집필자 또는 발행인에게 있고, 피해자가 종교단체라 하여 입증책임이 바뀌는 것은 아니라고 판시하였다.

대법원은 우선, 이 사건 도서·잡지의 기재 내용 중 원고 교회의 설립자가 재림주로 행세한다는 점, 원고 교회가 진화론을 채택하며 대속교리를 부정한다는 점, 원고 교회에 비밀교리가 있다는 점, 원고 교회가 씨속임 교리를 가르치며 거짓으로 속이라고 가르치고 있다는 점 등이 진실이라고 인정되지 않는다고 보았다. 또한 피고들이 이 사건 도서와 잡지를 통해 원고 교회에 관하여 행한 비판은 단순한 교리비판을 넘어서 모욕적인 내용까지 담고 있는 점, 피고들은 자신들의 주장을 도서·잡지로 발간하여 불특정 다수인에게 우편으로 배포하거나 구독하게 한 점, 이로 인하여 설립한 지 약 30년이 되었고 다수의 신자를 가진 원고 교회의 명예가 훼손된 점, 피고들은 진실하다고 믿을 만한 상당한 이유도 없이 불명확한 자료나 자신의 추측만을 근거로 그와 같은 행위를 한 점 등에 비추어 볼 때, 이는 헌법이 허용한 종교비판의 자유를 넘는 것으로서 위법하다고 판시하였다.[51]

본 판례의 요지는, 출판물에 의한 명예훼손 행위에 있어서 피해자가 종교단체일 경우에도, 위법성조각사유로서 공익관련성과 진실성에 대한 입증책임은 출판물의 집필자 또는 발행인에게 있다고 본 점이다.[52]

---

50) 윤종행, "종교활동의 자유에 대한 미국과 우리나라 판례의 동향", 앞의 글, 258면.
51) 대법원 1999. 4. 27. 선고 98다16203 판결.
52) 윤종행, "종교활동의 자유에 대한 미국과 우리나라 판례의 동향", 앞의 글, 259면.

(4) 대법원 1996. 9. 6. 선고 96다19246, 19253 판결 [손해배상(기)]

이는 기도원의 운영에 이단적 요소가 있음을 들어 한 비판행위 및 이에 맞선 상대방의 광고행위가, 모두 허용되는 종교적 비판의 표현행위에 해당하여 위법성이 없다고 본 사례이다.

사실의 요지를 보면 다음과 같다. 피고 1과 피고 2는 대한예수교장로회 소속 목사로서, 피고 1은 경주 및 영천 지역의 대한예수교 장로교회들을 지도, 감독하는 대한예수교 장로회 지방△△노회 △△노회장이며, 피고 2는 위 △△노회의 서기이고, 원고는 경주시 내남면에 있는 교회 1과 ○○기도원을 운영하는 자이다. 피고 1과 피고 2는 1992. 3. 5.경 소외 2로부터, 그의 처가 원고가 운영하는 위 ○○기도원 때문에 가출하였으니, 위 ○○기도원의 실상을 조사하여 적절한 조치를 취해 달라는 진정을 접수받게 되었다. 이에 위 피고들은 위 △△노회 산하의 이단사이비종파 대책위원회를 구성하여, 위원회로 하여금 위 ○○기도원 등의 운영실태와 피해사례 등을 조사하기로 하였다. 위원회의 조사 결과, 원고는 목사, 전도사 등의 자격이 없는 자로서, 1986년경 남편인 소외 3과 함께 교회 1과 위 ○○기도원을 지었는데, 그 당시에는 위 ○○기도원 등 건물의 신축공사 대금도 제대로 지급하지 못하는 등 별다른 재산이 없었으나, 위 ○○기도원 등을 운영하면서 상당한 부를 축적하여, 현재 위 소외 3 등 명의로 20여 필지의 토지와 아파트, 고가의 승용차 2대를 소유하고 있는 사실이 인정되었다. 원고는 위 ○○기도원 등을 운영하면서 소외 4 등 헌금 능력이 없는 신도를 위 ○○기도원 등에서 쫓아내고, 설교를 하면서 거북이를 갖다 놓고 거북이 입 다물기 전에 헌금을 하라고 말하였으며, 위 ○○기도원 등의 신앙생활 때문에 가정에 불화가 생겨 부녀자들이 가출하는 사례가 발생하였다. 위 ○○기도원의 예배시간에 조는 신도들의 종아리를 회초리 등으로 때리기도 한 사실 등이 있었다고 탐문되자, 위 피고들은 위 △△노회의 결의를 거쳐, 자기들의 신앙 차원에서 교회 권위의 훼손을 막고 교회의 건전한 질서를 확립하며, 선량한 교인들이 현혹되어 피해를 당하지 않도록 하기 위하여 대책을 세우기로 하였다.[53)]

53) 대법원 1996. 9. 6. 선고 96다19246, 19253 판결.

1992. 5. 31.경 및 1992년 상반기경 위 △△노회 산하 각 교회의 교역자들에게, 위 ○○기도원 등의 실상을 알리는 내용과 위 ○○기도원 등을 이단으로 규정하고 비판하는 내용으로 된 각 유인물을 발송하였다. 위 피고들이, 당시 월간 ㅁㅁ종교라는 잡지를 발행하면서 사이비 종교를 연구하고 있던 소외 1에게 위 ○○기도원 등의 탐문 내용을 제보하자, 위 소외 1이 위 잡지 기자로 하여금 위 ○○기도원 등의 실상을 취재하게 한 후, 위 잡지 1992. 8.호에 위 ○○기도원 등의 문제점에 관한 기사를 실었다. 위 피고들은 1992. 12. 16.경 위 △△노회의 상급기관인 대한예수교 장로회 총회에 위 ○○기도원 등의 문제점을 보고하였다. 1993. 9.경 소집된 위 총회에서 위 총회 산하 사이비 신앙운동 및 기독교이단 대책위원회로 하여금 위 ○○기도원 등의 실상을 조사하게 한 후, 위 ○○기도원 등을 이단으로 규정하고 비판하는 내용의 보고서를 작성하게 하여, 당시 위 총회에 참석한 1,600명가량의 위 총회 산하 전국 교회의 대의원들에게 배포하였다.[54)]

대법원은 이에 대하여 다음과 같이 판단하였다. 피고들이 위 △△노회의 회장, 서기 또는 그 △△노회 소속 교회의 목사, 장로이고, 위와 같이 피고들이 원고를 비판한 행위가, 대부분 같은 △△노회 산하 교회의 교역자들이나 같은 종파에 속한 전국 교회의 대의원들, 혹은 자신들이 목사나 장로로 있는 교회의 신도들에 대하여 한정적으로 행하여진 점, 피고들이 원고를 비판한 내용은 상당 부분 신앙교리에 관한 것이고, 원고가 운영하는 위 ○○기도원 등의 신앙성향 등을 비판하며, 같은 종파에 속하는 신도들에게 위 ○○기도원에 피고들의 신앙 차원에서 볼 때 이단적 요소가 있다는 이유로 주의를 촉구하는 취지의 것이었다. 또한 피고들의 위와 같은 비판으로 원고는 주로 그가 운영하는 위 ○○기도원 등에 피고들의 교리상으로 볼 때 이단성이 있다고 공격받은 것이어서, 그 명예침해의 정도가 비교적 크지 아니하다. 결국 대법원은, 비록 피고들이 원고를 비판함에 있어 다소 과장되거나 부적절한 표현을 사용한 바 있다 하더라도, 피고들의 위 행위는 근본

54) 원고(반소피고)는 경주시 내남면에 있는 교회 1과 ○○기도원을 운영하는 자이고, 피고(반소원고) 1은 목사로서 경주 및 영천 지역의 대한예수교 장로교회들을 지도, 감독하는 대한예수교 장로회 지방△△노회의 △△노회장이며, 피고(반소원고) 2는 목사로서 위 △△노회의 서기이고, 피고 3은 경주시 노동동에 있는 교회 2의 목사이며, 피고 4는 위 교회 2의 장로이다. 원심판결(대구고법 1996. 4. 12. 선고 95나7001, 7018 판결) 참조.

적으로 종교적 비판의 표현행위에 해당되므로 위법성이 없다고 판시하였다.[55]

요컨대 대법원은, △△노회의 회장, 서기 또는 그 △△노회 소속 교회의 목사, 장로인 자들이 다른 교단 소속의 ○○기도원 운영자를 비판한 행위 및 그에 맞선 ○○기도원 운영자의 광고행위 등에 대하여, 각 관계자들의 지위, 비판행위로 얻어지는 이익, 공표가 이루어진 상대방 범위의 광협, 그 표현 방법, 비판 내용 및 명예침해의 정도 등에 비추어, 다소 과장되거나 부적절한 표현을 사용하였더라도, 그 행위는 근본적으로 종교적 비판의 표현행위에 해당되어 위법성이 없다고 판시하였다는 점이다.[56]

(5) 대법원 1996. 4. 12. 선고 94도3309 판결 [명예훼손 · 출판물에의한명예훼손]

이는 신학대학교의 교수가 출판물 등을 통하여 종교단체인 구원파(기독교복음침례회)를 이단으로 비판하는 과정에서, 특정인을 그 실질적 지도자로 지목하여 명예를 훼손하는 사실을 적시하였으나, 비방의 목적에서라기보다는 공공의 이익을 위하여 한 행위라고 본 사례이다. 대법원은 또한, 피고인을 명예훼손죄로 고소할 수 있도록 그 증거자료를 미리 은밀하게 수집, 확보하기 위하여 피고인의 발언을 유도하였다고 의심되는 사람들에게, 피고인이 피해자의 여자 문제 등 사생활에 관한 발언한 것과 관련하여, 이들이 수사기관 이외의 다른 사람들에게 전파할 가능성이 있다고 단정하기는 어렵다고 보아, 피고인의 공연성에 대한 인식을 부정하였다.

대법원은 우선, 신학대학교 교수인 피고인이 위 강연, 대담이나 기고한 글 중에 언급한 공소외 1(구원파의 실질적 지도자)의 행태는, 객관적으로 볼 때 사회 일반에 상당한 영향력을 행사하고 있던 동인의 사회적 활동에 대한 비판 또한 평가의 한 자료가 될 수 있다는 의미에서, 공공의 이익에 관한 것이라고 봄이 상당하다고 판단하였다. 또한 피고인으로서도 공소외 1 개인을 비방할 목적에서라기보다는, 기독교 신자 등에게 공소외 1에 대한 실망이 피고인이 구원파를 떠나게 된 동기의 하나가 되었음을 설명하고, 공소외 1이 지도자로서의 자질이나 덕

55) 대법원 1996. 9. 6. 선고 96다19246, 19253 판결.

56) 윤종행, “종교활동의 자유에 대한 미국과 우리나라 판례의 동향”, 앞의 글, 261－262면.

목이 부족함을 부각함으로써, 구원파를 경계케 할 목적으로 공공의 이익을 위하여 한 행위라고 보는 것이 타당하다고 보았다.

그리고 위 공소외 7 등 6명의 여성들은 구원파 신자이거나 구원파와 밀접한 관계에 있는 자들로서, 장차 공소외 1 등이 피고인을 명예훼손죄로 고소할 수 있도록 그 증거자료를 미리 은밀하게 수집, 확보하기 위하여, 공소사실 기재와 같은 피고인의 발언을 유도하였다고 의심되므로, 그녀들이 위 공소외 1의 여자 문제 등 사생활에 관한 피고인의 발언을 수사기관 이외의 다른 사람들에게 전파할 가능성이 있다고 단정하기는 어렵다고 보았다. 또한 당시 피고인은 적어도 위와 같은 발언이 위 공소외 7 등 6명의 여성들 이외의 불특정 또는 다수인에게 전파될 가능성이 있다는 점에 대한 인식이 없었다고 판시하였다.[57]

요컨대, 신학대학 교수가 이단 시비가 있는 종교 지도자에 대하여 한 명예훼손적 발언과 관련하여, 대법원이 공익관련성을 인정하고 전파 가능성과 이에 대한 고의를 부정한 사례이다.[58]

2. 종교활동의 자유 침해

(1) 헌재 2014. 6. 26. 2012헌마782 결정

종교활동의 자유와 관련된 우리나라의 헌법재판소 결정례를 살펴보면, 미결수용자에 대한 종교집회 불허가 종교활동의 자유를 침해하는지가 문제된 바 있다. 헌법재판소는, 미결수용자의 신분으로 부산구치소에 수용되었던 기간 중, 교정시설 안에서 매주 화요일에 실시하는 종교집회에 미결수용자가 참석하는 것을 제한한 행위는, 미결수용자의 종교의 자유를 침해하였다고 보았다. 작업에 종사하는 수형자들에게는 원칙적으로 월 3~4회의 종교집회를 실시하는 반면, 미결수용자와 미지정 수형자에 대해서는 원칙적으로 매월 1회, 실제로 연간 1회 정도의 종교집회 참석 기회를 부여하고 있는 것은, 미결수용자 및 미지정 수형자에게 사실상 종교집회 참석 기회가 거의 보장되지 않는 결과를 초래할 수도 있다고

57) 대법원 1996. 4. 12. 선고 94도3309 판결.
58) 윤종행, “종교활동의 자유에 대한 미국과 우리나라 판례의 동향”, 앞의 글, 263면.

보았다. 그리고 현재의 시설 여건 하에서도 종교집회의 실시 횟수를 신분에 따라 적절히 배분하는 방법, 공범이나 동일사건 관련자가 있는 경우에 한하여 이를 분리하여 종교집회 참석을 허용하는 방법, 그리고 미지정 수형자의 경우 추가사건의 공범이나 동일사건 관련자가 없는 때에는 출력수와 함께 종교집회를 실시하는 등의 방법으로, 청구인의 기본권을 덜 침해하는 수단이 있음에도 불구하고 이를 전혀 고려하지 아니하였다고 판단하였다. 헌법재판소는 결국, 부산구치소의 열악한 시설을 감안하더라도, 과잉금지원칙을 위반하여 미결수용자의 종교의 자유를 침해하였다고 판단하였다.59)

작업에 종사하는 수형자들에게는 원칙적으로 월 3~4회의 종교집회를 실시하면서도, 미결수용자와 미지정 수형자에 대해서는 원칙적으로 매월 1회, 실제로 연간 1회 정도의 종교집회 참석 기회만을 부여한 것은, 미결수용자의 기본권을 덜 침해하는 수단이 있음에도 불구하고 이를 전혀 고려하지 아니함으로써 과잉금지원칙을 위반한 조치로서, 미결수용자의 종교의 자유를 침해한 것으로 판단한 헌법재판소의 결정으로서 타당한 결론이라고 생각된다.60)

(2) 헌재 2015. 4. 30. 2013헌마190 결정

이는 대구구치소장이 2012. 12. 21.부터 2013. 4. 5.까지 구치소 내 미결수용자를 대상으로 한 개신교 종교행사를 4주에 1회, 일요일이 아닌 요일에 실시한 행위가, 미결수용자의 종교의 자유를 침해하지 않았다고 본 헌법재판소 결정이다. 해당 구치소에 종교행사 공간이 1개뿐이고, 종교행사는 종교, 수형자와 미결수용자, 성별, 수용동별로 진행되며, 미결수용자는 공범이나 동일사건 관련자가 있는 경우 이를 분리하여 참석하게 해야 하는 점을 고려하면, 구치소에서 미결수용자 대상 종교행사를 4주에 1회 실시했더라도 종교의 자유를 과도하게 제한하였다고 보기 어렵다고 보았다. 또한 구치소의 인적·물적 여건상 하루에 여러 종교행사를 동시에 하기 어려운 점, 다른 종교와의 형평성, 공휴일인 일요일에 종교행사를 할 행정적 여건이 마련되어 있지 않다는 점 등을 고려하면, 개신교 신

59) 헌재 2014. 6. 26. 2012헌마782 결정.
60) 윤종행, "종교활동의 자유에 대한 미국과 우리나라 판례의 동향", 앞의 글, 264면.

자인 미결수용자에 대하여 횟수와 요일에 제한을 가한 처우는 미결수용자의 종교의 자유를 침해하지 않았다고 판단하였다.[61]

그러나 비록 미결수용자의 신분이라고 하더라도, 교정행정상의 불가피한 이유가 없는 한, 미결수용자의 헌법상 기본권인 종교활동의 자유를 최대한 보장하기 위한 노력과 배려를 하여야 할 것이다. 이것이 수형자의 개선·교화라는 교정행정의 목적에도 부합하는 결과가 될 것이다.[62] 아울러 미결수용자의 종교활동의 자유를 최대한 보장할 수 있도록 교정시설의 여건을 개선할 것이 요청된다.[63]

(3) 제3군사령부 보통군사법원 2014. 10. 30. 선고 2014고13, 2014고14(병합) 판결

이는 군대의 상급자가 하급자에게 상해치사, 폭행, 강요 등을 하여 유죄판결을 받은 사안이다. 종교와 관련된 부분은, 피고인이 2014. 3. 1. 토요일 오후 시간 불상경 위 소속대 의무반 생활관에서 의무반 인원들과 종교에 대해서 이야기하던 중, 피해자 공소외 3(20세)이 기독교신자라고 하자, “피고인 2도 예전에 선임들의 눈치가 보여서 못 간게 있었다. 우리는 개독교를 좋아하지 않는다. 나는 교회를 정말 싫어한다. 막내가 주말에 교회가고 이러면 선임들이 남아서 응급대기를 해야 된다는 말이냐.”라고 하는 등 피해자가 주말에 교회를 가면 불이익을 가할 것처럼 말하였고, 이에 피해자는 2014. 3. 2. 일요일 주일예배부터 피해자가 사망할 때인 2014. 4. 7.까지 한 달 정도 한 번도 교회 예배에 참석하지 못하였다는 것이 사실의 요지이다. 법원은 이 사안에서, 피고인의 협박으로 군대의 하급자인 피해자의 종교활동에 참여할 권리 행사를 방해하였다고 판단하였다.[64]

군복무 중이던 피해자를 상급자가 협박하여 종교활동에 참여할 권리를 침해함으로써, 형법상 강요죄가 성립한다고 본 판례이다.

---

61) 헌재 2015. 4. 30. 2013헌마190 결정.
62) 윤종행, “종교와 법의 교차점”, 앞의 글, 442－444면 참조.
63) 윤종행, “종교활동의 자유에 대한 미국과 우리나라 판례의 동향”, 앞의 글, 264면.
64) 제3군사령부 보통군사법원 2014. 10. 30. 선고 2014고13,2014고14(병합) 판결.

(4) 대구지법 2012. 9. 14. 선고 2012가단16763 판결 [손해배상(기)] 확정

이는 대구구치소장 甲이 사빠트리안(sabbatarian, 안식일 엄수주의자)인 미결수용자 乙에게 구치소에서 실시하는 종교의식 또는 행사에 참석하는 것을 금지하자, 乙이 종교의 자유 등 기본권 침해를 이유로 국가배상을 청구한 사안으로서, 법원은 乙에 대한 국가배상책임을 인정하였다.

사건의 개요를 보면, 원고 乙은 2009. 6. 1. 사기 등 혐의로 피고 산하 대구구치소에 미결수용되었고, 2009. 7. 22. 대구지방법원에서 사기 등 범죄사실에 대하여 징역 2년을 선고받고 항소하였으나, 2009. 10. 1. 항소기각 되었다. 그런데 피고 소속 공무원인 대구구치소장은 2009. 6. 1.부터 2009. 10. 8.까지 미결수용자인 원고에게 대구구치소에서 실시하는 종교의식 또는 행사에 참석하는 것을 금지한 반면, 수형자 및 노역장유치자에 대해서는 종교행사 등에 참석하는 것을 허용하였다. 이에 원고는, 위 기간 동안 대구구치소에서 실시하는 종교행사 등에 미결수용자인 원고의 참석을 금지한 행위가, 원고의 종교의 자유 등 기본권을 침해하였다는 이유로, 헌법소원심판을 청구하였다.[65] 헌법재판소는, 대구구치소장이 이 사건 종교행사 등 참석을 불허함으로써 원고의 종교의 자유를 침해하였다고 위헌결정을 하였다.

이어서 대구지방법원은, 구치소장 甲은 미결수용자 乙이 참석 요구를 하였는지와 관계없이, 乙로 하여금 종교행사 등에 참석할 수 있도록 보장하여야 할 직무상 의무가 있고, 이를 위반한 종교행사 등 참석불허 처우는 乙의 종교의 자유, 특히 종교적 행위와 종교적 집회·결사의 자유를 침해한 것으로서, 위법한 공무집행에 해당하므로, 국가는 그로 인하여 乙이 입은 정신적 고통에 따른 손해를 배상할 책임이 있다고 판시하였다.[66]

수형자 및 노역장유치자에 대해서는 종교행사 등에 참석하는 것을 허용하면서도, 미결수용자에게는 종교의식 또는 행사에 참석하는 것을 금지한 구치소장의 처우는 미결수용자의 헌법상 종교의 자유를 침해하는 것으로서, 위법한 공

65) 헌재 2011. 12. 29. 2009헌마527 결정.

66) 대구지법 2012. 9. 14. 선고 2012가단16763 판결.

무집행에 해당하므로 국가배상책임이 있다는 판결로서 타당하다.[67]

(5) 대법원 2008. 2. 28. 선고 2006도4773 판결 [예배방해]

대한예수교장로회 서울동노회 소속 교회의 담임목사가 서울동노회 재판국으로부터 목사면직의 판결을 받자, 일부 신도들과 함께 대한예수교장로회 교단을 탈퇴한 후 아무런 통보나 예고도 없이, 부활절 예배를 준비 중이던 종전 교회 예배당으로 들어와 찬송가를 부르고, 종전 교회의 교인들로부터 예배당을 비워달라는 요구를 받았음에도 불구하고 이를 계속 거부한 사안이다. 대법원은, 위 목사와 신도들의 행위는 형법 제158조 예배방해죄에서 보호하는 '예배'에 해당한다고 보기 어렵다고 보고, 오히려 이들의 행위가 종전 교회의 교인들의 예배를 방해하였다고 판시하였다.[68]

교회의 구성원들 간에 분쟁이 있는 중, 예배방해의 주체와 객체에 대하여, 법원은 교회 소속 교단의 재판 결과를 존중한 판결이라고 이해할 수 있다.[69]

(6) 대법원 2008. 2. 1. 선고 2007도5296 판결 [재물손괴 · 예배방해 · 건조물침입]

이는 교회의 교인이었던 사람이 교인들의 총유인 교회 현판, 나무십자가 등을 떼어 내고, 예배당 건물에 들어가 출입문 자물쇠를 교체하여 7개월 동안 교인들의 출입을 막은 사안이다. 대법원은, 피고인이 장기간 예배당 건물의 출입을 통제한 위 행위가 교인들의 예배 또한 그와 밀접불가분의 관계에 있는 준비단계를 계속하여 방해한 것으로 볼 수 없어, 예배방해죄가 성립하지 않는다고 판시하였다. 그 근거는, 형법 제158조에 규정된 예배방해죄는 공중의 종교생활의 평온과 종교감정을 그 보호법익으로 하는 것이므로, 예배 중이거나 예배와 시간적으로 밀접불가분의 관계에 있는 준비단계에서 이를 방해하는 경우에만 성립한다는 것이다.[70]

---

67) 윤종행, "종교활동의 자유에 대한 미국과 우리나라 판례의 동향", 앞의 글, 266면.
68) 대법원 2008. 2. 28. 선고 2006도4773 판결.
69) 윤종행, "종교활동의 자유에 대한 미국과 우리나라 판례의 동향", 앞의 글, 267면.
70) 대법원 2008. 2. 1. 선고 2007도5296 판결; 대법원 1982. 2. 23. 선고 81도2691 판결; 대법

대법원은 예배방해죄의 구성요건해당성에 대하여 형법의 비례성의 원칙에 충실하게 해석함으로써 예배방해죄의 성립을 부정하였으나, 교회 소속 교인의 신분 여하에 따라 피고인의 행위는 재물손괴죄와 건조물침입죄가 성립할 수도 있을 것이다.71)

3. 기 타

(1) 종교의 자유에 대한 사법행정적 규제(서울동부지법 2010. 10. 21.자 2010카합2341 결정)

이는 여호와의 증인 신도인 부모가, 자신들의 종교적 신념에 기초하여 신생아 자녀의 수술에 수반되는 수혈을 거부한 사안이다. 서울동부지방법원은, 위 환자의 생명을 유지하기 위하여 현재 시행될 수 있는 가장 적절하고도 필수적인 치료방법은 수혈을 수반하는 수술임에도, 친권자들이 자신들이 믿고 있는 종교의 교리에 반한다는 이유로 수혈을 거부하는 행위는, 부모를 자녀의 친권자로 지정한 취지 및 친권 행사의 기준에 비추어 볼 때, 정당한 친권 행사의 범위를 넘어서는 것이라고 판단하였다. 따라서 그 수혈 거부의 의사는 효력을 인정할 수 없고, 수혈을 통한 수술이 시행되어야 할 필요성이 절실하고 긴급하므로, 병원 측은 환자에 대하여 수혈을 시행할 수 있고, 친권자들이 이에 동의하지 않는 경우 이러한 진료행위에 대한 방해의 배제를 구할 수 있다고 판시하였다.

사실의 요지는 다음과 같다. 채무자들의 딸인 신청외인은 2010. 9. 6. 태어나 대동맥판막의 선천 협착, 양방단실 유입증, 심방심실 중격 결손증 등의 진단을 받고, 채권자 산하 서울아산병원(이하 '채권자 병원'이라고 한다)의 신생아중환자실에서 치료를 받고 있었다. 채권자 병원은 2010. 9. 24. 신청외인에게 우선적으로 폐동맥 밴딩술을 시행하였으나, 신청외인의 심장 질환을 완전히 치료하기 위해서는 심장교정 수술인 폰탄 수술이 필요하였다. 이 사건 수술은 신청외인과 같이 단심실 형태를 가진 심장 기형에 대해 일반적으로 행해지는 수술 방법으로 3단

원 2004. 5. 14. 선고 2003도5798 판결 등 참조.

71) 윤종행, "종교활동의 자유에 대한 미국과 우리나라 판례의 동향", 앞의 글, 267면.

계를 거쳐 행해지는데, 채권자 병원은 이 사건 수술 중 수혈이 필수적인 1단계 수술(Norwood 수술)을 시행할 경우 신청외인의 회복 가능성을 30% 또한 50%로 예상하고 있었으며, 1단계 수술이 성공할 경우 나머지 수술은 약간의 위험을 감수한다면 수혈 없이 시행하는 것도 가능하였다. 1단계 수술은 무수혈 방법으로 시행될 수도 있었으나, 채권자 병원은 신청외인의 체중, 혈액량 및 현재 증상에 비추어 볼 때 무수혈 수술이 시행될 경우의 회복 가능성을 5% 미만으로 예상하고 있었고, 이 사건 수술을 하지 않을 경우 신청외인의 기대 생존기간은 길게 잡아도 3개월에서 6개월 정도로 예상하고 있으나, 예상되는 생존기간 이전에 생명에 위해가 되는 응급 상황이 발생될 가능성도 매우 높은 것으로 보고 있었다. 채권자 병원은 이 사건 수술을 시행하기 위하여 채무자들에게 신청외인의 증상, 치료방법의 내용 및 필요성, 발생이 예상되는 위험 등을 설명하고 동의를 구하였으나, 채무자들은 '여호와의 증인' 신도로서 수혈을 금하는 자신들의 종교적 신념에 기초하여, 신청외인에 대하여 이 사건 수술에 수반되는 수혈을 거부한다는 의사를 표시하였다. 이에 채권자 병원은 윤리위원회를 개최하여 이 사건 수술과 수술과정에서의 수혈의 필요성을 설명하고, 채무자들의 동의를 재차 구하였으나, 채무자들은 여전히 이를 거부하였다.

서울동부지방법원은 다음과 같이 판단하였다. 신생아는 자기결정권을 가지고 있으나, 문제되는 진료행위를 받을 것인지 여부를 판단하고 그러한 의사를 표시할 수 있는 능력이 없다. 이러한 경우 친권자가 자녀를 대신하여 진료행위에 대한 동의를 하게 되는데, 이러한 친권자의 동의는 자기결정권이 일신전속적인 성격을 갖고 있음을 고려할 때, 자녀의 자기결정권을 대리하여 행사하는 것이 아니라 자신의 친권에서 파생되는 것이라고 볼 수 있다. 민법 제912조는 "친권을 행사함에 있어서는 자의 복리를 우선적으로 고려하여야 한다."고 하여 '자녀의 복리'가 친권 행사의 기준이 됨을 명시하고 있고, 민법 제913조는 "친권자는 자를 보호하고 교양할 권리의무가 있다."고 정하고 있으므로, 친권은 자녀를 양육, 보호 및 감호하여 자녀의 복리를 실현하도록 하기 위한 친권자의 권리이자 의무의 성격을 갖는다. 따라서 친권자의 친권 행사가 자녀의 생명·신체의 유지, 발전에 부합하는 것이 아니라면, 그러한 내용의 친권의 행사는 존중되어서는 아니 되고,

이는 민법에서 친권의 상실을 허용하고 있는 점에 비추어 보더라도 명백하다. 또한 의사능력이 없는 자녀에 대한 진료행위가 긴급하고 필수적으로 이루어져야 하는 상황에서, 친권자가 존재하지 아니하거나 친권자가 친권을 남용하여 그러한 진료행위를 거부하는 경우에는, 예외적으로 의료인은 객관적이고 합리적인 자료에 기초하여 의사능력이 없는 자녀의 진료행위에 대한 의사를 추정하여, 제한적이고 필수적인 범위에 한하여 필요한 진료행위를 할 수 있다고 보아야 한다.[72)]

요컨대, 여호와의 증인 신도인 부모가 자신들의 종교적 신념에 기초하여 신생아 자녀의 수술에 수반되는 수혈을 거부한 행위는, 정당한 친권 행사의 범위를 넘어서는 것으로서 그 수혈 거부의 의사는 효력이 없고, 병원 측은 환자에 대하여 긴급하고도 절실한 수술에 필수적인 수혈을 시행할 수 있으며, 친권자들이 이에 동의하지 않는 경우 이러한 진료행위에 대한 방해의 배제를 구할 수 있다고 본 사안이다. 환자 보호자의 자기결정권보다 의사의 치료의무를 우선시하여야 할 긴급성을 인정한 사례로서 타당한 판결이라고 본다.[73)]

(2) 종교활동 관련 불법행위로 인한 손해배상청구(인천지법 부천지원 1999. 4. 23. 선고 97가합7980 판결 : 항소 취하)

이는 신봉하는 종교의 신자들이 교주의 허황된 교리에 기망되어 금원을 편취당하는 등의 사유로, 정상적인 가정생활 또는 사회생활이 파탄지경에 이르렀다는 이유로, 교단을 상대로 정신적 고통에 따른 위자료를 청구한 사안이다.

사실의 요지를 보면, 소외 1은 △△제단을 설립할 때부터 그 신도들에게 자신을 '하나님,' '구세주,' '이긴자,' '생미륵불,' '정도령,' '완성자' 등으로 자칭하면서, 자신은 성경의 완성이고 모든 경전의 완성이자 하나님의 완성으로서 인간들의 길흉화복과 우주의 풍운조화를 좌우하므로, 자신을 믿으면 모든 병을 고칠 수 있을 뿐만 아니라 피 속의 마귀를 박멸 소탕하여 영생할 수 있다고 가르쳤다. 또한 세상의 재물은 원래 하나님인 자신의 것이었는데 마귀에게 빼앗겨 마귀의 무기가 되었으니, 어떤 방법으로든 이것을 되찾아 자신에게 갖다 바쳐야 하고, 재

72) 서울동부지법 2010. 10. 21.자 2010카합2341 결정.

73) 윤종행, "종교활동의 자유에 대한 미국과 우리나라 판례의 동향", 앞의 글, 269면.

물을 자신에게 맡기고 충성하면 자신이 살마광선으로 피 속의 마귀를 빨리 죽여 영생할 수 있도록 해주겠으나, 하나님은 '깍쟁이 하나님'이므로 자신에게 헌금을 바쳐 충성하지 않는 자는 쭉정이를 골라내듯 골라내어 지옥 불 속에 던져 버리겠다고 설교하였다. 그리고 충성을 하지 않고 영생하려는 자는 악인이라는 취지의 설교를 하여, 신도들에게 자신을 전지전능한 하나님으로 믿게 하고, 자신에 대한 충성의 정도는 헌금의 다과로 결정되는 것처럼 충성경쟁을 불러일으키는 방법으로 신도들을 기망하여, 그들로부터 갖가지 명목의 헌금을 계속하여 받아왔다. 그리하여 1988년경에 이르러서는, 백만 인의 신도들이 동시에 예배를 볼 수 있다는 이른바 '백만제단'을 짓기 위하여 위 신축부지를 매입하여, 그 곳에 지하 2층, 지상 4층 건물을 신축하면서 신도들에게 위 제단이 완성되면 하나님 세상이 될 것이며, 그 제단에 들어가는 사람은 영생의 축복을 받을 것이라고 기망하여, 건축헌금을 내도록 요구하였다.

인천지법 부천지원은, ○○교 △△제단의 대표인 교주의 허황된 교리에 기망당하여 금원을 편취당하였을 뿐 아니라, 그 금원을 마련하기 위하여 주변 사람들로부터 금원을 차용하였다가 이를 변제하지 못하여 채권자들로부터 변제 독촉에 시달리거나, 월 수입 대부분을 헌금하고 정상적인 생활이 불가능한 금원만으로 생활하였고, 교주의 지시에 따라 결혼하지 않거나 결혼을 하였을 경우에는 정상적인 부부생활을 거부하는 등의 사유로, 신도들의 가정생활 또는 사회생활이 파탄지경에 이르렀다면, 그로 인하여 그 신도들이 재산적 손해의 배상만으로는 회복될 수 없는 심한 정신적 고통을 입었음은 경험칙상 명백하므로, △△제단은 이를 금전적으로나마 위자할 의무가 있다고 판시하였다.[74)]

사이비 종교 교주의 허황된 교리에 기망당하여 금원을 편취당하고, 그로 인하여 주변 사람들로부터 금원을 차용하였다가 이를 변제하지 못하여, 채권자들로부터 변제 독촉에 시달리거나 정상적인 생활이 불가능하게 되었고, 교주의 지시에 따라 결혼하지 않거나 결혼을 하였을 경우에는 정상적인 부부생활을 거부하는 등의 사유로, 신도들의 가정생활 또는 사회생활이 파탄지경에 이르게 된 경우, 피해를 입은 신도들에 대하여 사이비 종교 교단이 위자료를 지급할 의무가

74) 인천지법 부천지원 1999. 4. 23. 선고 97가합7980 판결.

있다고 본 법원의 판단에 수긍이 간다.[75)]

(3) 종교활동 관련 이혼 사유(대법원 1996. 11. 15. 선고 96므851 판결)

이는 과도한 신앙생활로 인하여 가정 및 혼인 생활을 소홀히 한 경우, 이혼 사유가 된다고 본 사례이다.

사실의 요지를 보면 다음과 같다. 원고와 피고는 1987. 1. 5. 혼인신고를 하였고, 슬하에 두 아들을 두었다. 그간 비교적 원만한 부부생활을 하여 오다가, 1990년 여름경부터 피고가 여호와의 증인이라는 종교를 믿기 시작하면서 자주 집을 비우고 가사와 아이들의 뒷바라지를 소홀히 한 탓에 불화가 생기게 되었다. 이에 남편인 원고는 위 종교로 인한 피고와의 갈등을 해소하기 위해서, 1년간 원고가 위 종교의 교리를 공부해 보되, 그럼에도 위 종교를 믿을 마음이 생기지 않으면 피고도 위 종교를 믿지 않기로 약속한 후, 1990년 가을경부터 1991년 가을경까지 1년간 교리공부를 하였다. 그 후 다시 1992. 1월경부터 1993. 3월경까지 1년 2개월간 교리공부를 하고 교인들을 만나는 등 위 종교를 이해하기 위하여 많은 노력을 기울였음에도 위 종교를 믿을 마음이 생기지 않았다. 이에 원고는 아내인 피고에게 약속대로 위 종교를 믿지 말라고 요구하였으나, 피고는 이혼을 하면 했지 종교를 버릴 수 없다면서 이를 거절하였다. 피고는 1993. 2월경 침례를 받아 위 종교의 정식 교인이 되었고, 그 이후 더욱 종교활동에 심취되어 서로 다투다가, 같은 해 3. 30.에 이르러 피고가 결혼할 때 가져온 금 1,500,000원을 위자료조로 지급하고 서로 이혼하기로 합의한다는 내용의 협의이혼서까지 작성하게 되었다. 그런데 피고는 평소 위 종교에서 금한다는 이유로, 원고가 장남임에도 불구하고 시댁의 제사나 차례는 물론 시부모의 생일에도 참석하기를 거부할 뿐 아니라, 제물 및 음식 차리는 일까지 거들지 않았으며, 이로 인하여 피고의 시아버지와 싸우기까지 하였다. 또한 피고는 자녀들에게 국기에 대한 경례나 애국가 제창 및 수혈을 하지 말도록 교육시키고, 자녀들의 수혈거부증까지 만들어 와서 원고와 다투기도 하였다. 원고는 나중에는 하는 수 없이 피고의 신앙생활을 용인하면서 다만 가정일에는 충실하기로 다짐을 받았으나, 피고는 전과 같은 태

75) 윤종행, “종교활동의 자유에 대한 미국과 우리나라 판례의 동향”, 앞의 글, 270－271면.

도로 계속 가정일을 소홀히 하고 아이들에게 관심을 갖지 아니할 뿐 아니라, 1994. 3. 19.에는 종교집회에 참가한다고 집을 나가 5일간 들어오지 않는 바람에, 원고가 아이들을 돌보느라 출근하지 못한 일도 있었다. 이에 원고는 같은 해 4월경 자녀 한 명을 원고의 본가가 있는 성남으로 전학시켜 조부모 밑에서 학교에 다니도록 하였다가 2개월 후 다시 데려왔다. 그 무렵인 같은 해 4월경, 원고는 위 협의이혼서와 같이 피고에게 금 1,500,000원을 지급한 다음 이혼해 줄 것을 요구하였으나 피고는 이를 거절하였다. 그 후에도 피고는 원고의 수차에 걸친 요청에도 불구하고 종교에 빠져 가정일을 소홀히 하다가, 급기야는 같은 해 8. 9. 직장에 있는 원고에게 전화를 걸어 집을 나갈 터이니 아이들을 책임지라고 일방적으로 통고하고, 아이들에게는 "엄마는 멀리 여행간다. 미안하다."는 내용의 메모를 남기고 집을 나가 버렸다.

대법원은, 신앙의 자유는 부부라고 하더라도 이를 침해할 수 없는 것이지만, 부부 사이에는 서로 협력하여 원만한 부부생활을 유지하여야 할 의무가 있고, 그 신앙의 자유에는 일정한 한계가 있다 할 것이므로, 아내가 신앙생활에만 전념하면서 가사와 육아를 소홀히 한 탓에 혼인이 파탄에 이르게 되었다면, 그 파탄의 주된 책임은 아내에게 있다고 보고, 남편의 이혼청구를 인용하였다.[76] 대법원의 판단을 수긍할 수 있다고 본다.[77]

(4) 종교단체에 대한 기부와 뇌물죄의 성부(대법원 2006. 6. 15. 선고 2004도3424 판결)

이는 공정거래위원회 위원장인 피고인이, 이동통신회사가 속한 그룹의 구조조정본부장으로부터 당해 이동통신회사의 기업결합심사에 대하여 선처를 부탁받으면서, 특정 사찰에의 시주를 요청하여 시주금을 제공케 한 사안이다.

대법원은 그 부탁한 직무가 피고인의 재량권한 내에 속하더라도 형법 제130조에 정한 '부정한 청탁'에 해당하고, 위 시주는 기업결합심사와 관련되어 이루어진 것이라고 판단하여, 제3자뇌물수수의 죄책을 인정하였다. 대법원은, 형법

76) 대법원 1996. 11. 15. 선고 96므851 판결.

77) 윤종행, "종교활동의 자유에 대한 미국과 우리나라 판례의 동향", 앞의 글, 272면.

제130조 뇌물죄에 있어서의 뇌물성은 형법 제129조 뇌물죄에 있어서와 마찬가지로 직무와의 관련성이 있으면 인정되는 것이고, 그 뇌물을 받는 제3자가 뇌물임을 인식할 것을 요하지 아니하며, 그 뇌물을 제3자에게 공여하게 한 동기를 묻지 아니 한다는 입장이다. 따라서 어떤 금품이 공무원의 직무행위와 관련하여 교부된 것이라면, 그것이 시주의 형식으로 교부되었고 또 불심에서 우러나온 것이라 하더라도 뇌물임을 면할 수 없다고 판시하였다.[78]

직무와 관련하여 부정한 청탁을 받고, 그 대가로서 종교단체에 기부토록 하더라도 제3자뇌물수수죄가 된다는 것이 대법원 판례의 입장임을 알 수 있다. 공무원의 직무집행의 염결성이라는 뇌물죄의 보호법익을 고려할 때, 타당한 결론이라고 판단된다.[79]

Ⅳ. 소 결

이상에서 본 바와 같이, 미국에서 종교활동의 자유와 관련된 법적 다툼은 매우 오랜 역사를 갖고 있다. 일찌기 19세기 말 중혼을 허용하는 모르몬교의 교리가 미국 법에 반하여 금지됨으로써, 종교법과 세속법의 충돌과 갈등의 과정을 거치면서, 결국 중혼제도가 사라지게 되었다. 그리고 1972년의 미연방 대법원 판결은, 아미쉬 종교 신자들이 자녀들이 16세 될 때까지 사립 또는 공립학교에 보내야 하는 위스콘신주(the state of Wisconsin)의 의무교육법을 위반하였다고 기소된 사건에서, 그들에게 강제적인 의무교육법을 적용하는 것은 헌법상 종교의 자유를 침해하는 것이라고 판시하였다. 그리고 일찍이 1940년의 판례에서, 선교활동의 일환으로 가가호호 방문하면서 종교 홍보활동을 한 것에 대하여, 선교의 자유는 종교활동의 자유의 핵심으로서 인간의 기본권으로서 보호되어야 한다고 판시하였다.

78) 대법원 2006. 6. 15. 선고 2004도3424 판결.

79) 윤종행, “종교활동의 자유에 대한 미국과 우리나라 판례의 동향”, 앞의 글, 273면.

한편 신앙인의 고용관계에 대한 법적 다툼으로서, 종교적 이유로 토요일 근무를 거부하여 해고된 사건에서, 1963년 미연방 대법원은, 주 고용안전위원회가 실업수당 지급을 거부한 것은, 헌법상 종교활동의 자유를 침해하였다고 판시하였다. 그런데 2012년 미연방 대법원은, 종교의 자유에 관한 헌법 조항의 해석상, 교회가 "미국 장애인법"에 위반되는 부당해고를 하였다는 이유로, 교회 소속 목사가 교회를 상대로 고용차별금지법 위반으로 소송을 제기할 수 없는 것이라고 판시하였으나, 장애인법의 취지를 몰각하는 부당한 해고를 방임하는 결과로 이어지는 정교분리의 원칙에 대한 이러한 해석에 찬동하기 어렵다. 그리고 미연방 대법원은 근로자가 자신의 종교와 충돌하는 고용주의 업무방침에 따라 해고된 경우, 정부가 실업수당 지급을 거부하기 위하여서는 그럴 만한 정부의 긴급하고 중대한 이익이 있고, 법률이 이러한 목적 달성을 위하여 필요하다는 것을 증명하여야 한다고 판단하였다. 또한 근로자가 종교적 이유로 사직하게 된 경우에, 정부가 실업보상의 지급을 거부하는 것은 헌법상 종교활동의 자유를 침해하는 것이라는 입장이다. 그러나 종교기업에 최저임금법을 적용하더라도 종교활동의 자유를 침해하는 것이 아니라고 판시하였다.

그런데 1988년 미연방 대법원은, 미국 원주민들이 신성시하는 지역에 도로건설과 벌목을 하는 것이 원주민들의 활동을 강제하는 것이 아니므로, 종교활동의 자유를 침해하는 것이 아니라고 판시하였으나, 원주민들의 종교적 신성지역을 보호하기 위하여 우회로를 택하지 않고 강행한 것은 종교의 자유를 침해하는 것으로서, 국가적 이익을 위한 정부의 기본권 침해가 최소침해의 원칙을 위반하였다고 판단된다.

그리고 오랜 전통의 종교의식에서 비록 현대인들의 정서에 혐오스럽게 여겨지는 행위를 하더라도, 종교의 자유로서 보호하는 것이 미연방 대법원의 입장이다. 그러나 특정 종교의식의 혐오성에 대한 평가는 지역과 시대적 문화에 따라 다르게 평가될 수 있는 상대적인 것이므로, 사회공동체의 가치적 공감대를 바탕으로 하여 종교의식이 행하여진 장소와 참여자, 그리고 종교단체의 활동과 이에 대한 사회공동체의 평가 등을 종합적으로 고려하여 신중히 하여야 할 것이다.

한편 미국 법원은, 군대와 교도소 내에서는 국가적 이익을 위해 종교활동의 자유가 제한될 수 있다는 입장이다. 그러나 로널드 레이건 대통령 재임시, 군인이 복무 중 제복을 입는 동안 개인적으로 종교적 장신구를 착용하는 것을 허용하는 법이 통과되었다. 그리고 1978년 미연방 대법원은, 개신교 목사의 주 의회 의원 출마를 금지하는 테네시주 법은 헌법이 보장하는 종교의 자유를 침해하는 것이라고 판시하였다. 또한 주립대학 학생 종교단체의 추가적인 강의실 사용 승인 요청을 대학 당국이 거부한 것은, 학생 종교단체의 종교활동의 자유를 침해하는 헌법위반이라고 판시하였다.

최근에는 코로나 팬데믹 상황에서, 코비드 확산을 막기 위하여 내리는 정부의 종교활동에 대한 제한 조치에 대한 많은 항의와 법적 다툼에 직면하여, 미연방 대법원은, 많은 사람들이 예배에 참석하는 것을 실질적으로 막음으로써, '최소 침해의 원칙'에 어긋나게 종교의 자유를 침해하였다고 판시하였다.

우리나라에서도 신앙과 종교활동의 자유를 보장하고 있지만, 일정한 한계가 있음을 판례의 동향을 통해 확인할 수 있다. 지금까지의 우리나라 법원의 판례를 살펴보면, 종교활동의 자유 침해 사례뿐만 아니라, 종교활동 과정에서 일어나는 명예훼손, 그리고 불법행위로 인한 손해배상 등 다양한 사례를 볼 수 있다. 우선 대법원 판례 중에는 종교와 관련하여 출판물에 의한 명예훼손 행위가 문제된 경우가 많다. 특정 교회와 소속 목사가 교리에 이단성이 있다는 내용의 광고를 게재하고 같은 내용의 보고서 등을 작성·배포한 행위, 공군참모총장이 전 공군을 지휘·감독할 지위에서, 수하의 장병들을 상대로 단결심의 함양과 조직의 유지·관리를 위하여, 계몽적인 차원에서 군종장교로 하여금 교계에 널리 알려진 특정 종교에 대한 비판적 정보를 담은 책자를 발행·배포하게 한 행위, 기도원의 운영에 이단적 요소가 있음을 들어 한 비판행위 및 이에 맞선 상대방의 광고행위, 그리고 신학대학교의 교수가 출판물 등을 통하여 이단 시비가 있는 종교단체인 구원파를 이단으로 비판하는 과정에서, 특정인을 그 실질적 지도자로 지목하여 명예를 훼손하는 사실을 적시한 행위 등과 관련하여, 법원은 종교적 표현의 자유로서 보호된다고 판단하였다. 종교활동과 관련된 명예훼손행위에 대한 법적 다툼에서 법원은, 상충하는 법익을 비교형량하여 사회적 공감대에 부응하는 방향의 법리형성과 판단이 요구된다.

그리고 여호와의 증인 신도인 부모가, 자신들의 종교적 신념에 기초하여 신생아 자녀의 수술에 수반되는 수혈을 거부한 행위는, 정당한 친권 행사의 범위를 넘어서는 것으로 본 하급심 판례가 있다. 법원은, 미성년자인 환자의 친권자가 수혈을 거부하더라도 병원 측은 환자에 대하여 긴급하고도 절실한 수술에 필수적인 수혈을 시행할 수 있으며, 친권자들의 비협조적 행위에 대하여 방해의 배제를 구할 수 있다고 봄으로써, 환자 보호자의 자기결정권보다 의사의 치료의무를 우선시하였다. 종교적 신념이 외부에 표현되어 신생아의 생명을 구하는 치료과정에서 결정적인 영향을 주는 특별한 상황에서, 환자의 친권자의 종교적 확신보다 의사의 환자치료의무를 우선시한 판례의 태도는 타당하다고 생각된다.

한편 미결수용자에 대한 종교집회 불허가 과잉금지원칙을 위반하여 미결수용자의 종교의 자유를 침해하였다고 본 헌법재판소 결정례가 있고, 구치소장이 안식일 엄수주의자인 미결수용자에게 구치소에서 실시하는 종교의식 또는 행사에 참석하는 것을 금지한 경우, 미결수용자에 대한 국가배상책임을 인정한 판례도 있다. 그러나 구치소장이 구치소 내 미결수용자를 대상으로 한 개신교 종교행사를 4주에 1회, 일요일이 아닌 요일에 실시한 행위가 미결수용자의 종교의 자유를 과도하게 제한하였다고 보기 어렵다고 본 경우도 있다. 비록 미결수용자의 신분이라고 하더라도 교정행정상의 불가피한 이유가 없는 한, 미결수용자의 헌법상 기본권인 종교활동의 자유를 최대한 보장하기 위한 노력과 배려를 하여야 할 것이고, 이것이 수형자의 개선·교화라는 교정행정의 목적에도 부합하는 결과가 될 것이다.

한편 교단 재판국으로부터 목사면직의 판결을 받은 교회의 담임목사가 일부 신도들과 함께 소속 교단을 탈퇴한 후, 종전 교회의 교인들의 예배를 방해하였다고 본 대법원 판례가 있다. 그리고 대법원은, 예배방해죄는 예배 중이거나 예배와 시간적으로 밀접불가분의 관계에 있는 준비단계에서 이를 방해하는 경우에만 성립하는 것이므로, 피고인이 장기간 예배당 건물의 출입을 통제한 행위에 대하여 예배방해죄 성립을 부정한 바 있다.

그리고 신봉하는 종교의 신자들이 교주의 허황된 교리에 기망되어 금원을 편취당하는 등의 사유로 정상적인 가정생활 또는 사회생활이 파탄지경에 이르렀다는 이유로, 교단을 상대로 정신적 고통에 따른 위자료 청구를 인용한 하급심 판례가 있다. 또한 아내가 신앙생활에만 전념하면서 가사와 육아를 소홀히 한 탓에 혼인이 파탄에 이르게 된 경우, 그 파탄의 주된 책임은 아내에게 있다고 보고, 남편의 이혼청구를 인용한 대법원 판례도 수긍할 만하다.

마지막으로, 공무원이 직무와 관련하여 부정한 청탁을 받고, 그 대가로서 종교단체에 기부토록 하더라도 제3자뇌물수수죄가 된다고 본 판례의 결론은, 공무원의 직무집행의 염결성이라는 뇌물죄의 보호법익을 고려할 때 타당하다고 판단된다.[80]

80) 윤종행, "종교활동의 자유에 대한 미국과 우리나라 판례의 동향", 앞의 글, 273-276면 참조.

제5장

종교인과 종교단체의 지위에 관한 우리나라 판례의 동향

(Trends in Court Decisions on the Seperation of State and Religion)

Ⅰ. 서

일반적으로 종교인이란 성직자와 기타 종교관련종사원을 포함한다.[1)] 성직자는 종교예식이나 의식을 집행 또는 관장, 교리의 해설 또는 설교 등을 담당하는 목사, 신부, 승려 등을 말하고, 종교관련종사원은 소속 종교단체의 성직자를 보조하고 제반 종교적 활동을 수행하는 수녀, 수사, 전도사 등을 지칭한다.[2)] 그리고 종교단체란 예배의 시설을 갖춘 사원, 사찰, 교회, 수도원 기타 이와 유사한 단체를 포괄하며, 종교 목적을 수행하기 위하여 설립된 법인이나 법인격 없는 사

1) 현행 소득세법 제12조, 제21조 등에서 '종교관련종사자'를 규정하고 있는데, 통계법 제22조에 따라 통계청장이 고시하는 '한국표준직업분류'에 따르면, '종교관련종사자'는 성직자와 기타 종교관련종사원으로 분류된다.

2) 박중영, "종교인의 소득에 대한 과세제도 연구－기타소득 과세에 따른 조세형평성 문제를 중심으로－", 『한국세무회계학회지』 통권 제45호, 2015, 151면.

단, 재단 또는 기타 단체라고 할 수 있다.[3] 우리나라에서 종교인의 지위가 법적 쟁점이 되는 경우로서, 종교인을 근로자로 볼 것인가, 종교단체와 종교인에게 과세를 하는 것이 타당한가, 그리고 종교단체의 내분에 국가가 개입할 것인가 등 대체로 정교분리의 원칙과 관련하여 논란이 되고 있다.

앞에서 본 바와 같이, 오늘날의 문명국들은 대체로 종교의 자유를 보장하고, 정교분리의 원칙을 확립하고 있지만, 나라마다 약간의 차이를 보이고 있다. 국가와 종교단체는 서로 간섭하지 않으며 존중하는 것이 원칙이지만, 교육이나 사회복지사업 등의 경우와 같이 공공의 이익과 관련되는 종교단체의 활동에 대하여서는 어느 정도 국가의 지원과 개입이 수반하는 것이므로, 양자가 완전히 단절되는 것은 아니다. 정부는 평등의 원칙에 위배되는 방식으로 다양한 종교단체에 대한 재정적 지원을 하거나 종교활동을 제한하여서는 아니 되지만, 종교단체가 다른 사람들의 종교의 자유를 침해하거나 타인의 권리를 부당하게 침해하는 경우에는 국가의 개입이 따른다. 따라서 국가는 종교단체 내부의 의사결정과정에 대한 개입을 소극적으로 억제하지만, 예외적인 상황에서는 국가가 개입하여 사법적 판단을 통하여 권리구제를 하게 되는 것이다.[4]

우리나라 헌법 제20조는 "① 모든 국민은 종교의 자유를 가진다. ② 국교는 인정되지 아니하며, 종교와 정치는 분리된다."라고 종교의 자유 보장과 더불어 종교와 정치의 분리원칙을 선언하고 있다. 따라서 모든 종교에 대한 정부의 지원과 규제는 차별 없이 공평하여야 하고, 정부의 정책과 행정은 종교에 대하여 중립적이어야 한다. 또한 종교단체의 종교활동에 대하여 국가가 간섭하지 않고, 종교단체는 국가의 운영에 대하여 간섭하지 않는 전통이 확립되었다. 정교분리의 원칙은 1948년의 대한민국헌법 제12조에서 처음으로 명문화되었다.[5]

이하에서는 종교인과 종교단체의 지위, 그리고 종교단체의 관리·운영 등에

---

3) 최병곤·서희열, "종교단체의 과세제도에 관한 연구", 『조세연구』 제15권 제2집, 2015, 98면; 박윤경, "헌법상 종교의 자유와 종교단체의 과세제도에 관한 연구 – 종교단체에 대한 과세제도의 개선방안을 중심으로 –", 『청파법학』(숙명여자대학교 법학연구소 특성화센터), No. 14, 2017, 57–59면 참조.

4) 윤종행, "종교단체의 내부 의사결정과정 등에 관한 우리나라 판례의 동향", 『동북아법연구』(전북대) 제16권 제4호, 2023, 150면 참조.

5) 성정엽, "헌법의 '정교분리원칙'의 의미", 『법학논고』(경북대) 제70집, 2020. 7, 4–11면 참조.

관한 1980년대 이후 현재까지의 우리나라 대법원과 하급심 판례 등을 분석하여, 최신 판례 우선으로 시간적 순서에 따라 소개하고자 한다.

Ⅱ. 종교인과 종교단체의 지위에 관한 우리나라 판례의 동향

1. 종교인의 근로자로서의 지위

(1) 춘천지법 2021. 12. 24. 선고 2020노1052 판결 [근로기준법위반 · 근로자퇴직급여보장법위반]

교회의 담임목사가, 교회의 전도사로 임명된 후 5년 8개월여 동안 근무하다가 사직한 교회의 전도사에게 임금 일부와 퇴직금을 지급하지 아니하였다고 하여, 근로기준법 위반 및 근로자퇴직급여 보장법 위반으로 기소된 사안이다. 법원은, 제반 사정을 종합할 때, 본건 교회 전도사가 근로기준법상 근로자에 해당한다는 이유로, 미지급 임금 및 퇴직금에 관한 공소사실을 유죄로 인정하였다.[6)]

당 교회에는 별도로 취업규칙이나 인사규정이 존재하지 않으나, 상급단체의 인사관리 규정에 따라 담임목사가 전도사를 비롯한 교회 교역자들의 채용 및 면직에 관하여 최종적인 권한을 행사한 점, 목사가 전도사의 근로시간과 업무에 관한 구체적인 지시 · 감독을 하였으며, 전도사가 채용된 이후 소속 교회로부터 매월 고정적으로 사례금 명목의 돈을 지급받았고, 교회에서 근로소득세 원천징수를 한 점, 전도사가 교회에서 재직하는 동안 국민연금보험과 건강보험에 소속 교회를 사업장으로 하는 '직장가입자'로 가입되어 있었던 점 등 제반 사정을 종합하여 볼 때, 본건 교회의 전도사는 근로기준법상 근로자에 해당한다고 본 것이다.

법원이, 교회 소속 전도사가 근로기준법상 근로자에 해당하는지에 대한 판단의 기준으로서, 임금을 받았는지, 근로소득세 원천징수를 하였는지, 그리고 국민연금보험과 건강보험에 가입하였는지 등을 고려하였음을 알 수 있다.[7)]

---

6) 춘천지법 2021. 12. 24. 선고 2020노1052 판결.

7) 윤종행, "종교인의 지위와 종교단체의 관리운영에 관한 우리나라 판례의 동향", 앞의 글,

2. 종교단체 지도자의 반론보도심판청구

(1) 대법원 2000. 3. 24. 선고 99다63138 판결 [반론보도심판청구]

이는 주식회사 문화방송 TV 프로그램에서 종교단체 지도자의 비리 등에 관한 보도를 한 것에 대하여, 반론보도심판청구를 한 사안이다. 대법원은, 텔레비전 프로그램인 'PD 수첩'에서 '총령본존, 어디 계십니까?'라는 제목으로, 종교단체의 총령인 신청인에 대하여 성 관련 비리, 헌금 및 재산 관련 비리, 학력에 대한 의혹, 교리 및 경전의 표기, 언론이나 유명인사를 이용한 허세적 행동 등을 내용으로 하는 보도를 하고, 또 그 후에 방송한 같은 프로그램인 'PD 수첩'에서, 앞서 한 보도내용을 요약해 방송하면서 신청인의 성폭행 및 금품갈취 의혹에 대하여 보도한 사실을 인정하였다. 대법원은, 신청인이 그 방송프로그램에서 공표된 보도내용에 의하여 피해를 입었으므로, 피신청인은 신청인이 주장하는 반론보도요구문의 내용 중 상당하다고 인정하는 일정한 부분의 반론보도문을 방송할 의무가 있다고 판시하였다.[8]

3. 종교단체에 대한 과세

(1) 부산고법 2015. 3. 27. 선고 2014누23222 판결 [재산세등부과처분취소]

이는 종중이 소유한 토지 및 지상 제실에 대해, 관할 행정청이 구 지방세특례제한법에서 정한 재산세 면제 대상인 '종교 및 제사를 목적으로 하는 단체가 해당 사업에 직접 사용하는 부동산'에 해당하지 않는 것으로 보아, 재산세 등 부과처분을 한 사안이다. 부산고등법원은, 구 지방세특례제한법 제50조 제2항이 재산세 면세의 범위를 확대하기 위해 '공익사업성'에 관한 요건을 의도적으로 뺀 것이라고 보기는 어렵지만, 같은 조항을 해석할 때 제사를 목적으로 하는 단체의 경우에만 법문에 없는 '공익사업성'이 필요하다고 해석하기 어렵다고 보았다. 따

310면 참조.

8) 대법원 2000. 3. 24. 선고 99다63138 판결.

라서 당해 종중이 선조의 제사 등을 목적으로 하는 단체이고, 제실은 종중이 선조의 제사를 위해 지금까지 제사 용도로 사용 중인 건물임이 분명하므로, 위 부동산은 '제사를 목적으로 하는 단체가 해당 사업에 직접 사용하는 부동산'에 해당한다고 봄으로써, 이에 대한 재산세 등 부과처분이 위법하다고 판시하였다.[9]

그 판단의 근거로서, 종교단체는 같은 신앙을 가진 사람들의 모임으로 기본적으로 자신이 속한 종교의 유지, 발전, 포교 등을 목적으로 하는 단체로서, 과세실무상 종교단체의 경우에는 공익사업을 목적으로 하는 단체인지 여부와는 상관없이, 종교용으로 직접 사용하는 부동산인지 여부만을 가려 재산세 등을 면제시켜 주고 있으므로, 유독 제사를 목적으로 하는 단체의 경우에만 법문에 없는 '공익사업성'이 필요하다고 해석하기 어렵다고 본 것이다.

우리나라에서는 그동안 OECD 선진국들의 대부분이 인정하고 있는 종교인에 대한 근로소득세 과세제도를 도입하여야 할 것인가에 대하여 많은 논란이 되어 왔었고, 대체로 소속 종교단체로부터 매월 일정한 사례비, 활동비 등을 받는 종교인은 소득세법상 비영리법인 종사자에 상응하는 근로소득세 과세대상자로 보아야 한다는 견해가 받아들여졌다.[10] 이에 우리나라에서도 2015년 소득세법의 개정으로 종교관련종사자의 '종교인소득'에 대한 과세제도가 신설되었고, 2018. 1. 1.부터 시행되었다. 미국을 포함한 OECD 국가들은 대체로 종교인도 소득세 신고를 하도록 하고 있으나, 종교단체는 과세대상에서 제외하고 있다. 그런데 미국의 경우를 보면 종교인이 소득세 신고를 하더라도 회계사를 통하여 대부분 비용처리를 하여 실제로 세금을 납부하는 액수가 많지 않고, 납부하더라도 사회보장연금으로 혜택이 주어진다고 한다. 그리고 미국에서는, 교회와 성당, 이슬람의 모스크, 유대교의 시나고그(회당), 불교의 사찰 등 모든 종교단체는 비영리 공익단체로 분류되어, 정치활동을 하지 않는 한 과세를 하고 있지 않다.[11]

그런데 우리나라의 현행 세법상, 종교단체의 공익적 성격으로 인하여 법인

9) 부산고법 2015. 3. 27. 선고 2014누23222 판결.

10) 박윤경, "헌법상 종교의 자유와 종교단체의 과세제도에 관한 연구 – 종교단체에 대한 과세제도의 개선방안을 중심으로 –", 앞의 글, 65–78면 참조.

11) http://www.lawnchurch.com/6433. 최병곤 · 서희열, "종교단체의 과세제도에 관한 연구", 『조세연구』 제15건 제2집, 2015, 95–130면 참조.

세, 부가가치세, 상속세, 지방세 등을 비과세하거나 세제 감면혜택을 부여하고 있으나, 종교단체의 개념 정의, 공익성 심사기준 등이 정립되지 않아 이에 대한 많은 분쟁이 발생하고 있고, 이와 관련한 세법의 보완이 요구되는 상황이다.[12)]

현행 소득세법 제12조 제5호, 제21조 제1항 제26호 등에서 '종교관련종사자'를 규정하고 있는데, 통계법 제22조에 따라 통계청장이 고시하는 '한국표준직업분류'에 따르면, '종교관련종사자'는 성직자와 기타 종교관련종사원으로 분류된다. 그런데 여기에 해당하는 종교인뿐만 아니라 종교단체에서 근로자로 일하는 자 및 종교인으로 간주하고 있지 아니한 무속신앙 종사자를 포괄하도록 하는 개정이 필요하고, 종교인이 소득 신고시 근로소득과 기타소득 중 택하여 신고할 수 있도록 하는 현행 제도보다는, 종교인소득 유형을 근로소득으로 일원화하는 것이 바람직하다는 주장이 제기되고 있다.[13)] 또한 종교인 과세에 대한 소득세법의 법률을 제대로 이해하지 못한 비전문가인 종교인과 종교단체가 직접 신고를 하는 과정에서, 제도에 대한 이해 부족으로 인한 오류가 많다고 한다.[14)] 종교인과 종교단체의 개념, 과세 대상인 종교인 소득의 범위 등에 대한 보다 명확한 기준을 보완하여, 종교인에 대한 과세제도를 재정립함으로써 공평과세에 대한 국민의 신뢰를 제고할 것이 요청된다.[15)]

4. 종교적 문화재에 대한 국가의 보호

(1) 대법원 2009. 5. 28. 선고 2008두16933 판결 [토지수용재결처분취소등]

이는 지방자치단체가 강원도 횡성군 소재, 유서 깊은 '풍수원성당' 일대를

12) 박윤경, "헌법상 종교의 자유와 종교단체의 과세제도에 관한 연구 – 종교단체에 대한 과세제도의 개선방안을 중심으로 –", 앞의 글, 57– 80면; 이석규, "종교인소득 과세제도의 재설계", 『교회와 법』(한국교회법학회) Vol. 9, No. 1, 2022, 49–88면 참조.

13) 이해은, "종교인 과세제도와 관련한 쟁점에 대한 소고- 종교인 퇴직소득 과세제도를 중심으로 –", 『교회와 법』(한국교회법학회) Vol. 8, No. 2, 2022, 207–237면 참조.

14) 김영근, "종교인과세의 실증적 분석", 『교회와 법』(한국교회법학회) Vol. 9, No. 1, 2022, 10–48면 참조.

15) 윤종행, "종교인의 지위와 종교단체의 관리운영에 관한 우리나라 판례의 동향", 앞의 글, 312면 참조.

문화관광지로 조성하기 위하여, 상급 단체로부터 문화관광지 조성계획을 승인받은 후 사업부지 내 토지 등을 수용재결한 사안이다. 대법원은, 위 성당을 문화재로 보호할 가치가 충분하고, 위 문화관광지 조성계획은 지방자치단체가 지역경제의 활성화를 도모하기 위하여 추진한 것으로 보이며, 특정 종교를 우대·조장하거나 배타적 특권을 부여하는 것으로 볼 수 없으므로, 그 계획의 승인과 그에 따른 토지 등 수용재결이 헌법의 정교분리원칙이나 평등권에 위배되지 않는다고 판시하였다.[16]

대법원은 그 판단의 근거로서, 오늘날 종교적인 의식 또는 행사가 하나의 사회공동체의 문화적인 현상으로 자리잡고 있으므로, 어떤 의식, 행사, 유형물 등이 비록 종교적인 의식, 행사 또는 상징에서 유래되었다고 하더라도, 그것이 이미 우리 사회공동체 구성원들 사이에서 관습화된 문화요소로 인식되고 받아들여질 정도에 이르렀다면, 헌법적 보호가치를 지닌 문화의 의미를 갖는다고 보았다. 이미 문화적 가치로 성숙한 종교적인 의식, 행사, 유형물에 대한 국가·지방자치단체의 지원은 일정 범위 내에서 전통문화의 계승·발전이라는 문화국가원리에 부합하므로, 정교분리원칙에 위배되지 않는다는 대법원 판단의 근거 제시는 타당하다고 본다.[17]

5. 전통사찰의 분규와 국가의 개입

(1) 대법원 2001. 12. 6.자 99마1258 결정 [직무집행방해금지등가처분]

이는 전통사찰의 귀속을 둘러싼 두 종단 사이의 분규로 인하여, 문화체육부장관이 재산관리인을 임명한 사안이다. 대법원은 종교활동이 배제된 종단의 주지는, 현재 종교적 업무를 수행하고 있는 주지나 그 소속 종단을 상대로 자신이 적법한 주지라는 점에 관한 확인을 구하거나, 재산관리인을 상대로 자신이 적법한 주지임을 주장·입증하여 종교적 직무수행을 위한 사찰 내의 출입·지주의 허용을 요청할

16) 대법원 2009. 5. 28. 선고 2008두16933 판결.

17) 윤종행, "종교인의 지위와 종교단체의 관리운영에 관한 우리나라 판례의 동향", 앞의 글, 313면 참조.

수 있다고 보았다. 그러나 재산관리인의 용인 하에 사찰 건물에 출입·지주하면서 종교적 직무집행을 하고 있을 뿐인 현재의 주지나 그 소속 종단을 상대로 바로 사찰 경내에서의 자신의 종교활동을 용인하라는 취지의 청구를 하거나, 재산관리인을 대위하여 그러한 청구를 할 수는 없다고 판시하였다.

대법원은 전통사찰보존법 제12조 제1항의 "문화체육부장관은 전통사찰의 주지가 이 법에 위반하거나 분규로 인하여 이 법의 목적을 달성할 수 없다고 인정할 때에는 당해 사찰의 재산관리인을 임명할 수 있다."는 규정과, 동조 제2항의 "문화체육부장관은 제1항의 규정에 의한 전통사찰이 이 법의 목적을 달성할 수 있는 상태로 회복하였다고 인정할 때에는 지체 없이 재산관리인을 해임하여야 한다."는 규정의 해석상, 재산관리인은 그 사찰을 대표하여 그 사찰에 속하는 일체의 재산을 관리할 권한을 가지고, 그 범위 내에서 주지의 권한은 재산관리인이 해임될 때까지 정지된다고 보았다.[18] 그러나 재산관리인이 전통사찰의 문화적 가치를 보존하기 위하여 필요한 범위 내에서 재산에 관한 세속적인 사무를 처리할 권한을 가질 뿐, 사찰의 주지가 가지는 교의의 선포, 법요와 의식의 집행, 신도의 교화육성 등 종교적인 고유업무까지 재산관리인의 권한에 속하게 되는 것은 아니라고 판시하였다.

대법원은, 우리나라의 전통사찰은 단순히 사소유권의 객체 또는 종교활동의 터전이라는 의미를 넘어 특별한 역사성과 문화적 가치를 가진 국가적 유산으로서, 분규 등으로 인하여 전통사찰에 대한 훼손의 위험이 있을 때에는 일정한 한도 내에서 국가의 개입이 허용될 수 있다고 보았다. 그리고 재산관리인의 재임기간은 전통사찰보존법에서 정한 목적을 달성할 수 있는 상태로 회복되었을 때까지로 제한되고, 임명사유가 해소된 이후에도 재산관리인이 해임되지 않으면, 이해관계인이 재산관리인에 대한 해임신청을 하고 그것이 거부될 경우 그 거부처분에 대한 행정소송을 제기할 수 있다는 점을 확인하였다. 따라서 재산관리인에 관한 전통사찰보존법 제12조는 공공복리를 위하여 필요 최소한의 제한을 규정한 것으로서, 과잉금지의 원칙에 위배하여 재산권이나 종교의 자유를 침해한다거나 평등의 원칙에 위배된다고 볼 수 없다고 판시하였다.[19]

18) 대법원 1978. 4. 11. 선고 78다292 판결 참조.

문화적 가치가 큰 국가적 유산인 전통사찰의 관리에 대한 국가의 개입과 재산관리인 제도는, 정교분리의 원칙과 과잉금지의 원칙, 그리고 평등의 원칙에 위배되지 않고, 종교의 자유를 침해하지 않는다고 본 대법원 판단의 근거 제시에 설득력이 있다고 본다.[20]

6. 사찰의 경관과 일조권 침해

(1) 대법원 1999. 7. 27. 선고 98다47528 판결 [공사금지청구]

이는 사찰의 경관과 일조 등을 침해하는 건물의 신축 공사에 대하여 금지청구를 한 사안이다. 대법원은, 문제의 빌딩이 당초의 예정에 따라 사찰과 불과 6m의 거리를 둔 채 원고 사찰 경내 전체를 내려볼 수 있도록 높이 87.5m의 고층으로 신축되게 되면, 원고 사찰의 일조가 침해되고, 건물이 사찰의 전체 경관과 조화되지 아니하여 원고 사찰의 경관이 훼손되는 결과로 될 뿐만 아니라, 사찰 경내의 시계 차단으로 조망이 침해된다는 점을 인정하였다. 또한 사찰에서 수행하는 승려나 불공을 위하여 출입하는 신도들에게도, 그들의 일상생활이나 종교활동 등이 감시되는 듯한 불쾌감과 위압감을 불러일으킴으로써, 결국 원고 사찰이 종래 유지하여 온 조용하고 쾌적한 종교적 환경이 크게 침해될 우려가 있고, 그 침해의 정도가 사회통념상 일반적으로 수인할 정도를 넘어선다고 판단하였다. 결국 사찰의 입장에서 사찰로서의 환경 침해를 방지하기 위하여 필요한 한도 내에서 그 건축공사의 금지를 청구할 수 있다고 판시하였다.[21]

사찰의 조망과 일조권뿐만 아니라 사찰 고유의 종교적 환경이 침해된다고 본 대법원의 판단은, 자유로운 종교활동의 환경을 중요시한 점에서 타당하다고 생각된다.[22]

---

19) 대법원 2001. 12. 6.자 99마1258 결정.

20) 윤종행, “종교인의 지위와 종교단체의 관리운영에 관한 우리나라 판례의 동향”, 앞의 글, 314－315면 참조.

21) 대법원 1999. 7. 27. 선고 98다47528 판결.

22) 윤종행, “종교인의 지위와 종교단체의 관리운영에 관한 우리나라 판례의 동향”, 앞의 글, 315면 참조.

Ⅲ. 종교단체의 관리운영 등에 관한 우리나라 판례의 동향

1. 종교법인에 대한 설립허가 관련 다툼

(1) 대법원 2017. 12. 22. 선고 2016두49891 판결 [법인설립허가취소처분취소]

일본을 발원지로 하는 일련정종이라는 종교에 귀의한 대한민국 내 신도들이, '한국불교일련정종구법신도회'라는 단체를 설립하여, 종교 및 포교활동을 해오다가 설립허가를 받은 비영리법인에 대하여, 서울시가 설립허가를 취소한 사안이다.[23]

대법원은 우선, 우리 헌법이 양심과 종교의 자유, 결사의 자유를 기본권으로 보장하고 있으므로, 다양한 가치관 또한 종교적 신념은 헌법적 가치와 이념, 헌법질서와 충돌하지 않는 한 존중되어야 한다고 설시하였다. 또한 같은 가치관이나 신념을 가진 사람들이 공동의 목적을 위하여 자유로이 결합하여 단체를 설립하고 나아가 법인으로 허가받아 활동하는 것 역시 원칙적으로 보장되는 것임을 밝혔다. 따라서 원고에 대한 법인설립허가 이후 독립유공자단체 등이 민원을 제기하고 민족주의자들의 반대가 있었더라도, 그러한 사정만으로 원고의 존재 자체가 민족의 단결을 저해하고 민족정신에 반하는 등으로 우리 사회 전체의 이익을 해하는 경우라고 단정할 수 없다고 보았다. 그리고 대립·반대되는 가치관이나 신념을 가진 개인·단체가 그 법인의 존재를 부정하고 활동을 저지하려고 하여 사회적 갈등이 생길 염려가 있다는 사정만으로, 법인의 목적사업 또는 존재 자체가 공익을 해하는 경우에 해당한다고 볼 수 없다고 판시하였다.[24]

종교법인으로 말미암아 사회적 갈등이 생길 염려가 있고 공익을 해하는 경우에 해당한다는 근거로, 종교법인의 설립허가를 취소한 처분의 정당성 평가에 있어서 대법원이 매우 신중한 태도를 취하고 있음을 알 수 있다.[25]

23) 동 판례에 의하면, 일련정종은 약 750년 전에 일련이라는 승려가 법화경을 중심으로 하는 교리를 내세워 창립한 일본 고유의 종파로서 일련을 대성인으로 추앙하고 대어본존을 신앙의 주체로 하여 신봉하고 있는 종교이다.

24) 대법원 2017. 12. 22. 선고 2016두49891 판결.

25) 윤종행, "종교인의 지위와 종교단체의 관리운영에 관한 우리나라 판례의 동향", 앞의 글,

(2) 인천지법 2016. 6. 9. 선고 2015구합1377 판결 [법인설립불허가처분취소]

이는 이슬람교 선교 활동 등을 위한 단체를 설립하고자 관할 시장에게 재단법인 설립허가 신청을 하였는데, 인천광역시장이 '특정 종교 밀집으로 인한 주민 불안 및 선교사업으로 인한 지역주민 민원 발생 등 법인 설립으로 지역사회 갈등이 야기될 수 있다'는 이유로, 문화체육관광부 및 문화재청 소관 비영리법인의 설립 및 감독에 관한 규칙 제4조 제1항 제1호에 따라 설립불허가처분을 한 사안이다.

인천지방법원은, 설립허가 신청 법인의 정관과 사업계획서에 나타난 사업이 주로 이슬람 종교 선교, 이슬람 문화 교육·홍보 사업으로서, 이슬람 종교 선교, 이슬람 문화 교육 사업의 경우, 이슬람 문화권의 외국인들을 우선적으로 선교·교육의 대상으로 삼고, 예배 및 기도, 교육 기타 친교 시간을 정하여 활동하는 것을 시행 방법으로 하고 있으며, 이슬람 문화 홍보 사업은 거리에서 사진 등을 통하여 이슬람 문화에 관하여 홍보를 하는 것으로 파악하였다. 이러한 점에서, 법인 설립 목적이나 그 활동이 폭력적이거나 지역주민과 갈등을 일으킬 만한 요소가 포함되어 있다고 단정하기 어려우므로, 처분 사유의 판단 과정에 합리성이 결여되었고, 처분에 재량권을 일탈·남용한 위법이 있다고 판시하였다.[26)]

이슬람 종교단체 설립과 활동이 공공의 안전 또는 또는 사회질서를 위협한다고 볼 수 없으므로, 지방자치단체가 '특정 종교 밀집으로 인한 주민 불안 및 선교사업으로 인한 지역주민 민원 발생 등 법인 설립으로 지역사회 갈등이 야기될 수 있다'는 이유로 한 설립불허가처분이 위법하다고 본 법원의 판단이 타당하다. 종교단체 설립으로 인하여 지역사회 갈등이 야기될 수 있을 것이라는 판단에 합리성이 있다고 보기 어려울 뿐만 아니라, 정당한 사유가 없는 법인 설립불허가처분은 종교단체 설립의 자유를 침해하는 것이라고 볼 수 있기 때문이다.[27)]

316면 참조.

26) 인천지법 2016. 6. 9. 선고 2015구합1377 판결.

27) 윤종행, "종교인의 지위와 종교단체의 관리운영에 관한 우리나라 판례의 동향", 앞의 글, 317면 참조.

(3) 부산고법 2015. 6. 12. 선고 2015누20336 판결 [설립허가취소결정및시설폐쇄처분취소]

이는 종교적 사회복지법인이 운영하는 아동보호치료시설에서 반복적·집단적 성폭력범죄가 발생하였다는 이유로, 당해 법인에 대하여 관할 시장이 사회복지법인 설립허가를 취소하고, 관할 구청장이 시설의 폐쇄를 명한 사안이다.

부산고등법원은, 시설종사자의 아동 구타와 같은 사례가 다수 확인되었고, 시설생활자의 진정권 보장을 위한 '아동 진정함'이 설치되어 있지 않았으며, 매일 아동의 단순노무활동을 통한 용돈 지급 형태의 '부입프로그램'을 운영하거나, 시설에서 매주 성경 공부와 예배 등의 종교활동을 의무적으로 참여하게 하였으나 별도의 자립, 직업훈련 또는 상담치료를 위한 프로그램을 제대로 운영하지 않았음을 확인하였다. 이와 같이 시설생활자의 인권보호에 대한 시설종사자의 인식이 전반적으로 부족하고, 아동보호치료시설에서 필요한 아동에 대한 치료와 선도를 위한 다양한 프로그램이 제대로 운영되지 않았음을 인정하였다. 또한 당해 법인의 대표이사 등은 가족 중심의 족벌체제를 구축하여 지배·운영하였고, 아동보호치료시설을 정상적으로 운영하는 것에 대한 관심보다는, 개인 혹은 가족들의 특혜와 특권을 유지·확대하는 데 주된 관심이 있었다고 판단하였다. 따라서 당해 법인은 사회복지사업법 제26조 제2항의 '다른 방법으로 감독 목적을 달성할 수 없는 경우'에 해당하므로, 관할 지방자치단체장의 설립허가취소 처분과 시설폐쇄 명령은 공익을 위한 적법한 처분으로서, 재량권을 일탈하지 않았다고 판시하였다.[28]

종교활동을 포함하고 있는 종교적 아동보호치료시설에서 아동 구타 등 아동학대가 발생하였다는 등의 이유로, 사회복지법인 설립허가를 취소하고 시설을 폐쇄한 행정처분의 적법성을 인정한 판결이다. 아동학대의 심각성과 위험성을 고려할 때, 타당한 결론이라고 본다.[29]

---

28) 부산고법 2015. 6. 12. 선고 2015누20336 판결.

29) 윤종행, "종교인의 지위와 종교단체의 관리운영에 관한 우리나라 판례의 동향", 앞의 글, 319면 참조.

2. 종단의 관리 · 운영에 대한 국가의 개입

(1) 대법원 2009. 11. 19.자 2008마699 전원합의체 결정 [임시이사선임신청서]

이는 종교단체의 대표자 선임에 대한 법원 개입의 요건과 그 한계에 관한 판결이다. 대법원은 이 판례에서 정교분리의 원칙에 관하여 다음과 같은 원칙과 예외를 천명하고 있다. 헌법 제20조는 종교의 자유를 보장하고 종교와 국가기능의 엄격한 분리를 선언하고 있으므로, 종교의 자유에 속하는 종교적 집회·결사의 자유는 그 성질상 일반적인 집회·결사의 자유보다 광범위한 보장을 받는다. 이에 따라 종교적 집회·결사의 자유를 실현하기 위하여 설립된 종교단체에 대하여는, 그 조직과 운영에 관한 자율성이 최대한 보장되어야 한다. 따라서 법원이 종교단체에서 이사의 결원으로 발생하는 장해를 방지하기 위하여 임시이사의 형태로 그 조직과 운영에 관여하게 될 때에도, 헌법상 종교단체에 보장되는 종교활동의 자유와 자율성이 침해되지 않도록, 그 선임요건과 필요성을 인정함에 신중을 기하여야 한다. 특히 그 선임요건으로 '손해가 생길 염려가 있는 때'를 판단할 때에는, 이사의 결원에 이르게 된 경위와 종교단체가 자율적인 방법으로 그 결원을 해결할 수 있는지 여부를 살피고, 아울러 임시이사의 부재로 인하여 혼란이 초래되어 임시이사를 선임하지 아니하는 것이 현저히 정의관념에 반하고, 오히려 자유로운 종교활동을 위한 종교단체의 관리·운영에 심각한 장해를 초래하는지 여부 등의 사정을 종합적으로 참작하여야 한다고, 그 판단기준을 제시하였다.

또한 종교단체의 종교적인 활동 및 그 자율성에 장해를 주지 않도록, 임시이사의 선임자격이나 그 구체적 권한 또는 직무내용을 제한하여야 한다. 특히 종단의 대표자는 법률적으로 종단을 대표하는 권한을 가지고, 종단의 규약이 정한 임명권 등을 통하여 종단의 업무 조직을 구성하는 포괄적인 권한을 가지는 한편, 종교적 권능을 통하여 대내외적으로 당해 종단의 정체성을 표창하고 신도들의 신앙적 일체감을 지지·통합하는 구심점인 역할을 수행하는 지위에 있다. 따라서 그 종단의 신도가 아니어서 신앙적 동일성이 인정되지 않는 외부의 제3자로 하여금 신앙공동체인 종단의 대표자 업무를 담당하도록 하는 것은, 특별한 사정이 없는 한 종교단체의 자율성과 본질에 어긋나므로 원칙적으로 허용되지 않는다. 다만 종단 내부의 총체적 분규와 전체적 대립 양상으로 인하여, 당해 종단의 신도 중에서는 중립적인 지위에서 종단의 대표자 업무를 적정하게 수행할 수 있는 적임자를 도저히 찾을 수 없는 예외적 사정이 존재하는 경우에는, 신도 아닌 사람도 임시이사로 선임할 수 있다. 그러나 이 경우에도 그 직무범위나 권한을 비종교적 영역 내에서 선임의 필요성에 상응한 최소한의 범위로 제한함으로써, 종단의 정체성을 보존하고 그 자율적 운영에 대한 제약도 최소화될 수 있도록 하여야 한다고 판시하였다.[30]

종교적 집회·결사의 자유, 종교단체의 종교활동의 자유 및 조직과 운영의 자율성은 최대한 보장되어야 하므로, 임시이사의 신임 등 종단의 조직·운영 등에 대한 법원의 개입은 필요최소한에서 이루어져야 하고, 특히 종단의 정체성을 표창하고 신도들의 신앙적 일체감을 지지·통합하는 구심점 역할을 수행하는 지위에 있는 종단의 대표자의 선임에 법원이 개입하는 것은 매우 신중히 제한되어야 한다는 대법원의 입장에 동의한다.[31]

(2) 대법원 2007. 6. 29.자 2007마224 결정 [예배및출입방해금지등가처분]

이는 대한예수교장로회 통합교단 서울동남노회 소속 교회의 담임목사로 취임하여 그 대표자가 된 목사를 추종하는 교인들과 원로목사를 추종하는 교인들 사이에서 분쟁이 발생하였고, 이에 담임 목사는 교인총회를 소집·개최하여, 소속 교단인 대한예수교장로회 통합교단으로부터 집단적으로 탈퇴하고 독립교회연합회에 가입하는 내용의 결의가 이루어지는 등의 과정에서 법적 다툼이 된 사안이다.

이 판결에서 대법원은, 교회의 권징재판은 종교단체가 교리를 확립하고 단체 및 신앙상의 질서를 유지하기 위하여 목사 등 교역자나 교인에게 종교상의 방법에 따라 징계 제재하는 종교단체의 내부적인 제재에 지나지 아니하므로, 원

---

30) 대법원 2009. 11. 19.자 2008마699 전원합의체 결정.

31) 윤종행, "종교인의 지위와 종교단체의 관리운영에 관한 우리나라 판례의 동향", 앞의 글, 320면 참조.

칙적으로 사법심사의 대상이 되지 않는다는 법원의 입장을 밝혔다. 따라서 교회 권징재판의 효력과 집행은 교회 내부의 자율에 맡겨져 있고, 그 권징재판으로 말미암은 목사, 장로의 자격에 관한 시비는 직접적으로 법원의 심판의 대상이 된다고 할 수 없다고 판시하였다. 다만 그 권징재판의 효력 유무와 관련하여 구체적인 권리 또는 법률관계를 둘러싼 분쟁이 존재하고, 또한 그 청구의 당부를 판단하기에 앞서 그 징계의 당부를 판단할 필요가 있는 경우에는, 그 판단의 내용이 종교 교리의 해석에 미치지 아니하는 한, 법원으로서는 위 징계의 당부를 판단하여야 한다고 판시하였다.[32)]

대법원은, 교회의 권징재판이 원칙적으로 사법심사의 대상이 되지 아니한다는 입장이지만, 권징재판의 효력에 대한 법원의 판단이 요구되는 예외적 상황으로서, 권징재판의 효력 유무와 관련하여 구체적인 권리 또는 법률관계를 둘러싼 분쟁이 존재하고, 또한 그 청구의 당부를 판단하기에 앞서 그 징계의 당부를 판단할 필요가 있어야 한다는 요건을 명시하고 있다. 아울러 그 판단의 내용이 종교 교리의 해석에 미치지 아니하는 범위에 제한되어야 함을 밝히고 있다. 대법원이 정교분리의 원칙에 충실하면서, 교회 내부의 분쟁에 개입하는 것에 매우 신중을 기하고 있음을 알 수 있다.[33)]

3. 종교교육 기관에 대한 행정처분

(1) 대법원 2001. 2. 23. 선고 99두6002 판결 [무인가교육기관폐쇄명령처분무효확인]

이는 '대한예수교 장로회 총회 신학연구원'이라는 명칭의 교육기관이, 순수한 종교단체 내부의 성직자 또는 교리자 양성기관이 아니라 교육법상의 학교 혹은 학원법상의 학원에 해당함에도, 그 설립·운영에 관하여 폐지 전 교육법 제85조 제1항에 따른 설립인가나 구 학원법 제6조 소정의 등록절차를 거치지 아니하

32) 대법원 2007. 6. 29.자 2007마224 결정.

33) 윤종행, "종교인의 지위와 종교단체의 관리운영에 관한 우리나라 판례의 동향", 앞의 글, 320−321면 참조.

였다고 하여, 그 폐쇄를 명한 서울특별시 서부교육청교육장의 처분의 무효확인을 구한 사건이다.

대법원은 우선, 헌법상의 종교의 자유에는 특정 종교단체가 그 종교의 성직자와 교리자를 자체적으로 교육시킬 수 있는 종교교육의 자유도 포함되지만, 그 종교교육이 종교단체 내부의 순수한 성직자 또는 교리자 교육과정으로 행하여지는 것이 아니라, 구 교육법상의 학교나 학원의설립·운영에관한법률상의 학원의 형태를 취하는 경우에는, 국민의 교육을 받을 권리를 적극적으로 보호하기 위하여, 교육기관의 설립에 일정한 설비·편제 기타 설립기준 등을 갖출 것을 요구하고 있는 구 교육법과 학원의설립·운영에관한법률의 규제를 받게 된다고 보았다. 따라서 이러한 구 교육법과 학원의설립·운영에관한법률상의 규제를 들어, 헌법상의 종교의 자유를 침해하거나 평등의 원칙 등에 위배된 것이라고 할 수 없다고 판시하였다.

이어서 대법원은, 교육법 소정의 학교를 설립·운영하기 위하여는 설립인가를 받아야 하고, 그러한 설립인가를 받지 아니한 학교에 관하여는 그 설립·운영자에 대하여 폐쇄를 명할 수 있는 것이므로, 이 사건 신학연구원이 교육법 소정의 학교에 해당하므로, 이 사건 신학연구원의 폐쇄를 명한 처분의 근거가 될 수 있다고 보았다. 결국 대법원은, '대한예수교 장로회 총회 신학연구원'이라는 명칭의 교육기관이 구 교육법 소정의 학교에 해당하므로, 동법에서 규정하는 인가요건을 결하였다는 이유로 그 폐쇄를 명한 처분은 적법하다고 판단하였다.[34]

종교 교육기관이 순수한 종교단체 내부의 성직자 또는 교리자 양성기관으로서의 성격만이 아니라 교육법상의 학교 혹은 학원법상의 학원에 해당하므로, 국민의 교육을 받을 권리와도 관련이 있고, 교육법상의 인가요건을 갖추어야 한다는 입장에서, 종교 교육기관에 대한 폐쇄명령 처분이 헌법상의 종교의 자유를 침해하거나 평등의 원칙 등에 위배된 것이라고 할 수 없다고 판시한 사례이다.[35]

34) 대법원 2001. 2. 23. 선고 99두6002 판결.

35) 윤종행, "종교인의 지위와 종교단체의 관리운영에 관한 우리나라 판례의 동향", 앞의 글, 322면 참조.

Ⅳ. 소 결

유럽과 미국에서 형성된 정교분리의 원칙은, 오늘날 우리나라를 포함한 대부분의 나라에서 수용하고 있는 일반원칙으로 확립되었다. 오늘날 미연방 대법원은 정교분리의 원칙에 기본적으로 매우 엄격한 입장이지만, 정부가 성탄절에 전통적인 상징물을 설치하는 것에 대하여는 포용적인 해석을 하고 있음을 알 수 있다. 또한 종교단체에 공익적 기능이 있을 경우 세금감면, 재정지원 등의 혜택을 부여하고, 인종차별적 정책을 시행한 학교에 대하여 세금혜택을 취소하더라도, 정교분리의 원칙이나 평등의 원칙에 반하지 않는다고 해석하는, 실용주의적 접근을 하고 있음을 알 수 있다.

종교인의 지위와 종교단체의 관리·운영에 관한 우리나라 판례의 동향을 살펴보면, 정교분리의 원칙과 직접 관련되어 있다. 우선 종교인의 지위와 관련하여 법원은, 교회 소속 전도사가 근로기준법상 근로자에 해당하는지에 대하여, 임금을 받았는지, 근로소득세 원천징수를 하였는지, 그리고 국민연금보험과 건강보험에 가입하였는지 등을 판단의 기준으로 하고 있음을 알 수 있다. 그리고 방송프로그램에서 공표된 보도내용에 의하여 피해를 입은 종교단체 지도자의 반론보도심판청구와 관련하여, 대법원은 방송사가 신청인이 주장하는 반론보도요구문의 내용 중 상당하다고 인정하는 일정한 부분의 반론보도문을 방송할 의무가 있다고 판시한 바 있다.

그리고 종교단체에 대한 과세와 관련하여, 종중이 소유한 토지 및 지상 제실에 대해, 제사를 목적으로 하는 단체가 해당 사업에 직접 사용하는 부동산으로 보아, 구 지방세특례제한법상의 재산세 면제 대상이라고 본 판례가 있다. 현행 세법을 정비하여 종교인과 종교단체의 개념, 과세 대상인 종교인 소득의 범위 등에 대한 명확한 기준을 명확히 함으로써, 공평과세에 대한 국민의 신뢰를 제고할 필요가 있다. 또한 지방자치단체가 유서 깊은 '풍수원성당' 일대를 문화관광지로 조성하기 위하여, 상급 단체로부터 문화관광지 조성계획을 승인받은 후 사업부지 내 토지 등을 수용재결한 사안에서, 대법원은 그 계획의 승인과 그에 따른 토지 등 수용재결이 헌법의 정교분리원칙이나 평등권에 위배되지 않는다고 판시하였다. 이미 문화적 가치로 성숙한 종교적인 의식, 행사, 유형물에 대한 국가·지방자치단체의 지원은, 일정 범위 내에서 전통문화의 계승·발전이라는 문화국가원리에 부합하므로, 정교분리원칙에 위배되지 않는다는 대법원 판단의 근거 제시는 타당하다고 본다. 그리고 전통사찰의 분규와 관련하여, 문화적 가치가 큰 전통사찰의 관리에 국가의 개입과 재산관리인 제도는, 정교분리의 원칙과 과잉금지의 원칙, 그리고 평등의 원칙에 위배되지 않고, 종교의 자유를 침해하지 않는다고 본 대법원 판단의 근거 제시는 설득력이 있다고 본다. 그리고 건물의 신축으로 인하여 사찰의 조망과 일조권뿐만 아니라 사찰 고유의 종교적 환경이 침해된다고 본 대법원의 판단은, 자유로운 종교활동의 환경을 중요시한 점에서 타당하다고 생각된다.

다음으로 종교단체의 관리·운영 등과 관련하여, 종교법인에 대한 설립허가 취소가 문제된 사안에서 대법원은, 종교법인으로 말미암아 사회적 갈등이 생길 염려가 있고 공익을 해하는 경우에 해당한다는 이유로, 종교법인의 설립허가를 취소한 처분의 정당성 평가에 있어서 매우 신중한 태도를 취하고 있음을 알 수 있다. 그리고 종교단체에 대하여 설립불허가처분을 한 사안에서, 이슬람 종교단체 설립과 활동이 공공의 안전 또는 또는 사회질서를 위협한다고 볼 수 없으므로, 지방자치단체가 '특정 종교 밀집으로 인한 주민 불안 및 선교사업으로 인한 지역주민 민원 발생 등 법인 설립으로 지역사회 갈등이 야기될 수 있다'는 이유로 설립불허가처분을 한 것은 위법하다고 본 법원의 판단을 수긍할 수 있다고 본다. 종교단체 설립으로 인하여 지역사회 갈등이 야기될 수 있을 것이라는 판단에 합리성이 있다고 보기 어려울 뿐만 아니라, 정당한 사유가 없는 법인설립 불허가처분은 종교단체 설립의 자유를 침해하는 것이라고 볼 수 있기 때문이다. 그리고 종교활동을 포함하고 있는 종교적 아동보호치료시설에서 아동 구타 등 아동학대가 발생하였다는 등의 이유로, 사회복지법인 설립허가를 취소하고, 시설을 폐쇄한 행정처분의 적법성을 인정한 사례도 있었다. 아동학대의 심각성과 위험성을 고려할 때 타당한 결론이라고 본다.

그리고 종단의 관리·운영에 대한 국가의 개입과 관련하여, 대법원이 종교적 집회·결사의 자유, 종교단체의 종교활동의 자유 및 조직과 운영의 자율성은 최대한 보장되어야 하므로, 임시이사의 선임 등 종단의 조직·운영 등에 대한 법원의 개입은 필요최소한에서 이루어져야 하고, 특히 종단의 정체성을 표창하고 신도들의 신앙적 일체감을 지지·통합하는 구심점 역할을 수행하는 지위에 있는 종단의 대표자의 선임에 법원이 개입하는 것은 매우 신중히 제한되어야 한다고 본 것은 타당하다. 그리고 대법원은, 교회의 권징재판이 원칙적으로 사법심사의 대상이 되지 아니한다는 입장이지만, 권징재판의 효력에 대한 법원의 판단이 요구되는 예외적 상황으로서, 권징재판의 효력 유무와 관련하여 구체적인 권리 또는 법률관계를 둘러싼 분쟁이 존재하고, 또한 그 청구의 당부를 판단하기에 앞서 그 징계의 당부를 판단할 필요가 있어야 한다는 요건을 명시하고 있다. 아울러 그 판단의 내용이 종교 교리의 해석에 미치지 아니하는 범위에 제한되어야 함을 밝히고 있다. 대법원이 정교분리의 원칙에 충실하면서, 교회 내부의 분쟁에 개입하는 것에 매우 신중을 기하고 있는 입장임을 알 수 있다. 또한 대법원은, 종교교육기관이 순수한 종교단체 내부의 성직자 또는 교리자 양성기관으로서의 성격만이 아니라, 교육법상의 학교 또는 학원법상의 학원에 해당하므로, 국민의 교육을 받을 권리와도 관련이 있고, 교육법상의 인가요건을 갖추어야 한다는 입장에서, 종교 교육기관에 대한 폐쇄명령 처분이 헌법상의 종교의 자유를 침해하거나 평등의 원칙 등에 위배된 것이라고 할 수 없다고 판시한 바 있다.

종교인, 종교단체의 종교활동의 자유와 정교분리의 원칙에 대한 법원의 시각과 판결은, 그동안의 판례에서 보인 바와 같이, 비례성의 원칙과 최소침해의 원칙에 따라 상충하는 여러 법익을 비교형량하고, 종교의 자유를 최대한 보장하는 방향으로 평등의 원칙에 위배됨이 없어야 할 것이다. 아울러 쟁점에 대한 보다 구체적 판단기준이 판례에서 형성되어 정립됨으로써, 판결에 대한 국민의 예견 가능성을 제고하는 방향으로 나아가야 할 것이다.[36]

---

36) 윤종행, “종교인의 지위와 종교단체의 관리운영에 관한 우리나라 판례의 동향”, 앞의 글, 322－325면 참조.

제6장

종교단체의 내부 의사결정과정 등에 관한 우리나라 판례의 동향

(Trends in Court Decisions on the Internal Decision-making Processes of Religious Organizations)

Ⅰ. 서

본 장에서는 종교의 자유, 그중에서도 정교분리의 원칙과 관련하여, 종교단체의 내부 의사결정과정 등에 관한 우리나라 판례의 동향을 살펴보고자 한다. 기독교와 불교 단체의 내부 의사결정과정에 대한 법적 다툼이 많다. 우리나라 법원은 원칙적으로 정교분리의 원칙에 따라 종교단체의 자율성을 존중하여 종교단체의 내부 의사결정과정에 개입하는 것을 꺼리지만, 예외적인 상황에서는 사법적 판단을 통하여 국민의 권리구제와 종교의 자유 보호를 아울러 추구하고 있다.[1)] 종교단체란 예배의 시설을 갖춘 사원, 사찰, 교회, 수도원 기타 이와 유사한 단체를 포괄하며 종교 목적을 수행하기 위하여 설립된 법인이나 법인격 없는 사단, 재단 또는 기타 단체라고 할 수 있다.[2)] 이에 대한 우리나라 판례의 흐름을 파악

1) 윤종행, “종교단체의 내부 의사결정과정 등에 관한 우리나라 판례의 동향”, 『동북아법연구』(전북대) 제16권 제4호, 2023, 149－150면 참조.

하는 것은 앞으로의 입법과 판례의 형성에 유익한 자료로 활용될 것이고, 종교 관련 분쟁의 평화로운 해결에 기여할 것으로 기대한다.

이하에서는, 종교단체의 내부 의사결정과정 등에 관한 1980년대 이후 현재까지의 우리나라 대법원과 하급심 판례 등을 분석하여, 최신 판례 우선으로 시간적 순서에 따라 소개하고자 한다. 그 내용에 따라, 종교단체 총회 재판의 효력, 종교단체의 내부결의, 교단의 징계처분, 기타 종교단체의 종단소속 관계, 그리고 교인이 교회를 상대로 한 열람·등사청구권 등에 관한 것으로 분류하였다.

Ⅱ. 종교단체 총회 재판의 효력

(1) 서울고법 2021. 11. 30.자 2021라20866 결정 [총회재판위원회판결효력정지가처분]

甲이 기독교대한감리회 교단(乙 교단) 산하 지역연회 소속 丙 교회의 담임목사로 재직하던 중, 丙 교회 장로들이 甲을 고소·고발하여 1심인 지역연회 재판위원회가 甲을 '정직 2년'에 처하는 판결을 선고하였고, 이에 甲이 상소하였으나 2심인 기독교대한감리회 총회 재판위원회가 甲을 '면직'에 처하는 판결을 선고하자, 甲이 판결의 효력정지를 구하는 가처분을 신청한 사안이다.

서울고등법원은 지역연회 판결보다 甲에게 불이익한 '면직'을 선고한 총회 판결은 불이익변경금지원칙에 위반된다는 이유 등으로, 甲의 가처분신청을 인용하였다. 기독교대한감리회 교단의 장정에서 "이 재판법에 규정되지 아니한 사항은 사회 재판법에 준한다."라고 정하고 있으므로, 여기에서 말하는 '사회 재판법'에 형사소송법의 일반 규정이 포함된다고 봄이 타당하다고 보았다. 따라서 乙 교단의 재판이 2심제의 심급제도로 운영되고 있는 이상, 피고소인인 甲의 상소권

2) 최병곤·서희열, "종교단체의 과세제도에 관한 연구", 『조세연구』 제15권 제2집, 2015, 98면; 박윤경, "헌법상 종교의 자유와 종교단체의 과세제도에 관한 연구 – 종교단체에 대한 과세제도의 개선방안을 중심으로 –", 『청파법학』(숙명여자대학교 법학연구소 특성화센터) No. 14, 2017, 57–59면 참조.

을 실질적으로 보장해 주기 위해서는, 총회 판결에도 형사소송법 제368조에서 정한 불이익변경금지원칙이 적용된다고 보아야 한다고 판시하였다.[3]

교단의 장정에서 "이 재판법에 규정되지 아니한 사항은 사회 재판법에 준한다."라고 정하고 있으므로, 교단의 재판에서도 형사소송법의 일반원칙인 불이익변경금지의 원칙이 적용된다고 판시한 점이 그 요지이다.[4]

(2) 대법원 2014. 12. 11. 선고 2013다78990 판결 [총회재판국판결무효확인]

이는 대한예수교장로회(甲 교단) 소속 강북제일교회(乙 교회)가 丙을 위임목사로 청빙하는 것을 승인해 달라는 요청을 하여, 甲 교단의 하급 치리회인 노회에서 청빙승인결의를 하였는데, 甲 교단의 최고 치리회인 총회에서 위임목사 청빙승인결의 무효확인 및 丙에 대한 목사안수결의 무효확인 총회판결을 하자, 乙 교회가 총회판결의 무효확인과 丙의 대표자 지위 확인을 구하는 소를 제기한 사안이다.

대법원은 우선, 乙 교회는 목사나 위임목사로서의 지위가 부인된 직접적인 당사자가 아니므로, 총회판결의 무효확인을 구할 법률상 이익의 근거가 될 수 없다고 보았다. 따라서 총회판결에 의하여 침해된 乙 교회의 이익이란 설교와 예배인도 등을 담당할 위임목사를 자율적으로 청빙할 수 있는 이익이라고 볼 수 있는데, 그것 자체는 乙 교회의 종교적 자율권과 관계된 사항일 뿐, 일반 국민으로서의 권리·의무나 법률관계와 관련이 있는 사항이라고 보기 어렵다고 판단하였다. 대법원은 결국, 총회판결로 인하여 위임목사 청빙과 관련한 乙 교회의 종교적 자율권이 제한받게 되었다고 하더라도, 甲 교단의 종교적 자율권이 보장되어야 하므로, 위 총회판결은 사법심사의 대상이 되지 않는다고 판시하였다.

아울러 대법원은, 법인 아닌 사단으로서의 실체를 갖춘 개신교 교회는 단독으로 종교활동을 할 수도 있지만, 교리의 내용, 예배의 양식, 신앙공동체로서의 정체성, 선교와 교회행정에 관한 노선과 방향 등에 따라 특정 교단의 지교회로

---

3) 서울고법 2021. 11. 30.자 2021라20866 결정.

4) 윤종행, "종교단체의 내부 의사결정과정 등에 관한 우리나라 판례의 동향", 앞의 글, 151면 참조.

가입하거나 새로운 교단을 구성하여 다른 지교회의 가입을 유도할 수도 있다고 판단하였다. 이때 각 지교회가 소속된 특정 교단은 교리의 내용 등 해당 교단의 고유한 특성과 교단 내에서의 종교적 질서를 유지하는 것을 존립 목적으로 하게 되고, 교단은 존립 목적을 위하여 필요한 경우 교단 헌법을 제정·개정·해석하고, 행정쟁송 등 교단 내의 각종 분쟁을 처리하며, 목사 등 교역자의 자격 요건을 정하며, 소속 지교회를 지휘·감독하는 등의 기능을 수행한다고 보았다. 따라서 종교단체의 자율권 보장의 필요성은 지교회뿐만 아니라 지교회의 상급단체인 교단에도 동일하게 적용되므로, 양 종교단체의 종교적 자율권은 모두 보장되어야 한다고 보았다. 그런데 경우에 따라서는 지교회와 교단 사이에 종교적 자율권이 상호 충돌할 수 있고, 이 경우 교단의 존립 목적에 비추어 지교회의 자율권은 일정한 제한을 받을 수밖에 없다고 보았다. 즉, 교단이 각 지교회의 자율권을 제한 없이 인정하면, 해당 교단의 고유한 특성과 교단 내에서의 종교적 질서 유지라는 교단의 존립 목적을 달성하는 것이 곤란하게 된다고 판단하였다.[5]

나아가, 지교회가 특정 교단 소속을 유지하는 것은 해당 교단의 지휘·감독을 수용하겠다는 지교회 교인의 집합적 의사의 표현으로 볼 수 있으므로, 소속 교단에 의하여 지교회의 종교적 자율권이 제한되는 경우, 지교회로서는 교단 내부의 관련 절차에 따라 문제를 해결하여야 하고, 관련 내부 절차가 없거나 그 절차에 의하여도 문제가 해결되지 않는 경우, 지교회로서는 그 제한을 수인할 수밖에 없다고 판시하였다. 따라서 지교회의 일반 국민으로서의 권리·의무나 법률관계와 관련된 분쟁에 관한 것이 아닌 이상, 교단의 종교적 자율권 보장을 위하여 교단의 내부관계에 관한 사항은 원칙적으로 법원에 의한 사법심사의 대상이 되지 않는다고 본 것이다.

본 대법원 판례의 요지는, 정교분리의 원칙에 따라 종교단체의 내부 의사결정과정에 대한 법원의 불개입 원칙을 확인하고, 교단의 고유한 특성과 교단 내에서의 종교적 질서 유지라는 교단의 존립 목적을 달성을 위한 교단의 지휘·감독이 필요하므로, 일정한 범위에서 교단 소속 지교회의 자율권이 제한된다고 본 것이다. 아울러 각 총회 판결에 의하여 침해되었다고 주장하는 원고 교회 자신의 이익

5) 대법원 2014. 12. 11. 선고 2013다78990 판결.

은, 설교와 예배 인도 등을 담당할 위임목사를 자율적으로 청빙할 수 있는 이익이라고 볼 수 있는데, 이는 원고 교회의 종교적 자율권과 관계된 사항일 뿐, 그것 자체는 원고 교회의 일반 국민으로서의 권리·의무나 법률관계와 관련이 있는 사항이라고 보기 어려우므로, 사법심사의 대상이 아니라고 본 점이다. 대법원은, 지교회의 종교적 자율권만이 아니라 지교회 소속 교단의 종교적 자율권도 보장되어야 하므로, 일정한 범위에서 교단 소속 지교회의 자율권이 제한될 수 있으며, 지교회가 교단 총회 판결의 무효확인과 丙의 대표자 지위 확인을 구하는 소를 제기하는 것은, 일반 국민으로서의 권리·의무나 법률관계와 관련이 있는 사항이라고 보기 어려우므로, 사법심사의 대상이 되지 않는다는 입장임을 알 수 있다.[6]

Ⅲ. 종교단체의 내부결의에 대한 다툼

(1) 대법원 2015. 4. 23. 선고 2013다20311 판결 [사무총회결의무효확인]

본 사안은 교회의 정회원인 교인이 교회의 사무총회에서 소외인 등을 장로로 선출한 결의의 무효확인을 구한 사안이다.

대법원은, 교회의 정회원에 불과한 한 교인은 위 결의에 의하여 장로의 지위가 부여되는 직접적인 당사자가 아니므로, 소외인 등에게 장로의 지위가 부여됨으로써 소외인 등이 교회에서 누리는 개인적 지위가 영향을 받는다는 것이, 위 교인이 위 결의의 무효 확인을 구할 법률상 이익의 근거가 될 수 없다고 보았다. 또한 위 결의와 관련하여 위 교인의 구체적인 권리 또는 법률관계를 둘러싼 분쟁이 존재하지 않는다고 판단하였다. 따라서 위 결의의 무효 확인을 구하는 소는, 사법심사의 대상이 되지 않는 사항에 대한 것으로서 부적법하다고 보았다.[7]

종교활동은 헌법상 종교의 자유와 정교분리의 원칙에 의하여 국가의 간섭으로부터 그 자유가 보장되어 있으므로, 종교단체 내부관계에 관한 사항에 대하

6) 윤종행, "종교단체의 내부 의사결정과정 등에 관한 우리나라 판례의 동향", 앞의 글, 152면 참조.

7) 대법원 2015. 4. 23. 선고 2013다20311 판결.

여는 그것이 일반 국민으로서의 권리·의무나 법률관계를 규율하는 것이 아닌 이상, 당해 종교단체의 자율권을 최대한 보장하여야 하고, 원칙적으로 법원에 의한 사법심사의 대상이 되지 않는다는 종래 대법원의 입장[8]을 확인한 판례이다.[9]

(2) 대법원 2015. 2. 16. 선고 2011다101155 판결 [종회의원선거무효확인등]

이 판결은 피고 대한불교원효종(피고 원효종)이 2009. 4. 3. 당선 확정한 종회의원의 선출과, 2009. 4. 13.경 한 총무원장 임명에 대하여, 대한불교원효종 소속 신자(종도)들이 무효확인의 소를 제기한 사건이다. 대법원은, 법인 아닌 사단인 종교단체의 대표자 또는 구성원의 지위에 관한 확인소송에서, 그 대표자 또는 구성원 개인을 상대로 제소하는 경우에는, 그 청구를 인용하는 판결이 내려진다 하더라도 그 판결의 효력이 해당 단체에 미친다고 할 수 없기 때문에, 대표자 또는 구성원의 지위를 둘러싼 당사자들 사이의 분쟁을 근본적으로 해결하는 가장 유효적절한 방법이 될 수 없다고 보았다. 따라서 그 단체를 상대로 하지 않고 대표자 또는 구성원 개인을 상대로 한 청구는, 확인의 이익이 없어 부적법하다고 판단하였다.[10]

정교분리의 원칙에 충실하게, 종교단체의 내부 의사 결정 과정에 대한 법원의 불개입 원칙을 확인한 판례이다.[11]

(3) 대법원 2011. 10. 27. 선고 2009다32386 판결 [제명처분무효확인청구]

이는 기독교대한성결교회 소속 甲 교회의 교인 乙 등과 담임목사를 비롯한 다른 교인들 사이에, 장로 선출을 둘러싼 분쟁 및 담임목사에 대한 이단 고발 등으로 갈등이 심화되어, 甲 교회가 정기당회에서 교단 임시헌법에 근거하여 乙 등

8) 대법원 2011. 10. 27. 선고 2009다32386 판결; 대법원 2014. 12. 11. 선고 2013다78990 판결 등 참조.

9) 윤종행, “종교단체의 내부 의사결정과정 등에 관한 우리나라 판례의 동향”, 앞의 글, 153면 참조.

10) 대법원 2015. 2. 16. 선고 2011다101155 판결; 대법원 1991. 7. 12. 선고 91다12905 판결; 대법원 2011. 2. 10. 선고 2006다65774 판결 등 참조.

11) 윤종행, “종교단체의 내부 의사결정과정 등에 관한 우리나라 판례의 동향”, 앞의 글, 153면 참조.

을 교적에서 제적하는 결의를 한 사안이다. 대법원은, 위 제적결의 및 효력 등에 관한 사항은 사법심사의 대상이 아니라고 판시하였다.

대법원은 우선, 甲 교회가 제적결의를 통하여 종교단체로서 교리를 확립하고 신앙상의 질서를 유지하는 한편, 해교행위를 하는 교인들을 구성원에서 배제하는 방법으로 조직의 안정과 화합을 도모하려고 하였던 것임이 인정되므로, 위 제적결의 및 효력 등에 관한 사항은 甲 교회 내부의 자율에 맡겨야 한다고 보았다. 또한 담임목사의 이단성에 대한 다툼이 제적결의의 원인 또는 이유의 하나로 작용하였으므로, 위 제적결의는 甲 교회 및 甲 교회가 속한 교단의 종교상의 교의 또는 신앙의 해석에 깊이 관련되어 있으며, 나아가 제적결의의 효력 유무가 구체적 권리·의무에 관한 청구의 전제문제로 다투어지는 사안이라고 보기 어렵다고 보았다. 그리고 제적결의의 교회법적 정당성을 재단할 적법한 권한을 가진 상급 치리회가 존재하여 교단 내에서 자율적 문제 해결이 가능하며, 제적결의를 위한 당회 소집 및 결의 절차 등에 정의관념에 비추어 묵과하기 어려울 만큼 중대한 하자가 있다고 할 수 없는 점 등을 고려할 때, 위 제적결의 및 효력 등에 관한 사항은 사법심사의 대상이 아니라고 판시하였다.[12]

아울러 대법원은 다음과 같이 설시하였다. 종교활동은 헌법상 종교의 자유와 정교분리의 원칙에 의하여 국가의 간섭으로부터 그 자유가 보장되어 있다. 따라서 국가기관인 법원으로서도 종교단체 내부관계에 관한 사항에 대하여는, 그것이 일반 국민으로서의 권리·의무나 법률관계를 규율하는 것이 아닌 이상, 원칙적으로 실체적인 심리·판단을 하지 아니함으로써 당해 종교단체의 자율권을 최대한 보장하여야 한다. 한편 종교단체가 그 교리를 확립하고 종교단체 및 신앙의 질서를 유지하기 위하여, 교인으로서의 비위가 있는 사람을 종교적인 방법으로 제재하는 것은 종교단체 내부의 규제로서, 헌법이 보장하는 종교의 자유의 영역에 속하는 것이다. 따라서 교인의 구체적인 권리 또는 법률관계에 관한 분쟁이 있어서, 그에 관한 청구의 당부를 판단하는 전제로 종교단체의 교인에 대한 징계의 당부를 판단하는 것은 별론으로 하더라도, 법원이 그 징계의 효력 자체를 사법심사의 대상으로 삼아 효력 유무를 판단할 수는 없다. 그러나 교인으로서 비위

12) 대법원 2011. 10. 27. 선고 2009다32386 판결.

가 있는 자에게 종교적인 방법으로 징계·제재하는 종교단체 내부의 규제(권징재판)가 아닌 한, 종교단체 내에서 개인이 누리는 지위에 영향을 미치는 단체법상의 행위라 하여, 반드시 사법심사의 대상에서 제외하거나 소의 이익을 부정할 것은 아니다. 그렇다고 하여도 종교단체가 헌법상 종교의 자유와 정교분리의 원칙에 기초하여 그 교리를 확립하고 신앙의 질서를 유지하는 자율권은 최대한 보장되어야 한다. 따라서 종교단체의 의사결정이 종교상의 교의 또는 신앙의 해석에 깊이 관련되어 있다면, 그러한 의사결정이 종교단체 내에서 개인이 누리는 지위에 영향을 미치더라도, 그 의사결정에 대한 사법적 관여는 억제되는 것이 바람직하다.[13]

요컨대 대법원은, 종교단체의 제적결의 등 권징재판은 정교분리의 원칙상, 일반 국민으로서의 권리·의무나 법률관계를 규율하는 것으로서, 제적결의의 효력 유무가 구체적 권리·의무에 관한 청구의 전제문제로 다투어지는 것이 아닌 이상, 원칙적으로 사법심사의 대상이 되지 아니한다는 원칙을 확립하고 있다. 그러나 제적결의를 위한 당회 소집 및 결의 절차 등에 정의관념에 비추어 묵과하기 어려울 만큼 중대한 하자가 있는 경우에는 법원에서 다투어질 수 있고, 종교단체 내에서 개인이 누리는 지위에 영향을 미치는 단체법상의 행위라 하여 반드시 사법심사의 대상에서 제외하거나 소의 이익을 부정할 것은 아니라고 보고 있다. 다만, 종교단체의 의사결정이 종교상의 교의 또는 신앙의 해석에 깊이 관련되어 있다면, 그러한 의사결정이 종교단체 내에서 개인이 누리는 지위에 영향을 미치더라도, 그 의사결정에 대한 사법적 관여는 억제되는 것이 바람직하다는 입장이다. 종교상의 교의 또는 신앙의 해석에 깊이 관련된 종교단체의 의사결정에 대하여서는 정교분리의 원칙을 엄격하게 적용하고 있음을 알 수 있다.[14]

13) 대법원 2011. 10. 27. 선고 2009다32386 판결.
14) 윤종행, “종교단체의 내부 의사결정과정 등에 관한 우리나라 판례의 동향”, 앞의 글, 155면 참조.

(4) 대법원 2010. 5. 27. 선고 2009다67658 판결 [공탁금출급청구권확인]

이는 일부 교인들이 소속 교단을 탈퇴하고 다른 교단에 가입하기로 하는 내용의 교단변경 결의를 한 경우, 교단변경에 찬성한 교인들이 종전 교회에서 탈퇴한 것인지 여부가 문제된 사안이다. 대법원은 이 사건 대한예수교장로회 광성교회의 일부 교인들이 기존에 소속된 대한예수교장로회 통합교단으로부터 탈퇴하고, 한국 독립교회·선교단체 연합회에 가입한다는 내용의 교단변경 결의에 찬성한 광성교회의 교인들이, 종전 교회에서의 탈퇴까지 의도하였다거나 자신들만을 교인으로 한정하여 광성교회와 별개의 교회를 설립하였다고 단정할 수 없다고 판단하였다. 그리고 지교회의 당회장인 목사 甲이 노회 재판국으로부터 직무정지 가처분 결정을 받아 당회장으로서의 모든 권한이 정지되는 등 당회장의 결원이 생기자, 지교회가 속한 교단의 노회가 목사 乙을 지교회의 임시 당회장으로 파송한 것은 적법하다고 보았다. 따라서 그 후 일시적으로 임시 당회장의 파송사유가 해소되었다 하더라도, 노회가 목사 甲에 대한 면직·출교처분 후 목사 乙을 임시 당회장으로 인정하여 그 직무수행을 승인하고 있는 이상, 목사 乙 및 그 후임 목사들은 모두 임시 당회장으로서 지교회를 대표할 권한이 있다고 판시하였다.[15)]

아울러 일부 교인들이 소속 교단을 탈퇴하고 다른 교단에 가입하기로 하는 내용의 교단변경을 결의하는 것은, 종전 교회를 집단적으로 탈퇴하는 것과 구별되는 개념이라고 보았다. 그러므로 교단변경에 찬성한 교인들이 종전 교회에서 탈퇴하였다고 평가할 수 있을지 여부는, 교회를 탈퇴한다는 취지의 의사표시를 하였는지 여부, 종전 교회가 따르던 교리와 예배방법을 버리고 다른 교리와 예배방법을 추종하게 되었는지 여부, 종전 교회와 다른 명칭을 사용하거나 종전 교회의 교리 등을 따르기를 원하는 나머지 교인들을 의도적으로 배제한 채 독립한 조직을 구성하거나, 종전 교리를 따르지 않는 새로운 목사를 추대하여 그를 중심으로 예배를 보는 등, 종전 교회와 별도의 신앙공동체를 형성하였다고 볼 수 있는지 여부, 스스로 종전 교회와 다른 조직임을 전제로 하는 주장이나 행위 등을 하여 왔는지 여부, 교단변경에 이르게 된 경위, 즉 단순히 종전 교회의 소속 교

15) 대법원 2010. 5. 27. 선고 2009다67658 판결.

단만을 변경하는데 그치겠다는 의사에서 결의에 나아간 것인지, 아니면 만약 교단변경의 결의가 유효하게 이루어지지 아니하여 종전 교회의 소속 교단이 그대로 유지된다면, 종전 교회에서 탈퇴하겠다는 의사를 갖고서 결의에 나아간 것인지 여부, 교단변경 결의가 유효하게 이루어지지 아니하는 경우 교회재산의 사용수익권을 잃는 것을 감수하고서라도 새로운 교회를 설립할 것인지, 아니면 사용수익권을 보유하면서 종전 교회에 남을 것인지 사이에서 교인들이 어떠한 선택을 하였다고 볼 것인지 여부 등, 여러 사정을 종합적으로 고려하여 판단하여야 한다고 판시하였다.

요컨대 대법원은, 일부 교인들이 소속 교단을 탈퇴하고 다른 교단에 가입하기로 하는 내용의 교단변경 결의를 한 경우, 교단변경에 찬성한 교인들이 종전 교회에서 탈퇴한 것인지 여부에 대한 판단에서, 종전 교회에서의 탈퇴까지 의도하였다거나 자신들만을 교인으로 한정하여 기존 교회와 별개의 교회를 설립하였다고 단정할 수 없다고 판단하였다. 또한 지교회의 당회장인 목사가 노회 재판국으로부터 직무정지 가처분 결정을 받아 당회장의 결원이 생기자, 지교회가 속한 교단의 노회가 다른 목사를 지교회의 임시 당회장으로 파송한 것은 적법하고, 파송된 목사 및 그 후임 목사들은 모두 임시 당회장으로서 지교회를 대표할 권한이 있다고 보았다. 아울러 교단변경에 찬성한 교인들이 종전 교회에서 탈퇴하였다고 평가할 수 있을지 여부에 관하여, 상세한 판단기준을 제시한 점은 매우 설득력이 있어 보인다.[16]

(5) 대법원 2008. 11. 27. 선고 2008다17274 판결 [창건주지위확인등]

이는 사찰의 이사회 결의의 효력 등과 관련하여 정교분리의 원칙, 즉 종교의 자유와 사법심사의 대상 여부가 문제된 사안이다. 대법원은 우선, 개인사찰을 운영하다가 피고 재단의 분원이 되기 위하여 피고 재단에 재산을 증여한 승려나 신도는 창건주로 인정되어, 해당 사찰의 운영 및 재산관리권을 행사하는 분원장(주지) 추천권, 재산관리인의 임명요청권 및 해임요청권 등을 보장받아, 증여 이

---

16) 윤종행, "종교단체의 내부 의사결정과정 등에 관한 우리나라 판례의 동향", 앞의 글, 157면 참조.

후에도 해당 사찰에 대한 관리권을 행사할 수 있고, 위 창건주의 지위는 승계 또는 위임에 의하여 이전시킬 수 있다고 보았다. 그러나 피고 재단이 창건주의 연고권에 관한 분쟁이 발생하였다는 등의 이유로 해당 사찰을 사고사찰로 지정하면 창건주의 위와 같은 권한 행사는 정지되고, 피고 재단 이사장이 이사회의 결의를 거쳐 해당 사찰의 재산관리인을 지정 또는 해임할 수 있다고 판단하였다. 따라서 위와 같은 피고 재단 내에서의 창건주의 지위 및 권한, 사고사찰 지정의 효과 등에 비추어 보면, 피고 재단 산하 사찰 등에 대한 창건주의 지위 확인을 구하거나, 그 지위에 관한 피고 재단의 이사회 결의의 효력을 다투는 것, 또는 피고 재단의 사고사찰 지정에 관한 이사회 결의의 효력을 다투는 것은, 단순한 종교상의 자격에 관한 시비에 불과한 것이 아니라, 구체적인 권리 또는 법률관계에 관한 분쟁으로서 사법심사의 대상이 된다고 보았다.[17)]

아울러 대법원은, 교인으로서 비위가 있는 자에게 종교적인 방법으로 징계·제재하는 종교단체 내부의 규제(권징재판)가 아닌 한, 종교단체 내에서 개인이 누리는 지위에 영향을 미치는 단체법상의 행위라 하여 반드시 사법심사의 대상에서 제외할 것은 아니라고 보았다.[18)] 또한 징계결의와 같이 종교단체 내부의 규제라고 할지라도, 그 효력의 유무와 관련하여 구체적인 권리 또는 법률관계를 둘러싼 분쟁이 존재하고, 또한 그 청구의 당부를 판단하기에 앞서 위 징계의 당부를 판단할 필요가 있는 경우에는, 그 판단의 내용이 종교 교리의 해석에 미치지 아니하는 한 법원으로서는 위 징계의 당부를 판단하여야 한다는,[19)] 종래 대법원 판례의 판단기준을 사용하였다.

요컨대 사찰의 이사회 결의의 효력 등과 관련하여 대법원은, 개인사찰을 운영하다가 피고 재단의 분원이 되기 위하여 피고 재단에 재산을 증여한 승려나 신도는 창건주로 인정되어, 증여 이후에도 해당 사찰에 대한 관리권을 행사할 수 있고, 위 창건주의 지위는 승계 또는 위임에 의하여 이전시킬 수 있다고 본 점이다. 아울러 사찰 등에 대한 창건주의 지위 확인을 구하거나, 그 지위에 관한 재

17) 대법원 2008. 11. 27. 선고 2008다17274 판결.
18) 대법원 2006. 2. 10. 선고 2003다63104 판결 참조.
19) 대법원 1992. 5. 22. 선고 91다41026 판결; 대법원 2005. 6. 24. 선고 2005다10388 판결 등 참조.

단의 이사회 결의의 효력을 다투는 것 등은, 단순한 종교상의 자격에 관한 시비에 불과한 것이 아니라, 구체적인 권리 또는 법률관계에 관한 분쟁으로서 사법심사의 대상이 된다고 판단한 점이다.[20)]

(6) 대법원 2008. 9. 25. 선고 2008도3198 판결 [공정증서원본부실기재·부실기재공정증서원본행사]

이는 지교회가 소속된 교단의 헌법상 지교회의 부동산을 특정 재단법인 앞으로 등기하도록 하는 규정이 있다고 하더라도, 지교회의 대표자가 지교회의 총회 결의 없이 지교회 교인들의 총유에 속하는 교회 부지 및 건물을 위 재단법인 명의로 소유권이전등기를 마친 행위는, 공정증서부실기재죄를 구성한다고 본 판결이다.

대법원은 우선, 교단이 정한 헌법이 지교회를 구속하기 위해서는 지교회가 교단 헌법을 교회 자신의 규약에 준하는 자치규범으로 받아들여야 하고, 그 내용이 지교회의 독립성이나 종교적 자유의 본질이 침해되지 않는 것이어야 함을 밝혔다. 따라서 교회의 교단 변경사실이나 교단 헌법상에 지교회의 토지나 건물 등 일체의 부동산을 재단법인 기독교대한성결교회 유지재단 명의로 등기하도록 규정되어 있다는 사정만으로, 지교회의 대표자가 교인들의 총회 결의 없이 교회 교인들의 총유에 속하는 교회 부지 및 건물을 기독교대한성결교회 유지재단 앞으로 경료한 소유권이전등기가, 실체적 권리관계에 부합하는 것이라고 할 수 없다고 봄으로써, 공정증서원본부실기재죄의 성립을 인정하였다.[21)]

지교회 교인들의 총유에 속하는 교회 부지 및 건물에 대한 처분과 관련하여, 지교회의 부동산을 특정 재단법인 앞으로 등기하도록 하는 교단의 헌법 규정보다, 지교회 교인들의 총회 결의를 우선시하는 것이 대법원의 입장임을 알 수 있다.[22)]

---

20) 윤종행, “종교단체의 내부 의사결정과정 등에 관한 우리나라 판례의 동향”, 앞의 글, 158면 참조.

21) 대법원 2008. 9. 25. 선고 2008도3198 판결.

22) 윤종행, “종교단체의 내부 의사결정과정 등에 관한 우리나라 판례의 동향”, 앞의 글, 159면 참조.

(7) 대법원 2008. 1. 10. 선고 2006다39683 판결 [공동의회결의무효확인]

이는 교회가 특정 교단에 가입하기 위한 절차적 요건을 충족하는지에 관하여, 교회의 공동의회결의무효확인을 구한 사안이다. 사실의 개요를 보면, 피고 교회가 종래 대한예수교장로회총회(개혁) 교단 전북노회에 소속되어 있었는데, 위 교단이 노량진총회, 성내동총회, 홍은동총회로 분열되었다. 이에 피고 교회 공동의회의 결의로 분열된 총회 중 어느 곳에도 가입하지 않고 관망하고 있던 중, 2003. 2. 9. 공동의회를 개최하여 대한예수교장로회총회(합동) 교단의 서북노회에 가입하기로 결의하였고, 2003. 2. 14. 가입하였다. 소외 1은 이 사건 2002. 3. 31.자 위임목사 겸 당회장 청빙결의에 따라 목사로 재직하다가 2003. 12. 1. 사임하였는데, 그 후임 목사인 소외 2 및 소외 3은 대한예수교장로회총회(합동) 교단으로부터 파송되었거나, 또는 위 교단의 헌법에 따른 청빙결의를 거쳐 피고 교회의 담임목사로 부임하게 되었다.

이 사건에서 대법원은, 특정 교단에 가입한 지교회가 교단이 정한 헌법을 지교회 자신의 자치규범으로 받아들였다고 인정되는 경우에는, 소속 교단의 변경은 실질적으로 지교회 자신의 규약에 해당하는 자치규범을 변경하는 결과를 초래한다고 보았다. 그리고 지교회가 자신의 규약을 갖춘 경우에는 교단변경으로 인하여 지교회의 명칭이나 목적 등 지교회의 규약에 포함된 사항의 변경까지 수반하기 때문에, 소속 교단에서의 탈퇴 또한 소속 교단의 변경은 사단법인 정관변경에 준하여 의결권을 가진 교인 2/3 이상의 찬성에 의한 결의를 필요로 하고,[23] 이러한 법리는 교단에 소속되지 않은 독립 교회가 특정 교단에 가입하기로 결의한 경우에도 동일하게 적용된다는 종래의 입장[24]을 확인하였다.

아울러 이미 사임한 목사에 대한 청빙결의의 효력을 다툴 법률상 이익이 존재하는지 여부는, 교단변경결의 또는 교단가입결의에 따라 이루어진 새로운 소속 교단의 후임 목사들에 대한 파송 및 청빙결의가 적법한지 여부에 따른다고 보았다. 따라서 먼저 교단변경결의 또는 교단가입결의가 그 결의요건을 갖추었

23) 대법원 2006. 4. 20. 선고 2004다37775 전원합의체 판결 참조.

24) 대법원 2006. 6. 9.자 2003마1321 결정 참조.

는지 여부를 심리한 다음, 이에 따라 이루어진 후임 목사들에 대한 파송 및 청빙결의의 효력 유무를 판단하여야 한다고 판시하였다.

또한 이미 사임한 소외 1에 대한 이 사건 2002. 3. 31.자 위임목사 겸 당회장 청빙결의의 효력을 다툴 법률상 이익이 존재하는지 여부는, 그의 후임 목사들에 대한 파송 또는 청빙결의가 적법한지 여부에 따른다고 보았다.[25] 따라서 원심으로서는 먼저 2003. 2. 9.자 결의 당시 피고 교회의 소속 교단과 그 결의의 내용을 확정하고, 나아가 그 결의가 교단변경결의 또는 교단가입결의로서의 요건을 갖추었는지 여부를 심리한 다음, 이에 따라 소외 1의 사임 후 이루어진 소외 2에 대한 목사 파송 및 소외 3에 대한 목사청빙결의의 효력 유무를 판단하고, 그 이후 비로소 이 사건 2002. 3. 31.자 소외 1에 대한 위임목사 겸 당회장 청빙결의를 다툴 법률상 이익이 존재하는지 여부를 판단하였어야 했다고 판시하였다.[26]

요컨대, 교회의 소속 교단에의 가입, 탈퇴 또는 소속 교단의 변경의 경우, 사단법인 정관변경에 준하여 의결권을 가진 교인 2/3 이상의 찬성에 의한 결의를 필요로 한다는 것이 대법원의 입장이다. 그리고 이미 사임한 목사에 대한 청빙결의의 효력을 다툴 법률상 이익이 존재하는지 여부는, 교단변경결의 또는 교단가입결의에 따라 이루어진 새로운 소속 교단의 후임 목사들에 대한 파송 및 청빙결의가 적법한지 여부에 따르므로, 먼저 교단변경결의 또는 교단가입결의가 그 결의요건을 갖추었는지 여부를 심리한 다음, 이에 따라 이루어진 후임 목사들에 대한 파송 및 청빙결의의 효력 유무를 판단하여야 한다고 본 점이다.[27]

(8) 대법원 2006. 6. 30. 선고 2000다15944 판결 [소유권이전등기말소]

이는 교회의 내분에 의하여 교인들의 탈퇴와 교단변경 등의 와중에 교회의 재산귀속이 문제된 사안이다. 이 사안에서 대법원은 우선, 교회가 법인 아닌 사단으로서 존재하는 이상 그 법률관계를 둘러싼 분쟁을 소송적인 방법으로 해결함에 있어서는, 법인 아닌 사단에 관한 민법의 일반 이론에 따라 교회의 실체를

25) 대법원 1998. 12. 22. 선고 98다35754 판결 참조.

26) 대법원 2008. 1. 10. 선고 2006다39683 판결.

27) 윤종행, "종교단체의 내부 의사결정과정 등에 관한 우리나라 판례의 동향", 앞의 글, 160면 참조.

파악하고 교회의 재산 귀속에 대하여 판단하여야 함을 밝혔다. 그리고 교인들은 교회 재산을 총유의 형태로 소유하면서 사용·수익하고, 일부 교인들이 교회를 탈퇴하여 그 교회 교인으로서의 지위를 상실하게 되면, 이와 더불어 종전 교회의 총유 재산의 관리처분에 관한 의결에 참가할 수 있는 지위나 사용·수익권을 상실하고, 종전 교회의 재산은 그 교회에 소속된 잔존 교인들의 총유로 귀속됨이 원칙임을 밝혔다.

사실의 개요를 보면, 기독교 대한감리회 소속의 한 지교회 담임목사가, 1993. 12. 무렵 통제가 비교적 약한 장로교로 소속 교단을 옮기려고 시도하다가 장로들의 반대에 부딪혀 좌절되면서 내분을 겪게 되었다. 이에 담임목사직을 사임하기로 하여 교회로부터 퇴직금 명목의 돈과 부동산을 받고, 1994. 2. 20. 사식원을 제출하였다가 얼마 지나지 않아 사직 의사를 철회함으로써, 담임목사를 따르는 교인들과 소속 교단에 남으려는 교인들 사이에서 분쟁이 재연되었다. 이에 기독교 대한감리회 삼남연회는 1994. 5. 10. 종래의 담임목사를 종전 교회의 담임목사직에서 면직하고, 1994. 5. 23. 다른 사람을 종전 교회의 담임목사로 파송하였다. 이어서 1994. 6. 11. 종전 교회 명의로 등기되어 있던 판시 교회 건물 및 대지에 관하여 교단의 장정에 정하여진 지교회 재산의 처분 절차를 거쳐, 교단 소속 유지재단 명의로 소유권이전등기를 마쳤다. 그러자 종래의 담임목사 및 그를 지지하는 교인들은 1994. 6. 19. 별도로 교인 총회를 열어 소속 교단에서 탈퇴하고, 교회의 명칭을 甲 교회로, 대표자를 집사인 정문숙으로 하기로 결의한 다음, 종래의 담임목사 인도 하에 별도로 예배를 보는 등 활동을 해왔다.

이에 대하여 대법원은, 종전 교회는 기독교 대한감리회 교단에 소속된 지교회인데, 종래의 담임목사가 지지 교인들 일부를 이끌고 소속 교단을 탈퇴하여 별도의 대표자를 두고 종교활동을 하더라도, 특별한 사정이 없는 한 이는 일부 교인들이 집단적으로 종전 교회를 이탈한 것에 불과하다고 보았다. 따라서 위 교단 소속으로 잔류하기를 원하는 교인들로 구성되고 교단이 새로 파송한 목사가 재직하고 있는 교회가, 종전 교회로서 실체의 동일성을 유지하면서 존속하는 교회라고 보았다.[28)] 교회의 소속 교단의 탈퇴 및 일부 교인의 이탈과 관련하여 대법

28) 대법원 2006. 6. 30. 선고 2000다15944 판결.

원은, 사단법인 정관변경에 준하여 의결권을 가진 교인 2/3 이상의 찬성에 의한 결의를 통하여 소속 교단에서 탈퇴한 경우에는, 종전 교회의 실체가 이와 같이 교단을 탈퇴한 교회로서 존속하고, 종전 교회 재산은 위 탈퇴한 교회 소속 교인들의 총유로 귀속될 것이지만, 교단탈퇴의 결의에 2/3 이상 찬성 요건을 충족하지 못하면 종전 교회의 동일성은 여전히 종전 교단에 소속되어 있는 상태로서 유지된다는 입장이다. 따라서 이러한 요건을 충족하지 못하는 교단변경 결의에 찬성하고 종전 교회를 탈퇴하거나 다른 교단에 가입한 교인들은, 종전 교회 교인으로서의 지위와 종전 교회 재산에 대한 권리를 상실한다는 종래의 입장을 확인하였다.[29)]

요컨대, 교단에 소속되어 있던 지교회의 교인들의 일부가 소속 교단을 탈퇴하기로 결의한 다음, 종전 교회를 나가 별도의 교회를 설립하여 별도의 대표자를 선정한 경우에도, 교단탈퇴의 결의에 의결권 있는 종래 교인 2/3 이상 찬성이 없었다면, 그 교회는 종전 교회에서 집단적으로 이탈한 교인들에 의하여 새로이 설립된 법인 아닌 사단으로서 신설 교회로 보아야 하므로, 이들은 더이상 종전 교회의 재산에 대한 사용·수익권을 보유할 수 없다는 판결이다.[30)]

(9) 대법원 2006. 2. 10. 선고 2003다63104 판결 [공동의회결의무효확인]

이는 교회의 목사와 장로에 대한 신임투표를 위한 공동의회의 소집절차에 당회의 사전 결의를 거치지 아니한 하자가 있으나, 그 하자가 정의관념에 비추어 도저히 수긍할 수 없을 정도의 중대한 하자가 아니라는 이유로, 공동의회에서의 시무장로에 대한 불신임결의가 당연무효라고 볼 수 없다고 한 사례이다.

대법원은 우선, 우리 헌법이 종교의 자유를 보장하고 종교와 국가기능을 엄격히 분리하고 있는 점에 비추어, 종교단체의 조직과 운영은 그 자율성이 최대한 보장되어야 한다고 설시하였다. 따라서 교회 안에서 개인이 누리는 지위에 영향을 미칠 각종 결의나 처분이 당연무효라고 판단하려면, 그저 일반적인 종교단체

29) 대법원 2006. 4. 20. 선고 2004다37775 전원합의체 판결 참조.

30) 윤종행, “종교단체의 내부 의사결정과정 등에 관한 우리나라 판례의 동향”, 앞의 글, 162면 참조.

아닌 일반단체의 결의나 처분을 무효로 돌릴 정도의 절차상 하자가 있는 것으로는 부족하고, 그러한 하자가 매우 중대하여 이를 그대로 둘 경우 현저히 정의관념에 반하는 경우라야 한다는 입장을 명백히 하였다. 또한 교인으로서 비위가 있는 자에게 종교적인 방법으로 징계·제재하는 종교단체 내부의 규제(권징재판)가 아닌 한, 종교단체 내에서 개인이 누리는 지위에 영향을 미치는 단체법상의 행위라 하여 반드시 사법심사의 대상에서 제외하거나 소의 이익을 부정할 것은 아니라는 입장을 확인하였다. 아울러 후임 목사의 청빙을 위하여 당회 및 공동의회를 소집하고 주재하는 일이, 민법 제691조에 따라 당회장의 직무를 계속 수행하고 있는 은퇴목사의 직무범위에 속한다고 판시하였다.[31]

요컨대, 교회의 목사와 장로에 대한 불신임결의는 종교단체 내부의 권징재판과는 달리 사법심사의 대상이 될 수 있지만, 정교분리의 원칙상 일반단체의 결의나 처분의 효력과는 달리 가급적 무효확인 등 사법적 판단에 신중하여야 하므로, 불신임결의 절차상 하자가 정의관념에 비추어 도저히 수긍할 수 없을 정도의 중대한 하자인 경우에만 무효확인을 할 수 있다는 점이다. 또한 교인으로서 비위가 있는 자에 대한 권징재판이 아닌 한, 종교단체 내에서 개인이 누리는 지위에 영향을 미치는 단체법상의 행위라 하여 반드시 사법심사의 대상에서 제외하여서는 아니 된다는 입장을 확인하였다.

(10) 대법원 1993. 1. 19. 선고 91다1226 전원합의체 판결 [건물명도]

이는 교회의 일부 교인들은 종전 교단에 계속 남아 있고, 나머지 교인들이 소속 교단 변경을 결의하여 새로운 교단에 가입한 경우, 교회의 분열을 인정한 사례이다. 대법원은, 동일 교단에 소속되어 있던 교회의 일부 교인들이 종전의 소속교단에 계속 남아 있기로 하는 데 반하여, 나머지 교인들이 교회의 소속 교단을 변경하기로 결의하여 새로운 교단에 가입한 경우, 종전 교회는 새로운 교단에 소속된 교회와 잔류교인들로 이루어진 종전 교단에 소속된 교회의 2개로 분열된 것으로 보아야 한다고 판시하였다.

그리고 하나의 교회가 2개의 교회로 분열된 경우, 교회의 장정 기타 일반적

31) 대법원 2006. 2. 10. 선고 2003다63104 판결.

으로 승인된 규정에서 교회가 분열될 경우를 대비하여 미리 재산의 귀속에 관하여 정하여진 바가 없으면, 교회의 법률적 성질이 권리능력 없는 사단이므로 종전 교회의 재산은 분열 당시 교인들의 총유에 속하고, 교인들은 각 교회활동의 목적 범위 내에서 총유권의 대상인 교회재산을 사용·수익할 수 있다고 보았다. 따라서 교회재산 총유권자의 일부인 잔류교인들로써 이루어진 교회가 다른 총유권자들로써 이루어진 교회에 대하여 교회 건물의 명도를 구할 수 없고, 교회 건물의 등기명의가 한쪽 교회의 명의로 되어 있다고 하더라도 이는 위와 같은 총유재산임을 공시하는 한에서 유효하다고 보았다.

또한 종전 교회가 소속한 교단 헌법에 "교단의 교리나 법규를 준행하지 않거나 이탈한 자는 재산의 사용권을 가지지 못한다."고 규정되어 있는 경우, 교회와 소속 교단의 관계는 교회의 기본적 독립성이 인정되는 범위에서 정립되어야 하고, 교회의 기본재산은 특별한 사정이 없는 한 교회의 교인들이 자기들을 위하여 소유, 사용할 의사를 가진 것이라고 보아야 한다고 판시하였다. 또한 종교 자유의 원칙상 교회의 교인들이 소속 교단을 탈퇴하거나 변경할 수 있으며, 교회에서 탈퇴하지 않는 이상 교회 구성원의 지위를 상실하는 것은 아닌 점 등에 비추어 보면, 위 규정이 종전 교회의 교인들이 교회 자체를 탈퇴하여 교회 구성원의 지위를 상실하는 경우가 아니라, 다수 교인들이 소속 교단을 탈퇴하고 새로운 교단에 가입하여 별개의 교회를 결성함으로써 종전 교회가 2개의 교회로 분열된 경우에까지 구속력을 가진다고 할 수 없다고 보았다. 그리고 분열된 각 교회는 새로운 교인들을 받아들일 수 있는 것이므로, 분열 이후에는 반드시 분열 당시의 교인들에 한하여서만 종전 교회의 재산에 대한 사용·수익의 권한이 있는 것은 아니라고 판시하였다.[32]

요컨대, 하나의 권리능력 없는 사단인 교회의 일부 교인들이 소속 교단 변경을 결의하여 새로운 교단에 가입함으로써 두 교회로 분열된 경우, 교회의 장정 기타 일반적으로 승인된 규정에서 교회가 분열될 경우를 대비하여 미리 재산의 귀속에 관하여 정하여진 바가 없으면, 종전 교회의 재산은 분열 당시 교인들의 총유에 속한다고 본 판례이다.[33]

---

32) 대법원 1993. 1. 19. 선고 91다1226 전원합의체 판결.

Ⅳ. 종교단체의 징계처분에 대한 다툼

(1) 대법원 2019. 5. 16. 선고 2018다237442 판결 [해임결의무효확인]

대한예수교장로회 예장통합 소속 한 교회의 교인들이 임시공동의회를 개최하여 현 위임목사를 해임하는 결의를 하자, 위임목사가 교회를 상대로 위 결의는 교회가 속한 교단의 헌법과 헌법시행규정에 반하여 무효라며 해임결의무효확인을 구한 사안이다. 대법원은, 교단 헌법과 헌법시행규정의 내용을 해석할 때, 목사에게 시무사임을 권고할 수 있는 권한은 노회에 있고, 목사가 노회에 사임서를 제출하지 않는 경우 재판절차를 거쳐 교단 헌법이 정한 면직 등의 책벌을 할 수 있을 뿐이라고 보았다. 따라서 재판절차를 거치지 않은 위 목사해임 결의는 교단 헌법 규정에 반할 뿐 아니라, 헌법시행규정이 금지하는 신임투표에 의한 사임에 해당하는 것이어서 무효라고 판단하였다.

본 판례에서 대법원은 우선, 교인들에 의한 목사해임을 금지하는 위 교회 소속 교단의 헌법과 헌법시행규정이 지교회의 독립성이나 종교적 자유의 본질을 침해하는지에 관하여 판단하였다. 그런데 목사의 해임을 교인들의 의결이 아니라 교단 헌법에 따른 재판에 의하도록 제한하는 것은, 교회의 청빙과 노회의 승인 절차로 임직된 목사의 신분을 보장하여 교회 내 분쟁을 방지함과 함께, 교회의 자율권과 독립을 강화하려는 측면이 있다고 판단하였다. 결국 위 교회가 스스로의 의사에 따라 교단 소속 지교회로 편입하여, 교단 헌법 및 헌법시행규정을 자치규범으로 받아들인 점 등 제반 사정과 관련 법리에 비추어 보면, 교단 헌법과 헌법시행규정이 재판절차에 따르지 않는 이상, 교인들의 의결로 목사를 해임할 수 없도록 정하였다고 하여, 교회의 독립성이나 종교적 자유의 본질을 침해하였다고 볼 수 없다고 판시하였다.[34]

교단의 헌법과 시행규정에 따르지 않은 교단 소속 지교회 교인들의 자체적 의결만으로 지교회 소속 목사를 해임할 수 없도록 한 교단 소속 헌법과 시행규

33) 윤종행, "종교단체의 내부 의사결정과정 등에 관한 우리나라 판례의 동향", 앞의 글, 164면 참조.

34) 대법원 2019. 5. 16. 선고 2018다237442 판결.

정이, 지교회의 독립성이나 종교의 자유의 본질을 침해하는 것이 아니라는 것이 그 요지이다.[35]

(2) 대법원 2011. 5. 26. 선고 2010다89012 판결 [징계무효확인]

이는 대한불교 조계종 종단으로부터 제적 및 멸빈 처분을 받은 승려가 징계 무효를 주장하면서, 종단에 대해 승려 지위의 확인을 구함과 아울러 자신이 사설사암인 한 사찰의 창건주 및 대표임원으로서 주지를 추천하거나 주지로 임명받을 수 있는 권리가 있다는 확인을 구한 사안이다. 대법원은, 위 확인의 소가 구체적 권리·의무 관계에 대한 법률상 쟁송에 해당하여, 사법심사의 대상이 된다고 판시하였다.

사실의 개요를 보면 다음과 같다. 원고는 논산시 연산면 연산리에 있는 사찰인 극락사를 창건하여 1997. 6. 5. 피고 종단에 등록한 창건주이자 피고 종단의 승려로서, 1990년경부터 피고 종단 산하 마곡사의 말사인 관촉사의 주지 겸 피고 종단 중앙종회의 의원으로 재직하였다. 피고 종단의 총무원 종무회의는, 2005. 3. 7. 원고가 혼인관계에 있었고 입적신청서를 허위로 작성하였다는 이유로, 피고 종단의 승려법 제54조의3 제1항 제1호를 적용하여, 원고에 대하여 환속제적 및 직권제적 처분을 하였다. 이어서 피고 종단의 사법기관인 초심호계원은, 2006. 4. 11. 원고가 입적신청서를 작성하고 자료를 제출할 때 혼인 및 자녀관계에 대한 사실을 허위로 작성·제출하였으며, 16억 원 상당의 국가보조금을 편취하고, 주지 임명 대가로 1억 3,000만 원의 돈을 수수하는 등 부정한 인사청탁을 하여 실형을 선고받기도 하였다는 이유로, 원고에 대하여 멸빈의 징계처분을 하였다. 그런데 피고 종단의 종법은 승려에게 선거권, 피선거권 등 각종 권리를 부여하고, 승려만이 주지나 중앙종회의원이 될 수 있도록 규정하면서, 원고와 같이 제적처분을 받거나 멸빈의 징계처분을 받은 자에 대해서는 승려 신분상의 일체의 자격을 박탈하도록 규정하고 있었다. 그리고 원고는 위 제적처분과 멸빈처분으로 말미암아 피고 종단으로부터 승려로서의 신분과 권리는 물론 승려 신분을 전제로

35) 윤종행, "종교단체의 내부 의사결정과정 등에 관한 우리나라 판례의 동향", 앞의 글, 165면 참조.

하는 주지와 중앙종회의원의 지위도 인정받지 못하고 있었다. 한편 피고 종단에서 사설사암의 창건주는 주지 또는 대표임원이 되어 당해 사설사암에 속한 일체의 재산을 관리하거나 주지 또는 대표임원을 추천하여 그로 하여금 위 재산을 관리하도록 할 수 있는데, 창건주가 승려신분을 상실하는 경우 승려만이 주지가 될 수 있다는 종법에 의해 그 창건주는 주지가 될 수 없었다.[36]

대법원은, 본 소송은 원고가 사설사암인 극락사의 창건주로서 극락사의 대표자로서의 지위를 겸유하면서 재산관리권을 가진 주지가 될 수 있는 권리나 주지 추천권이라는 구체적 권리에 관한 것이거나, 그 권리의 존부와 원고의 피고 종단 승려로서의 선거권과 피선거권 등 구체적 권리·의무에 관한 분쟁의 해결을 위하여 승려 지위의 확인을 구하는 것으로 보았다. 따라서 단순한 종교상의 자격에 관한 시비에 불과한 것이 아니라, 구체적인 권리 또는 법률관계에 관한 분쟁이라고 보아야 하고, 그것이 종교상의 교리의 해석에 관한 것이 아니라고 보았다. 따라서 이 사건 소는 구체적 권리·의무 관계에 대한 법률상 쟁송에 해당하여, 사법심사의 대상이 된다고 판시하였다. 결국 대법원은, 위 극락사의 주지 추천권 확인청구를 각하함이 정당하고, 원고가 위 제적처분과 멸빈처분의 효력을 다툴 수 있으며, 원고에게 극락사의 주지로 임명될 수 있는 권리가 있다는 확인을 구하는 소를 각하하여서는 아니 된다고 판시하였다.

요컨대, 사찰의 창건주로서 종단으로부터 제적 및 멸빈 처분을 받은 승려가 징계 무효를 주장하면서, 승려 지위의 확인과 주지를 추천하거나 주지로 임명받을 수 있는 권리가 있음에 대한 확인을 구하는 것은, 구체적 권리·의무 관계에 대한 법률상 쟁송에 해당하여 사법심사의 대상이 된다고 본 사안이다.[37]

(3) 대법원 2011. 5. 13. 선고 2010다84956 판결 [징계제명결의무효확인]

이는 대한불교 천태종 종단 소속의 한 승려가, 중대한 해종행위를 하였음을 이유로 제명한 종단의 징계결의의 무효확인을 구한 사안이다. 대법원은, 위 종단

36) 대법원 2011. 5. 26. 선고 2010다89012 판결.

37) 윤종행, "종교단체의 내부 의사결정과정 등에 관한 우리나라 판례의 동향", 앞의 글, 166면 참조.

이 위 승려 명의 부동산 등에 대하여 명의신탁 해지 등을 이유로 처분금지가처분 및 본안소송을 제기하면서 징계결의를 명의신탁 해지 등의 원인으로 주장하는 등, 징계결의는 부동산 등의 명의신탁관계에 기한 위 승려의 권리 또는 법률관계에 영향이 있다고 보았다. 또한 위 승려가 징계결의의 무효확인을 구하는 것이 구체적인 권리 또는 법률관계와는 무관한 단순한 종교상의 자격에 관한 시비에 불과하다고 볼 수 없고, 징계처분의 당부 판단이 종교상 교리의 해석에까지 미친다고 볼 만한 사정도 없다고 판단하였다. 따라서 징계결의의 무효확인을 구하는 소는 구체적 권리·의무 관계에 관한 법률적 쟁송에 해당하므로, 징계결의는 사법심사의 대상이 된다고 판시하였다.

아울러, 교인으로서 비위가 있는 자에게 종교적인 방법으로 징계·제재하는 종교단체 내부의 규제(권징재판)가 아닌 한, 종교단체 내에서 개인이 누리는 지위에 영향을 미치는 단체법상의 행위라 하여 반드시 사법심사 대상에서 제외할 것은 아니고, 한편 징계결의와 같이 종교단체 내부의 규제라고 할지라도 효력의 유무와 관련하여 구체적인 권리 또는 법률관계를 둘러싼 분쟁이 존재하고, 또한 그 청구의 당부를 판단하기에 앞서 징계의 당부를 판단할 필요가 있는 경우에는, 판단의 내용이 종교 교리의 해석에 미치지 아니하는 한, 법원으로서는 징계의 당부를 판단하여야 한다는 종래의 입장을 확인하였다.[38)]

종단 소속 승려가, 중대한 해종행위를 하였다는 이유로 자신을 제명한 종단의 징계결의 무효확인을 구한 경우에, 징계결의가 명의신탁 해지 등의 원인으로 다투어지는 등 위 승려의 권리 또는 법률관계에 영향이 있는 경우이므로, 사법심사의 대상이 된다고 본 사안이다.[39)]

(4) 대법원 2007. 11. 16. 선고 2006다41297 판결 [대표자지위부존재확인]

이는 기독교대한성결교회 소속 한 교회의 교인들이, 소속 교회의 담임목사가 교단 서울지역총회 심판위원회로부터 파직출교의 징계처분을 받아 더 이상

38) 대법원 2011. 5. 13. 선고 2010다84956 판결.

39) 윤종행, "종교단체의 내부 의사결정과정 등에 관한 우리나라 판례의 동향", 앞의 글, 167면 참조.

피고 교회의 대표자가 아니라고 주장하면서, 담임목사의 교회 대표자 지위 부존재 확인을 구한 사안이다. 대법원은 우선, 교회가 건물을 다른 교회에 매도하고 더이상 종교활동을 하지 않아 해산하였다고 하더라도, 교인들이 교회 재산의 귀속관계에 대하여 다투고 있는 이상, 교회는 청산목적의 범위 내에서 권리·의무의 주체가 되어 당사자능력이 있고, 위 교인들이 교회의 대표자 지위의 부존재 확인을 구하는 소송에는, 청산인 지위의 부존재 확인을 구하는 취지가 포함되어 있다고 판단하였다.

이어서 교회의 헌법 등에 다른 정함이 있는 등의 특별한 사정이 없는 한, 교회의 대표자(담임목사)는 예배 및 종교활동을 주재하는 종교상의 지위와 아울러, 비법인사단의 대표자 지위를 겸유하면서 교회 재산의 관리처분과 관련한 대표권을 가지므로, 재산의 관리처분과 관련한 교회 대표자 지위에 관한 분쟁은 구체적인 권리 또는 법률관계를 둘러싼 분쟁에 해당하여, 그 대표자 지위의 부존재 확인을 구하는 것은 소의 이익이 있다고 판시하였다.[40)]

요컨대, 소속 교회의 담임목사가 교단으로부터 파직출교의 징계처분을 받았다는 이유로, 교회의 교인들이 담임목사의 교회 대표자 지위 부존재 확인을 구하는 것은, 교회 재산의 관리처분과 관련한 교회 대표자 지위에 관한 분쟁으로서, 구체적인 권리 또는 법률관계를 둘러싼 분쟁에 해당하므로, 사법심사의 대상이 된다고 본 사안이다.[41)]

(5) 대법원 2005. 6. 24. 선고 2005다10388 판결 [주지해임무효확인]

이는 한국불교 태고종 종단의 해임처분 후 임기가 만료된 사찰의 주지가 자신의 해임처분에 대하여 무효확인을 구한 사안이다. 대법원은, 해임처분으로 해임된 사찰의 주지는 해임처분 후 임기가 만료되었다 하더라도, 후임자의 선임이 없거나 또는 그 선임이 있었다 하더라도 그 선임이 부존재하거나, 선임에 무효사유나 취소사유가 있는 등 특별한 사정이 있는 경우에는, 자신에 대한 해임처분에

40) 대법원 2007. 11. 16. 선고 2006다41297 판결.

41) 윤종행, "종교단체의 내부 의사결정과정 등에 관한 우리나라 판례의 동향", 앞의 글, 168면 참조.

대하여 무효확인을 구할 법률상 확인의 이익이 있다고 판시하였다.

또한 종교단체의 징계결의는 종교단체 내부의 규제로서 헌법이 보장하고 있는 종교자유의 영역에 속하는 것이므로, 교인 개인의 특정한 권리·의무에 관계되는 법률관계를 규율하는 것이 아니라면, 원칙적으로 법원으로서는 그 효력의 유무를 판단할 수 없다. 그러나 징계결의의 효력 유무와 관련하여 구체적인 권리 또는 법률관계를 둘러싼 분쟁이 존재하고, 또한 그 청구의 당부를 판단하기에 앞서 위 징계의 당부를 판단할 필요가 있는 경우에는, 그 판단의 내용이 종교교리의 해석에 미치지 아니하는 한, 법원으로서는 위 징계의 당부를 판단하여야 한다는 대법원의 종래 입장을 확인하였다. 그리고 일반적으로 사설 사찰이 아닌 종단에 등록을 마친 사찰은, 독자적인 권리능력과 당사자능력을 가진 법인격 없는 사단이나 재단이라 할 것이고, 그러한 사찰의 주지는 종교상의 지위와 아울러 비법인 사단 또는 단체인 당해 사찰의 대표자로서의 지위를 겸유하면서, 사찰 재산의 관리처분권 등을 갖게 되는 것이라고 판단하였다. 따라서 그 주지 지위의 확인이나 주지해임무효확인 등을 구하는 것이, 구체적인 권리 또는 법률관계와는 무관한 단순한 종교상의 자격에 관한 시비에 불과하다고 볼 수는 없다고 보았다. 결국 대법원은, 원고에 대한 이 사건 징계해임처분은 중대한 절차상 하자가 있어 무효라고 판단한 원심을 인정하였다.[42)]

요컨대, 사찰의 주지는 종교상의 지위와 아울러 비법인 사단 또는 단체인 당해 사찰의 대표자로서의 지위를 겸유하면서 사찰 재산의 관리처분권 등을 가지므로, 그 주지 지위의 확인이나 주지해임무효확인 등을 구하는 것은, 구체적인 권리 또는 법률관계에 관한 것으로서 사법심사의 대상이 된다고 본 사안이다.[43)]

(6) 대법원 2001. 2. 9. 선고 99다38613 판결 [해임처분취소]

이는 원고가 전통사찰인 ○○사의 전 주지인 소외 1에게 3억 원을 주지직 사임 대가로 지급하기로 하고 그를 주지직에서 사임하게 한 다음, 피고 법인으로부

42) 대법원 2005. 6. 24. 선고 2005다10388 판결.

43) 윤종행, “종교단체의 내부 의사결정과정 등에 관한 우리나라 판례의 동향”, 앞의 글, 169면 참조.

터 ○○사의 주지로 임명받은 사실과 관련하여, 전통사찰인 ○○사의 주지직을 거액의 금품을 대가로 양도·양수하기로 하는 약정이 있음을 알고도 이를 묵인 혹은 방조한 상태에서 한 종교법인의 주지임명행위가, 민법 제103조 소정의 반사회질서의 법률행위에 해당하는지가 문제된 사안이다.

대법원은, 원고와 ○○사의 전임 주지이던 소외 1과 사이에 한 약정은, 전통사찰보존법 소정의 전통사찰인 ○○사의 주지직을 거액의 금품을 대가로 양도, 양수하는 계약으로서, 그 내용이 선량한 풍속 기타 사회질서에 반하는 행위로서 무효라고 보았다. 그러나 피고 법인이 원고와 소외 1 사이에 위와 같은 약정이 있음을 알고 이를 묵인하거나 혹은 방조한 상태에서 원고를 주지로 임명하였다고 하더라도, 그 임명행위 자체가 선량한 풍속 기타 사회질서에 반한다고 할 수 없다고 보았다. 또한 법률적으로 이를 강제하거나, 법률행위에 반사회질서적인 조건이나 금전적 대가가 결부됨으로써 반사회질서적 성질을 띠게 되는 경우나, 표시되거나 상대방에게 알려진 법률행위의 동기가 반사회질서적인 경우에도 해당한다고 보기 어렵다고 판시하였다.

그런데 대법원이 주지와 전임 주지 사이에 거액의 금품 거래를 통하여 주지직을 거래한 것이 선량한 풍속 기타 사회질서에 반하는 행위로서 무효라고 보면서도, 피고 법인이 이와 같은 약정이 있음을 알고 이를 묵인하거나 혹은 방조한 상태에서 원고를 주지로 임명하였다고 하더라도, 그 임명행위 자체가 선량한 풍속 기타 사회질서에 반한다고 할 수는 없다고 본 점은 논리적으로나 정서적으로 납득하기 어렵다. 선량한 풍속 기타 사회질서에 반하는 행위로서 무효인 주지직 거래행위를 묵인 혹은 방조한 법인의 주지직 임명행위가 어떻게 선량한 풍속 기타 사회질서에 반하지 않는 결과가 되는지에 대한 설득력 있는 법리 설명이 부족할 뿐만 아니라, 정서적으로도 바르고 선하게 살 것을 가르치는 종교지도자에 대한 일반인의 도덕적 기대수준에 부응하지 못하는 판결이라고 본다.[44]

44) 윤종행, "종교단체의 내부 의사결정과정 등에 관한 우리나라 판례의 동향", 앞의 글, 169－170면 참조.

(7) 대법원 1992. 5. 22. 선고 91다41026 판결 [건물명도]

이는 법원이 종교단체의 징계결의의 효력 유무를 판단할 수 있는지 여부에 관한 판례이다. 대법원은 우선, 종교단체의 징계결의는 종교단체의 교리를 확립하고 종교단체 및 신앙의 질서를 유지하기 위하여 교인으로서 비위가 있는 자를 종교적인 방법으로 제재하는 종교단체 내부의 규제로서, 헌법이 보장하고 있는 종교자유의 영역에 속할 뿐만 아니라, 교인 개인의 특정한 권리·의무에 관계되는 법률관계를 규율하는 것이 아니므로, 법원으로서는 원칙적으로 그 효력의 유무를 판단할 수 없다는 종래의 입장을 확인하였다.

그러나 본 사안에서는, 대한불교 일승종 종단으로부터 치탈도첩 또는 승적의 제적이라는 징계를 받았으므로, 사찰을 점유·관리할 권원을 상실하였다 하여 그 명도를 청구한 경우에, 구체적인 권리 또는 법률관계를 둘러싼 분쟁이 존재하고, 또한 그 청구의 당부를 판단하기에 앞서 위 징계의 당부를 판단할 필요가 있다고 판단하였다. 따라서 종교단체의 징계결의의 효력 유무는 종교 교리의 해석에 미치지 아니하는 한 사법심사의 대상이 되므로, 법원으로서는 위 징계의 당부를 판단하여야 한다고 보았다. 결국 대법원은, 이 사건에서 그 종교단체 소정의 징계절차를 전혀 밟지 아니하였다거나 징계사유가 전혀 존재하지 아니한다는 등 이를 무효라고 할 특별한 사정이 없으면, 그 징계는 여전히 효력을 지속한다고 판시하였다.[45]

요컨대, 종교단체의 징계결의의 효력 유무와 관련하여, 구체적인 권리 또는 법률관계를 둘러싼 분쟁이 존재하고, 또한 그 청구의 당부를 판단하기에 앞서 위 징계의 당부를 판단할 필요가 있으며, 종교 교리의 해석에 미치지 아니하는 경우이므로 사법심사의 대상이 된다고 본 사안이다.[46]

---

45) 대법원 1992. 5. 22. 선고 91다41026 판결.

46) 윤종행, "종교단체의 내부 의사결정과정 등에 관한 우리나라 판례의 동향", 앞의 글, 170면 참조.

Ⅴ. 기 타

(1) 종교단체의 종단 소속 관계(대법원 2020. 12. 24. 선고 2015다222920 판결 [건물철거등])

이는 한국불교 조계종 소속 사찰이 피고 지방자치단체에 야생차체험관의 철거와 그 대지 인도를 구한 사안이다. 대법원은 우선, 사찰이란 불교교의를 선포하고 불교의식을 행하기 위한 시설을 갖춘 승려, 신도의 조직인 단체로서, 독립한 사찰로서의 실체를 가지기 위해서는 물적 요소인 불당 등의 사찰재산이 있고, 인적 요소인 주지를 비롯한 승려와 상당수의 신도가 존재하며, 단체로서의 규약을 가지고 사찰이 그 자체 생명력을 가지고 사회적 활동을 할 것을 필요로 한다고 정의하였다. 그리고 법인격 없는 사단이나 재단으로서 권리·의무의 주체가 되는 독립한 사찰은 독자적으로 존속할 수도 있지만, 종교적 이념이나 교리 또는 종교적 이해관계를 같이하는 사람과 단체로 구성된 상위 종단에 소속되어 존속하기도 하는데, 사찰의 종단 소속관계는 사법상 계약의 영역으로서, 사찰이 특정 종단에 소속하려면 이에 관한 사찰과 특정 종단 사이의 합의가 전제되어야 한다고 보았다.

그러나 어느 사찰이 특정 종단에 소속되었다는 내용으로 관할관청에 등록되었더라도, 사찰이 자율적인 의사결정을 거쳐 등록 내용대로 종단과 종단 소속 관계를 합의한 것이 아니라고 볼 만한 사정이 다수 밝혀진 경우에는, 사찰의 자율적인 의사에 따라 결정한 종단 소속 관계가 무엇인지를 정확히 파악하여 이를 인정하여야 하고, 구 불교재산관리법에 따른 관할관청에의 등록 내용만으로 그 사찰의 종단 소속 관계를 섣불리 단정하여서는 안 된다고 판시하였다. 대법원은 결국, 원고는 사찰로서 실체가 인정되지 않으므로 당사자능력이 없다고 보아야 한다고 판단하였다.[47]

요컨대, 당사자 능력이 있는 사찰로서의 실체가 인정되는지에 대한 판단과 관련하여, 사찰이 자율적 의사결정에 따라 종단 소속의 합의를 하였는지, 종단

47) 대법원 2020. 12. 24. 선고 2015다222920 판결.

소속으로 등록된 것이 정당하게 임명된 대표자에 의한 것인지, 종단이 지속적으로 임명한 주지들이 사찰의 인적·물적 조직을 관리·운영하면서 사찰의 대표로서 임무를 수행하였는지, 사찰 소속 승려들이 사찰 경내에서 불교의식을 행하는 등 종교활동을 지속적으로 행하여 왔는지, 그리고 사찰이 독자적인 신도들을 갖추고 있는지 등을 상세하게 심리하여, 독립된 사찰의 실체를 갖추기 위한 요소를 구비하여 당사자능력을 보유하고 있는지 여부를 판단하여야 한다는 대법원 판결이다.[48]

(2) 교인이 교회를 상대로 한 열람·등사청구권(광주고법 2018. 8. 24. 선고 2017나11918 판결 [회계장부등열람및등사청구])

대한예수교 장로회 소속 교회의 교인들이 소속 교회 등을 상대로 회계장부 및 서류 등의 열람·등사를 구하였는데, 소송 계속 중 소속 교회의 당회 재판국이 교단 헌법에 따라 위 교인들에 대한 출교 판결을 선고하였고, 그 후 노회 및 총회 재판을 거쳐 출교 판결이 확정된 사안이다.

광주고등법원은, 교회의 권징재판은 종교단체가 교리를 확립하고 단체 및 신앙상의 질서를 유지하기 위하여 목사 등 교역자나 교인에게 종교상의 방법에 따라 징계 제재하는 종교단체의 내부적인 제재에 지나지 아니하므로, 원칙적으로 사법심사의 대상이 되지 아니하는 점 등에 비추어, 위 교인들은 더 이상 위 교회의 교인이라고 할 수 없으므로, 교회의 교인임을 전제로 한 위 교인들의 청구는 이유 없다고 판시하였다.[49]

요컨대, 교회의 교인이 소속 교회를 상대로 회계장부 및 서류 등의 열람·등사를 청구한 경우, 이를 거부하는 소속 교회의 당회 재판국이 출교 판결이 확정됨으로써 당해 교회 소속 교인의 신분이 아니므로 청구인 자격이 없다고 판시한 점이다. 교회의 내부 규정상 소속 교인이 교회 등을 상대로 회계장부 및 서류 등의 열람·등사를 청구할 수 있는지, 교회의 당회 재판국이 교단 헌법에 따라 위

48) 윤종행, "종교단체의 내부 의사결정과정 등에 관한 우리나라 판례의 동향", 앞의 글, 172면 참조.

49) 광주고법 2018. 8. 24. 선고 2017나11918 판결.

교인들에 대한 출교 판결을 선고한 것은 정당한 것인지에 대한 판단을 하지 않고, 정교분리의 원칙에 충실하게 교회의 당회 재판국의 판결을 존중하였다고 평가할 수 있겠다.[50)]

Ⅵ. 소 결

이상에서 본 바와 같이, 종교단체의 내부 의사결정과정 등에 관한 우리나라 판례를 살펴보면, 종교단체의 권징재판, 사무총회 결의, 종단 소속 관계 등이 주로 다툼의 대상이 되었음을 알 수 있다.

우선 종교단체 총회 재판의 효력에 관하여 서울고등법원은, 교단의 장정에서 "이 재판법에 규정되지 아니한 사항은 사회 재판법에 준한다."라고 정하고 있으므로, 교단의 재판에서도 형사소송법의 일반원칙인 불이익변경금지의 원칙이 적용된다고 판시한 바 있다. 그리고 대법원은 정교분리의 원칙에 따라, 불교 종단의 종교지도자에 대한 임명, 교회의 교인에 대한 징계 또는 종단의 권징재판 등 종교단체의 내부 의사결정 과정에 대한 법원의 불개입 원칙을 확립하여, 특별히 국민의 권리·의무나 법률관계와 관련이 있는 사항이 아닌 한, 사법심사의 대상이 아니라는 입장이다. 특히 종교단체의 의사결정이 종교상의 교의 또는 신앙의 해석과 깊이 관련되지 않는 한, 교단의 징벌의 효력 유무가 구체적 권리·의무에 관한 청구의 전제 문제로 다투어지는 경우에는, 예외적으로 사법심사의 대상이 된다고 해석하고 있다.

또한 대법원은, 교회의 정회원인 교인이 교회의 사무총회에서 소외인 등을 장로로 선출한 결의의 무효 확인을 구한 사안에서, 원칙적으로 법원에 의한 사법심사의 대상이 되지 않는다고 보았다. 그런데 교회의 목사와 장로에 대한 불신임 결의는, 종교단체 내부의 권징재판과는 달리 사법심사의 대상이 될 수 있다는 입장이다. 그렇더라도 정교분리의 원칙상 일반단체의 결의나 처분의 효력과는 달

---

50) 윤종행, "종교단체의 내부 의사결정과정 등에 관한 우리나라 판례의 동향", 앞의 글, 150면 참조.

리, 가급적 무효확인 등 사법적 판단에 신중하여야 하므로, 불신임결의 절차상 하자가 정의관념에 비추어 도저히 수긍할 수 없을 정도의 중대한 하자인 경우에만 무효확인을 할 수 있다는 입장이다. 또한 사찰 등에 대한 창건주의 지위 확인을 구하거나, 그 지위에 관한 재단의 이사회 결의의 효력을 다투는 것 등은, 단순한 종교상의 자격에 관한 시비에 불과한 것이 아니라, 구체적인 권리 또는 법률관계에 관한 분쟁으로서 사법심사의 대상이 된다고 판단하였다. 그리고 일부 교인들이 소속 교단을 탈퇴하고 다른 교단에 가입하기로 하는 내용의 교단변경 결의를 한 경우, 교단변경에 찬성한 교인들이 종전 교회에서 탈퇴한 것인지 여부에 대한 판단에서, 대법원이 상세한 판단기준을 제시한 점은 매우 바람직하다고 평가된다.

그리고 대법원은, 지교회 교인들의 총유에 속하는 교회 부지 및 건물에 대한 처분과 관련하여, 지교회의 부동산을 특정 재단법인 앞으로 등기하도록 하는 교단의 헌법 규정보다, 지교회 교인들의 총회 결의를 우선시하는 판결을 하였다. 그리고 하나의 권리능력 없는 사단인 교회의 일부 교인들이 소속 교단 변경을 결의하여 새로운 교단에 가입함으로써 두 교회로 분열된 경우, 교회의 장정 기타 일반적으로 승인된 규정에서 교회가 분열될 경우를 대비하여 미리 재산의 귀속에 관하여 정하여진 바가 없으면, 종전 교회의 재산은 분열 당시 교인들의 총유에 속한다고 보았다. 또한 대법원은, 비법인사단인 교회에 대하여 사단법인에 관한 민법규정 중 법인격을 전제로 하는 것을 제외한 규정들을 유추적용하여야 한다는 입장이다. 따라서 교회의 소속 교단에의 가입, 탈퇴 또는 소속 교단의 변경의 경우, 사단법인 정관변경에 준하여, 의결권을 가진 교인 2/3 이상의 찬성에 의한 결의를 필요로 한다고 판시하였다.

그리고 종교단체의 징계처분과 관련하여 대법원은, 교회의 교인들이 임시공동의회를 개최하여 현 위임목사를 해임하는 결의를 한 것과 관련하여, 교단의 헌법과 시행규정에 따르지 않은 교단 소속 지교회 교인들의 자체적 의결만으로 지교회 소속 목사를 해임할 수 없도록 한, 교단 소속 헌법과 시행규정이 지교회의 독립성이나 종교의 자유의 본질을 침해하는 것이 아니라고 판시하였다. 또한 소속 교회의 담임목사가 교단으로부터 파직출교의 징계처분을 받았다는 이유로,

교회의 교인들이 담임목사의 교회 대표자 지위 부존재 확인을 구하는 경우, 사찰의 주지가 주지 지위의 확인이나 주지해임무효확인 등을 구하는 경우라든가, 종단 소속 승려가 중대한 해종행위를 하였다는 이유로 자신을 제명한 종단의 징계결의 무효확인을 구한 경우 등은, 구체적인 권리 또는 법률관계에 관한 것으로서 사법심사의 대상이 된다고 보았다.

그런데 현 주지와 전임 주지 사이에 거액의 금품 거래를 통하여 주지직을 거래한 것이 선량한 풍속 기타 사회질서에 반하는 행위로서 무효라고 보면서도, 피고 법인이 이와 같은 약정이 있음을 알고 이를 묵인하거나 혹은 방조한 상태에서 원고를 주지로 임명하였다고 하더라도, 그 임명행위 자체가 선량한 풍속 기타 사회질서에 반한다고 할 수는 없다고 본 대법원 판례는, 논리적으로나 정서적으로 납득하기 어렵다. 선량한 풍속 기타 사회질서에 반하는 행위로서 무효인 주지직 거래행위를 묵인 혹은 방조한 법인의 주지직 임명행위가, 어떻게 선량한 풍속 기타 사회질서에 반하지 않는 결과가 되는지에 대한 설득력 있는 법리 설명이 부족할 뿐만 아니라, 정서적으로도 바르고 선하게 살 것을 가르치는 종교지도자에 대한 일반인의 도덕적 기대에 부응하지 못한다고 평가된다.

이와 같이 종교단체 내부의 의사결정 과정 등에 관한 법적 다툼에서, 법원은 원칙적으로 정교분리의 원칙에 충실하면서도, 종교지도자에 대한 불신임결의, 해임 또는 제명 조치 등의 사례에서 본 바와 같이 예외적으로 허용되는 사법심사의 대상이 되는 경우를 보여주고 있다. 그러나 이에 해당하는지에 대한 판단은, 일반인의 입장에서 명확히 이해하기에 어려움이 있다고 본다. 앞으로 이에 대한 보다 많은 판례의 축적을 통하여 보다 구체적이고 명확한 기준이 판례로서 형성되고, 관련 법 조항과 종교단체 내부의 규정에서도 이와 같은 법원리가 제대로 반영될 필요가 있을 것이다.[51)]

51) 윤종행, “종교단체의 내부 의사결정과정 등에 관한 우리나라 판례의 동향”, 앞의 글, 172-175면 참조.

제7장

종교 관련 범죄와 재판
(Religion related Crimes and Trial)

Ⅰ. 서 설

다양한 종교를 신봉하는 이들이 종교적 계율을 열심히 따르면서도 범죄를 저지르는 경우가 많고, 종교를 갖고 종교활동을 하는 것이 범죄예방에 어느 정도 기여하는지에 대하여 의견이 나뉘고 있다. 본 장에서는 우리나라와 미국, 그리고 유럽에서 종교인에 의하여 범해지는 범죄와 종교적 증오범죄의 현황을 살피고, 법관·배심원의 개인적 신앙이 판결이나 평결에 어떠한 영향을 미치는지에 대하여 고찰하고자 한다. 종교와 범죄에 대한 학설과 판례의 검토를 통하여 종교인과 종교 관련 범죄의 예방과 입법적 대책, 그리고 이와 같은 법적 쟁점과 관련한 바람직한 판례의 형성에 필요한 참고자료로서 활용되기를 기대한다.

Ⅱ. 종교의 범죄억지 효과

종교가 범죄에 어떠한 영향을 주는지에 대하여 그동안 많은 사회학적, 범죄학적, 그리고 경제학적 연구가 이루어졌다. 대부분 종교가 범죄억지 효과가 있다는 실증적 결과가 많이 알려져 있는데, 예컨대 1969년에 발표되어 범죄학 분야에서 많은 주목을 끈 한 이론은, 종교를 갖게 되면 사후에 벌을 받게 되거나 초자연적인 징벌에 대한 두려움으로 인하여 결과적으로 범죄 행위로 나아가게 하는 것을 주저하게 만들고, 또한 초자연적인 보상에 대한 믿음은 보다 도덕적인 행동을 하도록 유인하는 효과가 있다고 보았다.[1] 그리고 개인이 종교단체에 소속이 되어 활동하게 되면 말초적 자극에 대한 생리적 욕구를 충족하게 되고, 범죄를 저지를 심리적 충동을 줄이는 효과가 있다고도 한다.[2]

이와 같이, 그동안의 연구는 대체로 종교가 범죄를 줄이는 데 어느 정도 기여하는 것으로 분석되고 있다.[3] 전 세계적으로 보편화된 기독교, 이슬람교, 불교, 힌두교 등 대부분의 종교에서는 반성과 명상 등을 통하여 도덕적 가르침을 생활화할 것을 계율로써 가르치고 있으므로, 종교는 평화롭고 안전한 사회에 기여한다고 이해하는 것이 무리가 아닐 것이다.[4] 또한 종교단체에 소속되어 구성원들과 도덕적 수양을 함께 하며 공감적 대화를 나누는 것은 분명 범죄에 연루될 기회를 줄이게 될 것이다. 그런데 최근 미국의 한 지역에서 부활절 전후의 범죄율을 분석한 결과, 부활절 이후에 범죄가 줄어들지 않은 것을 보면 종교가 범죄율에 그다지 영향을 주지 않는다고 해석한 바 있다. 또한 종교 공동체 안에서

---

1) Travis Hirschi, Rodney Stark, Hellfire and Delinquency, 1st edition, 91－104 (2002).

2) E. Wilbur Bock, John K. Cochran, Leonard Beeghley, *Moral Messages: The Relative Influence of Denomination on the Religiosity－Alcohol Relationship,* The Sociological Quarterly, Vol. 28, No. 1, 89－103 (Spring, 1987); Marcos, A., Bahr, S., & Johnson, R. E., *Test of Bonding/Association Theory of Adolescent Drug Use,* Social Forces Vol. 65, No. 1, 135－160 (1986).

3) Colin J. Baier & Bradley R. Wright, *If You Love Me, Keep My Commandments: A Meta－Analysis of the Effect of Religion on Crime,* 38 J. Res. Crime & Delinquency 3－21 (2001).

4) 윤종행, “종교인의 종교활동상 발생하는 범죄에 관한 우리나라 판례의 동향”, 『법학연구』 (충남대) 제 34권 제1호, 2023, 94면.

신앙인들이 다른 신앙인들을 쉽게 신뢰하는 경향이 있어서 범죄피해자가 될 가능성이 보다 크다는 분석도 있다.[5] 한편 범죄가 종교에 미치는 영향에 대하여서는, 범죄활동으로 인한 죄책감, 종교단체의 제도적 검열, 또는 범죄를 저지른 구성원에 대한 혐오감 등으로 인하여 종교행사에 참여하는 것을 꺼리게 만들 수 있기 때문에, 대체로 범죄의 발생은 종교에 부정적인 영향을 미친다고 이해되고 있다.[6]

종교가 범죄를 줄이는 효과가 있는지에 대한 연구는 매우 오래전부터 다양하게 이루어졌는데, 다음과 같이 유형화하기도 한다. 그동안 미국에서 이루어진 연구를 살펴보면, 우선 예컨대 "재소자의 갱생프로그램과 관련한 종교성과 종교적 프로그램"과 같이 일정한 주제와 관련된 일반이론의 유형이 있다.[7] 그리고 2000년 이후 발표된 연구들로서 대체로 종교와 범죄의 연관성에 대하여 신중한 태도를 보이는 입장으로서, 예컨대 인구비례 교회가 많은 시골지역의 범죄율이 낮은지,[8] 교회 출석과는 무관하게 종교성이 범죄에 영향을 미치는지,[9] 또는 '종교적 변화(religious change)'가 음주, 마약 사용, 절도 등을 덜하도록 하는지[10] 등과 같이 다양한 주제에 따른 접근을 한 연구 유형이다. 마지막으로, 학문적 접근이라기보다는, 온갖 사회적 병폐를 확실히 없앨 수 있는 영적인 변화 프로그램으로서 종교를 역설하는 유형이다.[11] 한편 보다 효과적인 연구 결과를 얻기 위하여서는, 종교를 조직적 종교(organic religion), 프로그램적 종교(programmatic reli-

5) Paul Heaton, *Does Religion Really Reduce Crime?* 49 J. L. & Econ. 147-170 (2006); 윤종행, "종교인의 종교활동상 발생하는 범죄에 관한 우리나라 판례의 동향", 앞의 글, 94면.

6) Paul Heaton, *Does Religion Really Reduce Crime? Id.* at 147-170; 윤종행, 위의 글, 94면.

7) Boddie SC., *Religion and Social Welfare Research Strategy Plan,* Washington, DC: Pew Forum Relig. Public Life, 5-9 (2009).

8) Lee MR., *The Religious Institutional Base and Violent Crime in Rural Areas,* J. Sci. Stud. Relig. 45(3), 309-24 (2006).

9) Benda BB. *Are the Effects of Religion on Crime Mediated, Moderated, or Misrepresented by Inappropriate Measures?* J. Soc. Serv. Res. 27(3), 57-86 (2001).

10) Regnerus MD & Elder GH., *Religion and Vulnerability among Low-risk Adolescents,* Soc. Sci. Res. 32(4), 633-658 (2003).

11) Fagan PP. *Why Religion Matters Even More: the Impact of Religious Practice on Social Stability.* Backgr. No. 1992, Devos Cent. Relig. Civil Soc., Heritage Found., Washington, DC, Dec. 18 (2006).

gion), 그리고 정형화되지 않고 비조직적 형태의 생태학적 종교(ecological religion) 등으로 분류하고,[12] 범죄를 살인, 강도, 강간, 납치 등과 같은 폭력적 중범죄, 절도, 마약범 등과 같은 비폭력적 중범죄, 그리고 생계형 절도, 성매매 등과 같은 경범죄 등으로 분류하여, 종교와 범죄의 연관성을 연구하는 것이 바람직하다고 제안하기도 한다.[13]

Ⅲ. 종교활동의 자유의 한계와 형사처벌

1. 종교활동의 자유의 헌법적 한계와 형사처벌

위에서 언급한 바와 같이, 절대적으로 보호되는 내면적인 신앙의 자유와는 달리, 종교활동의 자유는 법적으로 무제한 허용되는 것이 아니다. 자신의 종교활동이 타인의 권익을 침해하거나 반사회적일 경우에는 법적 제재가 주어질 수 있다. 어떤 개인도 종교의 자유를 이유로 타인에게 피해를 입히는 것은 허용될 수 없고, 종교적인 이유로 타인에게 의료서비스 제공을 부인할 수 없는 것이며, 환자의 보호자가 종교적인 이유로 치료를 거부하더라도 국가는 아이들을 보호하여야 하는 책무가 있는 것이다.[14] 우리나라 헌법 제37조 제2항은, “국민의 모든 자유와 권리는 국가안전보장·질서유지 또는 공공복리를 위하여 필요한 경우에 한하여 법률로써 제한할 수 있으며, 제한하는 경우에도 자유와 권리의 본질적인 내용을 침해할 수 없다.”라고 규정하고 있다. 이와 같이 인간의 내면적인 신앙의 자유는 절대적으로 보호되므로 이를 근거로 하여 국가가 간섭할 수는 없는 것이

12) DiIulio JJ Jr. *The three faith factors.* Public Interest 149, 50-64 (2002); DiIulio JJ Jr. *Godly Republic: A Centrist Civic Blueprint for America's Faith−Based Future.* Berkeley: Univ. Calif. Press, (2009).

13) John J. DiIulio, Jr., *More Religion, Less Crime? Science, Felonies, and the Three Faith Factors,* 5 Ann. Rev. L. & Soc. Sci. 115−129 (2009).

14) Erwin Chemerinsky & Michele Goodwin, *Religion is not a Basis for Harming Others: Review Essay of Paul A. Offit's Bad Faith: When Religious Belief Undermines Modern Medicine,* 104 Geo. L. J. 1129−1135 (2016).

지만, 개인의 신앙이 외부적으로 표현되는 종교활동의 자유는 일정한 범위에서 법률로써 제한할 수 있다고 보편적으로 이해되고 있는 것이다. 따라서 종교활동의 일환으로서 이루어지는 인간의 활동이 타인의 법익을 침해할 경우에는 불법행위로 인한 민사상 손해배상책임이 주어질 수 있고, 형법 규정에 위반되는 경우에는 형사처벌을 받게 될 수도 있다. 다만 개인의 종교활동이 비록 형사법규에 저촉되더라도, 형법상 업무로 인한 행위, 사회상규에 반하지 않는 정당행위로서 위법성이 조각될 수도 있고, 금지착오로 인한 책임조각 또는 기대불가능성으로 인한 책임감면 등이 논의될 수는 있다.[15)]

2014년부터 2018년까지의 대검찰청 범죄통계에 의하면, 종교인에 의하여 범해진 범죄 중에는 미신을 이용한 사기와 성범죄, 집단적 배타성에서 나오는 폭력범죄 등이 많았는데, 구체적으로 사기, 폭행, 상해, 음주운전, 뺑소니, 성범죄 등이라고 한다.[16)] 그런데 사이비종교와 관련된 범죄의 경우에는, 교주에 대한 무조건적인 믿음과 순종, 그리고 두려움 등으로 인하여 범죄 증거의 수집과 피해사실의 증언을 어렵게 하고, 수사에 있어서도 교주나 범죄자들의 양심고백이나 자백에 전적으로 의존할 수밖에 없는 상황이라고 한다.[17)] 또한 사이비종교인이 세뇌적 방식으로 집요하게 접근하기 때문에, 피해자는 단호하게 거절하지 못한 채 범죄피해에 휘말리게 되고, 세뇌된 신도들은 범죄피해를 부인하거나 교주에 대한 사법처리를 종교탄압이라고 항의하는 경우가 많다고 한다.[18)]

---

15) 윤종행, “종교인의 종교활동상 발생하는 범죄에 관한 우리나라 판례의 동향”, 앞의 글, 95면 참조.

16) 이봉한, “한국종교범죄의 분석: 범죄현황과 심리”, 『한국경찰연구』(한국경찰연구학회) Vol. 19 No. 3, 2020, 175면 참조.

17) 노연상, “사이비 종교범죄의 현황과 대책”, 『인문사회과학 연구』(세명대 인문사회과학연구소) 제29권 제2호, 2021, 47면 참조.

18) 이봉한, “한국종교범죄의 분석: 범죄현황과 심리”, 앞의 글, 183면.

2. 종교인에 의한 범죄

(1) 서

종교인에 의한 범죄는, 종교활동 과정에서 타인의 법익을 침해하거나 반사회적 행동으로 이어지는 경우에 이에 대하여 형사처벌을 가할 것인가의 문제로서, 종교활동의 자유와 형법이 충돌하는 경우이다. 물론 폭행이나 사기죄와 같이 통상 일반인에 의하여 범해지는 범죄를 종교인이 범하는 경우도 있을 수 있다. 마찬가지로 형법상 일반적인 위법성조각사유나 책임조각사유가, 종교인에 의하여 범해진 범죄에도 동일하게 적용된다. 그러므로 종교인에 의하여 범해진 범죄의 경우에도, 형법상 업무로 인한 행위, 사회상규에 반하지 않는 정당행위로서 위법성이 조각되는지, 금지착오 또는 기대불가능성으로 인한 책임조각 또는 감면 등이 주어지는지를 검토할 필요가 있다.[19]

이하에서는 미국과 우리나라에서 종교인의 종교활동과 관련하여 법적 쟁점이 되었던 사례들을 살펴보겠다.

(2) 미국에서의 종교인 범죄

1) 종교적 신념과 심신장애

자신의 범행이 종교적 신념에 따른 것이라고 주장하는 경우에, 심신장애에 해당한다고 보아 형사처벌에서 고려하여야 하는지가 문제된다. 심신장애로 인한 범죄에 대하여서는 형사책임을 감면하는 것이 영미법의 전통이었는데, 심한 정신장애로 선과 악을 구별할 수 없는 사람에게 형벌을 가할 수는 없다는 법원리였다.[20] 고대 그리스의 철학자 플라톤은 보통의 살인자들이 사형에 처해지더라도, 심신장애로 사람을 살해한 자는 1년의 유배형에 처해져야 한다고 보았다.[21]

---

19) 윤종행, “종교관련 범죄와 재판”, 『연세법학』(연세법학회) 제42호, 2023, 154면 참조.

20) Anthony Platt & Bernard L. Diamond, *The Origins of the "Right and Wrong" Test of Criminal Responsibility and It's Subsequent Development in the United States: An Historical Survey,* 54 Cal. L. Rev. 1233－1237 (1966).

21) Susan D. Rozelle, *Fear and Loathing in Insanity Law: Explaining the Otherwise Inexplicable Clark v. Arizona,* 58 Case W. Res. L. Rev. 19, 23 (2007).

18세기 영국에서는 소위 “wild beast” 테스트를 활용하여, 미친 사람이나 바보에 해당하는지를 판단하여 처벌을 면제하였다.[22] 그리고 19세기에는 어떤 사람을 살해하라는 신의 명령에 따라 살인한 경우에는, 법적 정신장애의 요건을 충족하는 비자발적 망상에 사로잡혀 자행한 것이므로 형사처벌을 면제하여야 한다는, “신의 명령 원칙(deific decree doctrine)”이 적용되었다.[23]

1915년 미국의 People v. Schmidt 판례에서는, Hans Schmitt가 교회에서 일하는 Anna Aumuller가 자신의 아이를 임신하자, 자신이 천주교 사제로 분장하여 Aumuller를 살해하였고, Hans는 법정에서 자신의 행동은 신이 명령한 것이라고 주장하였다.[24] 이 판결에서 법원은 개인적 신념이 사회적 인식과 다를 경우 어떻게 대응하여야 하는지를 보여 주었는데, 법원은 여기서 심신장애 여부의 판단에 관한 소위 “M'Naghten” 룰이라고도 하는 “right−wrong” 테스트를 적용하였다. 이는 법적 잘못만이 아니라 도덕적 잘못도 포함하는 것으로서, 종교적 계율(deific decree)도 고려될 수 있다고 보았으나, 법원은 결국 개인이 잘잘못에 대한 법적 개념에 따라 순응하여야 한다고 판단하였다.[25] 그런데 오늘날 많은 사람들이 정상적인 생활이 불가능한 정도는 아니더라도 심각한 정신질환을 앓는 경우가 많고, 종교적 신념으로 의한 비이성적 행동의 범죄를 저지른 경우 심신장애에 의한 형 감면을 주장하는 경우가 많다.[26] 그러나 실제로 심신장애에 의한 형 감면의 주장이 받아들여지는 경우가 많지 않고, 정신질환을 진단받은 수많은 사람들이 치료를 받는 대신에 교도소에 머물고 있는 것이 현실이다.[27]

---

22) Henry Fradella, *From Insanity to Beyond Diminished Capacity: Mental Ilness and Criminal Excuse in the Post−Clark Era,* 18 Fla. J. L. & Pub. Pol'y 7, 14 (2007).

23) Christopher Hawthorne, *"Deific Decree": The hort Happy Life of a Pseudo−Doctrine,* 33 Loy. L.A. L. Rev. 1783 (2000); Grant H. Morris & Ansar Haroun, M.D., *"God Told Me to Kill": Religion or Delusion?,* 38 San Diego L. Rev. (2001).

24) People v. Schmidt, 110 N.E. 945−948 (N.Y. 1915).

25) Rabia Belt, *When God Demands Blood: Unusual Minds and the Troubled Judicial Ties of Religion, Madness, and Culpability,* 69 U. Miami L. Rev. 771−772 (2015).

26) Bageshree Ranade, *Conceptual Ambiguities in the Insanity Defense:* State v. Willson *and the New "Wrongfulness" Standard,* 30 Conn. L. Rev. 1397 (1998).

27) Rabia Belt, *When God Demands Blood: Unusual Minds and the Troubled Judicial Ties of Religion, Madness, and Culpability, Id.* at 794; 윤종행, “형법과 종교”, 앞의 글, 77−78면 참조.

2) 종교 교리와 세속법의 충돌

① 모르몬 교도의 중혼

종교 교리에 따른 행동이 세속법에 어긋나는 경우가 있는데, 그중의 대표적 예가 미국의 모르몬 교도들의 중혼의 전통에서 볼 수 있다. 미연방 대법원은 1878년의 Reynolds v. United States 사건에서 종교의 자유에 의하여 모르몬(Mormon) 교도가 일부다처제를 허용하여야 한다는 주장을 만장일치로 배척하였다. 1875년 미국의 모르몬교(LDS Church) 신자인 George Reynolds가 모르몬교의 교리에 따라 중혼을 하였다가, 중혼을 금지하는 연방법에 의하여 형사처벌을 받게 되자, 중혼금지법이 헌법상 종교활동의 자유를 침해하는 것이라고 미연방 대법원에 제소하였다. 그러나 미연방 대법원은 1878년, 중혼금지법은 국가의 도덕률을 보호하기 위한 것으로서, 개인의 종교활동이 건강, 안전, 그리고 도덕률 등을 보호하는 국가의 경찰작용을 침해하는 경우에는 종교의 자유로서 보호될 수 없다고 판시하였다.[28] 국가가 개인의 종교적 신념이나 견해에 간섭해서는 안 되지만 종교 교리에 따른 시행(practices)에는 개입할 수 있다고 보았는데,[29] 미국의 영토 내에서 중혼의 문화는 미국민에게 낯선 것이고, 의회는 영미의 오랜 전통인 중혼금지의 법을 제정할 수 있는 권한을 갖고 있다고 판단하였다. 당시 Morrison Waite 대법원장은, 비록 현재로서는 일부다처제가 모르몬 교도 공동체에 국한되는 것이지만 이를 허용하면 불가피하게 사회 전체로 확산될 것을 우려하였다. 중혼을 금지하는 보편적인 법을 모르몬 교도가 무시하는 것을 허용하게 되면, 나중에는 단지 법의 예외의 결과에 머무는 것이 아니라 예외가 일반화되는 본말전도의 사태로 이어질 것을 우려하였는데, 사람들은 보편적인 법을 회피하기 위하여 종교적 신념을 주장할 수 있고 이는 무정부주의에까지 이를 수도 있다는 논지였다.[30] 그 후 1882년의 미연방 대법원 판결에서는, 중혼이나 복혼제(bigamy and

---

28) Reynolds v. United States, 98 U.S. 145 (1878).

29) Ashby D. Boyle II, *Fear and Trembling at the Court: Dimensions of Understanding in the Supreme Court's Religion Jurisprudence,* 3 Seton Hall Const, L. J. 95–96 (1993).

30) Reynolds v. United States, 98 U.S. 145–168 (1878); Bernadette Meyler, *The Equal Protection of Free Exercise: Two Approaches and their History,* 47 B. C. L. Rev. 312–314 (2006).

polygamy)는 혼인의 순수성을 파괴하고, 가정의 평화를 해치며, 여성의 품격을 떨어뜨리며 남성을 모독할 수 있는 위험이 있다고 보았다.[31] 그 후 모르몬 교도들의 중혼은 미국에서 법적으로 허용될 수 없게 되었다.[32]

② **종교의식에 환각물질 사용**

1990년의 미연방 대법원 Employment Division v. Smith 판결에서는, 종교의식에서 환각성 물질을 사용한 것에 대하여, 종교의 자유로서 보호될 수 없다고 판시하였다. 본 사건의 사실의 개요를 보면, 두 남성이 자신들이 신봉하는 미국원주민 교회(the Native American church)의 성찬식 의식에서 환각성 있는 페요테(peyote) 선인장을 섭취한 것을 이유로, 사설 마약갱생단체에서 해고되었다. 그런데 Oregon주에서는 일 관련 부당행위로 인하여 해고되었다는 이유로 실업수당 지급을 거절하였다. 오리건주 항소법원과 대법원은 오리건주 정부가 청구인의 종교활동의 자유를 침해하였다고 판단하였으나, 미연방 대법원은 이를 뒤집었다. 어떤 법이 비종교적인 이유에서 한 특별한 행위에 적용되는 경우에 위헌이라고 볼 수 없는 경우에는, 그 법이 자신의 종교에서 요구하는 특별한 행위를 부수적으로 금지하는 것에 따라야 한다고 판시함으로써, 오리건주 법은 종교의 자유를 침해하지 않았다고 판시하였다.[33]

미국 원주민의 종교의식에서 환각성 있는 페요테 선인장 섭취를 하였다는 이유로 마약갱생단체에서 해고된 경우에, 부당행위로 인하여 해고되었으므로 주정부가 실업수당 지급을 거절하더라도 종교의 자유를 침해하는 것이 아니라는 판결이다. 그러나 미국 원주민의 종교의식에서 환각성 물질을 사용하는 것의 사회적 해악에 비하여, 이를 불법화함으로써 침해되는 종교활동의 자유가 보다 심각한 것으로서 기본권의 제한에 관한 비례성의 원칙에 위배되는 것이라고 판단된다.[34]

---

31) Davis v. Beason, 133 U.S. 333 (1890); 윤종행, “종교와 법의 교차점”, 앞의 글, 437－438면 참조.

32) 윤종행, “종교관련 범죄와 재판”, 앞의 글, 156면 참조.

33) Employment Division v. Smith, 494 U.S. 872－890 (1990).

34) 윤종행, “종교관련 범죄와 재판”, 앞의 글, 157면 참조.

그런데 이 판결 이후로 미국 의회는, 미국 원주민들이 종교적 의식을 위하여 페요테를 사용하는 것을 합법화하는 입법을 하였다. 오늘날 종교에 대한 국가의 규제가 점점 증가하고 있는 것이 현실이지만, 잘 알려진 종교만이 아니라 소수 종교들도 동등하게 보호함으로써 종교의 다양성을 추구하여야 한다는 주장이 제기되고 있다.[35)]

③ 혐오스런 종교의식

미연방 대법원은 1993년의 Church of Lukumi Babalu Aye v. Hialeah 판결에서, 혐오스런 종교의식일지라도 종교의 자유로서 보호될 수 있다고 판시하였다. Florida주 Hialeah시에 소재한 Lukumi Babalu Aye 교회는 헌물의 의미로 동물을 희생하였는데, 이는 아프리카계의 쿠바 종교인 산테리아(Santeria)교 의식을 행하는 것이었다. 이 교회는 장례식이나 치유의 의식을 제하곤, 모든 종교의식에서 동물의 경동맥을 끊어 살해하고 요리하여 먹었다. 그런데 당시 하이알리아(Hialeah)시의 조례에서는, 당국이 혐오스럽고 불쾌하다고 판단되는 특정한 종교의식을 금할 수 있도록 규정하고 있었다. Lukumi Babalu Aye 교회는, 이 조례가 미연방 헌법 수정 제1조의 종교활동의 자유를 침해한다고 소를 제기하였다. 그러나 지방법원과 지방항소법원은, 이 조례가 중대한 국가적 이익을 위한 것으로서, 보다 덜 제한적인 수단은 불가능하다고 판단하였다. 그러나 미연방 대법원은, 하이알리아시의 조례는 중립적이지 못하고, 중대한 국가적 이익을 위한 최소침해의 수단 요건을 충족하지 못할 뿐만 아니라, 헌법상 종교의 자유를 침해하는 것이라고 판시하였다.[36)] 동물 애호가들의 반발이 예상됨에도 불구하고 종교활동의 자유를 보호하는 것이 미연방 대법원의 기본 입장임을 이해할 수 있다.[37)]

④ 종교적 징집 거부

미연방 대법원은 1965년의 United States v. Seeger 판결에서, 종교적 신념에 근거한 징집거부의 허용 기준을 제시하였다. 이 사건에서 징집을 거부한 Daniel

---

35) David E. Steinberg, *Religious Exemptions as Affirmative Action,* 40 Emory L.J. 139 (1991).

36) Church of Lukumi Babalu Aye v. Hialeah, 508 U.S. 520 – 546 (1993).

37) 윤종행, “종교관련 범죄와 재판”, 앞의 글, 157 – 158면 참조.

Seeger는, 자신이 초월적 존재로서의 신을 믿진 않지만, 도덕적 가치로서의 선(goodness)에 헌신하고자 하는 믿음이 있으므로, 자신이 신앙이 없다고 말할 수 없다고 주장하였다. 그러나 미연방 대법원은, Daniel Seeger의 신념이 초월적 존재와 깊이 연결되지 않았다는 이유로, 양심적 병역거부자에 해당되지 않는다는 판단을 하였다.[38] 법률에 근거한 군징집[39]을 거부할 수 있는 것은 도덕적 교리를 바탕으로 하는 종교적 신념에 근거하여야 하는 것이지, 본질적으로 정치적, 사회적, 또는 철학적 견해나 단지 개인적, 도덕적 이유에 근거하는 경우에는 적용되지 않는다고 판시하였다.[40]

그러나 1970년의 Welsh v. United Sates 판결에서 미연방 대법원은, 징집을 거부한 피고인이 반드시 초월적 존재를 신봉하는 종교에 기반을 두어야 하는 것은 아니고, 옳고 그름에 대한 도덕적, 윤리적, 또는 양심적으로 징집을 거부하는 경우라면 허용되어야 한다고 판시하였다.[41] 그런데 오늘날 양심적 징집거부와 관련하여, 법원이 종교의 자유에 의하여 보호되는지를 판단하기 위하여, 사람의 종교적 신념의 내용에 대하여 살펴볼 수 있지만, 법원은 종교적 신념이 진실한지 거짓된 것인지를 판단할 수는 없는 것이며, 다만 그것이 매우 기이한 것인지 또는 그러한 신념이 순전히 세속적인 것인지에 대한 판단으로 제한되어야 한다는 주장도 제기되고 있다.[42]

⑤ 아미쉬 신자들의 의무교육법 위반

1972년, 미국 아미쉬 종교(The Order Amish religion and the Conservative Amish Mennonite Church) 신자들이, 자녀들이 16세가 될 때까지 사립 또는 공립학교에 보내야 하는 위스콘신주의 의무교육법을 위반하였다고 기소된 사건에서 미연방 대법원은, 자녀들을 아미쉬 종교의 생활방식과 맞지 않는 고등학교에 보또한 않

38) Mark Strasser, *Definitions, Religion, and Free Exercise Guarantees,* 51 Tulsa L. Rev. 20 (2015).

39) The Universal Military Training and Service Act, 50 U.S.C. App. §456(j) (1958).

40) United States v. Seeger, 380 U.S. 163–167 (1965).

41) Welsh v. United Sates, 398 U.S. 333 (1970); John O. Hayward, *The Power of Religion in a Secular Society,* 21 Trinity L. Rev. 44–49 (2016).

42) Mark Strasser, *Definitions, Religion, and Free Exercise Guarantees,* 51 Tulsa L. Rev. 38 (2015).

은 것은 종교적 신념에 따른 것이므로, 정부가 자녀를 고등학교에 보내도록 강제하는 것은 헌법상 종교의 자유를 침해하는 것이라고 판시하였다. Wisconsin주의 의무교육법은, 자녀들이 16세가 될 때까지 사립 또는 공립학교에 보내야 하는데, 아미쉬 신자들은 자녀들이 8학년을 마친 후에 고등학교에 보내는 대신에, 시골의 아미쉬 생활에 맞도록 설계된 비공식적 직업교육을 시켰다. 주 대법원은 그들에게 강제적인 의무교육을 적용하는 것은 종교의 자유를 규정하는 미연방 헌법 수정 제1조 위반이라고 판시하였고, 미연방 대법원도 자녀들을 고등학교에 보또한 않은 것은 종교적 신념에 따른 것이고, 아미쉬 교육은 아미쉬 공동체의 농경사회에서 사는 것을 준비하는데 충분한 것이라고 보면서 이를 인용하였다.[43)]

⑥ **호별방문 전도활동**

종교활동의 일환으로 이루어진 호별방문이 주 법에 위반되어 문제된 경우가 있다. 1940년 미연방 대법원 판례는 호별방문 전도활동에 대한 법리 판단을 하였다. 미국 코넷티컷주의 뉴헤이븐(New Haven)의 카톨릭 신자 밀집지역에서, 여호와의 증인(Jehovah's Witness) 신자들이, 자신들이 신봉하는 종교 교리에 관한 팜플렛, 책자, 녹음테이프와 녹음기 등을 가지고 집집마다 방문하면서 나누어주고, 길가는 사람에게 들려주기도 하였다. 그런데 책자의 내용에는 기성 종교 일반과 카톨릭교에 대한 공격적인 내용도 담겨 있었다. 이들은 홍보활동을 하기 위하여서는 당국에 미리 허가를 받아야만 하는 코넷티컷주 법을 위반하였다는 이유로 기소되어 법적 다툼이 되었다. 미연방 대법원은, 여호와의 증인 신자들의 종교적 활동은 헌법상 자유권에 의하여 보호되므로, 국가가 부당하게 침해하여서는 아니된다고 판시하였다.[44)] 이어서 1943년 펜실베이니아주의 지네트(Jeannette) 자치구에서, 여호와의 증인 신자인 Murdock이 호별방문을 통하여 책자와 팜플렛을 배포하고 기부를 권유한 것이, 호별방문 홍보활동을 할 때 당국에 허가를 받도록 하는 지네트 자치구 조례에 저촉되어 문제된 사안에서, 미연방 대법원은 문제의 조례가 종교활동의 자유를 침해하는 것이라고 판시하였다.[45)]

43) Wisconsin v. Yoder, 406 U.S. 205-222 (1972); 윤종행, "형법과 종교", 앞의 글, 81면 참조.

44) Cantwell v. Connecticut, 310 U.S. 296 (1940).

3) 종교를 빙자한 사기

1944년의 United States v. Ballard 판결은, 종교를 빙자하여 사기적 방법으로 금품 등을 수수함으로써 사기죄가 성립하는지에 대하여 판단하였다. 미연방 대법원은, 자신들은 실제로 믿지 않는 종교를 빙자하여 사기적 방법으로 기부금을 모으기 위하여 "I Am"이라는 종교운동을 주도한 혐의로 소추된 종교 지도자에 대한 유죄판결을 뒤집었다. Guy Ballard와 Edna Ballard 두 사람은 사기의 방법으로 우편물을 이용하여 광고물을 배포하고 기금 조성과 단체 가입을 권유한 혐의였다. 또한 세 명의 사람이 특별히 초월적 능력으로 수백 명의 사람이 불치병을 포함하는 질병이나 상처를 치료받았다고 허위임을 알면서 주장하였다는 것이었다. 제1심 재판의 배심원은 유죄 평결을 하였으나 연방 항소법원과 연방 대법원은 이를 뒤집었다. 미연방 대법원은 미연방 헌법 수정 제1조에서 종교활동의 자유를 보장하고 있기 때문에, 피고인의 종교적 교리나 신앙이 진실하고 정직한 것인지를 배심원이 판단하도록 하여서는 안 된다고 판시하였다.[46] 이 판결은 이후 사기적 종교활동에 대한 법원의 판단기준이 되었다.[47] 법원이 개인의 종교적 신념이 진실한 것인지에 대한 판단을 할 수 없다고 봄으로써, 신앙의 자유를 보호하는 것이 미연방 대법원의 입장임을 알 수 있다.[48]

(3) 우리나라에서의 종교인 범죄

1) 서

우리나라에서 종교인에 의하여 범하여지는 범죄를 보면, 종교활동의 명목으로 기망적 방식으로 금품을 수수하여 사기죄가 성립하는 경우와, 종교적 신념에 근거한 살인죄 또는 폭력범죄 등으로 처벌되는 경우가 많다. 또한 종교활동 중에 한 명예훼손적 표현이 문제되는 경우와 업무방해죄, 또는 경범죄처벌법위반죄로

45) Murdock v. Pennsylvania, 319 U.S. 105 (1943); 윤종행, "종교와 법의 교차점", 앞의 글, 440-441면 참조.

46) Ballard v. United States, 329 U.S. 78-95, 187-195 (1944).

47) John O. Hayward, *The Power of Religion in a Secular Society, id* at 34-39; 윤종행, "형법과 종교", 앞의 글, 78-79면 참조.

48) 윤종행, "종교관련 범죄와 재판", 앞의 글, 160면 참조.

기소되는 경우도 있다.[49)]

2) 종교를 빙자한 사기

종교활동의 명목으로 기망적 방식으로 금품을 수수하여 사기죄로 처벌받기도 한다. 터무니없는 방식의 미신적 종교행위를 빙자하여 어려움에 처한 피해자의 심리를 이용하여 거액의 돈을 요구하는 경우에, 기망의 방법으로 재산상 이익을 편취한 행위로 볼 수 있는지가 법리적 쟁점이 된다. 또는 인간의 기복적 속성을 악용하여 터무니없이 큰 돈을 주겠다는 등의 허무맹랑한 방식으로 신자들을 현혹한 사이비종교 지도자의 행위에 대하여, 사기죄를 인정하는 것이 대법원 판례의 입장이다. 종교인의 종교활동에 대한 대가로서 금품을 수수하는 경우에, 전통적인 관습 또는 종교행위로서 허용될 수 있는 한계를 벗어난 것인지에 대한 보다 구체적인 판단근거가 판례로서 형성될 필요가 있다.[50)]

3) 명예훼손

종교인의 종교활동 과정에서 타인의 명예를 훼손하였다고 기소되는 경우가 있다. 예컨대 종교집회에서 이단 시비가 있는 종교지도자에 대하여 비판하는 과정에서 명예훼손적 표현을 하는 경우가 문제된다. 대법원은, 종교적 표현의 자유는 일반적 언론·출판의 자유에 비하여 보다 강하게 보호되어야 하지만, 합리적 근거 없는 명예훼손적 발언이나 모멸적인 표현까지 보호할 수는 없다는 입장이다.[51)]

4) 종교지도자의 성범죄 등 폭력범죄

사이비 종교지도자가 여신도들을 유혹하여 성범죄를 저지르는 경우가 있다. 대법원은 교회 노회장의 여신도들에 대한 강제추행 사건에서, 직접적인 폭행 또는 협박이 없었더라도, 종교지도자에 대한 여신도들의 신뢰를 근거로 하는 정신적 충격, 곤혹과 당황, 정신적 혼란 등의 정황을 고려할 때, 자유로운 의사에 의한 항거가 불가능한 상태에 있었다고 봄으로써, 교회 여신도들에 대한 준강제추

49) 윤종행, "종교관련 범죄와 재판", 앞의 글, 160－161면 참조.

50) 윤종행, "종교인의 종교활동상 발생하는 범죄에 관한 우리나라 판례의 동향", 앞의 글, 113면 참조.

51) 대법원 2014. 9. 4. 선고 2012도13718 판결 참조.

행을 인정한 바 있다.[52] 그리고 종교적 방법으로 질병을 치유한다는 명목으로 안수기도를 하는 과정에서 지나치게 폭력적 방법을 사용하여 문제되는 경우가 있다. 대법원은, 비록 기도를 통한 질병치료의 목적으로 이루어졌다고 하더라도, 지나치게 폭력적 방법의 안수기도는 사회상규상 용인되는 정당행위라고 볼 수 없고, 폭행의 고의를 인정하여야 한다는 입장이다.[53]

5) 종교적 신념에 근거한 수혈 거부

자신의 종교 교리에 반한다는 이유로 수혈을 거부함으로써 환자에게 필요로 하는 수혈을 못함으로써 환자가 사망에 이르게 되는 경우, 수혈을 거부한 환자 가족은 유기치사죄,[54] 그리고 담당의사는 업무상 과실치사죄의 형사책임을 지게 될 수도 있다. 우리나라 대법원은, 수술 과정에서 수혈을 하지 않으면 환자의 생명에 위험이 발생할 수 있는 응급상태에 이르렀음에도, 환자가 종교적 신념에 따라 명시적으로 수혈 거부 의사를 밝히는 상황에서, 담당의사로서는 환자의 생명을 보존하기 위해 불가피한 수혈 방법의 선택을 고려하는 것이 원칙이지만, 제반 사정을 고려할 때, 환자의 생명 보호에 못지않게 환자의 자기결정권을 존중하여야 할 의무가 대등한 가치를 가지는 것으로 평가되는 때에는, 이를 고려하여 진료행위를 하여야 한다고 봄으로써, 환자의 생명보호와 마찬가지로 환자의 자기결정권을 존중하고 있다. 그런데 대법원은, 환자측에서 수혈을 거부함으로써 무수혈 방식의 수술을 시행하는 과정에서, 예상과 달리 다량의 출혈 등의 위험 발생 가능성이 현실화되었다면, 과연 위험을 무릅쓰고 수술을 계속하는 것이 환자의 자기결정권에 기초한 진료라고 쉽게 단정하여서는 아니 되고, 환자를 위한 최선의 진료방법인지 다시 판단하여야 한다고 봄으로써, 의사로서의 무거운 업무상 주의의무를 강조하고 있다.[55]

그러나 환자와 그 가족의 입장은 의료적 경험과 지식이 부족하고 상황판단과 의사결정을 하기에 매우 제한적 정보가 제공되고 심리적 불안상태에 처해 있

52) 대법원 2009. 4. 23. 선고 2009도2001 판결 참조.

53) 대법원 2008. 8. 21. 선고 2008도2695 판결; 대법원 2004. 9. 3. 선고 2004도3538 판결; 대법원 1994. 8. 23. 선고 94도1484 판결 등 참조.

54) 대법원 1980. 9. 24. 선고 79도1387 판결 참조.

55) 대법원 2014. 6. 26. 선고 2009도14407 판결 참조.

는 현실을 고려할 때, 환자의 생명보호 의무를 우선시하고, 환자의 자기결정권은 부차적으로 고려하는 것이 타당할 것이다.[56] 예컨대 환자인 미성년자인 자녀에 대한 치료 과정에서, 환자의 부모가 종교적 이유로 수혈을 거부하는 경우에, 의사로서는 환자의 가족에게 상황을 설명하고 환자를 치료할 수 있는 최선의 방안에 협력할 수 있도록 최대한 설득하기 위한 노력이 요구된다고 봄이 타당할 것이다. 그러므로 이러한 노력 없이, 종교적 신념에 근거하여 환자인 미성년 자녀에 대한 수혈 등 치료를 거부하는 것을 묵인하는 의사는, 부작위에 의한 방조범으로서의 책임을 지게 될 수도 있을 것이다.[57]

6) 양심적 병역거부

그동안 우리나라에서 양심적 병역거부가 문제된 것은, 주로 여호와의 증인 신자들이 종교적 신념에 따라 현역입영통지서를 받고도 입영하지 않거나, 예비군 훈련 소집에 응하지 않은 경우들이었다. 그런데 헌법재판소는 2018년 6월, 양심적 병역거부자에 대한 대체복무제를 규정하지 아니한 병역법 제5조 제1항은 과잉금지원칙을 위반하여 양심적 병역거부자의 양심의 자유를 침해하므로 헌법에 합치되지 않는다고 판단하였다.[58] 이어서 대법원 전원합의체 판결은 같은 해 11월, 양심적 병역거부가 병역법상 정당화될 수 있다고 판시하였다.[59]

대법원은 양심적 병역거부 사건에서 정당한 사유에 대한 판단을 함에 있어서, 병역거부를 하게 된 원인이 진정한 양심에 따른 것인지를 기준으로 하고 있는데, 이는 간접사실 또는 정황사실을 통하여 객관적으로 증명되었는지를 신중하고 충실하게 심리되어야 한다는 입장이다. 그리고 피고인이 진정한 양심에 근거한 것이라는 점에 대하여 소명자료를 제시하고, 검사가 이를 탄핵하는 방법으

---

56) 환자의 자기결정권을 우선시하는 입장에서, 사전 의사의 설명을 전제로 하여 환자 스스로의 치료행위 선택이 아주 진지하고, 상당한 고민과 판단 끝에 이루어진 것이라면 자신의 생명의 위태로움을 감수한다는 자유로운 승낙으로서 존중할 수 있다는 견해가 있다 {이수진·문채규, "종교적 행위의 형사법적 허용범위", 『비교형사법연구』(한국국비교형사법학회) 제19권 제4호, 2018, 121면}; 윤종행, "종교인의 종교활동상 발생하는 범죄에 관한 우리나라 판례의 동향", 앞의 글, 106－107면 참조.

57) 윤종행, "형법과 종교", 앞의 글, 85－86면 참조.

58) 헌재결 2018. 6. 28. 2011헌바379.

59) 대법원 2018. 11. 1. 선고 2016도10912 전원합의체 판결.

로 그 정당성에 대한 판단을 하고 있다. 이에 대하여 대법원은, 병역을 거부하는 피고인의 '양심'이 과연 그 주장에 상응하는 만큼 깊고 확고하며 진실한 것인지, 종교적 신념에 의한 것이라는 피고인의 병역거부가, 실제로도 그에 따라 행동하지 않고서는 인격적 존재가치가 파멸되고 말 것이라는 절박하고 구체적인 양심에 따른 것인지에 대하여, 의문이 남지 않을 정도로 소명되어야 한다고 엄격하게 해석하고 있다.[60]

이제 합리적 대체복무제도가 마련되었으므로, "양심적 병역거부"의 정당한 사유로서 "그 신념이 깊고, 확고하며, 진실"한지에 대한 판단에 있어서, 단지 종교적 신념을 근거로 하는 경우만이 아니라, 정치적·사회적 이유가 아닌 순수한 도덕적 신념에 근거한 경우에도 보다 폭넓게 양심의 자유로서 보장하는 것이 바람직할 것이다.[61] 아울러 대체복무 기간을 원래의 병역의무 기간에 비하여 합리적으로 상당히 길게 설정함으로써, 국민으로서의 병역의무 이행이 도저히 양심에 반하여 현실적 불이익을 감수하면서 대체복무제도를 택하는 특별한 경우로 인식되도록 하는 것이, 소수자를 포용하면서 국민 통합을 통한 평화로운 사회를 지향하는 길일 것이다.[62]

7) 기 타

그 밖에 선교의 목적으로 전단지를 무단히 끼워 넣어 배달되게 함으로써 서류배달업 회사의 업무를 방해하였다고 문제된 경우가 있다. 피해자 회사가 고객으로부터 탁송을 의뢰받아 지정된 곳으로 발송 예정인 서류의 포장 안에, 통상의 기독교 선교 인쇄물을 집어 넣는다고 말하고, 배달회사 직원이 모르는 사이에 타 종교를 비방하는 내용의 영문 종교 전단을 집어 넣어 함께 발송하게 되어 배달된 사안이다. 대법원은, 고객의 의뢰에 따라 항공속달에 의하여 서류를 배달하는 것을 업무로 하는 회사의 업무과정에서, 특정 종교를 심하게 비방하는 내용의 전단지를 제대로 설명하지 않고 허락 없이 끼워 넣어, 고객의 위탁취지에 어긋나게 업무를

60) 대법원 2020. 11. 26. 선고 2018도14411 판결; 법원 2020. 9. 3. 선고 2020도8055 판결; 대법원 2020. 7. 9. 선고 2019도17322 판결 등 참조.

61) 윤종행, "형법과 종교", 앞의 글, 84면 참조.

62) 윤종행, "종교관련 범죄와 재판", 앞의 글, 164면 참조.

처리한 결과가 되었고, 나아가 배달회사의 업무 경영이 저해될 위험을 발생케 하는 사회통념상 허용될 수 없는 행위라고 봄으로써 업무방해죄를 인정하였다.[63]

또한 종교인의 범인은닉 등의 행위가 업무로 인한 행위로서 정당화되는지와 관련하여 대법원은, 천주교 사제가 죄지은 자를 능동적으로 고발하지 않는 것에 그치지 아니하고 은신처 마련, 도피자금 제공 등 범인을 적극적으로 은닉·도피케 하는 행위는, 사제의 정당한 직무에 속하는 것이라고 할 수 없다고 판시하였다.[64] 종교인의 직무와 관련되는 활동에 대하여 형사처벌을 하는 것은 종교활동의 자유를 심각하게 침해하는 것일 수 있으므로, 범죄의 경중과 긴급성 등 제반 정황을 고려하여 충돌하는 법익을 종합적으로 비교형량하고, 종교인의 행위에 대한 위법성과 비난 가능성을 면밀히 검토하여 형사처벌에 신중을 기하여야 할 것이다.[65]

마지막으로, 지하철 전동차 구내에서 한 선교행위로 인하여 경범죄처벌법상 인근소란행위로 기소된 경우도 있다. 대법원은, 타인의 주목을 끌고 자신의 주장을 전파하기 위하여 목소리나 각종 음향기구를 사용하여 이루어지는 선교행위에 대하여, 경범죄처벌법 제1조 제26호 소정의 인근소란행위의 구성요건에 해당되어 형사처벌의 대상이 된다고 판단하기 위해서는, 헌법이 보장하고 있는 종교의 자유의 허용범위와 함께, 국민의 권리를 부당하게 침해하지 아니하도록 세심한 주의를 기울여야 하고, 경범죄처벌법 제4조 소정의 입법정신을 아울러 고려하여야 한다는 입장이다. 따라서 지하철 전동차 구내에서 한 선교행위에 대하여, 구체적인 선교행위의 내용과 방법, 소란의 정도, 피고인의 선교행위로 인하여 그 전동차에 탑승한 승객들이 평온하게 공공시설을 이용할 수 있는 권리가 어느 정도로 침해되었고, 그 수인한도를 얼마나 초과한 것인지 여부, 피고인의 선교행위가 공공질서의 유지에 현존하는 명백한 위험을 초래한 것인지 여부 등에 대하여 충분히 심사하여, 경범죄처벌법상 인근소란행위로 처벌하는 데 신중을 기하여야 한다고 판시하였다.[66]

63) 대법원 1999. 5. 14. 선고 98도3767 판결 참조.

64) 대법원 1983. 3. 8. 선고 82도3248 판결 참조.

65) 윤종행, "종교인의 종교활동상 발생하는 범죄에 관한 우리나라 판례의 동향", 앞의 글, 122면 참조.

Ⅳ. 소 결

이상에서 본 바와 같이, 오늘날 세계 인구의 대다수가 종교를 갖고 있고, 우리나라에도 기독교, 불교 등 종교를 신봉하는 사람들이 많다. 대체로 종교의 범죄억지효과에 대하여 긍정적인 이해가 폭넓게 형성되어 있으나, 오늘날 실증적 연구를 통하여 이를 반박하는 주장도 제기되고 있다.

미국에서는 일찍이 자신의 범행이 신의 계시 또는 명령에 따른 것이라고 주장하는 경우에 심신장애 사유로 보아야 할지에 대한 논의가 이루어졌으나, 실제로 법원에서 형 감면의 혜택이 주어지는 경우는 많지 않다. 그리고 종교 교리와 세속법의 충돌의 문제로서, 모르몬 교도의 중혼제도는 결국 법적으로 허용될 수 없게 되었으나, 종교의식에 환각물질을 사용하는 것은 입법으로 합법화되었다. 또한 혐오스런 종교의식으로서 동물을 희생하는 전통도 종교활동의 자유로서 보호되었다. 그리고 종교적 신념에 근거한 징집거부에 대하여서도 미연방 대법원은, 반드시 초월적 존재를 신봉하는 종교에 기반을 두어야 하는 것은 아니고, 옳고 그름에 대한 도덕적, 윤리적, 또는 양심적으로 징집을 거부하는 경우라면 허용되어야 한다고 판시하였다. 또한 아미쉬 신자들의 의무교육법 위반 사건에서도, 자녀들을 아미쉬 종교의 생활방식과 맞지 않는 고등학교에 보또한 않은 것은 종교적 신념에 따른 것이므로, 정부가 자녀를 고등학교에 보내도록 강제하는 것은 헌법상 종교의 자유를 침해하는 것이라고 보았다. 그리고 호별방문 전도활동과 관련하여 미연방 대법원은, 호별방문 홍보활동을 할 때 당국의 허가를 받도록 하는 조례는 종교활동의 자유를 침해하는 것이라고 판시하였다. 마지막으로, 종교를 빙자한 사기 범죄와 관련하여 미연방 대법원은, 미연방 헌법 수정 제1조에서 종교활동의 자유를 보장하고 있기 때문에, 피고인의 종교적 교리나 신앙이 진실하고 정직한 것인지를 배심원이 판단하도록 하여서는 안 된다고 판시하였고, 이는 사기적 종교활동에 대한 법원의 판단기준이 되었다. 이와 같이 종교활동이 세속법과 충돌하는 경우에 대체로 종교의 자유를 매우 중시하는 미연방 대법원

66) 대법원 2003. 10. 9. 선고 2003도4148 판결.

의 입장을 확인할 수 있다.

한편, 우리나라에서 종교인에 의하여 범하여지는 범죄를 보면, 종교활동의 명목으로 기망적 방식으로 금품을 수수하여 사기죄가 성립하는 경우와, 종교적 신념에 근거한 살인죄 또는 폭력범죄 등으로 처벌되는 경우가 많다. 또한 종교활동 중 명예훼손적 표현이 문제되는 경우와 업무방해죄, 또는 경범죄처벌법위반죄로 기소되는 경우도 있다. 또한 자신의 종교 교리에 반한다는 이유로 수혈을 거부함으로써 환자에게 필요로 하는 수혈을 못함으로써 환자가 사망에 이르게 되는 경우, 수혈을 거부한 환자 가족은 유기치사죄, 그리고 담당의사는 업무상과실치사죄의 형사책임을 지게 될 수도 있다. 이와 같이 우리나라에서는 대체로 종교의 자유에 대한 보호에 있어서, 미국에 비하여 공익과 타인의 권리를 보다 많이 배려하고 있음을 알 수 있다. 그리고 주로 여호와의 증인 신자들의 양심적 병역거부 문제는 이제 판례에서 정당한 사유로 인정하게 되었고, 대체복무제도를 통하여 해결되게 되었다. 양심적 병역거부의 정당한 사유에 대한 판단에 있어서, 단지 종교적 신념을 근거로 하는 경우만이 아니라, 순수한 도덕적 신념에 근거한 경우에도 보다 폭넓게 양심의 자유로서 보장하는 것이 바람직하다. 또한 대체복무 기간을 원래의 병역의무 기간에 비하여 합리적으로 상당히 길게 설정함으로써, 국민으로서의 병역의무 이행이 도저히 양심에 반하여 현실적 불이익을 감수하면서 대체복무제도를 택하는 특별한 경우가 되도록 하여, 소수자를 포용하면서 국민 통합을 지향하여야 할 것이다.

제8장

종교인의 종교활동상 발생하는 범죄에 관한 우리나라 판례의 동향

(Trends in Court Decisions on the Crimes related to Religious Activity)

Ⅰ. 서

앞에서 본 바와 같이, 신앙의 자유는 절대적으로 보호되는 내면적 자유이지만, 종교활동의 자유는 타인의 권익을 침해하는 등의 행위여서는 안된다는 한계가 있다. 따라서 개인의 종교활동이 타인의 법익을 침해할 경우에는 민사상 불법행위로 인한 손해배상의 책임을 지게 되거나, 형사처벌의 대상이 될 수도 있다. 개인의 종교활동으로 인한 형사처벌에 관한 우리나라 판례를 살펴보면, 개인의 종교활동의 일환으로 이루어진 행위가 사기죄, 폭행죄, 살인죄 등 형사처벌의 대상이 되는 경우가 있고, 종교인의 신분에서 한 발언 등이 명예훼손죄로 기소되는 경우도 있다. 또한 선교행위가 경범죄처벌법상 인근소란행위로 인정되는 경우도 있다.[1)]

1) 윤종행, "종교인의 종교활동상 발생하는 범죄에 관한 우리나라 판례의 동향", 앞의 글, 93-94면 참조.

이와 같은 종교인의 범죄는 분명히 종교를 위축시키는 효과가 있다. 범죄활동으로 인한 죄책감이나 종교단체의 제도적 검열 등으로 인하여 종교행사에 참여하는 것을 꺼리게 만들 수 있기 때문이다. 그런데 종교가 범죄에 어떠한 영향을 끼치는지에 대한 연구는 사회학적, 범죄학적, 그리고 경제학적 접근의 많은 연구가 이루어져 왔으나, 별로 영향이 없다는 연구결과도 있고, 또 종교의 범죄억지 효과보다도 오히려 범죄를 부추기는 효과가 있다는 보고도 있는 등 간단하지 않다. 물론 전 세계적으로 보편화된 기독교, 이슬람교, 불교, 힌두교 등 대부분의 종교에서는 반성과 명상 등을 통하여 도덕적 가르침을 생활화할 것을 계율로써 가르치고 있으므로, 보다 평화롭고 안전한 사회가 되는 데 종교가 기여한다는 공감대가 폭넓게 형성되어 있는 것이 사실이다. 그러나 종교 공동체 안에서 신앙인들이 다른 신앙인들을 쉽게 신뢰하는 경향이 있어서 범죄피해자가 될 가능성이 보다 크다는 분석이 이루어지는 등 상반된 해석도 나오고 있다.[2)]

이하에서는 종교인의 종교활동상 발생하는 범죄에 관한 우리나라 판례의 동향을 고찰하고자 한다. 이에 관한 1980년대 이후부터 현재까지의 우리나라 대법원과 하급심 판례 등을 분석하여 범죄 유형별로 분류하고, 최신 판례 우선으로 판결의 시간적 순서에 따라 소개하고자 한다. 이에 대한 우리나라 판례의 흐름을 통찰함으로써, 앞으로의 입법과 판례의 형성에 필요한 자료로 활용되고, 종교 관련 형사법적 다툼의 해결에 대한 국민의 예측 가능성을 제고하는 데 기여하게 되길 바란다.

2) Paul Heaton, *"Does Religion Really Reduce Crime?"* 49 J. L. & Econ. 147−170 (2006).

Ⅱ. 종교인의 종교활동상 발생하는 범죄에 관한 우리나라 판례의 흐름

1. 살인죄

(1) 대법원 2004. 9. 3. 선고 2004도3538 판결 [살인교사 · 살인 · 공갈미수 · 범인도피]

이는 영생교 신자로서 배교자 또는 이탈자를 납치, 감금, 살인 등을 자행하는 '처단조'로서 활동하던 피고인이, 영생교에 동참하지 않고 새로운 종교단체를 창설하려고 한다는 이유로, 사람을 납치하여 살해하고 범행을 은폐하기 위하여 사체를 암매장한 사안이다.

대법원은, 피고인이 수사 및 재판과정에서 일부 범행 동기나 구체적인 실행행위의 분담 내용에 관한 것을 제외하고는 대체로 살인행위에 가담한 사실은 인정하고 있으나, 책임을 전가하는 등 자신의 범행을 반성하지 않고 있고, 피해보상도 전혀 이루어지지 않은 점 등을 고려하여, 종교적인 이유만으로 같은 교인들을 살해한 피고인에 대하여 사형을 선고한 원심의 양형을 수긍하였다.[3)]

종교의 본질적 의미와 가치를 몰각한 채 잔인한 범죄를 서슴지 않는 사이비종교의 허무맹랑하고 위험천만한 실상을 보여주는 예라고 볼 수 있다.[4)]

2. 상해죄, 폭행치사죄

(1) 대법원 2008. 8. 21. 선고 2008도2695 판결 [상해 · 폭행]

이는 기도원을 운영하는 피고인이, 정신분열증을 앓던 25세의 피해자에 대하여 3회에 걸쳐 피고인 운영의 기도원에서 안수기도 명목으로 피해자를 눕혀 머리를 피고인의 무릎 사이에 끼우고, 함께 있던 신도들로 하여금 피해자의 팔과

3) 대법원 2004. 9. 3. 선고 2004도3538 판결.

4) 윤종행, "종교인의 종교활동상 발생하는 범죄에 관한 우리나라 판례의 동향", 앞의 글, 99면 참조.

다리를 붙잡아 움직이지 못하게 한 뒤, 수회에 걸쳐 손가락으로 피해자의 눈 부위를 세게 누르고 뺨을 때리는 등으로 폭행한 사안이다.

대법원은, 종교적 기도행위의 일환으로서 기도자의 기도에 의한 염원 또한 의사가 상대방에게 심리적 또는 영적으로 전달되는 데 도움이 된다고 인정할 수 있는 한도 내에서, 상대방의 신체의 일부에 가볍게 손을 얹거나 약간 누르면서 병의 치유를 간절히 기도하는 행위는, 그 목적과 수단 면에서 정당성이 인정된다고 볼 수 있음을 밝혔다. 그러나 안수기도가 마치 의료적으로 효과가 있는 치료행위인 양 내세워 환자를 끌어들인 다음, 통상의 일반적인 안수기도의 방식과 정도를 벗어나 환자의 신체에 비정상적이거나 과도한 유형력을 행사하고, 신체의 자유를 과도하게 제압하여 환자의 신체에 상해까지 입히는 행위는 허용될 수 없다고 보았다.[5)]

폭력적 방법의 유형력의 행사가 비록 안수기도의 명목과 방법으로 이루어졌다고 하더라도, 사회상규상 용인되는 정당행위라고 볼 수 없다는 판례로서, 비록 목적이 정당하다 하여도 일반인의 상식에 어긋나는 방식의 폭력적 종교활동은 허용될 수 없음을 분명히 한 것으로 이해할 수 있다.[6)]

(2) 대법원 1994. 8. 23. 선고 94도1484 판결 [폭행치사]

이는 폭력적 방식의 안수기도에 수반한 폭행으로 인하여 사망에 이르게 된 사례이다.

대법원은, 안수기도는 환자의 환부나 머리에 손을 얹고 또는 약간 누르면서 환자를 위해 병을 낫게 하여 달라고 하나님께 간절히 기도함으로써 병의 치유함을 받는다는 일종의 종교적 행위이고 그 목적 또한 정당하겠으나, 기도행위에 수반하는 신체적 행위가 지나쳐서 가슴과 배를 반복하여 누르거나 때려 그로 인하여 사망에 이른 것과 같은 정도의 것이라면, 이는 사람의 신체에 대한 유형력의 행사로서 폭행에 해당한다고 보았다. 그리고 비록 안수기도의 방법으로 행하여

---

5) 대법원 2008. 8. 21. 선고 2008도2695 판결.

6) 윤종행, "종교인의 종교활동상 발생하는 범죄에 관한 우리나라 판례의 동향", 앞의 글, 100면 참조.

졌다고 하더라도 신체에 대하여 유형력을 행사한다는 인식과 의사가 있으면 폭행의 고의를 인정할 수 있고, 이를 적법한 행위라고 오인했다고 하더라도 그 오인에 정당성을 발견할 수 없다고 판시하였다. 또한 안수기도의 방법으로 피해자의 가슴과 배를 주먹과 손바닥으로 세게 내리치는 등의 행위는, 신체에 대한 강력한 가해행위로서 그것이 필요불가결한 치료행위의 일종이라고 인정될 만한 자료도 전혀 발견되지 않으므로, 이를 치료행위라고 취급하여 피해자측의 승낙이 있었다거나 사회상규상 용인되는 정당행위라고 취급할 수는 없다고 판단하였다.

아울러 안수기도에 참여하여, 목사가 안수기도의 방법으로 폭행을 하는 동안 시종일관 폭행행위를 보조하면서, 나아가 스스로 피해자를 폭행하기도 한 공범에 대하여, 목사의 폭행행위를 인식하고서도 이를 안수기도의 한 방법으로 알고 묵인함으로써 폭행행위에 대하여 묵시적으로 의사가 상통하였고, 나아가 그 행위에 공동가공함으로써 공동정범의 책임을 면할 수 없다고 판시하였다.[7]

요컨대, 안수기도의 방법으로 피해자의 가슴과 배를 주먹과 손바닥으로 세게 내리치는 등의 행위를 통하여 결국 사망에 이르게 된 경우, 이를 치료행위로 보아 피해자의 승낙에 의한 행위 또는 사회상규상 용인되는 정당행위라고 볼 수 없다고 봄으로써 폭행치사죄를 인정한 판례이다. 지나치게 폭력적 방식의 안수기도에 대하여 폭행의 고의를 인정하여, 과실치사죄가 아닌 폭행치사죄를 인정하였음을 알 수 있다. 법리적 측면만이 아니라 범죄예방적 차원에서도 타당한 결론이라고 본다.[8]

3. 업무상과실치사상죄

(1) 대법원 2014. 6. 26. 선고 2009도14407 판결 [업무상과실치사]

이는 여호와의 증인 신자인 환자와 그 가족이 종교적 이유로 수혈을 거부함으로써 환자가 사망에 이르게 된 사안이다.

---

7) 대법원 1994. 8. 23. 선고 94도1484 판결.

8) 윤종행, "종교인의 종교활동상 발생하는 범죄에 관한 우리나라 판례의 동향", 앞의 글, 101면 참조.

1) 사실의 개요

환자 甲(당시 62세)은 1975년경 우측 고관절 부위에 결핵성 관절염을 앓아 골반과 대퇴골의 유합수술을 받았는데, 골반과 대퇴골의 유합된 부위에서 통증 등이 있자 우측 고관절을 인공고관절로 바꾸는 수술을 받기를 원하였다. 甲은 다른 사람의 혈액을 수혈(타가수혈) 받지 않는 방식(무수혈 방식)으로 시술되는 수술을 받고자 2007. 12. 초순경 ○○대학교병원에 와서 위 병원 소속 정형외과 의사인 피고인에게 문의하였다. 피고인은 전반적인 검사와 혈액종양내과의 답변을 확인한 후, 甲에 대하여 무수혈 방식에 의한 수술이 가능하다고 판단하였고, 甲에게 무수혈 방식의 수술이 가능하지만 수술 상황에 따라서는 수혈을 하지 아니하면 출혈로 인하여 사망에 이를 위험성이 있음을 설명하였다. 그런데 甲은 '여호와의 증인' 신도로 다른 사람의 피를 받지 않아야 한다는 교리를 생명보다 소중히 하는 신념을 가지고 있었고, 이는 甲이 속한 종교단체에서 역사적으로 인정되어 온 교리이다. 甲은 자신의 종교적 신념에 따라 어떠한 상황에서도 수혈을 하지 말 것을 담당의사인 피고인에게 요구하였고, 2007. 12. 17. 위 병원에, "치료에 있어 전혈수혈이나 성분수혈을 전적으로 금해 주실 것을 본 각서를 통해 알려드립니다. … 담당 의료진은 치료 도중 전혈이나 혈액성분의 수혈이 필요하다고 느낄지 모르지만, 그렇더라도 수혈을 원치 않는다는 본인의 의지는 확고하며, 설사 환자가 무의식이 되더라도 이 방침은 변하지 않습니다. 본인은 여호와의 증인 신분으로, 관련된 문제를 심사숙고한 후 본 의료적/종교적 각서를 작성합니다. 본인의 이러한 방침을 따름으로 인하여 야기되는 모든 피해에 대하여, 본인은 병(의)원 및 담당의료진에게 민·형사상의 어떠한 책임도 묻지 않겠습니다."라고 기재된 책임면제각서를 제출함으로써, 타가수혈을 거부하겠다는 명확한 의사를 표시하였다.

○○대학교병원 마취통증의학과 의사 乙은, 수술 전날인 2007. 12. 19. 甲과 甲의 딸을 만나 수술 도중 대량출혈이 발생할 가능성이 있고 그러한 경우 타가수혈을 하지 않으면 장기손상 및 부전에 의한 사망 가능성이 매우 높다는 설명을 하였고, 2007. 12. 20. 수술 시작 직전에 다시 甲에게 타가수혈을 거부하는 의사가 유효한지 확인하였으나, 甲은 여전히 타가수혈을 강력하게 거부하였다. 담당

의사인 피고인은 甲의 요구에 따라 무수혈 방식으로 수술하던 도중 과다출혈로 인하여 범발성 응고장애가 발생하여 지혈이 되지 않고 타가수혈이 필요한 상황이 발생하자, 정형외과 전문의 丙으로 하여금 수술실 밖으로 나가 망인의 가족들에게 망인의 상태를 설명한 후 타가수혈을 할 것인지 여부를 묻도록 하였는데, 甲의 남편은 '여호와의 증인' 신도였으므로 타가수혈을 거부한 반면, 甲의 자녀들은 타가수혈을 강력히 원하는 등 가족들 사이에 의견이 나뉘어 확실한 대답을 얻지 못하였다. 이에 피고인은 타가수혈 여부를 결정하지 못하고, 의료진을 통해 '여호와의 증인' 교섭위원회에 이 사건과 관련된 자문을 급하게 요청하였으나 별다른 답신을 받지 못하였다. 그러는 중에도 甲의 출혈이 계속되어 피고인은 수술을 중단한 후, 甲을 중환자실로 옮겼다. 그 후 甲의 남편도 타가수혈에 동의함으로써 가족들 전부가 타가수혈을 원하였으나, 당시는 폐울혈 및 범발성 응고장애가 발생하고 있는 상태라 타가수혈이 증상을 악화시킬 가능성이 있어, 병원 측에서는 甲에게 타가수혈을 시행하지 아니하였고, 甲은 결국 다량 실혈로 인한 폐부종으로 사망하였다.

2) 판 결

대법원은, 정형외과 의사인 피고인이 자신의 직업적 양심에 따라 甲의 자기결정권을 존중하여 甲에게 타가수혈을 하지 아니하고 이 사건 인공고관절 수술을 시행한 행위에 대하여, 업무상과실치사에 관한 범죄의 증명이 없는 경우에 해당한다고 판시하였다. 대법원은, 환자의 명시적인 수혈 거부 의사가 존재하여 수혈하지 아니함을 전제로 환자의 승낙(동의)을 받아 수술하였는데, 수술 과정에서 수혈을 하지 않으면 생명에 위험이 발생할 수 있는 응급상태에 이른 경우에, 환자의 생명을 보존하기 위해 불가피한 수혈 방법의 선택을 고려함이 원칙이라 할 수 있지만, 한편으로 환자의 생명 보호에 못지않게 환자의 자기결정권을 존중하여야 할 의무가 대등한 가치를 가지는 것으로 평가되는 때에는 이를 고려하여 진료행위를 하여야 한다고 보았다.

어느 경우에 수혈을 거부하는 환자의 자기결정권이 생명과 대등한 가치가 있다고 평가될 것인지는 환자의 나이, 지적 능력, 가족관계, 수혈 거부라는 자기결정권을 행사하게 된 배경과 경위 및 목적, 수혈 거부 의사가 일시적인 것인지, 아니면 상당한 기간 동안 지속되어 온 확고한 종교적 또는 양심적 신념에 기초한 것인지, 환자가 수혈을 거부하는 것이 실질적으로 자살을 목적으로 하는 것으로 평가될 수 있는지 및 수혈을 거부하는 것이 다른 제3자의 이익을 침해할 여지는 없는 것인지 등 제반 사정을 종합적으로 고려하여 판단하여야 한다.

다만 환자의 생명과 자기결정권을 비교형량하기 어려운 특별한 사정이 있다고 인정되는 경우에, 의사가 자신의 직업적 양심에 따라 환자의 양립할 수 없는 두 개의 가치 중 어느 하나를 존중하는 방향으로 행위하였다면, 이러한 행위는 처벌할 수 없다. 그렇지만 이러한 판단을 위해서는 환자가 거부하는 치료방법, 즉 수혈 및 이를 대체할 수 있는 치료방법의 가능성과 안정성 등에 관한 의사의 설명의무 이행과, 이에 따른 환자의 자기결정권 행사에 어떠한 하자도 개입되지 않아야 한다는 점이 전제되어야 한다. 즉 환자는 치료행위 과정에서의 수혈의 필요성 또한 수혈을 하지 아니할 경우에 야기될 수 있는 생명 등에 대한 위험성, 수혈을 대체할 수 있는 의료 방법의 효용성 및 한계 등에 관하여 의사로부터 충분한 설명을 듣고, 이러한 의사의 설명을 이해한 후 진지한 의사결정을 하여야 하고, 그 설명 및 자기결정권 행사 과정에서 예상한 범위 내의 상황이 발생되어야 하며, 또한 의사는 실제로 발생된 상황 아래에서 환자가 수혈 거부를 철회할 의사가 없는지 재확인하여야 한다.

특히 의사는 수술과정 등에서 발생되는 출혈로 인하여 환자의 생명이 위험에 빠지지 않도록 하기 위하여 환자에게 수혈하는 것이 통상적인 진료방법이고, 또한 수혈을 통하여 출혈로 인한 사망의 위험을 상당한 정도로 낮출 수 있음에도, 환자의 의사결정에 따라 수혈을 포기하고 이를 대체할 수 있는 수술 방법을 택하는 것이라고 볼 수 있다. 그러나 그 대체 수술 방법이 수혈을 완전히 대체할 수 있을 정도의 출혈 방지 효과를 가지지 못한다면, 그만큼 수술과정에서 환자가 과다출혈로 인한 사망에 이를 위험이 증가할 수 있으므로, 그럼에도 불구하고 수술을 할 필요성이 있는지에 관하여 통상적인 경우보다 더욱 세심하게 주의를 기울임으로써, 과연 수술을 하는 것이 환자를 위한 최선의 진료방법인지 신중히 판단할 주의의무가 있다. 그리고 수술을 하는 경우라 하더라도 수혈 대체 의료 방법과 함께 당시의 의료 수준에 따라 출혈로 인한 위험을 최대한 줄일 수 있는 사전준비나 시술방법을 시행함으로써 위와 같은 위험 발생 가능성을 줄이도록 노력하여야 하며, 또한 수술 과정에서 예상과 달리 다량의 출혈이 발생될 수 있는 사정이 드러남으로써 위와 같은 위험 발생 가능성이 현실화되었다면, 과연 위험을 무릅쓰고 수술을 계속하는 것이 환자를 위한 최선의 진료방법인지 다시 판단하여야 한다. 환자가 수혈 대체 의료 방법을 선택하였다고 하더라도, 이는 생명에 대한 위험이 현실화되지 아니할 것이라는 전제 또한 기대 아래에서의 결정일 가능성이 크므로, 위험 발생 가능성이 현실화된 상태에서 위험을 무릅쓰고 수술을 계속하는 것이 환자의 자기결정권에 기초한 진료라고 쉽게 단정하여서는 아니 된다고 판시하였다.[9)]

3) 평 가

이상에서 본 바와 같이 대법원은, 수술 과정에서 수혈을 하지 않으면 환자의 생명에 위험이 발생할 수 있는 응급상태에 이르렀음에도, 환자가 종교적 신념에 따라 명시적으로 수혈 거부 의사를 밝히는 상황에서, 담당의사로서는 환자의 생명을 보존하기 위해 불가피한 수혈 방법의 선택을 고려하는 것이 원칙이지만, 제반 사정을 고려할 때, 환자의 생명 보호에 못지않게 환자의 자기결정권을 존중하여야 할 의무가 대등한 가치를 가지는 것으로 평가되는 때에는 이를 고려하여 진료행위를 하여야 한다고 봄으로써, 환자의 생명 보호와 마찬가지로 환자의 자기결정권을 존중하고 있음을 알 수 있다.

본 사례와 같이, 의료행위에 있어서 종교적 신념에 따른 수혈거부가 문제되는 경우, 우선 환자의 가족 입장에서는, 가족의 부양의무로부터 가족이 치료를 받도록 조치를 취하여야 할 의무가 도출되므로, 종교적 신념에 근거하여 환자인 미성년 자녀에 대한 수혈 등 치료를 거부한다면, 유기죄 등 부작위범으로서 형사처벌의 대상이 될 수 있을 것이다. 그리고 의사의 입장에서, 환자에 대한 치료의무와 환자의 자기결정권 사이에서 환자의 생명보호 의무를 우선시하고, 환자의 자기결정권은 부차적으로 고려하는 것이 타당할 것이다.[10)] 환자와 그 가족의 입

9) 대법원 2014. 6. 26. 선고 2009도14407 판결.

10) 환자의 자기결정권을 우선시하는 입장에서, 의사의 사전 설명을 전제로 하여 환자 스스

장은 의료적 경험과 지식이 부족하고 상황판단과 의사결정을 하기에 매우 제한적 정보가 제공되고 심리적 불안상태에 처해 있기 때문이다. 따라서 예컨대 부모가 환자인 미성년자인 자녀에 대한 치료를 종교적 이유로 거부하는 경우에, 의사로서는 환자의 가족에게 상황을 설명하고 환자를 치료할 수 있는 최선의 방안에 협력할 수 있도록 최대한 설득하기 위한 노력이 요구된다고 봄이 타당할 것이다. 그러므로 이러한 노력 없이, 종교적 신념에 근거하여 환자인 미성년 자녀에 대한 수혈 등 치료를 거부하는 것을 묵인함으로써 환자가 사망에 이르게 하는 의사의 행위는, 부작위에 의한 방조범으로 평가될 수도 있을 것이다.[11]

그러나 본 사안에서는, 담당의사로서 환자의 상태와 치료에 관하여 환자와 가족에게 충분히 설명하였고, 무수혈방식의 수술의 위험성에 대하여 충분히 설명하면서 타가수혈에 대한 동의를 받기 위하여 노력하였다는 점에서 업무상과실을 인정하기 어려울 것이다. 따라서 업무상과실치사에 관한 범죄의 증명이 없는 경우에 해당한다고 본 대법원 판결의 결론은 타당하다. 그리고 의사로서 환자의 생명보호와 마찬가지로 환자의 자기결정권을 존중하여야 한다고 보면서도, 수술과정에서 예상과 달리 새로운 위험 상황에 이르게 된 경우에는, 과연 위험을 무릅쓰고 수술을 계속하는 것이 환자를 위한 최선의 진료방법인지 다시 판단하여야 하고, 환자가 수혈 대체 의료 방법을 선택하였다고 하더라도 환자의 자기결정권에 기초한 진료라고 쉽게 단정하여서는 아니 된다고 봄으로써, 의사의 치료의무를 강조한 것은 옳은 판단이라고 평가된다.[12]

로의 치료행위 선택이 아주 진지하고 상당한 고민 끝에 이루어진 것이라면, 환자측의 수혈거부를 자신의 생명의 위태로움을 감수한다는 자유로운 승낙으로서 존중할 수 있다는 견해가 있다{이수진·문채규, "종교적 행위의 형사법적 허용범위", 『비교형사법연구』(한국국비교형사법학회) 제19권 제4호, 2018, 121면}.

11) 윤종행, "형법과 종교", 앞의 글, 85-86면 참조.

12) 윤종행, "종교인의 종교활동상 발생하는 범죄에 관한 우리나라 판례의 동향", 앞의 글, 106-107면 참조.

4. 폭행죄

(1) 부산지법 2015. 9. 11. 선고 2015노1466 판결 [폭행]

본 사안은, 사이비종교로 인한 피해자들 약 50여 명과 함께 사이비종교단체의 위험성을 시민들에게 알리는 취지의 집회를 하던 중, 甲이 집회 장면을 카메라로 촬영하자, 집회참가자인 피고인이 영상을 지워 달라고 요구하면서 甲이 메고 있던 가방 줄을 붙잡고 밀고 당기는 등의 폭행을 하였다는 내용으로 기소된 사안이다.

사실의 요지를 보면, 甲은 적법하게 집회신고를 한 후 집회활동을 하고 있던 피고인 등 집회참가자들의 동의 없이 얼굴을 불과 1~2m 거리를 두고 근접하여 촬영하였는데, 당시 피고인은 사이비종교 피해자들 약 50여 명과 사이비종교단체의 위험성을 알리는 취지의 집회를 하였다. 그리고 피고인은 집회참가자들의 신체적 정보가 담긴 영상이 사이비종교단체에 전송되면 이들 단체의 보복행위 대상이 되는 것이 염려되어, 얼굴이 촬영된 영상을 삭제해 달라고 甲에게 요청하였으나 응하지 아니하였고, 주변에 있던 경찰관의 도움을 받아 촬영한 영상을 삭제하도록 재차 요구하였으나 완강히 거부한 점이 확인되었다. 부산지방법원은, 이러한 제반 사정을 종합해 보면, 피고인의 행위는 형법 제20조의 정당행위 또는 형법 제23조의 자구행위에 해당하여 위법성이 없다고 판시하였다.[13]

집회참가자들을 촬영하는 사람에 대하여 항의하는 과정에서 수반된 신체적 물리력 행사에 대하여, 사회상규에 반하지 않는 정당행위로 봄으로써 종교적 표현의 자유를 보호한 판례이다. 재판에서는 다투어지지 않았지만, 개인의 프라이버시와 초상권의 침해 등이 아울러 문제될 수 있는 사례라고 볼 수 있다.[14]

13) 부산지법 2015. 9. 11. 선고 2015노1466 판결.

14) 윤종행, "종교인의 종교활동상 발생하는 범죄에 관한 우리나라 판례의 동향", 앞의 글, 108면 참조.

5. 강제추행죄

(1) 대법원 2009. 4. 23. 선고 2009도2001 판결 [강간치상(일부예비적죄명: 준강간치상) · 강간(인정된죄명: 준강간) · 강제추행(일부인정된죄명: 준강제추행) · 준강제추행]

이는 교회 노회장이 교회 여신도들을 간음·추행한 사안으로서, 대법원은 교회 여신도들이 종교적 믿음에 대한 충격 등 정신적 혼란으로 인한 항거불능의 상태에 있었다고 보아, 교회 노회장에게 준강간·강제추행죄 등을 인정하였다. 그 판단의 근거로서, 위 피해자가 피고인에 대하여 갖고 있던 믿음과 경외감, 추행 당시의 피고인 및 피해자의 행위 내용과 태도, 그 당시 피해자를 둘러싼 제반 환경과 피해자의 심리상태, 연령, 지적능력 등에 비추어 볼 때, 피고인에 대한 종교적 믿음이 무너지는 정신적 충격을 받으면서, 피고인의 행위가 종교적으로 필요한 행위로서 이를 용인해야 하는지에 관해 판단과 결정을 하지 못한 채 곤혹과 당황, 경악 등 정신적 혼란을 겪어 피고인의 행위를 거부하지 못하였다고 판단하였다. 또한 피고인의 행위를 그대로 용인하는 다른 신도들이 주위에 있는 상태에서 위와 같은 정신적 혼란이 더욱 가중된 나머지, 피고인의 행위가 성적 행위임을 알면서도 이에 대한 반항이 현저하게 곤란한 상태에 있었다고 판단하였다.

교회 노회장에 대한 교회 여신도들의 신뢰를 근거로 하는 정신적 충격, 곤혹과 당황, 정신적 혼란 등의 정황을 고려하여, 교회 노회장의 성적 행위 요구에 대하여 여신도들이 자유로운 의사에 따라 거부하는 것이 불가능한 상태에 있었다고 봄으로써, 피해자에 대한 준강제추행을 인정하였음을 알 수 있다.[15]

15) 윤종행, "종교인의 종교활동상 발생하는 범죄에 관한 우리나라 판례의 동향", 앞의 글, 109면 참조.

6. 사기죄

(1) 수원지법 2019. 5. 21. 선고 2019고단528 판결 [사기]

본 판례는, 무속인인 피고인이 모텔 매도 문제를 걱정하는 숙박업자 甲과 상담을 하는 과정에서, 무속행위를 하더라도 甲이 원하는 높은 가격으로 甲 소유의 모텔이 매각될지 알 수 없고 피고인에게 그러한 능력이 없음에도, 甲에게 '무속행위를 하면 모텔이 몇 달 내에 높은 가격으로 반드시 팔린다'고 속여, 甲으로부터 무속행위의 대가 명목으로 돈을 편취하였다는 내용으로 기소된 사안이다.

수원지방법원은 우선, 굿을 하는 등의 무속은 근본원리나 성격 등이 과학적으로는 충분히 설명되지 않지만, 고대로부터 우리나라의 일반 대중 사이에서 오랫동안 상당히 폭넓게 행하여 온 민간 토속신앙의 일종으로 보면서, 그 의미나 대상이 객관적으로 인식 가능한 논리의 범주 내에 있다기보다는, 영혼이나 귀신 등 정신적이고 신비적인 세계를 전제로 하여 성립되는 것이라고 이해하였다. 그런데 피고인이 甲으로부터 약정한 선납금 1억 원 중 일부를 교부받자 나머지 금액을 받기 위하여 곧바로 甲 소유 모텔에 방문하고, 그 이튿날 나머지도 교부받게 되었고, 피고인이 甲과 진정하게 작성한 것이라고 주장하는 약정서에도 '모텔 등 소유하고 있는 재산의 매매가 안 된다고 하더라도 민·형사상 이의를 제기하지 않겠다'는 내용이 기재되어 있는 점 등을 주목하였다. 법원은 여러 사정을 종합해 볼 때, 피고인은 종교행위인 무속행위로서 허용될 수 있는 한계를 벗어나, 무속행위를 가장하여 甲으로부터 돈을 편취한 것으로 보아 사기가 성립한다고 판단하였다.[16)]

사기의 성립요소로서 기망행위에 대한 고의 유무 여하에 대한 판단의 근거를 판결문에서 좀 더 설명하였으면 좋았을 것이다.[17)]

---

16) 수원지법 2019. 5. 21. 선고 2019고단528 판결.

17) 윤종행, "종교인의 종교활동상 발생하는 범죄에 관한 우리나라 판례의 동향", 앞의 글, 110면 참조.

(2) 대법원 2017. 11. 9. 선고 2016도12460 판결 [사기]

이는 피고인이 피해자에게 불행을 고지하거나 길흉화복에 관한 어떠한 결과를 약속하고 기도비 등의 명목으로 대가를 교부받은 경우에, 전통적인 관습 또는 종교행위로서 허용될 수 있는 한계를 벗어났다면 사기죄에 해당한다는 대법원 판결이다.

1) 사실의 개요

사실의 요지는 다음과 같다. 피해자는 승려 甲에게 피해자의 처 乙의 정신분열병에 대하여 상의를 하였고, 당시 그곳에 있던 피고인이 乙에게 귀신이 씌었다며 자신이 기도와 기치료를 하여 낫게 해줄 수 있다고 말하자, 이에 피해자는 乙을 피고인의 주거지에서 피고인과 함께 생활하게 하였다. 그러나 乙의 증세에 별다른 호전이 없어 결국 乙은 집으로 돌아왔다. 피고인은 그 후 피해자와 전화통화를 하던 중, 乙을 자신에게 보내라고 말하여 다시 乙을 맡은 후, 피해자에게 乙의 몸에 있는 귀신을 쫓아내기 위하여 기도비 200만 원이 필요하다고 말하였고, 피해자는 피고인에게 200만 원을 송금하였다. 그로부터 약 3개월 후, 乙은 다시 집으로 돌아왔고, 피고인은 이듬해 피해자와 전화 통화를 하면서, 피해자에게 귀신을 쫓아내기 위하여 기도를 계속하여야 한다며 150만 원을 보내라고 말하였고, 다음 해에도 같은 취지로 말하며 50만 원을 보내라고 하여, 피해자는 피고인에게 위 각 돈을 송금하였다. 그로부터 약 2년 반 후, 피해자는 甲과 전화 통화를 한 후 ○○사를 찾아가 피고인을 만났고, 피고인과 이야기를 하던 중 피해자의 아들 이야기를 하자, 피고인이 “아들에게 액운이 있으니 골프공에 아들의 이름과 생년월일을 기재하여 골프채로 쳐서 액운을 쫓아내야 한다. 처의 몸에 붙은 귀신이 가족들에게도 돌아다닌다.”라고 말하며 99만 원을 요구하였으며, 피해자는 곧 피고인에게 99만 원을 송금하였다. 얼마 후 피고인은 피해자에게 앞으로 한 달에 한 번씩 찾아오라고 말하였고, 피해자가 피고인을 찾아갔을 때 딸에 관한 이야기를 하자, 피고인이 “너의 작은 딸도 귀신이 씌어서 힘들다. 취직도 되지 않고 많이 휘둘린다. 딸의 액운이 워낙 세서 3,000일 기도를 해야 한다. 위에서 5,000만

원을 받아야 한다고 하는데 다는 못 받겠고, 딸 시집보낸다고 생각하고 3,000만 원을 만들어서 내게 줘라. 그래야 딸의 취직도 잘 될 것이고 너의 처 또한 귀신에 휘둘리지 않는다."라는 취지로 말하였다. 피해자는 피고인에게 3,000만 원을 송금하였다. 피고인은 다음 달, 자신을 찾아온 피해자에게 "너의 집안 전체적으로 씌어 있는 귀신을 몰아내야 한다. 그 기도를 하는데 기도비가 필요하다. 위에서 390만 원을 받으라고 한다."라고 말하였고, 피해자는 피고인에게 390만 원을 송금하였다. 얼마 후, 피해자는 지인에게 6,000만 원을 빌려주었다가 그중 5,000만 원을 돌려받은 일이 있었고, 그 무렵 피고인을 찾아가 이야기를 하던 중 위 사실을 말하게 되자, 피고인이 피해자에게 "그 돈은 귀신이 가지고 논 돈이라 네가 쓰면 처와 자식들이 귀신에 휘둘리고 집안 전체에 좋지 않은 일이 생긴다. 그 돈을 나에게 보내라."라고 말하였고, 피해자가 다음 달, 피고인에게 5,000만 원을 송금하였으며, 피고인은 위 돈을 모두 사용하였다.

2) 판 결

이 사건에서 대법원은, 피고인이 이혼 등 개인적인 어려움을 겪어 2005년부터 ㅇㅇ사를 다니며 기도하는 생활을 하였고, 간호조무사로 일을 하다가 마사지 업소에서 근무한 경력이 있을 뿐, 신내림을 받은 무속인이 아니며 피해자를 만나기 전에 기치료를 해 본 경험도 없었음을 확인하였다. 그럼에도 불구하고 피고인은 피해자에게, 피해자의 가족에 귀신이 씌어 있고 자신이 기도를 하여 그 귀신을 쫓아내어 불행을 막고 피해자의 처의 병도 치료할 수 있는 것처럼 말하고 그 대가를 요구하였으며, 수사기관에서 자신이 신의 세계를 사용할 권한을 부여받았다고 말하였음을 인정하였다. 그리고 피고인이 수사기관에서, 기도는 특정한 장소를 정해놓고 하는 것이 아니고, 자신이 숨을 쉬고 있는 한 그 사람을 생각하면서 염원을 하는 것이 자신만의 기도 방식이며, 자신이 기도비를 생활비로 사용하는 것도 신의 계시에 따른 것이므로, 기도비와 생활비를 구별할 수 없고 모두 제를 지내는 데 필요한 비용이라고 진술한 점을 확인하였다. 또한 피고인은 실제로 ㅇㅇ사 부지 내에 있는 실외 골프연습장에서 피해자의 아들의 이름과 생년월일을 골프공에 적고 골프채로 그 공을 침으로써 액운을 쫓아내는 행위를 하였다고 주장하였으나, ○○사 부지 내에 있는 실외 골프연습장은, 피고인과 사실혼관계에 있던 丙이 ○○사 부지 내에 불교무술 연수원을 조성하겠다며 그 체육시설의 일부로서 설치한 것이지 종교의식을 위한 시설이 아니고, 피고인은 평소 위 골프연습장에서 丙으로부터 골프를 배우고 연습을 하는 등 체육행위로서 골프를 하였다는 점 등을 확인하였다.

결국 대법원은, 피고인이 주장하는 위와 같은 행위들은 경험칙상 전통적 관습에 의한 무속행위나 통상적인 종교행위의 형태라고 볼 수 없다고 판단하였다. 그리고 피고인의 자격 및 경력, 피고인이 피해자로부터 위 돈들을 지급받은 구체적인 경위, 피고인이 피해자에게 예고한 불행이나 약속한 내용, 피고인이 피해자를 위하여 실제로 한 행위의 특이성, 장기간 피고인이 지급받은 위 돈들의 총 액수 및 그 실제 용도, 치료 불가능한 처의 병 등으로 인하여 피해자가 처해 있었던 불안한 심리상태 및 대출을 받아야만 했던 피해자의 재산상태 등에 관한 여러 사정을 앞에서 본 사실관계 및 법리에 비추어 살펴보면, 피고인이 피해자에게 위와 같이 말을 하고 피해자로부터 장기간에 걸쳐 합계 1억 889만 원을 송금받은 행위는, 전통적인 관습 또는 종교행위로서 허용될 수 있는 한계를 벗어난 것으로서, 피고인에게 사기죄가 성립한다고 판시하였다.[18)]

3) 평 가

대법원에서 확인한 사실관계를 보면, 피고인이 터무니없는 방식의 종교행위를 빙자하여, 어려움에 처한 피해자의 심리를 이용하여 여러 차례에 걸쳐 거액의 돈을 요구하는 일련의 과정은, 기망의 방법으로 재산상 이익을 편취한 행위로서 사기죄가 성립한다고 본 대법원의 판단이 타당하고 설득력이 있어 보인다. 다만 종교인의 종교활동이 사기죄에 해당하는지에 대한 판단을 함에 있어서, 전통적인 관습 또는 종교행위로서 허용될 수 있는 한계를 벗어난 것인지에 대한 보다 구체적인 판단근거가 판례로서 형성된다면, 판결에 대한 국민의 예견 가능성을 높이게 될 것이다.[19)]

18) 대법원 2017. 11. 9. 선고 2016도12460 판결.

19) 윤종행, “종교인의 종교활동상 발생하는 범죄에 관한 우리나라 판례의 동향”, 앞의 글, 113면 참조.

(3) 대법원 1997. 6. 27. 선고 97도508 판결 [사기]

이는 사이비 종교의 교주가 신도들을 현혹하여 헌금 명목으로 고액의 금원을 교부받은 것에 대하여 사기죄로 기소한 사안이다.

사실의 요지는 다음과 같다. 피고인이 신도들을 상대로 하여 자신을 스스로 '하나님', '구세주', '이긴자', '생미륵불', '정도령', '완성자' 등으로 지칭하면서, 자신은 성경의 완성, 모든 경전의 완성, 하나님의 완성으로서 자기를 믿으면 모든 병을 고칠 수 있을 뿐만 아니라, 피 속의 마귀를 박멸소탕하여 영원히 죽지 않고 영생할 수 있다고 가르쳤다. 또한 피고인 자신이 인간들의 길흉화복과 우주의 풍운조화를 좌우하므로, 1981년부터 10년 동안 한국 땅에 태풍이나 장마가 오지 못하도록 태풍의 진로를 바꿔 놓고 풍년이 들게 하였다고 말하였다. 따라서 재물을 자신에게 맡기고 충성하며 자기들이 시행하는 건축공사에 참여하면 피 속의 마귀를 빨리 박멸소탕해 주고, 자신이 하나님인 사실이 알려져 세계 각국에서 금은보화가 모이면 마지막 날에 1인당 1,000억 원씩을 나누어 주겠다고 현혹하였다. 그러나 헌금하지 않는 신도는 하나님이 깍쟁이 하나님이므로 영생할 수 없다는 등의 설교를 계속하였다.

대법원은 우선, 종교의 자유는 인간의 정신세계에 기초를 둔 것으로서 인간의 내적 자유인 신앙의 자유를 의미하는 한도 내에서는 제한할 수 없는 것이지만, 그것이 종교적 행위로 표출되는 대외적 행위는 질서유지 또는 공공복리를 위하여 법률로써 제한될 수 있음을 밝혔다. 본 사안에서 대법원은, 피고인의 위와 같은 활동은 종교의 자유의 한계를 일탈한 것이라고 보았다. 결국 기망당한 신도들로부터 헌금 명목으로 고액의 금원을 교부받은 행위는 형법상 사기죄에 해당한다고 판시하였다.[20]

인간의 기복적 속성을 악용하여, 터무니없이 큰 돈을 주겠다는 등의 허무맹랑한 방식으로 신자들을 현혹한 사이비 종교 지도자의 행위에 대하여, 종교의 자유를 인정하기보다 사기죄가 성립하여 형사처벌의 대상이 된다는 대법원의 판단에 수긍이 간다.[21]

20) 대법원 1997. 6. 27. 선고 97도508 판결.

7. 명예훼손죄

(1) 대법원 2014. 9. 4. 선고 2012도13718 판결 [명예훼손(일부예비적죄명: 모욕) · 저작권법위반]

1) 사실의 개요

사실은 사이비 종교 논란이 되는 甲 종교단체 지도자 乙이 식당에서 냉면을 먹다가 갑자기 그 자리에서 쓰러져 사망한 것이 아니고, 피해자 종교단체 "○○○○ ○○ ○○○○○○협회"의 신도들은 乙의 사망 사실과 그 경위에 대하여 잘 알고 있음에도, 피고인은 乙이 식당에서 냉면을 먹다가 갑자기 쓰러져 병원으로 옮겼으나 중풍으로 죽었다는 취지의 허위의 사실을 적시하여,[22] 이 사건 甲 종교단체의 명예를 훼손하였다는 이유로, 乙에 대한 허위사실 적시로 인한 명예훼손으로 기소되었다.

2) 판 결

대법원은 우선, 피고인이 乙이 냉면을 먹다가 갑자기 사망하였다는 취지로 발언한 것만으로는 허위의 사실을 적시한 것이라고 보기 어렵다고 보았다. 그 판단의 근거는, 면과 국수는 사전적 의미에서 차이가 없으므로 냉면도 국수의 일종이라고 할 수 있고, 뇌출혈은 중풍(뇌졸중)의 원인이나 종류 중 하나로서 일반인들 사이에서는 모두 구분 없이 혼용되는 경우가 많으며, 질병으로 그 자리에서 곧바로 사망하였다는 사실과 병원으로 옮겨진 상태에서 다음 날 사망하였다는 사실 사이에, 허위사실 적시에 의한 명예훼손으로 처벌할 만큼 피해자의 사회적 가치 또한 평가의 침해 여부나 정도에 유의미한 차이가 있다고 볼 수 없다고 보았기 때문이다.

또한 甲 종교단체는 乙이 성경의 예언을 통해서 돌아가셨다거나, 스스로 올

---

21) 윤종행, "종교인의 종교활동상 발생하는 범죄에 관한 우리나라 판례의 동향", 앞의 글, 114면 참조.

22) 대법원은, 이 사건에서 검사가 제출한 증거만으로는, 乙이 사망 전에 냉면이나 라면이 아닌 일반적인 국수를 먹었는지에 관하여도, 합리적인 의심을 배제할 정도로 명백히 증명되었다고 보기 어렵다고 보았다.

리우실 것을 예언하고 올리우셨다거나 재림예수, 아버지하나님이라는 등의 표현을 사용하면서 신앙의 대상으로 신봉하고 있는 사실을 알 수 있고, 甲 종교단체가 스스로 주장하는 단체의 규모나 선교 및 봉사활동, 교리의 내용 등에 비추어, 乙이나 그의 사망 경위에 관한 사실은 이 사건 종교단체만의 사적인 영역을 벗어나 공적인 사실에 해당한다고 보았다. 따라서 사이비 종교 논란이 되고 있는 종교단체와 관련된 의문이나 의혹에 대해서는, 그 개연성이 있는 한 공개토론을 위한 문제 제기가 광범위하게 허용되어야 하며, 명예훼손이란 이름으로 봉쇄되어서는 아니 된다고 판단하였다.

대법원은 이어서, 피고인의 이 부분 발언의 전체적인 취지는, 乙의 종교적 의미와 역할에 관하여 의문을 가지거나 이에 반대하는 신앙을 가지고 있는 피고인이, 乙이 신이 아닌 인간으로서 평범하게 사망한 것을 표현하고, 乙을 신앙의 대상으로 삼는 것에 대해 의혹을 제기하고자 한 것에 불과하다고 보았다. 그리고 피고인의 발언이 같은 종파에 속하는 교인들의 초청 등에 의하여 그 소속 신도들을 상대로 한정적으로 행하여진 점, 이 부분 발언을 포함한 강연의 전체적인 내용은, 피고인의 신앙의 관점에서 甲 종교단체의 신앙의 대상이나 교리에 이단적인 요소가 있다는 이유로 그 비판하고자 하는 내용을 알리고, 신도들을 상대로 객관적 정보를 제공하여 주의를 촉구하고 경각심을 일으켜, 신도들을 보호하고 교리상의 혼란을 방지하기 위한 취지의 것으로서 새삼스러운 것이 아니라고 판단하였다. 또한 어떤 종교나 교주에게 이단성이 있다고 하는 발언은 근본적으로 종교적 비판행위에 해당되는 점 등을 종합하여 볼 때, 그 발언 안에 다소 과장·왜곡되거나 부적절한 표현이 있더라도, 결국 피고인이 적시한 사실은 중요한 부분에 있어서 진실에 합치하는 것이거나, 적어도 허위라는 증명이 되었다고 볼 수는 없다고 판시하였다.

그러나 사실에 있어서, 乙의 처는 1958년 혼인신고를 마친 B녀인 점, A녀가 나타나기 전 乙과의 관계에서 자신이 영의 어머니라고 주장했던 C녀가 있었던 점, 乙은 A녀와 결혼사진을 남기기도 한 점 등을 확인하였다. 따라서 피고인이 자신의 종교적인 관점에서 乙과 A녀의 관계에 관하여 비판하고 의문을 제기할 여지가 전혀 없다고는 할 수 없더라도, "넷째 부인"이나 "첩"이라는 표현은 우리

사회의 일반 관념상 부도덕한 성적 관계를 암시하는 단어이므로, 乙과 A녀가 위와 같은 부첩관계에 해당한다고 볼 만한 직접적인 증거가 없는 상황에서 피고인이 위와 같은 발언을 반복하는 것은, 그 발언의 경위나 횟수, 표현의 구체적 방식과 정도 및 맥락, 피고인의 의사를 전달하기 위하여 반드시 위와 같은 어휘를 선택할 필요성이 없는 점 등을 고려해 볼 때, 정당한 비판의 범위를 벗어나 乙과 A녀의 부정한 성적 관계를 암시함으로써, 그들의 사회적 가치 또는 평가를 저하시키는 허위사실의 적시에 해당한다고 보았다.

그리고 일반적으로 신앙의 대상에 대한 윤리적 평가는 그 신앙의 대상을 신봉하는 종교단체의 사회적 평가에도 결부되어 있다는 점에서, 이는 그 발언으로 인해 직접적으로 사회적 가치가 침해된다고 볼 수 있는 A녀는 물론, 현존하는 인물인 A녀를 신앙의 대상으로 신봉하고 있는 이 사건 종교단체의 명예도 훼손하는 행위라고 판단하였다. 아울러 피고인이 명백히 확인되지 아니한 위와 같은 사항에 관하여 그 진위 여부를 확인하여 보려는 진지한 노력 없이, 마치 그것이 진실인 것처럼 단정적이고 반복적으로 강연하였다는 점에서, 피고인에게는 위 사실이 허위인 점에 대한 인식이 있었다고 할 것이고, 그와 같이 믿는 데에 정당한 이유가 있었다고 보기도 어렵다고 보았다. 대법원은 결국 A녀에 대한 허위사실 적시로 인한 명예훼손죄를 인정한 원심의 판단이 정당하다고 판시하였다.[23)]

3) 평 가

판결의 요지는, 우리 헌법이 종교의 자유를 보장함으로써 보호하고자 하는 것은 종교 자체나 종교가 신봉하는 신앙의 대상이 아니라, 종교를 신봉하는 국민, 즉 신앙인이고, 종교에 대한 비판은 성질상 어느 정도의 편견과 자극적인 표현을 수반하게 되는 경우가 많으므로, 타 종교의 신앙의 대상에 대한 모욕적 표현이 곧바로 그 신앙의 대상을 신봉하는 종교단체나 신도들에 대한 명예훼손이 되는 것은 아니라는 것이다. 따라서 종교적 목적을 위한 언론·출판의 자유를 행사하는 과정에서 타 종교의 신앙의 대상을 우스꽝스럽게 묘사하거나 다소 모욕적이고 불쾌하게 느껴지는 표현을 사용하였더라도, 그것이 그 종교를 신봉하는

23) 대법원 2014. 9. 4. 선고 2012도13718 판결.

신도들에 대한 증오의 감정을 드러내는 것이거나, 그 자체로 폭행·협박 등을 유발할 우려가 있는 정도가 아닌 이상 허용된다고 본 점이다.

그런데 아무리 종교적 목적을 위한 언론·출판의 자유가 고도로 보장되고, 종교적 의미의 검증을 위한 문제의 제기가 널리 허용되어야 한다고 하더라도, 구체적 정황의 뒷받침도 없이 악의적으로 모함하는 일이 허용되지 않도록 경계해야 할 뿐만 아니라, 구체적 정황에 근거한 것이라 하더라도 표현방법에 있어서는 상대방의 인격을 존중하는 바탕 위에서 어휘를 선택하여야 하고, 아무리 비판을 받아야 할 사항이 있다고 하더라도 모멸적인 표현으로 모욕을 가하는 일은 허용될 수 없다는 대법원의 판단은 옳다. 종교인이 사이비 종교 논란이 되고 있는 종교단체 지도자에 대한 비판적 표현을 하는 것은 종교의 자유로서 보장하여야 하지만, 합리적 근거 없는 명예훼손적 발언이나 모멸적인 표현까지 종교적 표현의 자유로서 보호할 수는 없다고 보아야 할 것이다.[24)]

(2) 대법원 2007. 10. 26. 선고 2006도5924 판결 [명예훼손]

이는 교회 목사들이 이단 시비가 있는 특정 종교집단의 목사에 대하여 한 비판에 대하여, 의견표명일 뿐 사실의 적시로 보기 어렵고, 사회적 가치 또는 평가를 침해할 수 있는 명예훼손적 표현에 해당하지 않는다고 봄으로써, 명예훼손죄의 성립을 부정한 사례이다.

대법원은, 본 사건에서 명예훼손이 문제된 유인물의 내용 중에서, "M목사(대한예수교침례회)는 구원파 계열의 이단이다.", "M목사는 체계적으로 신학을 공부한 적이 없다."라는 기재 부분은 그 의견의 기초가 되는 사실을 함께 기술하면서 의견을 표명한 것으로서, 피고인들의 주관적인 종교적·교리적 분석에 기초한 순수한 의견 또는 논평에 해당하는 것이라고 보았다. 그리고 "M목사가 기성교회를 공격하고 폄하하며 자기들을 드러내기만을 고집하려고 시도하였다." 또는 "M목사의 시도를 막아 우리 고장 대전이 이단들이 발호하는 도시라는 불명예를 씻어내고 우리 고장 대전과 우리 가정 및 자녀를 지켜내자."라는 등의 기재 부분이

24) 윤종행, "종교인의 종교활동상 발생하는 범죄에 관한 우리나라 판례의 동향", 앞의 글, 117-118면 참조.

나, “성경 위에 활동하는 마귀나 벌레 등을 젓가락으로 집어내는 형상”을 희화한 그림 부분 역시, 전체적인 맥락에서 피고인들의 의견을 표명하고 있는 것일 뿐, 이를 사실의 적시에 해당한다고 보기 어렵다고 판단하였다. 또한 “구원파는 ‘성경세미나’라는 모임을 통하여 대전시민에게 다가간다.”라는 기재 부분 등은, M목사의 사회적 가치 또는 평가를 침해할 수 있는 명예훼손적 표현에 해당하지 않으므로, 목사인 피고인들이 이 사건 유인물을 배포한 행위를 명예훼손죄로 의율할 수 없다고 판시하였다.[25)]

교회의 목사들이 유인물을 사용하여 이단 시비가 있는 교단의 종교지도자에 대하여 비판을 한 것에 대하여, 종교적 표현의 자유로서 보호되는 것으로 보고, 명예훼손죄의 성립을 부정한 판례이다.

(3) 대법원 2007. 2. 8. 선고 2006도4486 판결 [명예훼손]

이는 피고인이 배포한 전단지의 배포 상대방, 문장의 표현 등에 비추어 볼 때, 헌법에서 보장하는 종교적 자유의 한계를 벗어난 행위로서 위법성이 인정된다고 판단한 사안이다.

이 사건에서 대법원은, “종교의 자유에 관한 헌법 제20조 제1항은 표현의 자유에 관한 헌법 제21조 제1항에 대하여 특별 규정의 성격을 갖는 것이므로, 종교적 목적을 위한 언론·출판의 경우에는 그 밖의 일반적인 언론·출판에 비하여 보다 고도의 보장을 받게 된다.”는 기존의 입장[26)]을 확인하였다. 아울러 공연히 사실을 적시하여 사람의 명예를 훼손한 행위가 형법 제310조에 의하여 처벌되지 않기 위하여는, 적시된 사실이 객관적으로 볼 때 공공의 이익에 관한 것으로서 행위자도 공공의 이익을 위하여 그 사실을 적시한 것이어야 하는데, 여기에서의 ‘공공의 이익’에는 널리 국가·사회 기타 일반 다수인의 이익에 관한 것뿐만 아니라, 특정한 사회집단이나 그 구성원 전체의 관심과 이익에 관한 것도 포함되는 것임을 밝혔다. 그리고 적시된 사실이 공공의 이익에 관한 것인지 여부는, “당해 적시 사실의 내용과 성질, 당해 사실의 공표가 이루어진 상대방의 범위, 그 표현

25) 대법원 2007. 10. 26. 선고 2006도5924 판결.
26) 대법원 1996. 9. 6. 선고 96다19246, 19253 판결.

의 방법 등 그 표현 자체에 관한 제반 사정을 감안함과 동시에, 그 표현에 의하여 훼손되거나 훼손될 수 있는 명예의 침해 정도 등을 비교·고려하여 결정하여야 하고, 행위자의 주요한 동기 또한 목적이 공공의 이익을 위한 것이라면, 부수적으로 다른 사익적 목적이나 동기가 내포되어 있더라도, 형법 제310조의 적용을 배제할 수 없다."는 기존의 입장[27]을 확인하였다.[28]

종교적 표현의 자유는 일반적 언론·출판의 자유에 비하여 보다 강하게 보호된다고 보는 대법원의 입장이 타당하다.[29]

(4) 대법원 1995. 3. 17. 선고 93도923 판결 [출판물에의한명예훼손]

이는 교단의 지시에 따른 교회의 조사보고서의 관련 자료에 타인에 대한 고소장 사본을 첨부한 행위가, 자신의 주장의 정당성을 입증하기 위한 자료의 제출행위로서, 그 고소장의 내용에 다소 타인의 명예를 훼손하는 내용이 들어 있다 하더라도 위법하지 않다고 본 사례이다.

사실의 요지는 다음과 같다. 피고인이 소속한 교단협의회에서 조사위원회를 구성하여, 피고인이 목사로 있는 교회의 이단성 여부에 대한 조사활동을 하고 보고서를 그 교회 사무국장에게 작성토록 하였다. 이에 피고인이 자신의 주장의 정당성을 입증하기 위하여, 조사보고서의 관련 자료에 "피해자가 피고인을 사교집단의 수제자, 폭력집단의 우두머리라는 등으로 매도하고, 피고인 소속 교단을 이단 사이비 집단으로 매도하는 등 피고인의 명예를 훼손하였다."는 내용으로 피해자를 명예훼손죄로 검찰청에 고소했던 '고소장의 사본'을 첨부하였다. 이것이 출판물에 의한 명예훼손죄가 성립하는지가 문제된 것이다. 이에 대하여 대법원은, 자신의 주장의 정당성을 입증하기 위한 자료의 제출행위로서 정당한 행위로 보았는데, 고소장의 내용에 다소 피해자의 명예를 훼손하는 내용이 들어 있다 하더라도, 이를 이유로 고소장을 첨부한 행위가 위법하다고까지는 할 수 없으므로, 출판물에의한명예훼손죄가 성립하지 않는다고 판시하였다.[30]

27) 대법원 2003. 11. 13. 선고 2003도3606 판결.

28) 대법원 2007. 2. 8. 선고 2006도4486 판결.

29) 윤종행, "종교인의 종교활동상 발생하는 범죄에 관한 우리나라 판례의 동향", 앞의 글, 120면 참조.

이단 시비를 받고 있는 목사가 교단의 요구에 따라 제출하는 조사보고서에, 자신의 주장의 정당성을 입증하기 위하여 명예훼손적 내용이 포함된 고소장을 첨부한 행위에 대하여, 정당한 행위로 평가한 대법원의 판단이 타당하다고 본다.[31)]

8. 업무방해죄

(1) 대법원 1999. 5. 14. 선고 98도3767 판결 [업무방해]

이는 피고인이 서류배달업 회사가 고객으로부터 배달을 의뢰받은 서류의 포장 안에 특정 종교를 비방하는 내용의 전단을 집어 넣어 함께 배달되게 함으로써, 위 회사의 서류배달업무를 방해하였다는 이유로 기소된 사안이다.

대법원은 우선, 피고인이 피해자 회사가 고객으로부터 탁송을 의뢰받아 지정된 곳으로 발송 예정인 서류의 포장 안에, 피해자 회사 직원 공소외인에게 통상의 기독교 선교 인쇄물을 집어 넣는다고 말하고, 공소외인이 모르는 사이에 타종교를 비방하는 내용의 영문 종교전단을 집어 넣어 함께 발송되게 하였음을 인정하였다. 따라서 고객의 의뢰에 따라 항공속달에 의하여 서류를 배달하는 것을 업무로 하는 피해자 회사가 그 업무를 수행함에 있어서, 고객이 배달을 의뢰하지 않은 이 사건 전단이 서류와 함께 전달이 됨으로써, 이를 배달받은 사람으로서는 위 서류뿐 아니라 이 사건 전단도 배달을 의뢰한 고객이 보낸 것으로 오인하게 되고, 더구나 이 사건 전단의 내용이 특정 종교를 심하게 비방하는 것으로서 사회통념상 용인되기 어렵다고 보았다. 이로 인하여 결국, 피해자가 배달을 의뢰한 고객의 위탁취지에 어긋나게 업무를 처리한 결과가 되었고, 배달을 의뢰받은 서류 자체가 훼손되지 않고 배달되었다고 하여 피해자의 업무가 방해되지 않았다고 할 수 없으며, 나아가 이 배달을 의뢰한 고객의 위탁취지에 어긋나게 배달이 이루어짐으로써, 결과적으로 피해자의 업무의 경영이 저해될 위험이 발생하였다고 보아 업무방해죄를 인정하였다.[32)]

---

30) 대법원 1995. 3. 17. 선고 93도923 판결.

31) 윤종행, “종교인의 종교활동상 발생하는 범죄에 관한 우리나라 판례의 동향”, 앞의 글, 93-94면 참조.

고객의 의뢰에 따라 항공속달에 의하여 서류를 배달하는 것을 업무로 하는 회사의 업무과정에서, 특정 종교를 심하게 비방하는 내용의 전단지를 제대로 설명하지 않고 허락 없이 끼워 넣어, 고객의 위탁취지에 어긋나게 업무를 처리한 결과가 되었고, 나아가 배달회사의 업무 경영이 저해될 위험을 발생케 하는 사회통념상 허용될 수 없는 행위라고 본 대법원 판결은, 종교활동의 자유의 한계를 보여주는 하나의 예로서 타당한 결론이라고 본다.[33)]

9. 범인은닉 · 도피죄

(1) 대법원 1983. 3. 8. 선고 82도3248 판결 [국가보안법위반 · 현주건조물방화치상 · 현주건조물방화예비 · 계엄법위반 · 집회및시위에관한법률위반 · 특수공무집행방해 · 범인은닉 · 범인도피]

이는 종교인의 범인은닉 등의 행위가 업무로 인한 행위로서 정당화되기 위한 요건에 관하여 판단한 사례이다.

대법원은, 성직자라 하여 초법규적인 존재일 수는 없으며, 성직자의 직무상 행위가 사회상규에 반하지 아니하는 행위로서 적법성이 부여되는 것은, 그것이 성직자의 행위이기 때문이 아니라 그 직무로 인한 행위에 정당, 적법성을 인정하기 때문이라고 보았다. 따라서 사제가 죄지은 자를 능동적으로 고발하지 않는 것에 그치지 아니하고, 은신처 마련, 도피자금 제공 등 범인을 적극적으로 은닉·도피케 하는 행위는, 사제의 정당한 직무에 속하는 것이라고 할 수 없다고 판시하였다.[34)]

그러나 종교인의 직무 수행 중에 이루어지는 종교활동에 대하여 형사처벌을 하는 것은 종교활동의 자유를 심각하게 침해하는 것일 수 있으므로, 범죄의 경중과 긴급성 등 제반 정황을 고려하여 충돌하는 법익을 종합적으로 비교형량

32) 대법원 1999. 5. 14. 선고 98도3767 판결.

33) 윤종행, “종교인의 종교활동상 발생하는 범죄에 관한 우리나라 판례의 동향”, 앞의 글, 121－122면 참조.

34) 대법원 1983. 3. 8. 선고 82도3248 판결.

하고, 종교인의 행위에 대한 위법성과 비난 가능성을 면밀히 검토하여 신중히 판단하여야 할 것이다.[35)]

10. 경범죄처벌법위반죄

(1) 대법원 2003. 10. 9. 선고 2003도4148 판결 [경범죄처벌법위반]

이는 지하철 전동차 구내에서 한 선교행위로 인하여 경범죄처벌법상 인근소란행위로 기소된 사안이다.

대법원은, 원심법원이 지하철 전동차 내에서 피고인이 한 구체적인 선교행위의 내용과 방법, 소란의 정도, 피고인의 선교행위로 인하여 그 전동차에 탑승한 승객들의 평온한 공공시설 이용권이 어느 정도로 침해되었고 그 수인한도를 얼마나 초과한 것인지 여부, 피고인의 선교행위가 공공질서의 유지에 현존하는 명백한 위험을 초래한 것인지 여부 등에 관하여 충분히 심사하지 않고, 막연히 전동차 구내에서 선교활동을 하였다는 정도만으로 피고인에 대하여 경범죄처벌법상 인근소란행위의 유죄를 인정한 원심판결은 잘못이라고 판시하였다.

대법원은, 헌법 제20조 제1항이 보장하는 종교의 자유에는, 자기가 신봉하는 종교를 선전하고 새로운 신자를 규합하기 위한 선교의 자유가 포함되고, 공공장소 등에서 자신의 종교를 선전할 목적으로 타인에게 그 교리를 전파하는 것 자체는, 이러한 선교의 자유의 한 내용을 당연히 이루는 것이라고 보아야 한다고 판단하였다. 따라서 타인의 주목을 끌고 자신의 주장을 전파하기 위하여 목소리나 각종 음향기구를 사용하여 이루어지는 선교행위에 대하여, 경범죄처벌법 제1조 제26호 소정의 인근소란행위의 구성요건에 해당되어 형사처벌의 대상이 된다고 판단하기 위해서는, 헌법이 보장하고 있는 종교의 자유의 허용범위와 내용과 함께, 경범죄처벌법의 적용에 있어서 국민의 권리를 부당하게 침해하지 아니하도록 세심한 주의를 기울여야 한다는, 경범죄처벌법 제4조 소정의 입법정신을 아울러 고려하여야 한다고 보았다. 아울러 당해 선교행위가 이루어진 구체적인

35) 윤종행, “종교인의 종교활동상 발생하는 범죄에 관한 우리나라 판례의 동향”, 앞의 글, 122면 참조.

시기와 장소, 선교의 대상자, 선교행위의 개별적인 내용과 방법 등 제반 정황을 종합하여, 그러한 행위가 통상 선교의 범위를 일탈하여 다른 법익의 침해에 이를 정도가 된 것인지 여부 등, 관련 법익을 비교형량하여 엄격하게 판단해야 한다고 판시하였다.[36)]

지하철 전동차 구내에서 한 선교행위에 대하여, 구체적인 선교행위의 내용과 방법, 소란의 정도, 피고인의 선교행위로 인하여 그 전동차에 탑승한 승객들이 평온하게 공공시설을 이용할 수 있는 권리가 어느 정도로 침해되었고, 그 수인한도를 얼마나 초과한 것인지 여부, 피고인의 선교행위가 공공질서의 유지에 현존하는 명백한 위험을 초래한 것인지 여부 등에 대하여 충분히 심사하여, 경범죄처벌법상 인근소란행위로 처벌하는데 신중을 기하여야 한다는 대법원 판례의 입장은 매우 타당하다.[37)]

Ⅲ. 소 결

이상에서 살펴 본 바와 같이, 종교활동의 일환으로서 이루어지는 인간의 활동이 타인의 법익을 침해할 경우에는 불법행위로 인한 민사상 손해배상책임이 주어질 수 있고, 형법 규정에 위반된다면 형사처벌의 대상이 될 수 있다. 다만 종교활동이 비록 형벌법규에 저촉되더라도, 형법상 업무로 인한 행위, 사회상규에 반하지 않는 정당행위로서 위법성이 조각될 수도 있고, 금지착오로 인한 책임조각 또는 기대불가능성으로 인한 책임감면 등이 논의될 수 있다.

종교활동 과정에서 이루어진 행위가 형사처벌의 대상이 된 우리나라 법원의 판례를 분석하여 보면, 종교활동의 명목으로 기망적 방식으로 금품을 수수하여 사기죄가 인정된 경우가 많았고, 종교적 신념에 근거한 살인죄 또는 폭행죄 등으로 처벌 받은 경우도 많았다. 또한 종교활동 과정 중 명예훼손으로 기소되는

---

36) 대법원 2003. 10. 9. 선고 2003도4148 판결.

37) 윤종행, “종교인의 종교활동상 발생하는 범죄에 관한 우리나라 판례의 동향”, 앞의 글, 124면 참조.

경우와 업무방해죄, 또는 경범죄처벌법위반죄가 문제된 경우도 있었다. 그런데 종교활동 중 이루어지는 행동에 대하여 형사처벌을 가하는 것은 헌법상 보장되는 종교활동의 자유를 침해할 수 있으므로, 범죄성립요건에 대한 엄격한 심사를 거쳐 신중하게 판단할 것이 요구된다.

예컨대 사기의 성립요소로서 기망행위에 대한 고의 유무 여하에 대한 구체적 판단의 근거를 판결문에서 자세히 설명하고, 종교활동 중 이루어지는 행위에 대한 명예훼손, 업무방해 등이 문제될 경우에는 종교활동의 자유와 타인의 프라이버시, 명예, 업무 등 상충하는 법익을 면밀히 분석하고 평가하여 그 판단의 근거를 판결문에서 제시하는 것이 바람직할 것이다.

그리고 대법원이, 터무니없는 방식의 종교행위를 빙자하여 어려움에 처한 피해자의 심리를 이용하여 여러 차례에 걸쳐 거액의 돈을 요구하는 일련의 과정을 토대로 하여, 기망의 방법으로 재산상 이익을 편취한 행위로 볼 수 있는지를 판단한 것은 설득력이 있어 보인다. 또한 인간의 기복적 속성을 악용하여 터무니없이 큰 돈을 주겠다는 등의 허무맹랑한 방식으로 신자들을 현혹한 사이비 종교 지도자의 행위에 대하여, 종교의 자유를 인정하기보다 사기죄가 성립하여 형사처벌의 대상이 된다고 본 대법원 판단에 수긍이 간다. 다만 종교인의 종교활동이 사기죄에 해당하는지에 대한 판단을 함에 있어서, 전통적인 관습 또는 종교행위로서 허용될 수 있는 한계를 벗어난 것인지에 대한 보다 구체적인 판단근거가 판례로서 형성됨으로써, 판결에 대한 국민의 예견 가능성을 높이게 되길 기대한다.

또한 명예훼손과 관련하여 대법원은, 종교적 표현의 자유는 일반적 언론·출판의 자유에 비하여 보다 강하게 보호되어야 한다는 입장이다. 그러나 아무리 종교적 목적을 위한 언론·출판의 자유가 고도로 보장되고, 종교적 의미의 검증을 위한 문제의 제기가 널리 허용되어야 한다고 하더라도, 합리적 근거 없는 명예훼손적 발언이나 모멸적인 표현까지 종교적 표현의 자유로서 보호할 수는 없다는 대법원의 견해에 공감한다.

한편 종교지도자의 성범죄와 관련하여 대법원은, 교회 노회장에 대한 교회 여신도들의 신뢰를 근거로 하는 정신적 충격, 곤혹과 당황, 정신적 혼란 등의 정황을 고려하여, 자유로운 의사에 의한 항거가 불가능한 상태에 있었다고 봄으로써, 피해자에 대한 준강제추행을 인정한 것은 타당하다. 그리고 폭력적 방법의 유형력의 행사가 비록 안수기도의 명목으로 이루어졌다고 하더라도, 사회상규상 용인되는 정당행위라고 볼 수 없으며 폭행의 고의를 인정하는 대법원의 견해는, 법리적 측면만이 아니라 범죄예방적 차원에서도 타당하다고 본다.

우리나라 대법원은, 수술 과정에서 수혈을 하지 않으면 환자의 생명에 위험이 발생할 수 있는 응급상태에 이르렀음에도, 환자가 종교적 신념에 따라 명시적으로 수혈 거부 의사를 밝히는 상황에서, 담당의사로서는 환자의 생명을 보존하기 위해 불가피한 수혈 방법의 선택을 고려하는 것이 원칙이지만, 제반 사정을 고려할 때, 환자의 생명 보호에 못지않게 환자의 자기결정권을 존중하여야 할 의무가 대등한 가치를 가지는 것으로 평가되는 때에는 이를 고려하여 진료행위를 하여야 한다고 봄으로써, 환자의 생명 보호와 마찬가지로 환자의 자기결정권을 존중하고 있음을 알 수 있다. 그러나 환자에 대한 의사의 치료의무와 환자의 자기결정권 사이에서 갈등 상황에 놓이게 될 경우, 의사의 입장에서 환자의 생명보호 의무를 우선시하고, 환자의 자기결정권은 부차적으로 고려하는 것이 타당하다고 본다. 따라서 예컨대 미성년자인 환자의 부모가 종교적 이유로 수혈을 거부하는 경우에, 의사로서는 환자의 가족에게 상황을 충분히 설명하고, 환자를 치료할 수 있는 최선의 방안에 협력할 수 있도록 최대한 설득하기 위한 노력이 요구된다고 보아야 할 것이고, 이러한 노력 없이 종교적 신념에 근거하여 환자인 미성년 자녀에 대한 수혈 등 치료를 거부하는 것을 묵인하는 의사는, 부작위에 의한 방조범으로서의 책임을 지게 될 수도 있을 것이다.

이와 같이 종교적 신념에 근거한 수혈거부 등 환자에 대한 치료의무가 문제되는 경우, 가족과 의사의 형사책임을 판단함에 있어서는, 가족의 부양의무, 의사의 치료의무 등 가족제도와 의료제도 등을 고려하고 당사자에 대한 비난 가능성과 처벌의 필요성을 고려하여 신중히 판단하여야 할 것이다. 가족의 부양의무로부터 가족이 치료를 받도록 조치를 취하여야 할 의무가 도출되므로, 종교적 신념에 근거하여 환자인 미성년 자녀에 대한 수혈 등 치료를 거부하는 것은 유기죄 등 부작위범의 성립 가능성이 있을 것이다.

그리고 업무방해가 문제된 사례에서 대법원은, 고객의 의뢰에 따라 항공속달에 의하여 서류를 배달하는 것을 업무로 하는 회사의 업무과정에서, 특정 종교를 심하게 비방하는 내용의 전단지를 제대로 설명하지 않고 허락 없이 끼워 넣어, 고객의 위탁취지에 어긋나게 업무를 처리한 결과가 되었고, 나아가 배달회사의 업무 경영이 저해될 위험을 발생케 하는 사회통념상 허용될 수 없는 행위라고 보았는데, 종교활동의 자유의 한계를 보여주는 하나의 좋은 예라고 볼 수 있다.

또한 종교인의 범인은닉 등의 행위가 업무로 인한 행위로서 정당화되는지와 관련하여, 종교인의 직무 수행 중에 이루어지는 종교활동에 대하여 형사처벌을 하는 것은 종교활동의 자유를 심각하게 침해하는 것일 수 있으므로, 범죄의 경중과 긴급성 등 제반 정황을 고려하여 충돌하는 법익을 종합적으로 비교형량하고, 종교인의 행위에 대한 위법성과 비난 가능성을 면밀히 검토하여 신중히 판단하여야 할 것이다.

마지막으로, 지하철 전동차 구내에서 한 선교행위에 대하여, 구체적인 선교행위의 내용과 방법, 소란의 정도, 피고인의 선교행위로 인하여 그 전동차에 탑승한 승객들의 평온한 공공시설 이용권이 어느 정도로 침해되었고 그 수인한도를 얼마나 초과한 것인지 여부, 피고인의 선교행위가 공공질서의 유지에 현존하는 명백한 위험을 초래한 것인지 여부 등에 대하여 충분히 심사하여, 경범죄처벌법상 인근소란행위로 처벌하는데 신중을 기하여야 한다는 대법원 판례의 입장은 타당하다.[38]

---

38) 윤종행, "종교인의 종교활동상 발생하는 범죄에 관한 우리나라 판례의 동향", 앞의 글, 124-127면 참조.

제9장

증오범죄와 종교
(Hate Crimes and Religion)

Ⅰ. 서 설

범죄는 보통 윤리와 도덕에 반하는 것이고,[1] 사람에 대한 진정한 사랑에 근거한 범죄는 찾기 어려울 것이다. 그리고 인간에 대한 증오심이 범죄로 이어지는 경우가 많을 것이다. 그런데 범죄 중에서도 특별히 피해자의 특성에 기인하는 증오 감정이 범행의 동기가 되는 경우를 “증오범죄”라고 한다.[2] 증오범죄는 인종, 종교, 국적, 장애인, 성, 또는 성소수자 등 피해자의 특성에 대한 증오심이 이유가 되어 범해진 범죄를 말한다. 이러한 증오범죄는 폭력성, 재물의 파괴, 타인의 권리 침해, 또는 표현적 행위 등으로 나타나는데, 이에 대하여서는 보다 무거운

1) 이탈리아 범죄학자 Raffaele Garofalo(1851－1934)는 윤리와 도덕에 반하는 범죄를 자연범(*mala in se*: natural crimes)이라고 하고, 도덕과 윤리와 무관한 범죄를 법정범(*mala prohibita*: legal crimes)이라고 구분하여 지칭하였다. *The Distinction between "Mala Prohibita" and "Mala in se" in Criminal Law,* Columbia Law Review Vol. 30, No. 1, 74－86 (1930) 참조.

2) 증오범죄의 개념에 대하여, 통상의 범죄 중에서 “보복범죄”를 “증오범죄”라고 칭하고 본고에서 사용하는 증오범죄를 “혐오범죄”라고 칭하는 견해도 있으나, 본고에서는 영문 “hate crime”을 “증오범죄”라고 번역하여 사용하기로 한다. 장진영·김성천, “혐오범죄의 유형”, 『중앙법학』(중앙법학회) Vol. 24, No. 4, 2022, 72－76면 참조.

처벌이 부여된다.[3] 증오범죄의 피해자는 일반적인 범죄 피해자보다 더 심각한 심리적 충격과 우울증을 경험하고, 시간이 지나면서 그 증상이 악화되기 쉬우며, 회복기간이 길다는 특징이 있다.[4] 또한 증오범죄는 잔인한 폭력성으로 인하여 피해당사자에 대한 심각한 신체적 피해와 정서적 트라우마(trauma)를 겪게 할 뿐만 아니라, 피해자가 속한 전체 집단으로 하여금 유사범죄에 대한 두려움을 느끼게 함으로써, 광범위한 간접적 피해를 초래한다는 점이다.[5] 그런데 일반 범죄와 증오범죄의 구분이 명확하지 않을 수도 있다.[6] 증오범죄에 해당하는 범죄 행위들이 다양하고, 증오범죄의 개념이 문화적·역사적 관점에서 상대적일 수 있다.[7]

이와 구별되는 개념으로 "편향 사건(bias incident)"이라고도 하는데, 다른 사람의 인종, 피부색, 장애인, 종교, 출신국, 성 또는 성적 지향 등을 이유로 하여, 적대적 표현을 하는 것이다. 예컨대 모욕적 표현을 써서 부른다든가, 그림이나 이미지를 현출하거나, 흉내내는 것들을 포함한다. 그리고 이러한 적대적 표현이 범죄를 구성하게 될 때 증오범죄가 되는데, 이는 언어적, 육체적, 또는 시각적 형태로 이루어질 수 있다. 예컨대 협박, 상해, 공격적 신체접촉, 타인의 건물 벽에 하는 낙서 등 다양하게 범해질 수 있다.[8] 증오적 표현은,[9] 예컨대 "흑인"이나 "유대인"과 같이 집단을 통칭하여 명예훼손적 표현을 하는 것과 같이, 집단적 형

3) Megan K. Gentile, *Hate Crime Regulation and Challenges,* 8 Geo. J. Gender & L. 185-186 (2007).

4) Gergory M. Herek, J. Roy Gillis, Jeanine C. Cogan & Eric K. Glunt, *Hate Crime Victimization among Lesbian, Gay, and Bisexual Adults: Prevalence, Psychological Correlates, and Methodological Issues,* Journal of Interpersonal Violence 12(2), at 195-215 (1997).

5) 김중곤, "증오범죄에 대한 형사 정책적 대응- 주요쟁점 및 선결과제 -", 『경찰학연구』 제18권 제2호, 2018, 196-198면 참조.

6) McDevitt 등은 증오범죄 유형을 스릴 추구적 증오범죄, 반응적 증오범죄, 사명적 증오범죄 등 세 가지로 분류하였다. Levin Jack and Jack McDevitt, *Hate crime: The rising Tide of Bigotry and Bloodshed,* New York: Plennum (1993); 조철옥, "미국과 한국의 증오범죄에 관한 비교 고찰", 『경찰학연구』 제12권 제1호, 2012, 43-45면 참조.

7) 김혜정·권주혁, "증오범죄의 유형과 원인에 대한 고찰", 『영남법학』 제36호, 2013, 92-93면 참조.

8) https://www.doj.state.or.us/oregon-department-of-justice/civil-rights/bias-and-hate/

9) "증오적 표현"이라는 개념을 "혐오표현"이라고 칭하기도 하는데, 본고에서는 영문 "manifestation of hatred"를 "증오적 표현"이라고 번역하여 사용하기로 한다. 장진영·김성천, "혐오범죄의 유형", 앞의 글, 77면 참조.

태로[10] 이루어질 수도 있다.[11] 증오적 표현에 노출된 여성, 이주자, 장애인, 그리고 성소수자 집단의 상당수가 사회생활에 지장을 받거나 스트레스 등의 정신적 어려움을 겪는다고 한다.[12] 그리고 명예훼손은 인간이나 집단의 존엄(dignity)이나 평판(reputation)에 대한 의도적 공격 또는 침해이다. 명예훼손은 연설이나 폭언과 같이 구두로 이루어질 수도, 글이나 그림 등을 사용하여 시각적으로 이루어질 수도 있다. 또한 영국에서는 1977년까지 신에 대한 신성모독(Blasphemous libel)이 처벌되었다고 하는데, 이 또한 신에 대한 증오적 표현이라고 볼 수 있다.[13]

역사적으로 전쟁과 대량학살 등 끔찍한 종교적·인종적 증오범죄를 경험한 인류는, 1945년 세계 평화와 안전, 그리고 국제협력을 위한 UN의 설립, 그리고 1948년의 세계인권선언 등을 통하여, 인권침해 방지와 인간의 기본권 보장을 위한 노력을 하였음에도 불구하고, 오늘날 증오범죄는 국가와 단체 또는 개인에 의하여 세계 곳곳에서 발생하고 있다.[14] 인종주의, 반유대주의, 외국인 혐오증, 종교적 비수용성, 동성애 혐오증 등에 기반한 혐오범죄의 심각성에 대처하기 위한 입법과 제도적 정비만이 아니라, 무엇보다도 다양성과 포용성 있는 사회적 환경과 인권의식이 확산되어야 한다는 사회적 분위기가 요구되고 있다.[15]

그런데 오늘날 과학기술의 발달과 세계화 추세로 인하여 우리 사회도 점차 다양화로 치닫고 있고, 이로 인하여 배타성과 편견, 그리고 증오심에 기인한 사회적 갈등이 증폭되고 있다. 인종주의, 외국인 혐오, 종교적 배타성, 장애인,[16]

---

10) 나라에 따라 “group libel” or “group defamation”이라고 표현한다.

11) 영국에서는 혐오표현에 대하여 평등법(Equality Act 2010)과 공공질서법(Public Order Act 1986)에 의하여 처벌하고 있다. 김성희·성나경·성현준·김성현·김민선·이연제·권준성, “혐오표현의 이해 및 특성에 대한 고찰: 해외 혐오표현 규정을 중심으로”, 『한국경찰연구』 제18권 제1호, 2019, 12−13면 참조.

12) 홍성수, “혐오(hate)에 어떻게 대응할 것인가? − 혐오에 관한 법과 정책 −”, 『법학연구』(충남대) 제30권 제2호, 2019, 192−193면 참조.

13) Jeremy Waldron, *Dignity and Defamation: The Visibility of Hate,* 123 Harv. L. Rev. 1601−1614 (2010) 참조.

14) 이정덕, “증오범죄의 중독성과 가중처벌방안에 관한 연구”, 『한국중독범죄학회보』(한국중독범죄학회) Vol. 12, No. 3, 2022, 104−105면 참조.

15) Judit Bayer & Petra Bard, *Hate speech and hate crime in the EU and the evaluation of online content regulation approaches*, Policy Department for Citizens' Rights and Constitutional Affairs Directorate−General for Internal Policies PE 655.135 (July 2020).

16) 2016년 일본 가나가와(神奈川)현 사가미하라(相模原)시에서는 장애인 시설의 전 직원인

여성, 또는 동성애자 등에 대한 혐오 등이 동기가 되어 범하여지는 소위 "증오범죄"에 대처하기 위한 입법과 제도적 정비가 필요하다. 무엇보다도 다양성을 수용할 수 있는 포용적인 사회 환경과 인권의식의 확산이 요청된다.[17] 최근에는 2019년 겨울에 확산되기 시작한 코로나19 팬데믹으로 인하여, 전 세계에서는 코로나19의 두려움으로 인한 외국인에 대한 혐오 및 차별, 감염자에 대한 책임 공방, 사회적 의심과 갈등 등 또 다른 사회적 문제가 발생하였고, 각국은 이에 대한 대응방안을 강구하여 왔다.[18]

이하에서는 유럽과 미국, 그리고 우리나라에서 발생하는 증오범죄의 현황과 대책을 살피고, 앞으로 우리에게 요구되는 형사사법 정책의 방향을 찾아보고자 한다. 우리나라의 정부정책과 입법, 그리고 판례의 형성에 참고 자료로서 활용될 수 있길 기대한다.

Ⅱ. 유럽에서의 증오범죄

1. 유럽 증오범죄의 역사

유럽에서의 증오범죄는 우선 역사적으로 저참한 종교적 박해와 전쟁 중 자행된 인종적 집단학살의 예에서 찾을 수 있다. A.D. 64년 네로 황제는 기독교인들을 원형경기장에 가두어 놓고 야수에게 갈기갈기 찢게 하거나, 건초에 묶어 야외를 밝히는 '인간촛대'로 삼는 등 극악한 반인륜적 범죄를 저질렀다. A.D. 313년 콘트탄티누스 황제에 의하여 기독교가 공인될 때까지 250년간 이어진 로마제국

우에마쓰 사토리가 장애인 19명을 살해하고 26명을 다치게 하는 범죄를 저질렀는데, 장애인에 대한 극단적인 분노와 증오에 의하여 저지른 것이라고 한다. 신숙경, "장애인 증오범죄에 대한 탐색적 연구: 교정과 복지의 융복합적 접근", 『디지털융복합연구』 제17권 제1호, 2019, 467면 참조.

17) Judit Bayer & Petra Bard, *Hate speech and hate crime in the EU and the evaluation of online content regulation approaches, Id.*

18) 조상현 · 정병수, "코로나19 시대 범죄 관련 이슈와 시사점", 『한국치안행정논집』(한국치안행정학회) 제18권 제3호, 2021, 210면 이하 참조.

의 기독교 박해는, 황제 숭배를 거부하는 기독교를 불법 종교로 규정한 결과였다.[19] 그리고 주지하듯이, 제2차 세계대전 중 1941년부터 1945년까지 아돌프 히틀러가 이끈 Nazi 독일과 점령지 내 유대인과 슬라브족, 집시, 동성애자, 장애인, 정치범 등 약 1천 1백만 명의 민간인과 전쟁포로를 잔인하게 학살한 사건(The Holocaust)이 발생하였다.[20] 뿐만 아니라, 1994년 르완다 내전 중 후투족(Hutu)에 의한 투치족(Tutsis)과 후투족 중도파들에 대한 집단학살이, 4월 6일부터 7월 중순까지 약 100여 일간 자행되었다. 현재 르완다 정부는 이 학살에서 100만 명이 넘게 살해된 것으로 추정하고 있는데, 희생자 대부분이 그들이 도피했던 가톨릭 교회에서 숨졌다고 한다. 또한 당시 학살에서 살아남은 생존자들은 로마 가톨릭교회 사제들과 수녀들에 의해 희생된 사람이 많았다고 전하고 있다.[21] 이와 같이 유럽에서의 증오범죄는 때로는 집단적인 종교탄압으로, 때로는 민족학살을 위한 전쟁의 형태로 매우 처참하게 자행되었다.[22]

그리고 1915년 터키 정부가 수십만 명에서 150만 명 정도의 아르메니아(Armenia)계를 강제추방한 것, 1921년부터 1922년까지 그리스-터키전쟁 중에 140만 명의 그리스인들이 터키의 아나톨리아(Anatolia)로부터 추방당한 사건, 1944년 소련이 북 코카서스로부터 약 50만 명의 체첸인들을 모두 강제추방하고, 약 20만 명의 타타르인을 크림반도에서 중앙아시아로 강제추방한 사건, 그리고 2차대전 후 폴란드와 체코슬로바키아가 약 1,150만 명의 독일인들을 추방한 사건 등도 인종적 증오범죄의 예라고 할 수 있다.[23] 그런데 1992년 보스니아전쟁

---

19) https://ko.wikipedia.org.

20) https://ko.wikipedia.org/wiki/%ED%99%80%EB%A1%9C%EC%BD%94%EC%8A%A4%ED%8A%B8. 제2차 세계대전의 패망 이후 독일인들은 다시는 히틀러와 같은 반민주적인 사상을 가진 정치인이 출현하지 않아야 한다는 정신을 1949년 기본법에 담았음에도 불구하고, 그 후 독일에서는 극우 및 극좌파 정당이 출범하며 정치적 혼란이 극심하였는데, 특히 1949년 10월 2일 창당한 사회주의제국당(SRP)은 네오나치를 표방하며 나치의 영광을 재연하려 노력하는 등 아직도 인종적 증오범죄의 위험은 지속되고 있다. 지성우, “독일의 혐오표현 관련 규범 및 판례에 대한 헌법적 평가”, 『성균관법학』 제31권 제4호, 2019, 437-438면 참조.

21) https://ko.wikipedia.org/wiki/.

22) 허경미 · 김정원, “미국의 증오범죄 피해자 특징에 관한 연구”, 『경찰학논총』 2(1), 2007, 79면.

23) Naimark, Norman M.. Fires of Hatred: Ethnic Cleansing in Twentieth-Century Europe, Cambridge, Mass., Harvard University Press, (2001); 박정원, “민족분쟁과 인도적 개입의

의 초기 단계에 보스니아 무슬림을 영토로부터 추방하려는 세르비아계의 공격을 "인종청소"라고 불렀다. 이는 "특정 영토로부터 특정 민족과 인간집단을 제거하기 위한 목표 하에 자행되는 학살, 강간, 추방 등의 비인도적 행위"를 일컫는다.[24)]

또한 인류 역사상 많은 종교적 전쟁이 있었다. 대표적인 예로서 1095년부터 1291년까지 유럽에서 약 200년 동안 8차례에 걸쳐 이루어진 십자군전쟁을 들 수 있는데, 표면적으로는 이슬람 세력과 기독교 세력 간의 종교적 충돌이었지만, 점차 경제적·정치적 목적이 결합되었다. 그리고 1096년의 라인란트(Rheinland) 유대인 공동체에 대한 집단학살 사건은, 십자군과 이를 지휘한 지방 귀족들과 시민들의 동참으로 빚어진 무자비한 참사로서,[25)] 종교적 전쟁범죄라고 할 수 있다.[26)]

2. 오늘날 유럽의 증오범죄

오늘날 유럽에서는 이민자에 대한 배타적 감정과 사회적 갈등의 문제가 쟁점화되고 있다. 예컨대 프랑스의 경우, 이민자에 대한 편견과 경제적 소외계층화가 사회적 문제가 되고 있고, 이슬람인이 범죄자가 되는 경우가 많다는 언론 보도 등으로 인하여 소위 '이슬람포비아'가 생겨났다.[27)] 2005년 프랑스 방리유(Banliene)에서는, 아프리카 이민 2세 청소년이 경찰의 불심검문을 피하다 감전사한 사건이 발생하자, 그동안 사회로부터 억압받고 소외받던 이주 배경 청년들의 폭동으로 이어지고 소요가 확산된 사건이 발생하였다. 방리유 소요사태는 국가비상사태를 선포할 만큼 사회혼란을 야기하였고, 이주민에 대한 공포와 불만이 증폭되어 이분화된 사회갈등이 가속화되었다. 또한 2012년 아미앵에서 발생한

국제정치: 유고슬라비아에서의 인종청소를 중심으로", 『세계지역연구논총』, 23(2), 2005, 59−83면 참조.

24) 박정원, "민족분쟁과 인도적 개입의 국제정치: 유고슬라비아에서의 인종청소를 중심으로", 위의 글. 59−83면; 이정덕, "증오범죄의 중독성과 가중처벌방안에 관한 연구", 앞의 글, 109면 참조.

25) 안상준, "1096년 십자군의 유대인 학살과 히브리 연대기", 『독일연구』(한국독일사학회) No. 46, 2021, 6−35면.

26) https://ko.wikipedia.org/wiki/%EC%8B%AD%EC%9E%90%EA%B5%B0.

27) 정은정·김대중, "다문화인권교육을 통한 증오범죄 대응방안: 프랑스의 이민 2, 3세의 증오범죄 사례 중심으로", 『민족연구』(한국민족연구원) Vol. 74, 2019, 116−136면.

이민 청년들의 폭동은, 오토바이를 타고 가다 경찰의 불심검문을 피해 달아나던 청년의 사망이 촉발원인이 되어, 경찰의 과잉 진압에 항의하며 150여 명의 청년들이 도심에 불을 지르고 경찰에 저항한 사건인데, 차별받고 억압받은 프랑스 내 이민 2세 청년들의 저항이라고 볼 수 있다.[28)]

최근 2014년 이후, 독일 등 유럽연합국가들 내에서 극우주의를 기반으로 하고 있는 폭력사건에 대한 보고가 급격히 증가하고 있는 추세를 보이고 있다. 이러한 극우극단주의는 유럽 전역에서 만연하고 있는 기존의 인종차별 정서와 국수주의적 국가주의에 더하여, 최근 시리아 및 이라크 사태 등으로 크게 증가한 난민 및 이민자들의 증가, 그리고 2001년 이후 전 세계에서 발생하였던 이슬람극단주의와 이로 인한 서유럽 등지에서의 테러사건의 반향 등이 반이민 정서와 반인종적 정서를 부추긴 것이라고 분석되고 있다.[29)] 나아가 매스컴의 테러사건에 대한 집중보도와 어려운 경제상황 등과 맞물려, 반이민을 주제로 하는 극우주의 포퓰리즘이 정치에 이용되었다고 한다.[30)]

한편 영국 크리스천투데이에 따르면, 2019년부터 2020년 사이 유럽에서 반기독교 증오범죄가 70% 증가했다고 한다. 특히 영국, 독일, 프랑스, 스페인, 스웨덴 등이 기독교인들이 '가장 심각한 도전'을 받고 있는 국가들로서, 교회와 기독교 건물에 대한 기물 파손과 방화, 묘지 모독, 기독교인에 대한 물리적 공격, 종교 자유와 표현의 자유 및 부모 권리에 대한 제한 등이 증오범죄의 유형에 해당한다고 한다.[31)] 또한 2020년 게이트스톤 국제정책위원회(Gatestone Institute International Policy Council)의 보고서에 의하면, 프랑스에서는 교회 건물을 비롯해 학교, 묘지 및 기념비 훼손이 하루 평균 3건씩 발생했고, 독일에서는 기독교 교회가 하루 평균 2건 공

28) 정은정 · 김대중, "다문화인권교육을 통한 증오범죄 대응방안: 프랑스의 이민 2,3세의 증오범죄 사례 중심으로", 위의 글, 120－121면 참조.

29) 독일 등 유럽에 난민으로 들어오는 다수의 무슬림들 중 일부가 테러사건에 연루된 사실이 알려지면서 반이민, 반난민, 이슬람포비아 등의 정서가 유럽에 확산되었다고 한다. 김은영, "극우극단주의 및 극우테러리즘 : 독일의 추세, 패턴, 그리고 특성", 『가천법학』 제13권 베1호, 2020, 410－411면 참조.

30) 윤민우 · 김은영, "유럽지역의 최근 극우극단주의 동향과 사회정치적 요인들", 『한국치안행정논집』(한국치안행정학회) 제17권 제2호, 2020, 176－178면 참조.

31) 2021년 12월 10일, 세계 인권의 날에 발표된 OIDAC(Observatory on Intolerance and Discrimination Against Christians in Europe)의 보고서 참조.

격 받았다고 한다.[32)]

3. 유럽의 증오범죄에 대한 대응

1990년 동·서독의 통일 이후 세금의 인상과 경제적 어려움 등으로 인한 불만이 외국인 혐오로 이어지고 증오범죄가 급증하자, 오늘날 독일은 증오범죄에 대한 통계 보고를 의무화하고, 증오범죄로 분류되면 형량을 가중하고 있다. 독일 연방정부는 양형기준을 정하고 있는 「형법」 제46조를 개정하여 "인종, 외국인의 배척 또는 인간 경멸의 목적"을 가중적 양형사유로 추가하는 개정안을 제출하여, 2015년 3월 수정 없이 통과되었다.[33)] 또한 증오범죄 피해자의 피해 회복을 돕고 사회적 관용과 도움을 제공하는 다양한 프로그램을 시행하고 있다.[34)]

그리고 영국은 제2차 세계대전 이후 세계 패권국가로서의 지위를 잃고 비유럽 국가로부터의 이주자가 늘어나면서, 집단 간 갈등이 커지고 증오범죄가 사회적 문제로 대두하였는데, 오늘날 외국인에 대한 적대 감정과 증오범죄가 심각한 수준으로 증가하였다. 영국은 인종차별이 사회적 분열과 인간의 존엄성을 침해한다는 인식 하에, 1965년 인종차별금지법을 제정하였고, 이를 수정·보완하여 오늘날까지 시행하고 있다.[35)] 또한 영국에서는 1998년 범죄 및 무질서에 관한 법률 개정안이 통과되면서 인종차별범죄를 가중처벌하게 되었고, 현재는 성별, 성적 소수자, 장애인에 대한 증오범죄를 가중처벌함으로써 증오범죄에 대응하고 있다.[36)]

---

32) 복음기도신문, "유럽 교회, 반기독교 증오범죄 70% 급증", 2021년 12월 13일, 참조.

33) 승재현, "젠더혐오범죄에 대한 형사정책적 대응 방안: 여성혐오 범죄를 중심으로", 『이화젠더법학』 제8권 제2호, 2016, 47-48면 참조.

34) 김중곤, "증오범죄에 대한 형사 정책적 대응- 주요쟁점 및 선결과제 -", 앞의 글, 204-205면 참조.

35) The Race Relations Act 1976; 최응렬·정승민, "미국에서의 인종차별에 의한 증오범죄에 관한 연구", 『피해자학연구』 제13권 제2호, 2005, 381-382면 참조.

36) 김중곤, "증오범죄에 대한 형사 정책적 대응- 주요쟁점 및 선결과제 -", 앞의 글, 205면 참조.

Ⅲ. 미국에서의 증오범죄

1. 개 설

미연방 정보국(Federal Bureau of Investigation: FBI)은 증오범죄를 "인종, 종교, 장애인, 성적 지향, 성(race, religion, disability, sexual orientation, ethnicity, gender, or gender identity) 등에 대한 범인의 편견으로 인하여 범하여진 사람 또는 재산에 대한 범죄"라고 정의한다. 증오범죄는 대개 살인, 방화, 또는 시설파괴 등의 전통적 범죄를 저지른다. 그중에서 인종에 기반한 증오범죄가 가장 많고, 게이 등 성소수자라는 것이 범행의 동기가 된 경우도 상당히 많다.[37] 예컨대 1998년 미국 Wyoming 대학교 학생이었던 21세 Mathew Shepard는 동성애자(Gay)라는 이유로, 울타리(fence)에 손이 뒤로 묶인 채 얼굴과 머리에 병으로 18번에 걸쳐 맞아 으스러지는 등[38] 잔인하게 고문과 폭행을 당하여 결국 사망하였다.[39] 그리고 2016년 6월 미국 플로리다주 올랜도의 한 게이 클럽에서, 이슬람 신자 한 명이 성소수자들을 상대로 총기를 난사해 49명을 살해하고 50명을 부상당하게 하는 사건이 발생하였다.[40] 또한 2017년 12월 미국 텍사스주 달라스(Dallas)에서, 22세인 Daniel Jenkins 등 가해자 4명이 공모하여, 동성애자들이 사용하는 데이트 어플인 "Grindr"에서 9명의 피해자들을 유인하여 납치(kidnapping, carjacking) 등 폭력범죄를 저질렀는데, 미국 법무부는 이 사건을 동성애라는 피해자의 성적 지향에 근거한 증오범죄에 해당한다고 보았다.[41]

미국 법무부가 제공하는 자료에 의하면, 2004년부터 2015년까지 미국에 사

---

37) Megan K. Gentile, *Hate Crime Regulation and Challenges, Id.* at 186.

38) Angela P. Harris, *Gender, Violence, Race, and Criminal Justice,* 52 Stan. L. Rev. 806 (2000).

39) https://en.wikipedia.org/wiki/Matthew_Shepard; James Brooke, *Witnesses Trace Brutal Killing of Gay Student,* N.Y. Times (Nov. 21, 1998).

40) 김중곤, "증오범죄에 대한 형사 정책적 대응- 주요쟁점 및 선결과제 -", 앞의 글, 199면 참조.

41) https://www.justice.gov/opa/pr/texas-man-sentenced-hate-crime-and-other-charges-after-using-dating-app-target-gay-men; 장진영 · 김성천, "혐오범죄의 유형", 앞의 글, 88면 참조.

는 사람들이 매해 평균 약 250,000건의 증오범죄를 경험하였다고 한다. 그중에서 폭력적 협박이 가장 많았고, 인종적 증오로 인한 경우가 많았다. 2011년부터 2015년까지 미국에서 발생한 증오범죄 통계에 의하면, 증오범죄의 피해자는 여성과 남성이 거의 반반이었고, 가해자와 피해자가 전혀 모르는 경우와 면식범인 경우가 거의 반반이었다. 그리고 99% 증오범죄 피해자들은, 증오범죄라는 것을 입증하기 위한 증거로서 증오적 표현을 한 가해자의 언어를 제시하였다고 한다. 그리고 증오범죄 가해자의 60% 정도가 남성, 17% 정도가 여성으로 밝혀졌으며, 23% 정도는 미확인되었다. 또한 증오범죄 가해자 중 백인이 약 37%, 흑인이 약 34%였다고 한다.[42)]

그런데 미국에서 발생한 증오범죄 중에서 법집행기관에 신고되는 경우보다 신고되지 않는 경우가 더 많다고 한다. 또한 2017년 한 해 동안 7,175건의 증오범죄가 FBI에 보고되었는데, 예컨대 버지니아주의 샬롯스빌(Charlottesville)에서 발생한, 백인우월주의자인 20세 남성 James Alex Fields가 평화로운 시위를 하고 있던 군중에게 차량으로 돌진하여, 32세 남성인 Heather Heyer라는 사람이 죽고 35명이 다친 사건[43)]이 증오범죄로 보고되지 않는 등 제대로 보고되지 않거나, 증오범죄로 제대로 분류되지 않기도 하고, 빠뜨려지는 등 수치가 축소되고 있다고 한다.[44)] 1990년에 제정되었고 2009년에 수정된 증오범죄 통계법(The Hate Crime Statistics Act)[45)]에 의하여, 미연방 법무부장관은 인종(race), 종교, 장애, 성적 지향(sexual orientation), 또는 그 밖의 세부 종족(ethnicity) 등이 이유가 되어 범해진 증오범죄에 대한 정보를 수집하도록 되어 있지만, 보다 정확한 통계가 이루어지도록 하는 입법적 보완이 요청되고 있다.[46)] FBI 통계에 의하면, 2020년에 미국에서 11,472명의 피해자에 대한, 8,263건의 증오범죄가 발생하였다.[47)]

---

42) https://bjs.ojp.gov/content/pub/pdf/hcv0415.pdf.

43) https://en.wikipedia.org/wiki/Charlottesville_car_attack.

44) Mallory Simon & Sara Sidner, *Heather Heyer's not on this FBI list. How hate crimes become invisible,* CNN (Aug. 12, 2019).

45) The Hate Crime Statistics Act, 28 U.S.C. § 534 (HCSA).

46) Kai Wiggins, *Next Steps for Congress on Hate Crime Reporting,* 33 Stan. L. & Pol'y Rev. 393－413 (September, 2022).

47) https://crsreports.congress.gov/product/pdf/R/R47060.

2. 여성에 대한 증오범죄

여성에 대한 증오범죄는, 남성성을 지나치게 의식하는 남성이 다른 남성들과의 갈등을 빚거나, 또는 다른 여성들로부터 거절당하거나 무시받는 등 자신의 남성성이 위협받는 상황에서, 심한 모멸감과 수치심을 느끼게 되어 분노에 의한 폭력적 범행으로 치닫게 되어 발생하는 경향이 있다고 한다.[48] 예컨대 1999년에는 Yosemite 국립공원에서 세 여성이 단지 여성이라는 이유로 잔인하게 살해되었다.[49]

미국 내 여성 혐오범죄는 과잉 남성성(hypermasculinity)에 따른 폭력성과 남성우월성의 특징을 보인다. 이는 개인 또는 집단에 의하여 범해지기도 하지만, 군대와 같이 명령·복종의 조직체계를 통하여 폭력을 제압하는 역할을 하는 경찰관이 성희롱을 하는 것과 같이, 법 집행자들에 의하여도 자행되기도 한다.[50] 2021년 통계에 의하면, 미국 내 법집행관의 약 87%가 남성으로서 압도적이다.[51] 그런데 2002년부터 2015년까지의 미연방 형사사건 15만 건을 분석한 결과, 피고인과 검사가 같은 성(性)일 경우에 형사소추 과정에서 보다 피고인에게 관대한 처분이 이루어졌다는 실증적 연구 보고가 있다.[52] 성에 대한 개인의 인식 차이가 범행의 동기가 되기도 하고, 형사절차상 법집행자의 처분에도 영향을 줄 수 있음을 알 수 있다.[53]

---

48) Jack Katz, Seductions of Crime: Moral and Sensual Attractions in Doing Evil, 24 (1988): James Gilligan, Violence: Our Deadly Epidemic and Its Causes, 77 (1996).

49) Evelyn Nieves, *Suspect at Yosemite Had Fantasy of Killing Women,* N.Y. Times (July 28, 1999).

50) Angela P. Harris, *Gender, Violence, Race, and Criminal Justice, Id.* at 793–799.

51)ttps://www.statista.com/statistics/195324/.

52) Stephanie Holmes Didwania, *Gender–Based Favoritism Among Criminal Prosecutors,* 65 J.L. & Econ. 77–152 (2022).

53) 윤종행, “증오범죄의 동향과 대책”, 『서울법학』(서울시립대학교) 제31권 제2호, 2023, 132면 참조.

3. 인종적 증오범죄

(1) 미국 내 인종주의

2011년부터 15년까지의 미국 내 증오범죄 중 거의 반(48%)이 인종적 증오범죄였다고 한다.[54] 인종주의(Racism)는 자신과 다른 피부색으로 인하여 생기는 편견으로서 미국의 문화, 역사, 사회, 경제 등에 있어서 뿌리 깊이 박혀 있는 문제이다. 이를 해결하기 위하여서는 문화적, 경제적, 제도적, 사회적, 그리고 조직적 변화가 필요하고, 무엇보다도 사람들의 마음이 변하여야 한다.[55] 미국 내 인종주의는 일찍이 거주하던 원주민을 몰아내고 식민지화한 것으로부터, 아프리카인들을 노예화하고 무역을 한 사실, 제2차 세계대전 기간 중 일본인들을 유폐한 일, 남미 이주민을 미국 남서부 국경지역에서 억류한 것, 계속되는 인종적 차별, 다른 인종 간의 결혼 금지, 그리고 교육에서의 인종 차별 등의 역사적 예에서 찾을 수 있다.[56]

2001년 9월 11일에는, 극단적 이슬람 무장단체인 "알 카이다(al-Qaeda)" 대원 19명이 미국 뉴욕시티의 세계무역센터(the World Trade Center in New York City) 쌍둥이 빌딩 등을 항공기로 공격한 끔찍한 테러가 발생하였다. 이로 인하여 3,000명 이상이 죽고, 측량하기 어려운 인적·물적 손실, 그리고 정신적 충격을 안기고 공포심을 확산시켰다. 조지 부시(George W. Bush) 대통령은 곧바로 "테러와의 전쟁(war on terror)"을 선포하고, 아프가니스탄과 이라크에 대한 공격을 개시하였다.[57] 그 후 미국은 국가 안위에 대한 경각심으로 인하여 외국인 정책을 엄격하게 강화하였고,[58] 무슬림과 남아시아인에 대한 증오범죄가 다수 발생하였다.[59] 그리고 부시 행정부의 테러와의 전쟁 중에 이루어지는 고문이 정당화될

---

54) https://bjs.ojp.gov/content/pub/pdf/hcv0415.pdf.

55) Peter H. Huang, *Anti-Asian American Racism, COVID-19, Racism Contested, Humor, and Empathy,* 16 FIU L. Rev. 731-733 (Spring, 2022).

56) *Id.* at 686-687.

57) Sean Wilentz, The Age of Reagan: A History, 1974-2008 (American History), 433-434 (2009).

58) David Cole, *Enemy Aliens,* 54 Stan. L. Rev. 954-965 (May, 2002).

59) https://en.wikipedia.org/wiki/September_11_attacks.

수도 있다는 주장이 나왔으며, 백인을 중심으로 하는 많은 미국인들은 무슬림뿐만 아니라 유색인종과 유대인들에 대한 비난을 서슴지 않게 하였다.[60] 또한 최근에는 코로나-19 팬데믹의 원인이 중국이라는 인식이 확산되면서, 미국 내 아시아인에 대한 증오범죄가 확연히 증가하였다.[61]

한편 미국 내 이민자들을 제한한 법으로서 1986년의 "The Immigration Reform and Control Act(IRCA)"는 1982년 1월 이전에 미국에 들어 온 불법체류자들을 합법화하면서도, 불법 이민자임을 알면서 고용한 업주를 처벌하였다. 그리고 1996년의 "Illegal Immigration Reform and Immigrant Responsibility Act(IIRIRA)"는 계속 증가하는 불법 이민자들을 억제하고 재입국 제한과 추방조치 등을 하기 위한 법이었다. 그러나 청문(hearing)의 기회를 주지 않는 등 적법절차에 반하는 면이 있고, "범죄를 저지른 외국인(Criminal aliens)"이라는 용어 사용에 문제가 있으며, "합법적 폭력(legal violence)"의 측면이 있다는 등의 비판이 제기되고 있다.[62]***

(2) 미국 내 백인우월주의 범죄

미국 내 백인우월주의는 1960년대 이전에도 Ku Klux Klan(KKK)과 같은 백인 기독교운동단체가 존재하였다. 그런데 1955년부터 1975년까지 지속된 베트남 전쟁이 끝나고 돌아온 수많은 미국인들이 이방인 취급을 받게 되자, 정부에 대한 억울한 분노의 감정을 경험하게 되면서, 백인 기독교인 국가주의(white Christian nationalism)가 확산되었고 백인우월주의가 본격화되었다. 이는 1964년 입법된 시민권법(the Civil Rights Act of 1964)으로 대변될 수 있는 1960년대의 시민운동, 흑인인권운동, 환경운동, 그리고 여성운동의 물결 등에 대한 저항이기도 하였다. 미국 내 백인 기독교인들은, 1954년 미연방 대법원의 Brown v. Board of Education 판결[63] 이후 흑백 분리 교육 정책이 철폐되자, 자녀들을 사립 기독교 학교에 보

60) Ibram X. Kendi, Stamped from the Beginning: The Definitive History of Racist Ideas in America, 478 (2017).

61) 배정환, "코로나 시대, 미국에서의 아시아인에 대한 혐오와 증오범죄: 인종주의 담론과 사회 통제에 관한 논의", 『경찰학연구』(경찰대학) Vol. 21, No. 3, 2021, 183-208면 참조. 본고에서는 미국에서의 아시아인에 대한 인종차별의 뿌리 깊은 역사를 지적하고 있다.

62) Julie Shackford-Bradley, *Legal Violence and Restorative Justice,* 34 Hastings J. Gender & L. 103-131 (2023).

내기 시작하였다. 그리고 1973년 미연방 대법원의 Roe v. Wade 판결[64]로 낙태가 자유화된 이후에는, 낙태 반대운동으로 나아가게 되었다. 오늘날 버락 오바마(Barack Obama) 흑인 대통령이 나오고, 2013년 이후 "흑인 생명 존중 운동(the Black Lives Matter movement)"이 전개되고, LGBT 권리에 대한 주장, 그리고 유색인종의 이민이 증가하는 등의 현실에서, 백인 우월주의자들은 미국 사회에서 자신들의 주도적 위치를 회복하는 것에 관심을 집중하고 있는 것으로 분석되고 있다.[65]

그런데 최근 2016년 이후 미국 내 폭력적 증오범죄가 급증하였고, 백인우월주의 단체들과 무장 단체들이 급속하게 증가하고 있다.[66] "오스 키퍼스(Oath Keepers)", "부갈로 보이스(the Boogaloo Bois)", "프라우드 보이스(the Proud Boys)" 등이 이에 해당한다. 이들은 인종주의, 성차별주의, 동성애 혐오증, 반정부적 이념 등의 특징을 보인다.[67] "백인우월주의자 폭력행위(White supremacist violence)"라는 표현이 사용되고 있는데, 이는 백인이 우월하다는 신념에 근거한 사람들에 의하여 저질러지는 폭력행위를 말한다. 1994년부터 2020년까지 미국에서 발생한 테러 사건의 대부분이 백인우월주의자들을 포함하는 극우세력들에 의하여 범하여졌다는 보고도 있다.[68]

그리고 2015년 사우스 캐롤라이나(South Carolina)주의 샬스톤(Charleston)시의 마더 임마누엘 교회(the Mother Emanuel church)에서 예배 중이던 흑인들에 대한 집단 총기 난사 사건이 발생하였다. 이와 같은 폭력행위를 단순한 증오범죄가 아

---

63) Brown v. Board of Education of Topeka, 347 U.S. 483 (1954).

64) Roe v. Wade, 410 U.S. 113 (1973). 이 판결은 최근 2022년 미연방 대법원의 판결로 파기되었다{Dobbs v. Jackson Women's Health Organization, 597 U.S. ___ (2022)}.

65) Stephen M. Feldman, *White Christian Nationalism Enters the Political Mainstream: Implications for the Roberts Court and Religious Freedom,* 53 Seton Hall L. Rev. 679–682, 713–715 (2023).

66) 하지만 대다수의 미국 내 증오범죄 가해자는 이러한 백인우월단체에 소속되어 있지 않고, 평범한 젊은이들 사이에서 이루어지는 일종의 '스릴추구형(Thrill-Seeking Crimes)' 범죄라는 분석이 있다. Levin, J., & McDevitt, J., Hate Crimes: The Rising Tide of Bigotry and Bloodshed. New York: Plenum Press (1993); 김중곤, "증오범죄에 대한 형사 정책적 대응– 주요쟁점 및 선결과제 –", 앞의 글, 200면 참조.

67) Elena Baylis, *White Supremacy, Police Brutality, and Family Separation: Preventing Crimes Against Humanity within the United States,* U. Ill. L. Rev. 1502–1503 (2022).

68) Shirin Sinnar, *Hate Crimes, Terrorism, and the Framing of White Supremacist Violence,* 110 Calif. L. Rev. 494–495 (April, 2022).

닌 "백인우월주의의 테러 행위(White supremacist violence as terrorism)"라고 지칭하기도 한다. 또한 2021년 1월 트럼프 지지자들이 바이든 대통령의 당선 결과에 항의하면서 미국 국회의사당에 난입한 사건과 같이, 백인우월주의에 근거한 테러행위에 대하여 증오범죄로 정의하여야 한다는 주장도 제기되고 있다. 이와 같이 테러행위로 나아가는 증오범죄의 추세를 일컫는 말로서, 미국 FBI는 "테러-증오범죄(Terrorism-Hate Crimes)"라는 새로운 용어를 쓰기에 이르렀다.69) 이는 통상의 증오범죄보다 더 조직적이고, 정치성향을 띠기 때문이며, 통상의 증오범죄는 형을 가중하여 범죄 억지효과를 갖게 하는 사후적 처방이라는 점에서, 보다 자기 정체성과 정치적 활동에 기반하는 백인우월주의 폭력에는 제대로 부합하지 않는 면이 있다는 것이다. 또한 폭력의 파급성과 교정시설의 열악한 환경, 그리고 교도소 내 백인우월주의의 네트워크를 고려할 때, 구속기간을 연장하는 식의 증오범죄에 대한 대책만으로는, 결과적으로 유색인종의 구속기간을 연장하게 할 뿐이라는 현실에 대한 인식으로부터 연유하는 것이라고 이해되고 있다.70)

(3) 인종적 증오범죄

1980년대 이후 미국의 여러 주에서 인종, 종교, 성적 지향, 장애, 그 밖의 특징 등에 기인한 편견으로 인한 증오범죄에 대처하기 위하여, 일반범죄에 비하여 무거운 형벌을 부과하는 증오범죄 대처법을 제정하여 시행하게 되었고, 이에 대한 위헌 시비를 불러일으켰음에도 불구하고 보다 많은 주에 확산되어 존속하여 왔다. 2021년 FBI의 보고에 의하면, 증오범죄 중에서 인종적 혐오에 기인한 경우가 가장 많고, 그 다음이 LGBT에 대한 것이라고 한다.71) 2021년 한 해 동안 746건의 아시아인에 대한 증오범죄와 817건의 유대인에 대한 증오범죄가 FBI에 보고되었다고 한다. 그리고 2020년부터 2021년까지 미국 내 아시아인에 대한 증오

69) Derek Hawkins, *FBI Arrests Self-Proclaimed White Supremacist in Alleged Plot to Blow up Historic Synagogue,* WASH. POST (Nov. 4, 2019); Shirin Sinnar, *Hate Crimes, Terrorism, and the Framing of White Supremacist Violence, Id.* at 491-565.

70) Shirin Sinnar, *Hate Crimes, Terrorism, and the Framing of White Supremacist Violence, Id.* at 542-543.

71) Elaina Rahrig, Arielle Schechtman, Meagan Kenner & Catherine Matous, *Hate Crime Regulation and Challenges,* 24 Geo. J. Gender & L. 576 (2023).

범죄가 167% 증가하였고, 유대인 혐오에 기한 증오범죄가 20% 증가하였다는 통계가 있다.[72)]

미국 내 인종적 증오범죄의 최근 사례로서, 2021년 3월 16일 미국 조지아주 애틀랜타(Atlanta, Georgia)시에서 동양인이 운영하는 두 곳의 스파와 한 마사지 업소에서 발생한 총격사건을 들 수 있는데, 아시아계 여성 8명이 사망하였고 9명이 부상을 당하였다. 범인은 당시 21세 남성인 Robert Aaron Long로서 총격 후 서너 시간 뒤에 조지아주 경찰에 의하여 체포되었다. 결국 그는 풀턴 카운티(Fulton County) 법원에서 19가지 범죄로, 체로키 카운티(Cherokee County)에서 23가지 범죄로 소추되었다. 그는 2021년 9월 풀턴 카운티 법원에서 소추된 범죄에 대하여서는 협의를 부인하였으나, 2021년 7월 체로키 카운티 법원에서 소추된 범죄를 인정하여 가석방 없는 종신형을 선고받았다.[73)]

또한 흑백갈등이 심각한 사회문제인 미국에서는 흑인에 대한 증오범죄도 빈발해 왔다. 예컨대 2019년 5월, 조지아주의 클레이턴 카운티(Clayton County, Georgia)에서, 62세 흑인 남성이 차량접촉사고를 내고 달아나자, 그를 추격한 백인 여성 Hannah Payne이 총기를 발사하여 살해한 사건이 있었는데, 결국 그녀는 종신형을 선고받게 되었다. 또한 2020년 2월, 미국 조지아주의 글린 카운티(Glynn County, Georgia)에서 조깅을 하던 25세 흑인 남성 어머드 아버리(Ahmaud Arbery)가 지역주민인 백인 남성 Travis McMichael, 그의 아버지 Gregory McMichael, 그리고 이웃 주민인 William Bryan 등 3인에 의하여 추격을 당하여 총기로 살해당하였다. 배심원들은 이를 인종적 증오범죄로 판단하였고, 피고인들은 종신형에 처해졌다.[74)]

미국 내 인종적, 종교적 극단주의자들에 대한 우려도 깊다. 인종적, 종교적 편견으로 인한 폭력을 수반하며, 집단적 범죄조직의 형태를 취하기도 하지만, 지도자

---

72) Rebecca Melnitsky, *Fighting Hate: Addressing a Wave of Antisemitism, Anti-Asian Violence,* 95-OCT N.Y. St. B.J. 16-18 (2023).

73) https://en.wikipedia.org/wiki/2021_Atlanta_spa_shootings#Events.

74) Jonathan Raymond, *Shot Dead After a Hit and Run: A Witness Accused of Murder; The Victim May Have Been in Diabetic Shock*, 11 ALIVE (May 28, 2019, 6:14 PM); Ira P. Robbins, *Citizen's Arrest and Race,* 20 Ohio St. J. Crim. L. 135-136 (2023).

없이 개별적으로 활동하기도 하는데, 이들을 소위 "lone wolves"라고 부른다.[75] 이들은 인터넷을 통하여 필수적인 스킬과 정보를 얻는데, 오늘날 "Stormfront"와 같은 백인우월주의 웹사이트를 활용하기도 한다.[76] 그런데 미국 내 백인우월주의는 Ku Klux Klan(KKK)과 같은 백인 기독교운동단체가 1960년대 이전에도 있었고, 1960－70년대에 백인 기독교인 국가주의(white Christian nationalism)가 확산되면서 본격화되었다. 최근 2016년 이후 미국 내 폭력적 증오범죄가 급증하였고, 백인우월주의 단체들과 무장단체들이 급속하게 증가하고 있다.[77] 1994년부터 2020년까지 미국에서 발생한 테러 사건의 대부분이, 백인우월주의자들을 포함하는 극우세력들에 의하여 범하여졌다고 한다. 2015년 사우스 캐롤라이나(South Carolina)주의 샬스톤(Charleston)시의 마더 임마누엘 교회(the Mother Emanuel church)에서 예배 중이던 흑인들에 대한 집단 총기 난사 사건이 발생하였는데, 이와 같은 폭력행위를 "백인우월주의의 테러 행위(White supremacist violence as terrorism)"라고 지칭하기도 한다.[78]

(4) 미국 내 아시아인에 대한 증오범죄

최근 미국 내에 급속도로 증가하고 있는 소수 이민 집단이 아시안 어메리칸(Asian American)과 히스패닉 어메리칸(Hispanic American)인데, 이들은 세계적 자본주의를 지탱하는 노동력을 제공하는 중심적 역할을 하고 있다.[79] 미국 인구조사국(The U.S. Census Bureau)은 미국 내 아시아인으로서 캄보디아, 중국, 인도, 일본,

75) Samuel D Romano, *Prosecuting the Mob: Using RICO to Create a Domestic Extremism Statute,* 80 Wash. & Lee L. Rev. 971－984 (2023).

76) Stormfront는 1995년에 백인우월단체인 "Ku Klux Klan"의 멤버였던 Don Black이 창립한 백인우월주의, 네오나찌즘, 반유대주의 등 인종주의 단체이다{David KC Huang, *The Court and the Legalisation of Same－Sex Marriage: A Critical Analysis of the Judicial Yuan Interpretation No. 748 [2017],* 14 U. PA. Asian L. Rev. 84 (2017)}.

77) 김중곤, "증오범죄에 대한 형사 정책적 대응－ 주요쟁점 및 선결과제 －", 앞의 글, 200면 참조.

78) Shirin Sinnar, *Hate Crimes, Terrorism, and the Framing of White Supremacist Violence,* 110 Calif. L. Rev. 491－565 (April, 2022); 윤종행, "증오범죄의 동향과 대책", 앞의 글, 134－136면 참조.

79) Peter H. Huang, *Anti－Asian American Racism, COVID－19, Racism Contested, Humor, and Empathy, Id.* at 731－732.

한국, 말레이시아, 파키스탄, 필리핀, 태국, 베트남 등을 열거하고 있다.80) 그리고 2021년 통계에 의하면, 미국 내 아시아인 혈통은 대략 중국인 520만, 인도인 480만, 필리핀인 440만, 베트남인 230만, 한국인 200만, 일본인 160만 정도라고 한다.81) 2023년 기준 미국 내 아시아인은 약 2천만 명으로서 전체 미국 인구의 5.6% 정도를 차지한다.82)

아시아인에 대한 편견과 증오에 기인한 폭력범죄는 이미 오래전부터 있어 왔다. 일찍이 1800년대 중반 미국의 골드러시 시대에, 4만 명이 넘는 중국인들이 일자리를 찾아 미국으로 건너와 값싼 노동력을 제공하게 되자, 미국 내 백인 노동자들이 위협을 느끼게 되었고, 1871년에는 LA에서 미국인 폭도들에 의하여 중국인 18명이 학살당하는 사건이 발생하였다.83) 또한 일본제 자동차가 미국 시장을 점유하면서, 미국인 노동자들의 일자리를 뺏는다는 반아시아 감정은, 1982년 미국 디트로이트의 중국계 미국인 Vincent Chin에 대한 폭행치사 사건과 같은 증오범죄로 이어지게 되었다.84)

그런데 중국 우한에서 처음으로 코비드 바이러스가 발견되어,85) 코비드-19 팬데믹의 원인이 중국이라고 생각하게 됨으로써, 2020년에는 아시아인에 대한 혐오와 인종차별, 그리고 증오범죄가 미국 내에서 급속히 확산되었다.86) 전염성 강한 질병에 대한 공포심은 사람들에게 반이민 정서를 촉진시킨다고 한다.87) 이와

80) U.S. Census Bureau, About Race (Oct. 16, 2020); https://www.census.gov/topics/population/race/about.html [https://perma.cc/QQ96-HRH2].

81) https://www.census.gov/newsroom/facts-for-features/2023/.asian-american-pacific-islander.html.

82) https://worldpopulationreview.com/state-rankings/asian-population.

83) Lee, Erika, The Making of Asian America: A History, New York, Simon and Schuster (2015); 배정환, "코로나 시대, 미국에서의 아시아인에 대한 혐오와 증오범죄: 인종주의 담론과 사회 통제에 관한 논의", 앞의 글, 188면 참조.

84) Yoo, Paula, From a Whisper to a Rallying Cry: The Killing of Vincent Chin and the Trial that Galvanized the Asian American Movement, New York, Norton Young Reader (2021); 배정환, 위의 글, 189면 참조.

85) Novel Coronavirus - China, World Health Organization(WHO) (2020).

86) Lily Bailey, *A significant Rise in Racism Toward Asian People During COVID,* PSYCH. TODAY (Oct. 7, 2020).

87) Jason Faulkner et al., *Evolved Disease-Avoidance Mechanisms and Contemporary Xenophobic Attitudes,* Group Processes & Intergroup Relations, Vol. 7(4) 333 (2004).

같은 현상에 대하여, 도널드 트럼프(Donald Trump) 대통령이 득표를 위하여 "증오와 두려움(hate fear)"전략을 세워 미국 내 아시아인에 대한 증오를 이용하였다고 분석하기도 한다. 또한 코비드－19 팬데믹의 원인을 아시아에 있다고 보면서 파생된 아시아인에 대하 증오감정은, 미국 내 의사의 17%, 의료보조자(physician assistant)의 9%, 그리고 간호사의 10% 정도가 아시아인으로서, 코비드 백신 개발의 일선에서 활동하고 있는 현실을 외면하는 것이라고 비판하기도 한다.[88]

이와 같은 상황에서, 미국 내 아시아인에 대한 증오범죄에 대응하기 위해 2020년 'Stop AAPI Hate'라는 단체가 설립되었다.[89] 이 단체의 조사보고서에 의하면, 2020년 3월 19일부터 2021년 3월 21일까지 미국 내에서 아시아인이 겪은 인종차별 및 증오범죄는 6,600여 건으로서, 전년 대비 43% 가량 증가하였다고 한다. 그리고 트럼프 대통령이 '중국 바이러스'라고 발언한 후 아시아인에 대한 증오범죄가 급증하였다고 한다.[90] 그중에는 인종차별적 비방이나 혐오 표현을 한 경우가 약 65%로 가장 많았고, 다음으로 아시아인을 의도적으로 회피하는 경우가 약 18%, 그리고 신체적 피해가 13% 정도였다고 한다. 또한 발생 장소는 길거리나 공원 등 공공장소와 직장 혹은 사업장에서 많이 발생하였는데, 지역적으로 아시아인들이 많이 거주하는 뉴욕, LA, 샌프란시스코, 보스톤 등의 대도시에서 크게 증가하였다고 한다.[91] 미국은 이에 대처하기 위하여, 2021년 조 바이든 대통령이 서명한 「코로나－19 증오범죄 법안(COVID－19 Hate Crimes Act)」[92]을 시행하게 되었다.

4. 종교적 증오범죄

타 종교에 대한 배타적 증오감정이 범죄로 이어지기도 한다. 기독교인이 다

88) Peter H. Huang, *Anti－Asian American Racism, COVID－19, Racism Contested, Humor, and Empathy, Id.* at 703 참조.

89) Asian Americans and Pacific Islanders(AAPI).

90) https://www.npr.org/2021/05/20/998599775/. Stop AAPI Hate, 2021.

91) 배정환, "코로나 시대, 미국에서의 아시아인에 대한 혐오와 증오범죄: 인종주의 담론과 사회 통제에 관한 논의", 앞의 글, 196－199면 참조.

92) S.937 － COVID－19 Hate Crimes Act, 117th Congress (2021－2022).

수인 미국에서는[93] 소수 종교 등에 대한 편견으로 유대교, 불교, 유교, 모르몬교 등은 이교도나 비도덕적인 종교로 치부될 수 있고, 현대의 시민사회에 맞지 않는다는 인식이 있다고 한다.[94] 최근에는 유대교나 이슬람교에 대한 반감이 증가하고 있다. 오늘날 미국 내에 존재하는 인종차별적인 반이슬람 정서는, 유럽에서 시작되어 미국으로 넘어온 것으로서, 이슬람교는 육체적 욕망에서 비롯된 신실하지 못하고 기만적인 종교로서 폭력에 의하여 전파되어 왔다는 인식이 깔려 있다고 한다.[95]

오늘날 미국에서 발생한 종교적 증오범죄의 예로서, 2017년 마이클 하리(Micheal Hari)라는 중년 남성이 미국 미네소타주 블루밍턴(Bloomington, Minnesota)에 있는 한 이슬람 사원을 폭발물로 공격한 사건을 들 수 있다. 이 폭발물 테러 사건으로 인하여 미국 내에서 종교적 적대 감정이 확산되고 공포감이 조성되었는데, 이는 종교의 자유에 대한 위협이 되었다.[96] 마이클 하리는 범행동기에 관하여, 이슬람교 신자들이 미국에서 환영받지 못하게 하고, 미국을 떠나게 할 목적이었다고 진술하였다고 한다. 자신의 행위로 인하여 결과적으로 피해자가 어떠한 피해를 입게 될 것이라는 것을 알고 의도적으로 범행을 하였음을 알 수 있는데, 이러한 범죄가 종교적 혐오범죄의 전형이라고 할 수 있다.[97]

또한 2018년 미국 펜실베이니아주의 피츠버그시(Pittsburgh, Pennsylvania)에서 발생한 유대인 예배당(Tree of Life synagogue) 총격사건을 들 수 있다. 11명이 사망하고 6명이 부상을 당한 미국 역사상 가장 잔혹한 유대인 혐오범죄였는데, 범인은 당시 46세인 백인 남성 Robert Gregory Bowers로서 범행 당시 "모든 유대인은 죽어야 한다!"라고 외쳤다고 한다. 결국 그는 63가지의 연방범죄로 소추되었다.

93) 2022년 미국의 갤럽사(Gallup, Inc.) 통계에 의하면, 미국인의 34%가 개신교(Protestantism), 23%가 카톨릭(Catholicism) 신자라고 한다. https://en.wikipedia.org/wiki/Religion_in_the_United_States 참조.

94) Rachel F. Moran, Racial Equality, *Religious Liberty, and the Complications of Pluralism,* 50 Hastings Const. L. Q. 150−155 (2023).

95) Sahar F. Aziz, John L Esposito, Racial Muslim: When Racism Quashes Religious Freedom, Univ. Cal. Press, 91 (2022); Rachel F. Moran, Racial Equality, *Religious Liberty, and the Complications of Pluralism,* 50 Hastings Const. L. Q. 155 (2023).

96) ttps://www.justice.gov/opa/pr/.

97) 장진영 · 김성천, "혐오범죄의 유형", 앞의 글, 87면.

범인은 범죄를 인정하지 않았으나, 2023년 8월 피츠버그시 연방법원은 약물주입에 의한 사형을 선고함으로써, 바이든 정부 하에서 연방법원에 의하여 사형을 선고받은 첫 사례가 되었다.[98]

그런데 미국 내 유대인 인구가 미국 전체의 2.4%인데 종교에 근거한 증오범죄로 신고된 피해자의 63%가 유대인이었다는 사실은 미국 내에서 종교적 이유로 하는 유대인 혐오 정서가 매우 심각함을 알 수 있다.[99] 유대인 혐오 등 증오범죄에 대항하기 위하여 1913년 창설된 기구인 ADL(Anti-Defamation League)에 의하면, 미국 내 유대인 혐오 사건이 2015년 942건, 2016년 1,267건, 2017년 1,986건으로 급증하였고, 최근 이스라엘(Israel)과 하마스(Hamas)가 전쟁중인 2021년 5월 한 달 간 387건의 혐오 사건이 최고조로 발생하였다고 한다. 더욱이 소셜 미디어를 통한 혐오 표현의 확산에 대한 우려가 심각한 상황이다.[100] 그리고 미국 FBI 보고에 의하면, 2017년 종교적 증오범죄가 약 23% 증가하였는데, 그중에서 반유대 증오범죄(anti-jewish)는 약 37% 증가하였다고 한다.[101]

5. 증오범죄에 대한 낮은 신고와 소추율

이와 같이 최근 미국에서 증오범죄가 급증하는 상황임에도, 증오범죄에 대한 소추가 많이 이루어지고 있지 않는 원인에 대한 연구가 이루어지고 있다. 우선 플로리다주의 마이애미시(Miami, Florida)에서 발생한 LGBTQ에 대한 증오범죄의 피해자 400명 중 15%만이 당국에 신고하였다는 조사에서 보이는 바와 같이, 낮은 신고율이 지적되고 있다. 또한 검찰이 보다 높은 수준의 입증 부담으로 인하여 증오범죄로 소추하는 것을 꺼리는 경향이라고 한다. 유죄판결에 대한 확신이 있을 경우에만 소추하는 검찰의 특성으로 인하여, 물증이 확보 가능한지, 목

98) https://en.wikipedia.org/wiki/Pittsburgh_synagogue_shooting#Reactions.

99) Rebecca Melnitsky, Fighting Hate: Addressing a Wave of Antisemitism, Anti-Asian Violence, 95-OCT N.Y. St. B.J. 16-18 (2023).

100) Rebecca Melnitsky, *Fighting Hate: Addressing a Wave of Antisemitism, Anti-Asian Violence,* 95-OCT N.Y. St. B.J. 19 (2023).

101) 신숙경, "장애인 증오범죄에 대한 탐색적 연구: 교정과 복지의 융복합적 접근", 앞의 글, 470면 참조.

격자가 있는지, 즉각적인 신고가 이루어졌는지, 그리고 인종적, 종교적 기타 증오에 기인한 범죄라는 것을 보여주는 말이나 문자적 증거가 있는지 등을 고려하여, 증오범죄로 소추한다는 것이다. 그리고 증오범죄법의 구성요건이 좁거나 넓게 해석될 수 있는 소지로 인하여, 이에 대하여 인권옹호단체와 법집행기관 간의 시각차가 존재한다는 점도 지적되고 있다.[102] 뿐만 아니라, 증오범죄의 피해자들이 경찰에 신고하더라도 제대로 처리하여 줄 것 같지 않아 신고를 꺼려하는 면도 있다고 한다.[103]

6. 미국의 증오범죄 대처법

이상에서 본 바와 같은 다양한 형태의 심각한 증오범죄의 현실에 직면하여, 미국 정부는 그 대응책 마련에 다각도로 노력하여 왔지만, 그 효과는 회의적이며 입법적 대책의 한계를 경험하고 있다고 볼 수 있다. 지금까지 미국에서의 증오범죄(Hate crime or bias crimes) 대처법은 연방 법과 주 법으로 제정되었는데, 피해자의 인종(race or ethnicity), 종교, 국적, 성(gender), 성적 지향(sexual orientation, and/or gender identity) 등에 기초로 하는 증오가 주요 동기가 되는 특징을 갖는 범죄를 규율한다. 그런데 이러한 증오범죄를 규정하는 범행동기는 범인이 밝혀야만 알 수 있는 것이다.[104]

미국 최초의 증오범죄에 관한 법은 1871년의 KKK법(Ku Klux Klan Act)으로 거슬러 올라갈 수 있으나,[105] 증오범죄에 대한 현대적 미연방 정부의 법은 1968년 Johnson 대통령 재임시 제정되었다. 이는 당시에 나타난 증오범죄 반대운동(anti-hate-crime movement)의 영향이었다.[106] 이는 인종, 피부색, 종교, 성, 또는 출

102) Ryan D. King & Besiki L. Kutateladze, *A Higher Bar: Institutional Impediments to Hate Crime Prosecution*, 57 Law & Soc's Rev. 489－492 (2023).

103) Rebecca Melnitsky, *Fighting Hate: Addressing a Wave of Antisemitism, Anti－Asian Violence*, 95－OCT N.Y. St. B.J. 18 (2023).

104) 윤종행, "증오범죄의 동향과 대책", 앞의 글, 141면 참조.

105) Ku Klux Klan Act (1871). 42 U.S.C.A. §1985.

106) Terry A. Maroney, *The Struggle Against Hate Crime: Movement at a Crossroads*, 73 N.Y.U. L. REV. 569－570 (1998).

신국 등에 기반한 범죄 등을 이유로 하여 타인의 등교, 공공장소 또는 시설의 이용, 취직 신청, 배심원 활동, 또는 투표 등의 행위와 관련하여, 의도적으로 피해를 입히거나, 협박 또는 방해행위를 하는 것을 처벌하는 연방 법이다.[107] 그리고 1994년의 폭력 범죄대처 및 집행법(Violent Crime Control and Law Enforcement Act)은[108] 빌 클린턴(Bill Clinton) 대통령이 서명함으로써 발효되었다. 이 법은 인종, 피부색, 종교, 출신 국적, 성 등이 범행동기가 되어 범해진 범죄에 대하여 가중처벌하는 법이다. 이어서 2년 후인 1996년에는 교회방화방지법(Church Arson Prevention Act)이 제정되었는데,[109] 이 법은 증오의 동기로 종교적 시설을 손상하거나 자유로운 종교활동을 방해한 경우에 가중처벌하는 법이다.[110]

그리고 2009년, Obama 대통령이 서명한 보다 강화된 증오범죄 대처법[111]은 장애인, 성소수자 등을 증오범죄의 피해자군에 추가하였다.[112] 이 법은 피해자의 성, 성적 지향(sexual orientation), 성 정체성(gender identity), 또는 장애 등이 범행 동기가 된 증오범죄에 대하여 적용되었고, 피해자가 연방법에 의하여 보호되는 활동에 관련될 요건을 철폐함으로써 적용범위를 확대하였다. 또한 코로나 팬데믹 하에서의 급증한 미국 내 아시아인에 대한 증오범죄에 대처하기 위하여, 2021년 4월 조 바이든(Joe Biden) 대통령이 서명한 「코비드-19 증오범죄법안(COVID-19 Hate Crimes Act)」[113]이 발효되었다. 또한 2022년에 발효된 에메트 틸 린치방지법(Emmett Till Antilynching Act)은 2인 이상이 증오의 동기로 모의하여 피해자를 불구로 만들거나 또는 살해하는 행위(Lynching)에 적용되는 연방 법이다.[114]

한편 미국에서 주 법으로 증오범죄를 규율하는 법을 갖추게 된 것은, 1980년대 초에 오리건(Oregan)주와 워싱턴(Washington)주에서 시작하여, 그 외 40개 주에서 1990년대 말까지 40여개 주에서, 2005년까지 미국의 46개 주, 2021년까지

107) Title I of the Civil Rights Act of 1968, 18 U.S.C. § 245(b)(2).
108) The Violent Crime Control and Law Enforcement Act, 28 U.S.C. § 994 note Sec. 280003.
109) Church Arson Prevention Act (1996), Pub.L. 104-155.
110) 윤종행, "증오범죄의 동향과 대책", 앞의 글, 142면 참조.
111) Matthew Shepard and James Byrd Jr., Hate Crimes Prevention Act (2009).
112) https://www.justice.gov/crt/hate-crime-laws.
113) S.937 - COVID-19 Hate Crimes Act, 117th Congress (2021-2022).
114) Emmett Till Antilynching Act (2022).

아칸소(Arkansas), 사우스 캐롤라이나(South Carolina), 그리고 와이오밍(Wyoming) 세 주를 제외한 미국의 47개 주와 워싱턴 D.C.(District of Columbia)에서 증오범죄법을 갖춤으로써, 주법 차원에서 증오범죄에 대처하여 왔다.[115] 증오범죄로 인정되면 형량이 가중되는데, 대체로 소수 유색인종에 대한 증오범죄가 대부분이지만, 거꾸로 흑인에 의하여 백인들을 공격한 경우[116]도 적용되었다.[117] 사람에 따라 어떤 이들은 증오범죄의 피해자가 될 가능성이 더 크므로, 그러한 사회적 약자들에 대하여 가하여지는 범죄에 대하여 보다 강한 범죄억지효과를 갖도록 하는 법을 마련할 필요가 있으며,[118] 통상의 범죄에 비하여 보다 무거운 형벌을 증오범죄에 적용하는 것은, 증오범죄의 사회적 비용이 증가하기 때문에 정당하다고 받아들여지고 있다.[119] 그러나 증오범죄가 축소 보고되는 현실, 증오범죄의 요건으로서의 범행동기 입증의 곤란, 그리고 피해 입증의 곤란으로 인한 민사구제의 어려움 등이 지적되고 있다.[120]

오늘날 많은 미국인들은 대체로 이와 같은 증오범죄법의 필요성에 공감하지만, 아직도 미국인의 3분의 1 정도는 증오범죄 대처법의 필요성에 동의하지 않는다고 한다. 인종주의와 외국인 혐오증에 기인한 편견이 존재하고, 정치적으로 보수적인 입장의 사람들과 히스패닉, 아시아인, 흑인 등에 대한 반감을 갖고 있는 사람들은 사회적 약자를 보호하기 위한 증오범죄법에 대하여 부정적이라고 한다.[121]

---

115) Shirin Sinnar, *Hate Crimes, Terrorism, and the Framing of White Supremacist Violence*, 110 Calif. L. Rev. 509－515 (April, 2022); 윤종행, “증오범죄의 동향과 대책”, 앞의 글, 141－144면 참조; Zachary T. Malcom, Marin R. Wenger & Brendan Lantz, *Politics or Prejudice? Separating the Influence of Political Affiliation and Prejudicial Attitudes in Determining Support for Hate Crime Law*, 29 Psychol. Pub. Pol'y & L. 182－193 (2023).

116) Wisconsin v. Mitchell, 508 U.S. 476, 479-80 (1993); Barclay v. Florida, 463 U.S. 939, 943 (1983).

117) Shirin Sinnar, *Hate Crimes, Terrorism, and the Framing of White Supremacist Violence, Id.* at 509－515.

118) Alon Harel & Gideon Parchomovsky, *On Hate and Equality*, 109 Yale L.J. 507, 532-34 (1999).

119) Dhammika Dharmapala & Nuno Garoupa, *Penalty Enhancement for Hate Crimes: An Economic Analysis*, 6 Am. L. & Econ. Rev. 185, 198-201 (2004); Andrew T. Hayashi, *The Law and Economics of Animus*, 89 U. Chi. L. Rev. 581 (May, 2022) 참조.

120) Andrew T. Hayashi, *The Law and Economics of Animus, Id.* at 605－606.

그런데 증오범죄의 특징은 무엇보다도 범죄 피해자만이 아니라 피해자가 속한 공동체에 대한 위협이 되고, 나아가 일반인으로 하여금 사회의 안전에 대한 불안감과 분노, 두려움 그리고 자기와 다른 집단에 대한 불신을 조장하게 하는 점에서, 사회 전체에 대한 가해가 된다는 점이다.[122] 범행의 잔혹성과 반인륜성, 그리고 사회통합을 저해하고 불안을 조성하는 반사회성에서, 증오범죄 억제를 위한 가중처벌의 형사정책적 근거를 찾을 수 있을 것이다.[123]

7. 그 밖의 인종적, 종교적 증오범죄에 대한 대책

(1) 다른 인종, 문화에 대한 틀에 박힌 편견의 위험에서 탈피

인류 역사에서 다른 인종과 문화에 대한 두려움과 편견은 존재하여 왔다. 그런데 오늘날 테크놀러지와 정보통신의 발달로 인하여 전 세계적인 정보의 공유가 가능하게 되고, 외국 여행의 기회가 늘어날 뿐만 아니라, 국내에 들어오는 외국인과 외국문화를 접할 기회가 증가하였고, 외국인과 다른 민족의 문화에 대한 이질감과 갈등의 소지가 늘어나게 되었다. 반면에, 외국인과 외국문화를 접하면서 상호 이해를 통한 오해를 줄이고 다른 인종과 문화에 대한 잘못된 편견과 정보를 바로잡을 수 있는 여지가 확대하였다고도 볼 수도 있다. 그럼에도 불구하고 아직도 잘못된 편견의 오류에서 벗어나지 못하고 있는 경우가 많다.[124]

우선 미국 내 무슬림에 대한 편견(Islamophobia)이 존재한다. 오늘날 많은 남아시아계 미국인들이 이슬람교 신자이지만, 실제로는 힌두교, 시크교(Sikh), 기독교, 불교 등 다른 종교를 믿는 사람들과, 종교를 갖고 있지 않은 사람들도 많다는 사실을 보통 사람들은 간과하고 있다고 한다.[125] 그리고 대체로 정치적으로

121) Zachary T. Malcom, Marin R. Wenger & Brendan Lantz, *Politics or Prejudice? Separating the Influence of Political Affiliation and Prejudicial Attitudes in Determining Support for Hate Crime Law*, 29 Psychol. Pub. Pol'y & L. 182–185 (2023).

122) Elaina Rahrig, Arielle Schechtman, Meagan Kenner & Catherine Matous, *Hate Crime Regulation and Challenges*, 24 Geo. J. Gender & L. 574–575 (2023).

123) 윤종행, "증오범죄의 동향과 대책", 앞의 글, 155면 참조.

124) 윤종행, "미국내 인종적, 종교적 증오범죄의 최신동향과 대책, 그리고 시사점", 『법학연구』(연세대) 제34권 제1호, 2024, 349면.

진보적(liberal)인 미국인들은 사회적 약자계층을 지원하기 위한 정책에 대하여 호의적인 입장이고, 정치적으로 보수적인 사람들은 사형제도를 찬성하는 등 보다 중한 형벌 제도와 엄격한 법 집행을 선호하는 경향이라고 알려져 있다.126) 그런데 통상 유대인이 종교적으로 보수적이라고 인식되고 있지만, 실제로 유대인 중에서는 진보적인 입장을 취하는 경우가 많다고 한다.127)

예컨대 Dobbs v. Jackson Women's Health Org., 142 S. Ct. 2228, 2240 (2022) 판결에서 Roe v. Wade 판결을 뒤집은 것에 대하여 미국 내 유대인의 82% 정도가 이에 반대하는 입장이라고 한다.128) 정통 유대교(Orthodox Jews)의 입장은 낙태는 살인행위이고 임신이 임부의 생명을 위협할 경우에만 허용될 수 있다고 보는 것이지만, 오늘날 시대를 거치면서 유대인들에게도 많은 인식의 변화가 있었다고 이해할 수 있을 것이다.129) 미국 내 보수적인 기독교인들과 정통 유대인들이 종교의 자유와 관련한 법적 쟁점에서 보수적인 성향을 보인다고 파악되고 있지만, 실제로는 미국 내 유대교인들 중에서 사안에 따라 진보적 입장을 취할 수 있다는 사실을 알 수 있다. 정통 유대교인들은 이러한 진보적 유대인들(liberal Jews)을 정통 유대인이 아니라고 비난하고, 진보적 유대인들 중에서는 유대인 폄하에 동조하는 경우도 있다고 한다.130)

오늘날 미국 사회에 적응한 대다수의 유대인들이 오히려 진보적 입장에 서자, 정통 유대교인들은 문화적 · 정치적인 쟁점들에 있어서 오히려 보수적인 미국 내 복음주의적 기독교인들과 연대하는 경향을 보인다고 한다.131) 미국 내 정통

125) Khaled A. Beydoun & Nura A. Sediqe, *Unveiling: The Law of Gendered Islamophobia*, 111 Calif. L. Rev. 476 (2023).

126) Zachary T. Malcom, Marin R. Wenger & Brendan Lantz, *Politics or Prejudice? Separating the Influence of Political Affiliation and Prejudicial Attitudes in Determining Support for Hate Crime Law, Id.* at 183.

127) 윤종행, "미국내 인종적, 종교적 증오범죄의 최신동향과 대책, 그리고 시사점", 앞의 글, 350면.

128) September 2022 National Survey of Jewish Voters, JEWISH ELECTORATE INST. (Sept. 15, 2022).

129) David Schraub, *Liberal Jews and Religious Liberty*, 98 N.Y.U. L. Rev. 1575–1591 (2023).

130) *Id.* at 11609–1621.

131) John C. Jeffries, Jr. & James E. Ryan, *A Political History of the Establishmen Clause*,

유대인들은 자녀들을 사립 종교학교에 보내고 기부를 할 때는 종교기관에 하지만,[132] 미국 내 진보적 유대인들은 자녀를 공립학교에 보내며, 학교에서 종교에 대한 규제를 완화하는 것에 관심을 갖고 있다고 한다.[133] 또한 미국 내 진보적 유대인들은 총기 규제에 대하여 보다 엄격하게 규제하여야 한다는 입장이지만,[134] 정통 유대인들은 반유대정서에 기한 총기사고에 대응한 정당방위를 위해서라도 보다 수월하게 총기 사용이 허용되어야 한다는 입장이다.[135]

그리고 보수적 기독교인들은 기독교가 유대교에서 유래하고 많은 종교적 의식과 경전을 공유하는 데서 유래하는 "유대·기독교인(Judeo-Christian)"이라는 용어 사용을 달가워하지 않고, 진보적 유대인들과는 연대하기 어렵다는 입장이다.[136] 한편 미국 내 카톨릭 신자들은 대부분 종교적으로 보수적인 기독교인이라고 인식되고 있는데, 실제로 미국 내 카톨릭 신자인 여성들의 대부분은 코비드-19 백신 주입에 대하여 반대하는 것이 아니며, 다만 태아 줄기세포로부터 추출한 특정 백신의 주입을 반대하는 것이라고 한다.[137]

그런데 종교에 있어서 정통이니 진보이니 하는 것도 매우 상대적인 개념이다. 종교의 자유에 관한 미국의 중요한 두 법인 "종교의 자유 회복법(Religious Freedom Resoration Act: RFRA)"과 "종교적 토지 사용과 수감자 법(Religious Land Use and Institutionalized Persons Act: RLUIPA)"이 있다. 1993년에 제정된 RFRA는, 중대하고 급박한 정부의 이익을 위한 최소침해의 수단이 아닌 한 개인의 종교활동에 상당한 제한을 가하지 못하도록 하는 법이었고,[138] RLUIPA는 수감자에게 종교활동을 제한하

100 Mich. L. Rev. 279, 360 (2001).

132) Mordechai Besser, *A Census of Jewish Day Schools in the United States*, 2018-19, Avi Chai 10 (Aug. 2020).

133) Ron Kampeas, *The 2021 Supreme Court's Jewish Issues: Abortion, Church-State Separation, a Painting Stolen by Nazis--and the Court Itself*, Jewish Tel. Agency (Oct. 7, 2021).

134) *AJC 2018 Survey of American Jewish Opinion*, Am. Jewish Comm. (June 10, 2018).

135) Jacob Henry, *An Orthodox Jewish Gun Club Takes Aim at NY Gov. Hochul's New Gun Control Package*, N.Y. Jewish Wk. (July 21, 2022); David Schraub, *Liberal Jews and Religious Liberty*, 98 N.Y.U. L. Rev. 1576-1599 (2023).

136) David Schraub, *Id,* at 1608-1609.

137) Mark M. Gray, *US Adult Catholics Attitudes About Vaccination*, 1 Rev. for Religious: New Series 285, 286 (2021).

는 것을 금지하고, 교회 등 종교기관의 토지 사용을 규제하는 것을 못하게 하는 법이다.[139] 이러한 법의 해석에 있어서, 미국 법원은 종교의 자유에 관한 재판에 있어서 무엇이 종교적인가에 대하여 법원에서 판단하는 것을 억제하는 전통을 확립함으로써, 종교의 자유에 대한 부당한 침해를 방지하여 왔다.[140] 더욱이 종교의 특성상 어떤 특정 종교의 정통 교리의 해석에 있어서도 불명확성, 전후 모순성, 그리고 양면성 등을 내포하므로, 절대적인 판단기준을 설정하는 것이 불가능하다는 점이다.[141]

반유대인(antisemitism) 정서가 전 세계적으로 주목을 받는 가운데 심각한 사회문제가 되고 있는 점을 고려할 때, 자신과 다른 시각을 존중하면서 다양성을 수용할 수 있는 포용과 관용의 정서가 확산되어야 할 것이다. 실상을 떠난 편견과 선입견에 근거한 증오심에 기인하는 증오범죄를 줄이기 위하여서라도, 잘못된 고정관념(stereotypes)을 깰 수 있는 정확한 정보의 공유가 필요하다.[142]

(2) 인종적, 문화적 다양성을 포용하는 문화 지향

매스컴과 테크놀로지의 발달로 인하여 세계의 문화는 공유되고 다문화 사람들과 접촉하는 기회가 점점 늘어가고 있다. 틀에 박힌 선입견과 편견을 넘어 상호 이해의 폭을 넓히고 평화로운 공존과 협력이 요청되는 오늘날, "다문화역량(cross-cultural competance)"이라는 개념이 주목을 받고 있다. 이는 "다양한 문화적 배경을 갖는 개인의 고유한 세계관을 나타내는 가치, 태도, 그리고 신념들에 대한 공감적 이해능력"이라고 말할 수 있다. 이는 다양성의 가치를 인정하고, 문화에 대한 자기평가능력, 다양한 문화 간의 교류 속에 내재하는 역동성에 대한 인식, 제도화된 문화에 대한 지식, 문화적 다양성에 대한 이해를 반영하는 서비스 제공에 대한 적응능력 개발 등을 내포하는 개념이다. 이러한 다문화역량은 개인

---

138) https://www.britannica.com/topic/Religious–Freedom–Restoration–Act.

139) https://www.justice.gov/crt/religious–land–use–and–institutionalized–persons–act.

140) Welsh v. United States, 398 U.S. 333, 339 (1970); Ackerman v. Washington, 16 F.4th 170, 181 (6th Cir. 2021).

141) David Schraub, *Liberal Jews and Religious Liberty,* 98 N.Y.U. L. Rev. 1627 (2023).

142) 윤종행, "미국내 인종적, 종교적 증오범죄의 최신동향과 대책, 그리고 시사점", 앞의 글, 352면.

의 신념, 언어, 대인관계 스타일, 태도와 행동양식에 관한 다양한 시각을 존중하는 것을 포함한다.[143] 보통 사람들은 이질적인 문화를 접하게 되면 이를 정확하게 인지, 이해, 설명, 그리고 예측하기가 어렵다. 그런데 다문화역량을 개발하게 되면 다문화 상황에서 상호 이해를 기반으로 효과적으로 소통을 하게 되는데, 다양한 문화를 상호 비교하고, 차이를 이해할 수 있다. 또한 열린 마음으로 수용하고, 적극적으로 들으며, 융통성이 있고, 겸허하며 모르는 것을 알고자 하는(curious) 태도 등을 갖게 된다.[144] 미국의 한 학자는 성서 요한계시록 7장 9~12절을 인용하면서,[145] 오직 예수 그리스도의 복음을 통하여 진정한 인종적, 종파적 화해를 이룰 수 있는 희망이 있다고 주장한다.[146]

인종적, 문화적 다양성을 포용하는 사회를 위하여서는 매스미디어, 정부, 사회단체, 그리고 학교 차원에서 홍보와 교육 등을 통하여 인종주의와 외국인혐오에 대한 부당성을 깨우치는 노력이 필요할 것이다. 한 연구에 의하면, 대학에서 학생들이 피부색에 관계없이 다양한 인종의 학생들이 수업이나 식사, 또는 허심탄회한 토론 등에 부담없이 참여하는 것은, 다양성에 대한 포용의 문화 확산에 긍정적인 효과를 낳는다고 한다. 이에 반하여 차별적 표현, 인종에 대한 모욕적 표현, 틀에 박힌 편견의 위협(stereotype threat) 등을 누적적으로 경험하게 되면, 고립감과 심한 스트레스로 이어지게 된다고 한다. 반복적인 다른 인종 간의 교류를

143) Bonita Williams, *Accomplishing Cross Cultural Competence in Youth Development Programs*, 39 J. EXTENSION 1 (2001).

144) Olga Muzychenko, *Cross-Cultural Entrepreneurial Competence in Identifying International Business Opportunities*, 26 EUR. MGMT. J. 366 (2008); Maria Rosario T. de Guzman et al., Cultural Competence: An Important Skill Set for the 21st Century, NEB. EXTENSION PUBL'NS (June 7, 2016); Emily D. Asher, *Facing Reasonableness: Cross-cultural Competency Training in Law School Focused on Reasonable Fear Determinations for Lgbtqia+ Latinx Individuals*, 51 Cap. U. L. Rev. 376 (2023).

145) 이 일 후에 내가 보니 각 나라와 족속과 백성과 방언에서 아무라도 능히 셀 수 없는 큰 무리가 흰 옷을 입고 손에 종려 가지를 들고 보좌 앞과 어린 양 앞에 서서, 큰 소리로 외쳐 가로되 구원하심이 보좌에 앉으신 우리 하나님과 어린 양에게 있도다 하니, 모든 천사가 보좌와 장로들과 네 생물의 주위에 섰다가 보좌 앞에 엎드려 얼굴을 대고 하나님께 경배하여 가로되, 아멘 찬송과 영광과 지혜와 감사와 존귀와 능력과 힘이 우리 하나님께 세세토록 있을찌로다 아멘 하더라(요한계시록 7장 9-12절).
https://www.bible.com/ko/bible/88/REV.7.KRV 참조.

146) Rodney D. Chrisman, *Racial Reconciliation: A Biblical Framework*, 17 Liberty U. L. Rev. 507-553 (2023).

통하여 인종, 문화 등의 차이로 인한 스트레스도 줄어들게 된다고 한다. 따라서 이러한 다양한 인종 간의 교류를 증진하기 위하여서는, 예컨대 대학 교육에 있어서 학생대표기구, 교직원, 교수의 구성에 있어서도 다양한 인종을 대변하기 위한 다양성을 추구할 것이 요청되고 있다.[147)]

오늘날 미국에서는 1980년대에 사용하기 시작한 용어인 소위 "비판적 인종이론(Critical Race Theory)"이 주목을 끌고, 이에 대한 논쟁이 가열되고 있다.[148)] 이는 미국의 법제도와 사회, 그리고 정치·경제적 영역에서 사실상 존재하는 인종에 기한 차별은 자연스러운 것이 아닌 비합리적이고 부당한 것으로서, 철폐해야 한다는 지적·사회적 운동이다.[149)] 또한 "다양성, 공정, 포용(Diversity, equity, and inclusion: DEI)"이라는 용어(조직체계: organizational frameworks)가 보편적으로 사용되고 있는데,[150)] 다양한 인종 간의 보다 많은 교류를 통하여 서로 다른 인종, 문화, 성, 종교 등에 대한 편견을 줄이고 충돌과 증오의 악순환이라는 쇠사슬에서 벗어나게 될 것이다. 무엇보다도 개인과 공동체의 안전과 평화는 건강하고 자치적인 공동체에서 나오는 것이지, 보다 많은 경찰과 감옥을 통하여 이루어지는 것이 아니라는 점[151)]을 기억할 필요가 있다.

(3) 인종적, 문화적 증오범죄에 대한 엄정한 법 집행

1) 인종적, 종교적 증오범죄에 대한 규제 강화

인간의 증오심에 기한 증오범죄에 대처하기 위하여서는 사회학, 심리학, 뇌과학, 법학 등 학제적(interdisplinary) 연구가 요청된다.[152)] 증오범죄를 저지르는 사람들의 심리, 성장과정, 사회적 환경 등에 대한 이해가 필요하다. 또한 법률은

147) Uma M. Jayakumar, *Expert Report of Dr. Uma Jayakumar*, 4 N.C. C.R. L. Rev. 119－146 (2023).

148) Jacey Fortin, *Critical Race Theory: A Brief History*, The New York Times, Nov. 8, 2021.

149) https://www.britannica.com/topic/critical－race－theory.

150) 미국의 한 DEI 정책으로서 "사회적 약자 우대조치(affirmative action)"라는 용어는 1961년 당시 대통령 John F. Kennedy의 한 행정명령에서 처음으로 사용되었다. https://en.wikipedia.org/wiki/Diversity,_equity,_and_inclusion#History 참조.

151) Fania E. Davis, The Little Book of Race and Restorative Justice: Black Lives, Healing, and US Social Transformation, 28 (2019).

152) Susan Carle, *Reconstruction's Lessons*, 13 Colum. J. Race & L. 785－789 (2023).

사회적 문제가 발생하였을 때 사후적으로 대처하는 측면도 있지만, 우려되는 사회적 피해와 위험을 미연에 방지하기 위한 예방의 효과와 사회의 발전을 위한 방향 제시와 계몽의 효과도 있다고 볼 수 있다. 따라서 평화롭고 공존공영의 사회를 위하여 필요로 하는 합리적인 법률을 제정하는 것은, 사회적 갈등을 완화하고 안정화시키는 데 필수적이다.[153)]

그런데 지금까지 미국에서 인종적, 종교적 증오범죄를 억제하기 위하여 연방 차원과 주 차원에서 제정된 법률들이 과연 효과적인 것이고, 실효성이 있는지에 대한 의문은 계속되고 있다. 법률의 범죄억지효과를 위하여서는, 당연히 법률의 적정한 시행과 실효성 있는 집행을 하여야 하는 것이고, 증오범죄를 저지른 범인은 무겁게 처벌되어야 한다.[154)] 그런데 2012년 12월 14일, 미국 코네티컷주 뉴턴시(Newtown, Connecticut)의 샌디 훅 초등학교(Sandy Hook Elementary School)에서 Adam Lanza라는 20세 남성이 총기를 난사하여 20명의 아이들과 6명의 교사가 사망한 끔찍한 사건이 발생하는 등 미국에서는 총기사고가 빈발하고 있다. 증오범죄에 총기가 사용될 경우 그 피해가 더욱 막심하게 된다. 2014년 미국 캘리포니아주는 "총기 폭력 제한 명령(Gun Violence Restraining Order)"를 발하여, 민사법원에서 어떤 사람이 위험하게 행동하고 자살을 포함하여 폭력을 저지를 위험을 보이는 경우, 일정기간 총기 구입과 소지를 금지하는 명령을 내릴 수 있도록 하는 법을 시행하였다. 이로부터 10년 이내에 미국의 18개 주와 워싱턴 디씨(District of Columbia: D.C.)에서 이와 유사한 "심각위험 방지 명령(Extreme Risk Protection Order: ERPO)"법을 제정하였다.[155)]

주지하듯이, 최근 COVID-19 팬데믹 하에서 아시아인에 대한 증오범죄가 급증하였고 오늘날의 증오범죄의 심각성을 고려할 때, 최근 보수화된 2022년의 미연방 대법원의 판결[156)]이 국민의 총기휴대권이 기본권이라는 점과 적법절차

153) 윤종행, "미국내 인종적, 종교적 증오범죄의 최신동향과 대책, 그리고 시사점", 앞의 글, 354-355면.

154) Susan Carle, *Reconstruction's Lessons,* 13 Colum. J. Race & L. 783 (2023).

155) Andrew Wilinger & Shannon Frattaroli, *Extreme Risk Protection Orders in the Post-Bruen Age: Weighing Evidence, Scholarship, and Rights for a Promising Gun Violence Prevention Tool,* 51 Fordham Urb. L.J. 157-219 (2023).

156) New York State Rifle & Pistol Association, Inc. v. Bruen, 597 U.S. 1 (2022).

의 원칙을 강조함으로써, 미국에서 총기휴대가 확산될 수 있는 여지를 열어주고 있다는 비판이 일고 있다.[157] 미국에서 총기규제를 강화하는 것은 거침없이 자행되는 잔인한 인종적, 종교적 증오범죄에 대한 억지효과가 있을 것이다. 증오범죄의 발생을 억제하기 위한 사전적 규제만이 아니라, 증오범죄가 발생하였을 경우 사후적 조치로서 엄정한 법 집행을 함으로써, 증오범죄를 저지르면 반드시 무겁게 처벌된다는 인식이 확산될 필요가 있다.[158]

2) 공무원의 인종주의적 법 집행의 위험성

법을 집행하는 공무원들이 인종주의에 근거한 증오범죄를 저지를 수 있다. 2020년 5월 25일, 미국 미네소타주의 미니아폴리스시(Minneapolis, Minnesota)에서, 46세인 흑인 남성 George Floyd가 상점에서 20달러짜리 위조지폐를 내고 물건을 산 것으로 의심된다는 신고를 받고 출동한 경찰관들에 의하여 체포되는 과정에서, 46세의 백인 남성 경찰관인 Derek Chauvin에 의하여 무릎으로 9분 이상 목을 눌러 질식사한 사건이 발생하였다. 이는 경찰관의 잔인함, 인종주의, 무책임성 등에 대한 전 세계적 공분을 불러일으켰고, "흑인생명 존중(black lives matter)" 운동을 촉발시켰다.[159]

이와 같은 경찰관에 의한 인종주의적 증오범죄가 미국에서는 심각한 상황인데, 대개 유색인종, 이민자 등이 표적이 된다고 한다.[160] 2011년부터 2015년까지 미국의 경찰관에 의하여 저질러진 폭력범죄 중 거의 절반이 증오범죄라고 한다.[161] 경찰관에 의하여 흑인에게 가해지는 심각한 인권 유린 행위를 경고하면

157) Andrew Wilinger & Shannon Frattaroli, *Extreme Risk Protection Orders in the Post-Bruen Age: Weighing Evidence, Scholarship, and Rights for a Promising Gun Violence Prevention Tool*, 51 Fordham Urb. L.J. 199-218 (2023).

158) 윤종행, "미국내 인종적, 종교적 증오범죄의 최신동향과 대책, 그리고 시사점", 앞의 글, 355-356면.

159) Derrick Bryson Taylor, *George Floyd Protests: A Timeline*, N.Y. TIMES (Nov. 5, 2021); Elena Baylis, *White Supremacy, Police Brutality, and Family Separation: Preventing Crimes Against Humanity within the United States*, U. Ill. L. Rev. 1496-1497 (2022); Peter H. Huang, *Anti-Asian American Racism, COVID-19, Racism Contested, Humor, and Empathy*, 16 FIU L. Rev. 731 (Spring, 2022); 윤종행, "증오범죄의 동향과 대책", 앞의 글, 137면 참조.

160) Terry A. Maroney, *The Struggle Against Hate Crime: Movement at a Crossroads*, 73 N.Y.U. L. REV. 609-611 (1998).

서, 형사사법시스템에 대한 개혁의 필요성을 주장하기도 한다.[162] 이처럼 법집행 기관의 인종주의적 부당한 법 집행은, 미국의 법률시스템 특히 형사사법시스템 자체가 인종주의적으로 작동하고 있다는 비판에 직면하게 된다. 법 집행 공무원들이 공정하게 법을 집행함으로써 사법에 대한 신뢰를 높일 것이 요청되고 있다. 미국에서 형사사법시스템이 인종적으로 편향적이라는 비판을 줄이기 위하여서는, 많은 흑인들이 잡혀가게 되는 "마약과의 전쟁(War on Drugs)"에 집중하기보다는, 화이트칼라범죄(white-collar crimes), 금융범죄, 환경범죄 등에 대한 수사와 소추에 보다 힘을 기울여야 한다는 주장도 제기되고 있다.[163]

3) 공무원의 인종주의적 법 집행에 대한 규제

최근 미국 공무원의 인종주의적 법집행에 대한 규제에 관심이 모아지고 있다. 2015년 Sandra Annette Bland라는 28세의 미국 흑인 여성이 텍사스주 월러 카운티(Waller County, Texas)의 감옥에서 목매 자살한 사건이 발생하였는데, 그녀는 단지 교통검문으로 체포되었던 것이다. 이로 인하여 그녀에 대한 체포가 잘못된 것이고, 경찰관에 의한 인종차별적 폭력이 가해졌다는 항의가 이루어졌다. 결국 텍사스주는 경찰관의 교통검문, 수색과 체포시 정보를 수집하도록 하고, 감옥의 감시를 강화하는 등 규제를 강화하는 법인 이른바 "샌드라 블랜드 법(The Sandra Bland Act of 2017)"을 제정하게 된다.[164]

그리고 2020년 켄터키주의 루이스빌(Louisville, Kentucky)에 사는 26세 응급구조사(EMT)인 흑인여성 Breonna Taylor의 집에, 경찰관들이 마약밀매 혐의로 수사하기 위하여 그녀가 살던 아파트 문을 두드리며 강제로 들어오려 하자, 그녀와 함께 있던 남자친구 Kenneth Walker는 경찰관을 침입자로 오인하여 경고사격을 하여 한 경찰관의 다리에 맞았다. 이에 경찰관들이 32발을 발사하며 대응하였고,

161) https://bjs.ojp.gov/content/pub/pdf/hcv0415.pdf.

162) Paul Butler, *The System is Working the Way It Is Supposed to: The Limits of Criminal Justice Reform,* 104 GEO. L.J. 1419, 1425 (2016); Garrett Chase, *The Early History of the Black Lives Matter Movement, and the Implications Thereof,* 18 NEV. L.J. 1091, 1097 (2018); 윤종행, "증오범죄의 동향과 대책", 앞의 글, 137－138면 참조.

163) Paul J. Larkin & GianCarlo Canaparo, *The Fallacy of Systemic Racism in the American Criminal Justice System,* 18 Liberty U. L. Rev. 1－179 (2023).

164) https://en.wikipedia.org/wiki/Death_of_Sandra_Bland.

그중 여섯 발을 맞은 테일러는 사망하였다. 이 사건을 계기로 루이스빌시는 이른바 "노크 없는 주거수색영장(no-knock warrants)"을 금지하였다. 또한 경찰관은 수색을 위한 주거 진입시 노크 후 15초 동안 기다려야 하고, 수색시 5분 전부터 작동시킨 바디 카메라(body camera)를 장착하여야 하며, 그 기록을 5년간 보관하여야 하는 등, 경찰관에게 엄격한 수칙을 요구하는 법을 시행하였다.[165] 그리고 오리건(Oregon)주와 플로리다(Florida)주에서도 "노크 없는 주거수색영장"을 금지하였고, 30여 개 주에서는 이와 같은 입법에 대한 논의가 이루어졌다.[166]

또한 인종주의적 폭력을 행사하는 공무원과 현장에서 함께 있었던 공무원에 대하여, 부작위범으로 처벌하여야 한다는 주장도 제기되고 있다. 동료 공무원이 불법적인 폭력을 가하는 것을 알면서도 묵인하거나 제지하지 아니하는 경우, 부작위에 의한 방조범이나 소위 "공무원의 개입의무(Officer Duty to Intervene: ODTI)" 불이행죄[167]로 처벌하는 입법이 필요하다는 것이다.[168] 부하 공무원이 아닌 동료 공무원이므로 지휘·명령을 할 수 있는 위치에 있지 않다고 하더라도, 시민의 생명과 안전을 보호하여야 할 책임이 있는 공무원으로서, 업무 수행 중 인종적 증오범죄와 같은 비이성적인 불법적 폭력을 저지르는 동료 공무원을 제지함으로써, 시민을 보호하여야 할 법적 의무를 인정하는 법리는 우리나라의 현행법 하에서도 가능한 해석일 것이다.[169]

한편 미국 형사사법절차와 시민권 관련 소송의 재판전절차와 재판절차에서 소송관계인, 범죄피해자, 배심원, 증인 등의 인종을 표기하는 것에 대한 타당성 논란이 계속되고 있다. 미국 변호사 협회(The American Bar Association: ABA)의 「모범변호사업무규칙(Model Rules of Professional Conduct: Model Rules)」 제8조 제4항은, 변

165) 미연방 대법원은 2006년 판결에서, 경찰관이 개인 주거를 수색하기 전에 문 밖에서 노크를 하고, 경찰임을 알린 다음, 합리적 시간 동안 기다려야 하는 수칙(the knock-and-announce requirement)을 위반하였다고 하더라도 주거수색을 통하여 압수한 증거물의 증거능력은 인정된다는 판결을 한 바 있다{Hudson v. Michigan, 547 U.S. 586 (2006)}.

166) Naomi Murakawa, *Say Their Names, Support Their Killers: Police Reform after the 2020 Black Lives Matter Uprisings*, 69 UCLA L. Rev. 1470-1475 (2023).

167) 이를 "악한 사마리아인법(Bad Samaritan Laws)"이라고도 한다.

168) Zachary D. Kaufman, Police Policing Police, 91 Geo. Wash. L. Rev. 353-445 (2023).

169) 윤종행, "미국내 인종적, 종교적 증오범죄의 최신동향과 대책, 그리고 시사점", 앞의 글, 358면.

호사가 알았거나 알 수 있었던 인종, 성, 종교, 국적, 장애인, 연령, 성적 지향, 혼인 관계, 또는 사회경제적 지위 등에 기반한 차별이나 부당한 대우를 하는 것을 금지하고 있다.[170] 이와 같은 상황에서, 시민권 사건 변호사(civil rights lawyer), 검사, 형사소송 변호사 등이 소송관계인, 범죄피해자, 배심원, 증인 등의 인종을 어떻게 유리하게, 또는 불리하게 활용하는지에 대한 관심이 쏠리고 있다.[171] 인종적 편견과 차별을 넘어, 형사사법시스템이 공정하게 그리고 효과적으로 작동되게 하기 위한 규율과 통제에 대한 합리적인 제도의 모색은 계속되어야 할 것이다.[172]

그런데 형사소송절차에서 검사나 변호사, 또는 기타 소송관계인이 피고인의 인종을 불필요하게 언급함으로써, 부당하게 틀에 박힌 편견(stereotypes)을 불러일으킬 수 있는 소지가 있다. 이익을 위하여 부당하게 인종적 정서를 이용하는 것을 "인종 카드 사용(playing the race card)"이라고 한다.[173] 2020년에 제정된 "캘리포니아 인종적 정의법(California Racial Justice Act of 2020)"은 인종이나 국적 등에 근거하여 형사소추나 형사처벌을 가하는 것을 금지하고 있다.[174] 형사소추만이 아니라 정의를 추구하여야 할 책임이 있는 검사는, 형사소송절차에 있어서 검사 스스로 불필요하게 인종에 대한 언급을 하지 말아야 할 뿐만 아니라, 다른 소송관계인들의 부당한 인종적 언급을 제지하여야 할 의무가 있다는 설득력 있는 주장이 제기되고 있다.[175] 의도하였든 아니든, 불필요한 인종에 관한 언급 자체만으로도 배심원을 포함한 보통사람들에게 틀에 박힌 부당한 편견을 불러일으킬 위험이 클 것이다.[176]

---

170) https://www.americanbar.org/groups/professional_responsibility/publications/model_rules_of_professional_conduct/rule_8_4_misconduct/.

171) Anthony Victor Alfieri, *Race Ethics: Colorblind Formalism and Color-Coded Pragmatism in Lawyer Regulation*, 36 Geo. J. Legal Ethics 353-410 (2023).

172) 윤종행, "미국내 인종적, 종교적 증오범죄의 최신동향과 대책, 그리고 시사점", 앞의 글, 359면.

173) https://en.wikipedia.org/wiki/Race_card; Christopher A. Bracey, *The Color of Our Future: The Pitfalls and Possibilities of the Race Card in American Culture*, 5 Stan. J. Civ. Rts. & Civ. Liberties. 89, 93-94 (2009).

174) https://en.wikipedia.org/wiki/California_Racial_Justice_Act_of_2020.

175) Mary Nicol Bowman, *Seeking Justice: Prosecution Strategies for Avoiding Racially Biased Convictions*, 32 S. Cal. Interdisc. L.J. 515-539 (2023).

176) 윤종행, "미국내 인종적, 종교적 증오범죄의 최신동향과 대책, 그리고 시사점", 앞의 글,

4) 우리나라에서의 시사점

이상에서 살펴본 바와 같이, 오늘날 미국에서는 심각한 인종적, 종교적 증오범죄를 억제하기 위한 수많은 연구와 입법적 노력이 이루어지고 있고, 인종적·종교적 편견을 해소하기 위한 화해와 공존의 인식 확대와 법집행기관의 공정하고 엄정한 법 집행이 강조되고 있다. 무엇보다도 자신과 다른 인종과 종교에 대한 잘못된 편견과 혐오를 줄이고 다문화역량을 키워야 할 필요성이 역설되고 있지만, 아직 가야 할 길은 험난해 보인다. 또한 피의자의 체포 등과 같은 수사절차뿐만 아니라 재판절차에서도, 관련자의 인종이 부당하게 활용되거나 인종으로 인한 차별과 틀에 박힌 부당한 편견으로 작용하는 것을 방지하기 위한 구체적인 논의와 입법이 이루어지고 있는데, 우리나라를 포함한 세계 여러 나라들에 시사하는 바가 크다.

우리나라에서도, 세계화 추세에 따라, 백의민족이라는 단일민족의 특성을 강조하던 분위기는 이제 바뀌어, 어떻게 다양한 인종과 문화의 유입에 대처하여 조화롭게 공존할 수 있는지에 관심이 모아지고 있다. 국내 거주 외국인 근로자와 학생들이 증가함에 따라 다양한 인종과 문화를 접하게 되는 기회가 확대되면서, 다양성을 수용할 수 있는 포용적인 사회 환경, 그리고 시민과 법 집행 공무원들의 인권의식이 더욱 요청되고 있다.[177] 우리나라에 거주하는 다문화 가정은 사회적 차별과 자녀 등에 대한 학교폭력 등을 경험하고,[178] 무슬림이나 중국인 등 외국인에게 욕설을 하거나 폭력을 행사하는 경우도 많다고 한다.[179]

그리고 2020년의 기독교 신자에 의한 사찰 방화사건[180]의 경우와 같이, 종교적 갈등에 의한 증오범죄가 발생하고 있다. 우리나라의 대표적 종교인 기독교와 불교 간 교리의 차이 등으로 인한 갈등의 소지가 있고, 이단 종교의 병폐가 사회적 이슈가 되고 있으며, 최근 이슬람교 등 타 종교의 유입이 증가하고 있는 상황이다.

359면.

177) 윤종행, "증오범죄의 동향과 대책", 앞의 글, 124면 참조.

178) 정도희, "다문화사회 증오범죄 방지를 위한 제언", 『법학연구』 제21권 제1호, 2013, 54면 참조.

179) 김중곤, "증오범죄에 대한 탐색적 연구 : 인터넷 기사에 나타난 증오범죄 사례분석", 앞의 글, 208-209면 참조.

180) https://namu.wiki/w/.

고려시대의 불교, 조선시대의 유교 등 국가가 장려하는 대표적 종교를 신봉하던 시대와는 달리, 오늘날 우리나라는 그 어느 때보다도 타 종교를 존중하는 문화와 평화로운 공존을 위한 성숙한 시민의식이 요청된다.[181] 한편 외국거주 유학생 등 해외체류자들에 대한 증오범죄가 증가함에 따라,[182] 이에 대한 대응 매뉴얼[183]과 홍보 등 범죄 예방을 위한 외교적 노력과 매스컴의 역할이 강조되고 있다.

우라나라에서 인종적, 종교적 증오범죄를 예방하기 위하여서는, 무엇보다도 문화 다양성을 수용하고 모든 인간을 존중하는 보편적 인권교육을 통하여 사회적 소수자인 이민자에 대한 인식을 전환하는 것이 필요하다. 현재 이루어지고 있는 정부 기관과 학교에서의 인권교육을 내실화하고 시민단체의 참여도 요청되고 있다.[184] 특히 학교에서 교사와 학생들에게 효과적인 다문화교육을 통하여, 인종적 적대감과 우월의식을 배척하는 민주시민의 다문화역량을 일찍부터 키울 필요가 있다.

아울러 사회보장제도와 양극화 해소 등 사회적 통합을 위한 제도적 보완과 함께 사회안전망을 구축하는 것이, 증오범죄에 대한 대책으로서 중요할 것이다.[185] 또한 증오범죄에 대한 신속한 사법처리를 통하여 엄중하게 처벌하고, 피해자 보호에 대한 특별한 제도적 뒷받침도 요청된다. 범행의 반인륜성과 사회통합을 저해하는 반사회성에서 가중처벌의 근거를 찾을 수 있다.[186] 증오범죄를 저지른 사람들에 대한 감성조절 프로그램을 시행하는 것도,[187] 재범예방과 범인

181) 윤종행, “증오범죄의 동향과 대책”, 앞의 글, 147－151면 참조.

182) 박선영, “재외국민 범죄피해 지원방안 － 해외 범죄피해자지원단체와의 네트워크를 중심으로 －”, 『안전문화연구』(사단법인 안전문화포럼), 2021, 313면; 윤민우, “해외에서의 한국인 대상 범죄·테러 발생위험성에 대한 신변안전 강화 방안에 관한 연구: 일상범죄와 증오테러를 중심으로”, 『한국경찰연구』 제13권 제4호, 2014, 166면 등 참조.

183) 전성하·김지용·김호, “재외국민보호를 위한 경찰 역할 제언: － 미국 內 아시아계 대상 증오범죄 분석을 중심으로 －”, 『경찰학연구』 제22권 제4호(통권 제72호), 2022. 12. 28면, 39－41면 참조.

184) 정은정·김대중, “다문화인권교육을 통한 증오범죄 대응방안: 프랑스의 이민 2, 3세의 증오범죄 사례 중심으로”, 앞의 글, 116－136면 참조.

185) 김승봉, “증오범죄의 원인과 대책”, 『한국방재안전학회 논문집』(한국방재안전학회) Vol. 15, No. 3, 2022, 47－54면 참조.

186) 윤종행, “증오범죄의 동향과 대책”, 앞의 글, 154－155면 참조.

187) 조한익, “감성조절 프로그램의 효과”, 충남대학교 대학원 박사학위논문, 1998, 58쪽; 양문승·이훈재, “증오범죄의 실태와 원인에 대한 이론적 고찰”, 『원광법학』 제24권 제4호,

의 개선·교화에 기여할 것이다.

또한 경찰관 등 공무원의 직무집행 지침에서 인종적 편견에 기한 부당한 법집행의 방지를 위한 직무교육의 필요성이 증가하고 있다. 공무원의 직무집행에 있어서, 적법절차의 준수뿐만 아니라 비합리적인 편견에 기한 부당한 대우나 인권침해를 방지하기 위한 다문화역량과 인권의식의 고양이 필요하다. 아울러 직무 집행 중 동료 공무원의 인종적, 종교적 증오범죄를 목격한 동료 공무원의 개입의무를 인정하는 법 해석도 현행법상 가능할 것이다. 그리고 인종적 부당한 편견을 억제하기 위한 캘리포니아 인종적 정의법의 취지를 살려, 형사소송절차에 있어서 불필요하게 인종을 언급하여 부당하게 틀에 박힌 인종적 편견을 불러일으키는 등의 행위를 억제하여야 할 필요성은, 우리나라를 포함하여 인종주의적 편견의 위험이 잠재하는 여러 나라들에게 시사하는 바가 크다고 할 것이다.

요컨대, 국제화시대를 맞아 우리나라에서도, 자신과 다른 인종과 문화에 대한 틀에 박힌 부당한 편견에 사로잡혀, 사회적 약자에 대한 차별, 부당한 대우, 그리고 인권침해의 야만적인 유혹에서 벗어나, 평화로운 공존공영의 건강한 사회를 향한 민주적 다문화역량을 갖춘 시민의식, 법제도, 그리고 사회문화적 분위기의 확산이 요청된다.[188)]

Ⅳ. 우리나라에서의 증오범죄

1. 개 설

점증하는 세계화 추세와 이민자의 증가로 인하여 사회가 다양화되고 갈등이 노출되면서, 우리나라에서도 증오범죄에 대한 대책이 요구되고 있다. 2018년의 통계청 자료에 의하면, 우리나라로 들어오는 외국인 귀화자 수가 2010년 이후

2008 참조.

188) 윤종행, “미국내 인종적, 종교적 증오범죄의 최신동향과 대책, 그리고 시사점”, 앞의 글, 359－362면.

2016년까지 매해 10,000명 이상이 되었으며, 2012년부터 2016년까지 결혼 이민자 수가 대략 누적 150,000명에 달하였다고 한다. 그리고 2016년 당시 우리나라에 체류하는 외국인이 총 1,160,000만 명에 달하였다고 한다.[189] 2001년에는 국가인권위원회법을 제정하여 모든 개인의 기본적 인권을 보호하고 향상시키기 위한 국가인권위원회를 설립하였다. 그리고 2008년에는 국민의 권리 보호와 구제를 위한 국민권익위원회가 출범하였는데, 이는 기존의 국가청렴위원회, 국민고충처리위원회, 국무총리 행정심판위원회를 통합한 것이었다. 그럼에도 불구하고 최근 우리나라에서의 증오범죄는 증가추세에 있다.[190]

일반적인 증오범죄의 특징으로서 잔인성, 피해자 선정의 무차별성, 피해에 대한 보복 등이 표출되는데, 한국형 증오범죄는 범죄자와 공간적으로 근접한 대상이 표적이 되기 쉽다고 한다. 2000년부터 2019년까지 인터넷 기사를 토대로 하여 우리나라에서 발생한 증오범죄를 분석한 결과, 피해집단은 외국인, 여성 및 다문화 가정, 그리고 장애인의 순이었다고 한다. 그리고 동성애자에게 욕설을 하는 등 증오적 표현을 하는 경우도 있었다고 한다. 증오범죄로 분류할 수 있는 35건 중 22건이 단독범죄의 형태로 일어났으며, 35건 중 11명의 범인이 미성년자였는데, 폭행과 모욕이 가장 많았으며 살인, 성폭행, 재물손괴의 경우도 발견되었다고 한다.[191]

증오범죄의 예로서 우선, 1999년 6월부터 약 10개월 동안 가정부 등 9명을 살해하고 8명에게 중경상을 입힌, 무자비한 연쇄살인범 정두영 사건을 들 수 있다.[192] 그는 2살 때 부친을 여의고 보육원에서 자라는 등 불우한 소년시절을 겪고, 18세 때 방범대원을 칼로 찔러 살해하여 소년원에서 12년간 지내게 되면서 연쇄살인의 늪에 빠지게 되었다.[193] 또한 장애인에 대한 증오범죄도 발생하고 있다. 2019

189) 김중곤, "증오범죄에 대한 형사 정책적 대응– 주요쟁점 및 선결과제 –", 앞의 글, 206면 참조.

190) 윤종행, "증오범죄의 동향과 대책", 앞의 글, 144면 참조.

191) 김중곤, "증오범죄에 대한 탐색적 연구 : 인터넷 기사에 나타난 증오범죄 사례분석", 『한국공안행정학회보』(한국공안행정학회) Vol. 28, No. 4, 2019, 186–210면 참조.

192) 김진혁, "한국형 증오범죄에 관한 연구", 『한국범죄심리연구』(한국범죄심리학회) Vol. 6, No. 1, 2010, 31–42면 참조.

193) https://ko.wikipedia.org/wiki/%EC%A0%95%EB%91%90%EC%98%81.

년 3월, 신체장애로 인해 전동 휠체어를 타고 다니는 장애인에게, "나라에서 보조금을 받는 주제에 왜 휠체어 타고 왔다 갔다 하느냐", "이런 사람이 나라의 세금을 갉아 먹는다"라고 증오적 표현을 하며 주먹으로 폭행하였는데,[194] 가해자의 행위는 장애인인 피해자에게 모욕적 표현과 함께 장애인에 대한 증오감정에 기인한 폭력을 행사한 증오범죄에 해당한다고 볼 수 있을 것이다.[195]

이하에서는 우리나라에서 발생하는 증오범죄의 동향을 여성에 대한 증오범죄, 인종적 증오범죄, 종교적 증오범죄로 나누어 살펴본 다음, 우리나라에서 요구되는 증오범죄에 대한 대책을 찾아보고자 한다.

2. 여성에 대한 증오범죄

우리나라에서 발생한 여성에 대한 증오범죄의 예로서, 우선 1999년부터 전국을 무대로 약 70건의 성폭행을 저지른 끝에 2006년 검거된 속칭 '대전 발바리' 사건을 들 수 있다. 경찰 조사에서 가해자는 자신이 택시기사로 일하던 중 여성 승객이 자신을 무시한 것에 대하여 앙심을 품게 되었고, 이로 인한 여성에 대한 증오심으로 연쇄 성폭행을 저질렀다고 진술하였다는 점에서,[196] 여성에 대한 증오범죄로 볼 수 있다.[197]

그리고 2003년 9월부터 2004년 7월까지 20명을 살해한 연쇄살인범 유영철 사건의 경우, 그가 2000년 3월, 특수절도와 강간 등으로 구속되어 징역 3년 6개월을 선고받아 전주교도소에 수감 중이던 2002년 5월, 부인이 이혼소송을 제기하여 전처로부터 이혼을 통보받은 후, 말을 하지 않고 대인기피 현상을 보였다고 한다. 이때부터 그는 감방 안에서 십자가를 부러뜨리며 신은 없다고 믿게 되었다고 하는데, 이후 교회 주변에 사는 사람들을 무차별로 살인하는 계기가 되었다고 한다.[198] 그가 처음에는 부유층 노인 대상 살인사건들을 저지르고 나서, 일정 기

194) 서울남부지방법원 2020. 7. 23. 선고 2019고단2806 판결 참조.
195) 장진영·김성천, "혐오범죄의 유형", 앞의 글, 86면 참조.
196) 국민일보, 2006. 1. 20.
197) 김중곤, "증오범죄에 대한 형사 정책적 대응 – 주요쟁점 및 선결과제 –", 앞의 글, 208면 참조.

간의 냉각기를 거친 후에는 여성에 대한 살인에 집중하였으며, 자신을 떠나 가버린 전처와 여자친구에 대한 배신감으로 인해 여성 일반에 대한 혐오감으로 불특정 여성들을 살해하였다는 취지로 진술하였다는 점에서, 여성에 대한 증오범죄에 해당한다고 볼 수 있을 것이다.[199)]

또한 2016년 5월에는, 서울 강남역 인근 주점의 종업원인 34세 남성 김성민이, 오전 0시 30분경 근처 노래방의 남녀 공용 화장실에 들어가서 대기하고 있다가, 남성 6명은 그냥 보내고 약 30분 뒤인 오전 1시경에 들어온 20대 초반의 모르는 여성을 주방용 식칼로 좌측 흉부를 4차례 찔러 살해하였다. 그는 "여성들로부터 무시를 당해서 범행을 저질렀으며, 피해자와는 모르는 사이"라고 진술했다고 한다. 그는 결국 징역 30년 형을 선고받았다.[200)] 법원은 이 사건을 묻지마 범죄 혹은 정신질환에 의한 범죄로 보았으나,[201)] 피고인이 조사과정에서 "여성들에게 무시를 많이 당해 참을 수가 없었다", "여성들이 내가 일하러 갈 때 의도적으로 지하철에서 천천히 걸어서 나를 지각하게 만든다", "내가 여성들로부터 여러 피해를 당했지만 참았는데, 최근에는 일까지 못하게 되는 등 직업적으로 피해를 입어서 더 이상은 못 참겠다고 느꼈다. 이렇게 있다가는 내가 죽을 거 같으니, 내가 먼저 죽여야겠다"라고 진술한 점에서 보면, 여성에 대한 증오범죄로 볼 수 있을 것이다.[202)]

3. 인종적 증오범죄

국제화시대를 맞아 우리나라에 들어오는 외국인 근로자들과 학생들이 급증하였고, 외국인 또는 다문화가정에 대한 증오범죄 등 인종적 증오범죄가 증가하면서, 이에 대한 대책이 요구되고 있다. 조사에 의하면, 우리나라 국민은 아직도

198) https://ko.wikipedia.org/wiki/%EC%9C%A0%EC%98%81%EC%B2%A0.

199) 김중곤, "증오범죄에 대한 탐색적 연구 : 인터넷 기사에 나타난 증오범죄 사례분석", 앞의 글, 198면 참조.

200) https://ko.wikipedia.org/wiki/.

201) 서울중앙지방법원 2016. 10. 14 선고 2016고합673, 2016감고4, 2016전고14 판결; 서울고등법원 2017. 1. 12 선고 2016노3297, 2016감노68, 2016전노218 판결 참조.

202) 장진영 · 김성천, "혐오범죄의 유형", 앞의 글, 83－84면 참조.

혈통을 중시하고 있고, 친구나 동료 중에 다문화 이주민이 있는 경우 다문화 수용성이 높았지만, 친인척 중에 이주민이 있는 경우는 오히려 다문화 수용성이 낮았다고 한다.[203] 우리나라에 거주하는 다문화가정은 차별을 경험하는 것으로 알려져 있고, 다문화가정에 대한 증오범죄는 대개 미성년자에 의한 학교폭력의 형태로 이루어졌다고 한다. 그리고 우리나라에서 발생하는 인종적 증오범죄를 유형별로 분류하면, 다문화가정 청소년에 대한 학교폭력은 스릴추구형이 많았으며, 무슬림이나 중국인 등 외국인을 대상으로 한 증오범죄는 피해집단을 일종의 위협으로 느껴 욕설을 하거나 폭력을 행사하는 방어형이 많았다고 한다.[204]

2013년 경남 통영에서는 한국인 조선소 직원 6명이 길을 가던 조선족 일가족 4명을 별다른 이유 없이 집단으로 폭행하여 피해가족이 고막을 다치고 코뼈가 부러지는 등 합계 전치 16주의 신체적 피해를 입은 사건이 발생하였고,[205] 2014년 1월에는 서울 영등포구 대림동의 한 노상에서 한국인들이 중국동포들을 보고 "짱깨다, 시끄럽다"라고 수근대는 것에 격분하여 한국인과 조선족 간 집단폭행 사건이 발생하기도 하였다.[206]

한편 외국 거주 한국인이 증오범죄의 피해자가 되는 경우도 많다. 글로벌 시대를 맞이하여 점차 해외에 체류하는 국민이 증가하고 있는데, 법무부 통계에 의하면, 단순 해외출국이 아닌 해외 거주·체류하는 해외동포가 2019년 기준 약 750만 명에 이른다고 한다.[207] 2010년 1월 러시아에 교환학생으로 체류하던 한국인 대학생 강 모씨가, 러시아 이르쿠츠크 바르나울시에서 한국인 여학생과 함께 슈퍼마켓에 들렀다가 러시아 청년 3명에게 칼 등으로 상해를 입은 뒤 병원에서 사흘만에 사망하였다. 금품을 빼앗지 않은 점으로 미뤄, 인종적 증오범죄라고 볼 수 있다.[208]

---

203) 정도희, "다문화사회 증오범죄 방지를 위한 제언", 『법학연구』 제21권 제1호, 2013, 54면 참조.

204) 김중곤, "증오범죄에 대한 탐색적 연구 : 인터넷 기사에 나타난 증오범죄 사례분석", 앞의 글, 208－209면 참조.

205) 연합뉴스, 2013. 7. 24.

206) 흑룡강신문, 2014. 1. 13; 김중곤, 증오범죄에 대한 형사 정책적 대응－ 주요쟁점 및 선결과제 －, 앞의 글, 207－208면 참조.

207) 박선영, "재외국민 범죄피해 지원방안 － 해외 범죄피해자지원단체와의 네트워크를 중심으로 －", 앞의 글, 313면 참조.

최근 2021년 3월에 발생한 미국 조지아주 애틀랜타시 총격사건에서는, 희생자 8명 중 3명이 한국계 미국인 여성, 1명이 한국인 여성이었고, 2명이 중국계 미국인 여성, 1명이 히스패닉 여성, 1명이 백인 남성이었다. 총격사건은 한국계 미국인이 운영하는 "골드 마사지 스파"와 "아로마 테러피 스파",그리고 중국계 미국인이 운영하는 "영스 아시안 마사지" 업소에서 발생하였는데, 미국 내 한인 사회뿐만 아니라 아시아계에 큰 충격을 주었다. 범인 로버트 에런 롱(Robert Aaron Long, 21세)의 직업은 사냥꾼으로서 기독교 신자였는데, 결국 종신형을 선고 받았다.[209] 뿐만 아니라, 2022년에는 텍사스주 달라스 한인타운 중심가에 있는 한인 미용실에 흑인 남성이 침입하여 총기를 4발 발사하고 달아났는데, 이로 인하여 3명이 부상을 입었다.[210] 그리고 같은 해 미국 뉴욕시 맨해튼 거리에서 친구와 함께 길을 걷던 한국인 외교관이 폭행을 당하여 상해를 입었다. 그가 아무런 말도 걸지 않았는데도 범인은 이유 없이 폭행을 하고 달아났고, 이로 인하여 코뼈가 부러져 병원에 입원하였다.[211] 또한 같은 해 미국 뉴욕시 맨해튼 차이나타운 지하철역 근처에서 새벽에 귀가하던 한국인 여성 크리스티나 유나 리(35세)를, 근처에 있던 남성 노숙자 아사마드 내시(25)가 따라가, 아파트 출입문을 닫으려 하는 순간 뒤를 바짝 쫓아가 문이 닫히기 전 집 안으로 침입하였고, 피해자는 현장에 있던 부엌칼로 40여 군데 찔려 욕조에서 숨진 채 발견되었다.[212]

이와 같은 끔찍한 사건들은 코비드-19 팬데믹 하에서의 인종적 증오범죄의 심각성을 보여준다.[213] 최근 한국 외교부가 제공한 자료에 따르면, 2020년부터 2022까지 미국 내 공관에 접수된 한국국민 대상 혐오범죄는 15건으로 집계됐

208) https://www.mk.co.kr/news/world/4687284. 인종적 증오테러에 대한 예방책으로서, 우선 테러의 위험이 높은 국가나 도시, 구역 등을 여행하는 것을 피하고, 부득이한 경우에는 각별한 경계를 유지하고 신속히 이동할 것을 제안한다(윤민우, "해외에서의 한국인 대상 범죄·테러 발생위험성에 대한 신변안전 강화 방안에 관한 연구: 일상범죄와 증오테러를 중심으로", 『한국경찰연구』 제13권 제4호, 2014, 166면).

209) https://namu.wiki/w/.

210) https://news.koreadaily.com/2022/05/12/society/accident/20220512133338753.html.

211) https://m.hankookilbo.com/News/Read/A2022021020130000631.

212) https://www.seoul.co.kr/news/newsView.php?id=20220215500007.

213) 전성하·김지용·김호, "재외국민보호를 위한 경찰 역할 제언: - 미국 內 아시아계 대상 증오범죄 분석을 중심으로 -", 앞의 글, 34면 참조.

는데, 공관에 접수되지 않은 사례도 상당할 것이라고 한다.[214)]

4. 종교적 증오범죄

타 종교에 대한 부정적 시각과 배타적이고 맹목적인 절대주의 신앙은 심각한 종교간 갈등을 부르고, 인류의 비극을 초래한다는 것을 역사를 통하여 경험하였다. 2021년의 한 통계에 의하면, 우리나라 인구의 거의 절반 정도가 종교를 갖고 있는데, 전체 인구의 약 20% 정도가 개신교, 약 11% 정도가 카톨릭, 그리고 약 17% 정도가 불교를 신봉하고 있다고 한다.[215)] 우리나라도 종교 문화적 갈등으로 인한 증오범죄의 위험으로부터 안전하다고 볼 수 없다.[216)]

종교적 증오범죄의 국내 사례를 보면, 2020년 10월 경기도 남양주시에 있는 사찰인 '수진사'에 개신교 신자인 중년 여성(당시 48세)이 새벽에 침입하여 방화하여 약 2억 5천만 원의 재산피해를 입힌 사건이 있다.[217)] 가해자는 범행 동기에 관하여, "신의 계시를 받았다"라고 말하였다고 한다. 그런데 가해자는 이전에도 상습적으로 피해 사찰인 수진사에서 진행하는 종교행위를 방해하였고, 승려와 신도들에게 원치 않는 기독교 선교행위를 하였다고 한다. 가해자는 재판에서 "그곳에서 순교하기를 원했다", "하나님이 불을 지르라면 또 불을 낼 것"이라고 진술하는 등 잘못을 뉘우치지 않았으며, 어떠한 피해 복구 의지도 보이지 않았다고 한다.[218)] 우리나라의 대표적 종교인 기독교와 불교의 교리 차이로 인한 갈등의 소지가 있고, 사회 구성원의 다양화로 인하여 점차 이슬람교 등 타 종교 등의 유입이 증가하고 있으며, 특히 이단 종교의 병폐가 사회적 이슈가 되는 등 종교적 증오범죄의 잠재적 발생 가능성이 우리 사회에 상존하고 있다고 본다. 타 종교를 존중하는 문화와 평화로운 공존을 위한 성숙한 시민의식이 요구된다.[219)]

---

214) http://m.koreatimes.com/article/20220711/1423454.

215) https://hrcopinion.co.kr/archives/20186; 윤종행, "종교관련 범죄와 재판", 앞의 글, 151면 참조.

216) 윤종행, "증오범죄의 동향과 대책", 앞의 글, 150면 참조.

217) https://namu.wiki/w/.

218) 장진영 · 김성천, "혐오범죄의 유형", 앞의 글, 89면.

219) 윤종행, "증오범죄의 동향과 대책", 앞의 글, 151면 참조.

5. 우리나라의 증오범죄에 대한 대책

이상에서 본 바와 같이, 우리나라에서도 증오범죄가 발생하고 있으나 이에 대한 대책은 매우 미흡한 상황이다. 우선 우리나라에도 증오범죄가 발생하고 있다는 사실을 분명히 인식하고, 증오범죄에 대한 통계를 수집할 필요가 있으며, 증오범죄 예방 및 피해자 지원 등의 대응책이 요구된다.[220)]

우선 장애인 보호와 관련하여, 2007년 「장애인차별금지 및 권리구제 등에 관한 법률」이 제정된 이래 여러 차례 개정을 거치면서 시행 중이고, 최근 「장애인복지법」 및 「장애인고용촉진 및 직업재활법」의 개정에 따라, 장애인식개선교육대상이 국가와 지방자치단체, 어린이집에서부터 대학교, 공공기관 및 사업주에 이르기까지 교육기관 및 사업체에 소속된 학생 및 직원에 이르기까지 확대되었다. 장애인이 국가의 복지재원을 낭비하는 사회적 무능력자라는 잘못된 인식을 바로잡고, 장애인에 대한 올바른 태도와 인식을 갖게 하도록 하는 실제적이고 다양한 장애인식개선 교육이 필요할 것이다.[221)]

그리고 여성에 대한 증오범죄를 예방하기 위한 대책으로서, 우선 여성에 대한 증오의 개념을 명확히 하고, 여성에 대한 증오범죄의 원인을 분석하며, 여성에 대한 '열등감', '분노', '좌절', '불안' 등을 해결하기 위한 종합적이고 체계적인 국가 전략과 지속적인 교육이 필요하다는 주장과 함께, 범행동기가 여성에 대한 증오심에 기인하는 '폭행', '모욕', '협박' 등에 대하여는 가중처벌하는 방안이 논의되고 있다.[222)]

또한 최근에는 우리나라에서도 외국인과 다문화가정이 증가하면서, 이들을 대상으로 하는 증오범죄에 대한 대책이 필요하다. 이민자와의 진정한 사회통합을 위하고, 다문화가정과의 갈등으로 인한 범죄를 예방하기 위하여, 합리적인 다

---

220) 김중곤, "증오범죄에 대한 탐색적 연구 : 인터넷 기사에 나타난 증오범죄 사례분석", 앞의 글, 209면 참조.

221) 신숙경, "장애인 증오범죄에 대한 탐색적 연구: 교정과 복지의 융복합적 접근", 앞의 글, 472면 참조.

222) 승재현, "젠더혐오범죄에 대한 형사정책적 대응 방안: 여성혐오 범죄를 중심으로", 『이화젠더법학』 제8권 제2호, 2016, 54－58면 참조.

문화정책과 폭넓은 다문화교육이 요청되고 있다. 특히 초·중·고등학교 학생들이 사회적 약자를 차별하지 않도록 보다 적극적이고 지속적인 인권교육이 필요하다. 프랑스 등 유럽에서 이민사회에 적응하지 못한 이민자 자녀에 의해 자행되고 있는 증오범죄는, 어린 시절부터 받아온 차별과 편견에 의한 소외감이 원인이 되었다고 한다. 문화 다양성을 수용하고 모든 인간을 존중하는 보편적 인권교육을 통하여 사회적 소수자인 이민자에 대한 인식을 전환하는 것이 증오범죄를 예방하는 데 필요할 것이다. 현재 이루어지고 있는 교육부, 여성가족부, 국가인권위원회 등의 정부 기관과 학교에서의 인권교육뿐만 아니라, 시민단체 주도의 인권교육 프로그램을 개발하는 것도 좋을 것이다.[223]

아울러 외국 거주 한국인이 증오범죄의 피해자가 되는 경우도 많으므로, 재외국민 보호를 위한 입법적 대책이 요구된다. 정부는 해외 거주 한국인에 대한 범죄피해를 방지하기 위하여, 재외국민 보호를 위한 법률적·제도적 대책을 마련하고 있다. 2021년에는 「재외국민보호를 위한 영사조력법」을 제정하여 시행하였고, 2022년에는 '재외동포청' 신설을 내용으로 하는 정부조직법 개편안을 추진하였다. 이와 더불어 이민자 커뮤니티 간 소통을 통해 불필요한 오해나 내재된 갈등을 해소하고, 미국 사회내 소수 인종 간의 연대도 필요할 것이다. 또한 증오범죄의 정의, 예방, 신고방법 및 대처방안 등을 담은 '증오범죄 신고방법(How to Report a Hate Crime)'을 소형책자로 제작·배포하여 재외 국민에게 제공하는 것은, 언어장벽이나 복잡한 형사절차로 인하여 신고를 꺼려하는 현실을 고려할 때, 증오범죄에 대한 적극적 대응에 매우 효과적일 것이다.[224]

한편, 종교적 증오범죄에 대한 대응책으로서 2008년 종교분쟁을 예방하기 위하여 종교차별금지법의 제정이 논의되었으나 무산된 바 있다. 그 후 공직사회의 종교차별을 방지하기 위하여 국가공무원법과 지방공무원법 등에 공무원의 종교 중립의무가 신설되었다. 2009년 개정된 국가공무원법은 제59조의2(종교중립의 의무)를 신설하여, "① 공무원은 종교에 따른 차별 없이 직무를 수행하여야 한다.

223) 정은정·김대중, "다문화인권교육을 통한 증오범죄 대응방안: 프랑스의 이민 2, 3세의 증오범죄 사례 중심으로", 앞의 글, 116−136면 참조.

224) 전성하·김지용·김호, "재외국민보호를 위한 경찰 역할 제언: − 미국 內 아시아계 대상 증오범죄 분석을 중심으로 −", 앞의 글, 28면, 39−41면 참조.

② 공무원은 소속 상관이 제1항에 위배되는 직무상 명령을 한 경우에는 이에 따르지 아니할 수 있다."라고 규정하였다. 그리고 2016년 제20대 국회에서, 이종걸 의원에 의하여 증오범죄방지법안이 준비된 바 있다.[225]

우리나라에서도 증오범죄 일반을 억제하고 규율하기 위한 증오범죄법을 제정하여, 증오범죄의 심각성에 대한 여론을 확산시키고, 범죄를 억제하며, 사회의 안전에 대한 신뢰를 회복할 필요가 있다는 주장도 제기되고 있다.[226] 무엇보다도 사회보장제도와 양극화 해소 등 사회적 통합을 위한 제도적 보완과 함께 사회안전망을 구축하는 것이 증오범죄에 대한 대책으로서 중요할 것이다.[227] 또한 증오범죄를 저지르는 사람들은 대개 개인적, 가정적 또는 사회적인 문제들을 경험하면서 통제하기 어려운 분노와 증오, 두려움 등의 감정에 기인한다는 점에서, 감성조절 프로그램을 보편적으로 확대하여 시행하는 것도 증오범죄의 예방에 도움이 될 것이다.[228] 미국, 독일, 영국 등의 증오범죄 대처법에서 시사점을 얻어, 증오범죄로 분류되는 경우 우선적으로 신속하게 사법처리하여 가중처벌하는 방안과 함께, 피해자 보호에 특별히 배려하는 사법당국의 제도적 뒷받침도 필요할 것이다.[229] 차별 및 사회통합 저해를 방지하고자 주장되는 증오범죄 가중처벌은 오히려 집단 간의 갈등을 유발하는 결과를 가져올 수 있고, 범행 동기에 따라 가중처벌하는 것은 법치주의에 반한다는 주장이 있으나,[230] 심각한 사회통합을 저

225) 종교차별과 증오범죄를 방지하기 위하여 증오차별방지법의 제정이 필요하다는 주장도 있다. 고기복, "증오와 종교차별 방지를 위한 헌법적 연구", 『토지공법연구』(한국토지공법학회) 제80집, 2017, 422면, 439면 참조.

226) 조계원, "한국에서 증오범죄의 가능성과 규제 방안", 『법과 사회』(법과사회이론학회) Vol. 55, 2017, 65－97면 참조.

227) 김승봉, "증오범죄의 원인과 대책", 『한국방재안전학회 논문집』(한국방재안전학회) Vol. 15 No. 3, 2022, 47－54면 참조.

228) 조한익, "감성조절 프로그램의 효과", 앞의 글, 58면; 양문승 · 이훈재, "증오범죄의 실태와 원인에 대한 이론적 고찰", 앞의 글 참조.

229) 증오범죄에 효과적으로 대응하기 위하여서는, 전담 수사부서와 전담 정부기구의 설치·운용, 증오범죄 전력자 등에 대한 상담·치료프로그램 개발, 증오범죄 신고자 보상체계와 신변보호제도 도입, 다문화가정에 대한 체계적인 관리 시스템 구축, 사회적 편견 감소를 위한 프로그램 개발 등이 필요하다는 주장(조철옥, "미국과 한국의 증오범죄에 관한 비교 고찰", 앞의 글, 64－70면)은 매우 현실적인 제안이라고 평가된다.

230) 박상민, "범행 동기에 따른 가중처벌의 문제점 － 혐오범죄를 예로 하여 －", 『형사정책』 제29권 제3호, 2017, 144－145면 참조.

해하고 인권을 유린하는 증오범죄를 통제하기 위한 형사정책적 필요성과 반인륜적인 범행의 잔인성에서, 가중처벌의 근거를 찾을 수 있을 것이다.[231)]

V. 소 결

이상에서 본 바와 같이, 전 세계적인 증오범죄에 대한 대책에도 불구하고 오늘날 수많은 증오범죄가 발생하고 있다. 피해자의 인종, 피부색, 종교, 출신국, 장애인, 성 또는 성적 지향에 근거하는 증오심으로 인하여 자행하는 증오범죄를 억제하기 위하여서는, 특별법으로서 단지 무거운 형벌을 부과하는 것만으로는 부족하다. 일반 범죄와 증오범죄의 구분히 명확하지 않을 수 있을 뿐만 아니라, 보복의 두려움 등으로 인한 저조한 신고율과 당국의 미온적 대응으로 인하여, 수많은 증오범죄가 제대로 보고되지 않는 것이 현실이다.

유럽에서의 증오범죄의 역사는, 우선 종교적 박해와 전쟁 중 자행된 인종적 집단학살, 그리고 종족에 대한 강제추방과 인종청소 등 때로는 집단적인 종교탄압으로, 때로는 민족학살의 전쟁으로까지 어어졌다. 1096년의 십자군전쟁 중 라인란트 유대인 공동체에 대한 집단학살, 1930－40년대 나찌의 유태인 학살 등이 대표적인 집단적 증오범죄의 역사이다. 오늘날에도 이민자에 대한 배타적 감정과 사회적 갈등이 존재하고 있다.

그리고 미국에서도 오늘날 증오에 기한 살인, 방화, 또는 시설파괴 등이 이루어지고 있고, 특히 무슬림, 유색인종, 그리고 최근에는 아시아인에 대한 증오범죄가 급증하고 있다. 2017년 미국 미네소타주 블루밍턴에 있는 이슬람 사원의 폭발사건은 오늘날에도 종교적 증오범죄가 심각하게 발생하고 있음을 보여준다. 그리고 극단적 백인우월주의자들에 의한 미국 내 폭력적 증오범죄가 급증하였고, 테러를 서슴지 않는 백인우월주의 단체들과 무장단체들이 증가하고 있다. 또한 경찰관에 의한 증오범죄도 심각한 상황인데, 대개 유색인종, 이민자, 동성애

231) 윤종행, “증오범죄의 동향과 대책”, 앞의 글, 155면 참조.

자들이 표적이 되고 있다. 이러한 미국 내 증오범죄에 저항하여 “Black Lives Matter” 운동이 일어났고, 2020년에는 ‘Stop AAPI Hate’라는 단체가 설립되었으며, 2021년에는 “코로나 19 증오범죄 법”, 그리고 2022년에는 “린치방지법”을 시행하였다.

한편 우리나라에 거주하는 외국인이 증가하고 사회가 점차 다양화되어 가면서, 배타성과 증오에 기한 갈등이 증폭되고 있다. 특히 외국인, 여성 및 다문화 가정에 대한 증오범죄가 증가하고 있다. 우리나라에서도 인종주의, 외국인 혐오, 종교적 배타성, 장애인, 여성, 또는 동성애자 등에 대한 혐오 등에 기반한 증오범죄에 대처하기 위한 입법과 제도적 정비가 필요하다. 무엇보다도 외국인과 다문화가정 등 다양성을 수용할 수 있는 포용적인 사회환경과 인권의식의 확산이 요청된다. 아울러 사회통합 정책과 함께 증오범죄 예방을 위한 체계적인 법제도적 대응방안이 필요하다. 무엇보다도 사회보장제도와 양극화 해소 등 사회적 통합을 위한 제도적 보완과 함께, 사회안전망을 구축하는 것이 중요할 것이다. 또한 외국 거주 한국인이 증오범죄의 피해자가 되는 경우도 많으므로, 재외국민 보호를 위한 입법적 대책이 요구되고 있다. 증오범죄로 분류되는 경우 우선적으로 신속하게 사법처리하여 가중처벌하는 방안과 함께, 피해자 보호에 특별히 배려하는 사법당국의 제도적 뒷받침도 필요할 것이다.[232)]

232) 윤종행, “증오범죄의 동향과 대책”, 앞의 글, 155－156면 참조.

제10장

법관, 배심원의 개인적 신앙과 판결
(Verdict and the Personal Religions of Judges and Jurors)

Ⅰ. 법관 개인의 신앙이 판결에 미치는 영향

법관이 개인적으로 신봉하는 종교에 따라 사안을 바라보는 시각이 달라질 수 있고, 결과적으로 판결에 영향을 미칠 수 있을 것이다. 물론 법관은 중립적인 시각에서 사회공동체의 가치적 공감대를 바탕으로 하는 일반인의 입장에서 법을 해석하고 적용하여야 한다.[1] 특히 종교 관련 재판에서 법관은, 신앙인의 신실한 종교적 신념을 부당하게 무시하지 않으면서도, 비신앙인의 명예감정이나 시민으로서의 권리를 침해하지 않을 합리적 해결방안을 찾을 것이 요구된다.[2] 미국의 한 연구 결과에 의하면, 개인의 종교가 보다 보수적인 성향인지 개방적인지에 따라 정치적 입장을 달리하였는데, 보수적인 신앙을 갖고 있는 사람들이 보다 공화당 성향이었다고 한다. 또한 유대교 신자들과 흑인 개신교 신자들은 매우 민주당 성향이었고, 카톨릭 신자들은 반반 나뉘었으며, 개신교 신자들 중에서도 보수적

1) 윤종행, “종교와 법의 교차점”, 앞의 글, 450면 참조.
2) Masterpiece Cakeshop, Ltd. v. Colo. Civil Rights Comm’n, 138 S. Ct. 1732 (2018).

인 신앙인들은 공화당 성향을 보였다고 한다.[3] 그리고 법관의 신앙에 따라 종교 관련 재판의 판결에 어떠한 영향을 미치는지를 연구한 결과, 유태교 신자인 법관들은 종교의 자유를 강하게 보호하는 성향을 보였다고 한다.[4]

그런데 법관의 성(sex), 인종, 출신지역 등은 경우에 따라, 재판에서 다루어지는 사건에서 마주하게 되는 당사자나 사실관계 등의 이해와 해석에 사실상 영향을 줄 수도 있을 것이다. 또한 법관의 개인적 신앙은 특히 종교 관련 재판의 사안을 보는 시각에 영향을 미칠 수 있을 것이다. 따라서 종교 관련 재판에서, 법관 개인이 신봉하는 종교로 인하여 불공정한 재판이 될 우려가 있을 경우에는, 회피제도 등을 활용하여 담당 법관을 신중히 선정하여야 할 것이다.[5]

Ⅱ. 배심원의 종교적 확신이 평결에 미치는 영향

형사재판에 있어서 배심원 개인의 종교적 확신에 따라 사안을 바라보는 배심원의 시각이 달라질 수 있다. 이는 사안에 대한 판사의 설명과는 다른 방향으로 법리 해석과 결론에 이르게 할 수 있는 요인이 되므로, 이에 대한 합리적 배려와 존중이 이루어질 것이 필요하다. 우선 종교적 확신을 가진 사람이 종교를 이유로 하여 배심원이 되는 데 차별을 받지 않아야 할 것이지만, 종교적 확신을 갖고 있는 배심원은 판사의 법리 해석과 다른 방향으로 증거 해석과 형사책임과 관련된 비난성 평가를 할 수 있다는 점에서 판사의 의도에 반할 수 있다는 점이다. 그런데 비교적 종교적 다양성이 크지 않았던 미국 건국 초기에 배심원제도가 처음 마련된 시기와는 달리,[6] 오늘날 너무나 다양한 종교로 인하여 세상을 보는

3) Stephen L. Carter, God's Name in Vain, pp. 46–48 (2000).

4) Donald R. Songer & Susan J. Tabrizi, *The Religious Right in Court: the Decision Making of Christian Evangelicals in State Supreme Courts,* 61 J. Pol. pp. 513–523 (1999); Gregory C. Cisk, Michael Heise & Andrew P. Morriss, *Searching for the Soul of Judicial Decisionmaking: An Empirical Study of Religious Freedom Decisions,* 65 Ohio St. L.J. p. 582 (2004).

5) 윤종행, "종교관련 재판의 전제로서의 몇 가지 쟁점들–미국 판례를 중심으로–", 『법학연구』(연세대) 제32권 제1호, 2022, 198–199면 참조.

시각과 법의 이해에 있어서 매우 큰 차이를 보임으로써, 공정하고 합리적인 사법 시스템을 운영하는데 있어서, 법률전문가가 아닌 일반인이 참여하는 것이 하나의 도전이 되고 있다고 한다.[7] 우리나라에서도 "국민의 형사재판 참여에 관한 법률"에 따라[8] 「법원조직법」 제32조 제1항(제2호 및 제5호는 제외한다)에 따른 합의부 관할 사건과 이들 사건의 미수죄·교사죄·방조죄·예비죄·음모죄에 해당하는 사건과 또한 「형사소송법」 제11조에 따른 관련 사건으로서 병합하여 심리하는 사건 등에 대하여서는 피고인이 원할 경우 국민참여재판을 할 수 있기 때문에, 우리나라에서도 배심원의 개인적 신앙이 배심원의 평결에 어떠한 영향을 미치는지는 중요한 쟁점이 될 수 있다.[9]

만약 어떤 사람이 자신의 신앙을 이유로 배심원이 되어 평결을 내리는 것을 거부한다든가, 자신의 신앙을 토대로 하여 무조건적인 자비와 용서를 주장한다면 이는 형사재판에 있어서 배심원제도의 취지에 반하는 방향이 될 것이다. 사안과 관련하여, 법관의 법리 설명이 배심원에게 주어지더라도, 적절하지 않거나 불합리한 평결에 이를 수도 있는 것이다. 그렇지만 배심원에 참여하고자 하는 사람에게 개인적 신앙을 바탕으로 하여 독특한 시각을 갖고 있다는 이유로 이를 배척할 수만도 없다는 점이다. 결국, 다양성을 살려 판단의 주체를 여러 일반인들로 확대하고자 하는 배심원제도의 취지를 살리려면, 비록 독특한 종교적 확신으로 인하여 비합리적인 평결에 이를 수 있다는 이유로 배척되어서는 안 될 것이며, 종교 등을 포함하여 사회 구성원의 다양성을 반영하는 합리적 배심원제도가 되도록 하는 지속적인 보완이 이루어져야 할 것이다.[10]

---

6) Barbara J. Shapiro, *"To a Moral Certainty": Theories of Knowledge and Anglo-American Juries 1600-1850,* 38 Hastings L.J. 153, 167 (1986).

7) Anna Offit, *Religious Convictions,* 101 N.C. L. Rev. 272-273 (2023).

8) 국민의 형사재판 참여에 관한 법률(약칭: 국민참여재판법) [시행 2017. 7. 26.] [법률 제14839호].

9) 윤종행, "종교관련 범죄와 재판", 『연세법학』(연세법학회) 제42호, 2023, 172-174면 참조.

10) Anna Offit, *Religious Convictions, Id.* at 310-311.

Ⅲ. 소 결

법관의 개인적 신앙은 특히 종교 관련 재판의 사안을 보는 시각에 영향을 미칠 수 있을 것이므로, 종교 관련 재판에서 법관 개인이 신봉하는 종교로 인하여 불공정한 재판이 될 우려가 있을 경우에는, 회피제도 등을 활용하여 담당 법관을 신중히 선정하여야 할 것이다. 또한 형사재판에 있어서, 배심원이 자신의 신앙을 이유로 배심원이 되어 평결을 내리는 것을 거부한다든가, 자신의 신앙을 토대로 하여 무조건적인 자비와 용서를 주장한다면, 이는 배심원제도의 취지에 반하는 결과가 될 수 있다. 그렇다고 하더라도 배심원에 참여하고자 하는 사람에게 개인적 신앙을 바탕으로 하여 독특한 시각을 갖고 있다는 이유로 이를 배척할 수만도 없다. 종교 등을 포함하여 사회 구성원의 다양성을 반영하는 합리적 배심원제도가 되도록 하는 지속적인 제도적 보완이 요구된다.[11)]

11) 윤종행, “종교관련 범죄와 재판”, 앞의 글, 176면 참조.

제11장

종교인과 신자가 나눈 대화내용에 대한 증언거부의 특권

(Clergy-Penitent Privilege)

Ⅰ. 서 설

일정한 관계의 사람들이 나눈 대화의 비밀은 이를 보호하는 것이 공공의 이익에 부합하는 것으로서 가치가 있으므로, 증거법에서는 상황에 따라 증언거부의 특권을 인정하고 있다. 실체진실을 규명하는 사법절차에서, 관련성 있는 증거임에도 이를 법정에 제출할 수 없도록 함으로써 사법작용을 방해하는 측면이 있지만, 일정한 경우에는 상호간의 신뢰관계에 바탕을 둔 비밀스런 의사교환 내용에 대하여 증거제출과 증언을 거부할 수 있는 특권을 보장함으로써 얻게 되는 사회제도적 이익이 우월하다는데 근거한다.[1)] 영미 보통법상 전통인 증언거부의 특권은 16세기의 엘리자베스 여왕 시대에까지 거슬러 올라간다.[2)] 그리고 미국

1) Samuel G. Brooks, *Confession and Mandatory Child Abuse Reporting: A New Take on the Constitutionality of Abrogating the Priest-Penitent Privilege,* 24 BYU J. Pub. L. 118 (2009).

2) Daniel W. Shuman, *The Origins of the Physician-Patient Privilege and Professional Secret,* 39 SW. L.J. 669-70 (1985).

보통법상으로는 미국혁명기에 확립되었다.[3] 오늘날 미국에서는 일반적으로 변호사와 의뢰인 간, 목사 등 종교인과 신자 간, 심리치료사와 환자 간, 그리고 부부간 증언거부의 특권을 인정하고 있다. 이는 당사자간의 대화내용의 비밀이 보장되어야 제도적 취지를 살릴 수 있다는 측면만이 아니라 프라이버시, 충직성, 그리고 인간의 존엄 등에 근거하는 것으로 이해되고 있다.[4] 본 장에서는, 여러 증언거부의 특권들 중에서도 종교인과 신자가 나눈 대화내용에 대한 증언거부의 특권으로 논의를 제한하고자 한다.

우리나라는 종교의 전통이 강하고 일상생활에서도 종교의 영향이 매우 크다고 볼 수 있다. 특히 특정 종교를 신봉하고 있는 신자의 경우에는, 종교인과의 상담 등 의사교환이 전통적 방식인 대면상담만이 아니라 오늘날 전화통화나 문자메시지 이메일 등 다양한 형태로 이루어지고 있으며, 종교상담이 삶에서 차지하는 비중도 크다. 주지하듯이 우리나라는 오랜 세월 동안 불교와 유교의 전통이 확고하였지만 오늘날은 기독교와 천주교 인구도 많은 비율을 차지하고 있다. 2005년도 기준, 우리나라 인구의 대략 53퍼센트가 종교를 가지고 있는데, 전체 인구에서 불교 23%, 개신교 18%, 천주교 11%이고, 기타 0.2% 이하의 유교, 원불교, 증산도, 천도교, 대종교, 기타 종교 등을 믿고 있는 것으로 조사되었다.[5] 여기서 종교인구 비율은 통계청의 사회통계조사 결과로서 15세 이상 인구 중 종교인구가 차지하는 비율인데, 종교인구의 기준은 종교를 믿는 사람을 말하며 수계, 세례, 영세 또는 입교 등을 한 사람과 종교행사에 정기적으로 참여하고 있거나 믿음을 갖고 종교사상을 실천하는 사람을 말한다.[6] 그리고 기타 종교에는 대순진리회, 태종교, 천리교, 성덕도, 한얼교, 이슬람교, 서천교, 국제도덕협회 등이 있는 것으로 조사되고 있다.[7]

---

3) Comment, *Functional Overlap Between the Lawyer and Other Professionals: It's Implications for the Privileged Communications Doctrine,* 71 YALE L.J. 1229 (1962).

4) Kenneth S. Broun, *Giving Codification a Second Chance—Testimonial Privileges and the Federal Rules of Evidence,* 53 Hastings L.J. 769, 796 (2002).

5) 류성민, "한국 종교인구 분포 비율의 변화와 그 특징", 『종교연구』(56권), 2009, 28면 참조.

6) 여기서 불교 신자는 수계한 사람은 물론 절에 다니는 사람도 포함하고, 기독교(개신교) 신자는 세례를 받은 사람은 물론 교회에 다니는 사람도 포함하며, 천주교 신자는 영세를 받은 사람은 물론 성당에 다니는 사람도 포함한다.

이하에서는 종교인과 신자(信者)가 나눈 대화내용에 대한 증언거부 특권의 의의와 연혁을 간단히 살피고, 오늘날 쟁점이 되고 있는 논의상황을 미국의 판례와 학설을 중심으로 검토한 다음, 우리나라의 입법과 판례의 흐름을 살펴보고자 한다.[8]

Ⅱ. 종교인과 신자가 나눈 대화내용에 대한 증언거부 특권의 의의 및 인정 요건

1. 종교인과 신자가 나눈 대화내용에 대한 증언거부 특권의 의의

종교의 직에 있는 사람과 신자 간에 나눈 대화내용에 대한 증언거부의 특권은, 개인의 프라이버시를 보장하는 차원에서 미국의 모든 주에서 법률로써 인정하고 있고, 연방법원에서도 보통법의 전통에 의하여 인정하고 있다.[9] 그리고 주마다 차이가 있긴 하지만, 미국 대부분의 주에서는 이 특권의 보유자를 신자로 인정하고 있다.[10] 이는 카톨릭 교회의 "고해성사의 비밀 유지의무(Seal of Confession)" 전통에서 유래하는 것으로서,[11] 종교인과 신자가 나눈 대화 내용이 비밀로서 보장이 되지 않는다면, 사람들이 신뢰를 갖고 종교인과 비밀스런 대화를 나누지 않으려고 할 것이라는 데 근거한다.[12] 또한 모든 사람은 때때로 참회와 고백, 그리고 영적 훈련의 공간을 필요로 하므로, 이러한 사적 영역을 침해받지 말아야 한다는 이유에서이다.[13] 그러나 비록 신자가 이 특권을 포기한다고 하더라도, 카톨릭 사제가 신자

---

7) 통계청 자료 참조. https://meta.narastat.kr/metasvc/index.do?iemInputNo=0000094351543

8) 윤종행, "종교인과 신자가 나눈 대화내용에 대한 증언거부의 특권", 앞의 글, 169면 이하 참조.

9) Edward J. Imwinkelried, The New Wigmore: A Treatise on Evidence: Evidentiary Privileges § 6.2.3, 525-530 (2d ed. 2009).

10) R. Michael Cassidy, *Sharing Sacred Secrets: Is It (Past) Time for a Dangerous Person Exception to the Clergy-Penitent Privilege?* 44WM. & Mary L. Rev. 1650 (2003).

11) Robert S. Catz, Jill J. Lange, *Judicial Privilege,* 22 Ga. L. Rev. 105 (Fall, 1987).

12) Christine P. Bartholomew, *Exorcising the Clergy Privilege,* 103 Va. L. Rev. 1023 (2017).

13) Deborah Paruch, *From Trusted Confidant to Witness for the Prosecution: The Case Against*

와 나눈 대화내용을 공개할 경우는 사제가 교구에서 퇴출당하게 된다는 점에서, 다른 종류의 증언거부의 특권과 구별되는데, 이는 카톨릭 교회의 고해성사의 전통에서 비롯되는 것이다.[14)]

그런데 이러한 특권을 좁게 해석하게 되면 종교의 자유를 침해할 수 있다고 이해되고 있다. 또한 종교의 직에 있는 사람이 신자가 위험한 계획을 갖고 있다는 사실을 제3자에게 알리지 않았다는 사실을 근거로 하여 그 종교인에게 손해배상책임을 인정하지 않는 것이, 미국 법원의 일관된 입장이다.[15)] 아동학대 사건과 같이 의무적 신고사항에 대하여도, 종교의 직에 있는 사람이 신고를 하도록 하는 주는 미국에서 약 30개 주이고, 이들 중 약 15개 주에서는, 종교의 직에 있는 사람과 신자 간에 나눈 대화내용에 대한 증언거부의 특권이 필수신고사항에 대한 신고의무보다 우월한 것으로 보고 있다.[16)]

2. 종교인과 신자가 나눈 대화내용에 대한 증언거부 특권의 연혁

영국의 보통법 전통은, 카톨릭 교회의 고해성사 과정에서 나눈 종교인과 신자 간 나눈 대화 내용에 대하여 증언거부의 특권을 절대적으로 보장하는 것이었다.[17)] 카톨릭 교회의 사제에게는 신자들의 신앙고백 과정에서 알게 된 모든 비밀을 예외 없이 절대 누설해서는 안 된다는 엄격한 의무가 주어졌다.[18)] 그러나 종교개혁 이후로 카톨릭 교회에 대한 반감으로 인하여, 종교인과 신자가 나눈 대

---

the Recognition of a Dangerous–Patient Exception to the Psychotherapist–Patient Privilege, 9 U. N.H. L.Rev. 389 (2011).

14) Caroline Donze, *Breaking the Seal of Confession: Examining the Constitutionality of the Clergy–Penitent Privilege in Mandatory Reporting Law,* 78 La. L. Rev. 272 (2017).

15) R. Michael Cassidy, *Sharing Sacred Secrets: Is It (Past) Time for a Dangerous Person Exception to the Clergy–Penitent Privilege? Id,* at 1673–1685.

16) *Id,* at 1668–1669.

17) Mary Harter Mitchell, *Must Clergy Tell? Child Abuse Reporting Requirements Versus the Clergy Privilege and Free Exercise of Religion,* 71 Minn. L. Rev. 723, 735 (1987); Caroline Incledon, *The Constitutionality of Broadening Clergy Penitent Privilege Statutes,* 53 Am. Crim. L. Rev. 522 (2016).

18) Kari Mercer Dalton, *The Priest–Penitent Privilege v. Child Abuse Reporting Statutes: How to Avoid the Conflict and Serve Society,* 18 Widener L. Rev. 2 (2012).

화 내용에 대한 증언거부의 특권은 16세기 이후로 영국의 보통법에서 사라지게 되었고, 미국에 계승된 보통법에도 이러한 특권은 포함되지 않았으며,[19] 초기 미국의 법원에서도 이를 인정하지 않았다.[20] 오늘날 미국에서는 종교인과 신자 간 나눈 대화내용에 대한 증언거부의 특권은 주의 법률에 의하여 인정되고 있다.[21]

미국에서 이러한 특권이 법정에서 문제가 된 것은 1813년의 뉴욕주의 People v. Phillips 판결로 거슬러 올라간다.[22] 장물을 취득한(훔친 물건임을 알면서 받은) 사람이 카톨릭 신부 Anthony Kohlman에게 찾아와서 자신의 죄를 고백하자, Kohlman 신부는 장물을 피해자에게 돌려주고 속죄하라고 말하였고, Kohlman 신부는 장물을 원 주인에게 돌려주었다. Kohlman 신부가 법정에 출두하여 누가 자신에게 그 장물을 주었는지를 증언하도록 요구받자, 고해성사의 비밀보장의무(the Seal of Confession)에 근거하여 증언을 거부하였다.[23] Kohlman 신부는, 자신이 신자의 신원을 밝히는 것보다는 자신이 당장 죽거나 어떠한 불이익을 당하는 편이 나은데, 이를 누설하는 것은 자신이 속한 교회와 자신의 사제직과 하나님에 대한 배반이기 때문이라고 말하였다. 결국 뉴욕주 법원은 부분적으로는 종교의 자유에 근거하여 Kohlman 신부의 고해성사의 비밀보장 권리를 인정하면서, 특별히 중대한 사유가 있는 경우가 아니라면 국가는 때때로 개인의 법적 의무를 면제함으로써 자유로운 종교활동의 사유를 보장할 필요가 있다고 판시하였다.[24] 천주교 사제에게 고해성사 비밀유지의무를 위반하도록 강요하는 것은, 헌법상 권리인 종교행사의 자유를

19) Mary Harter Mitchell, *Must Clergy Tell? Child Abuse Reporting Requirements Versus the Clergy Privilege and Free Exercise of Religion, Id,* at 736; Kari Mercer Dalton, *The Priest–Penitent Privilege v. Child Abuse Reporting Statutes: How to Avoid the Conflict and Serve Society, Id,* at 3.

20) Caroline Incledon, *The Constitutionality of Broadening Clergy Penitent Privilege Statutes, Id,* at 522.

21) Kari Mercer Dalton, *The Priest–Penitent Privilege v. Child Abuse Reporting Statutes: How to Avoid the Conflict and Serve Society, Id,* at 3.

22) People v. Phillips (N.Y. Ct. of Gen'l Sessions 1813).

23) Kari Mercer Dalton, *The Priest–Penitent Privilege v. Child Abuse Reporting Statutes: How to Avoid the Conflict and Serve Society, Id,* at 3–4.

24) Walter J. Walsh, *The Priest–Penitent Privilege: An Hibernocentric Essay in Postcolonial Jurisprudence,* 80 Ind. L.J. 1037, 1039 (2005); Caroline Incledon, *The Constitutionality of Broadening Clergy Penitent Privilege Statutes, Id,* at 522, 523.

침해하는 것이라고 본 것이다.[25)]

그러나 그로부터 3년 후인 1817년, 뉴욕주 법원의 People v. Christian Smith 판결에서는 증언거부의 특권을 부정하였다. 살인죄로 기소되어 감옥에 있던 피고인 Christian Smith가 개신교 목사인 Peter J. Van Pelt를 만나 대화를 나눈 것에 대하여 검사가 Pelt 목사를 증인으로 신청하였고, 피고측 변호인은 종교인의 증언거부의 특권을 이유로 이에 반대하였다. 뉴욕주 대법원 판사 Van Ness는 종교의식에서 나눈 고해성사(auricular confession)와 달리 신자가 종교인과의 개인적 친분이나 상담 과정에서 나눈 대화내용은 특권으로 보호되지 않는다고 판단하여, Pelt 목사의 증언을 받아들였다. 그러나 배심원은 무죄평결을 하였다.[26)]

이 판결 이후로 대중의 분노가 일어났고, 이를 계기로 미국의 각 주에서는 목사가 직업적으로 신자와 나눈 대화내용에 대한 증언거부의 특권을 인정하는 법률을 제정하기 시작하였다.[27)] 1928년 뉴욕주에서는 미국에서 최초로 종교인과 신자가 나눈 대화내용에 대한 증언거부의 특권을 법률로써 인정하면서, 카톨릭 신부만이 아니라 개신교 목사와 다른 종교지도자들에게 확대하였다. 이어서 다른 주들이 재빨리 이를 따라감으로써 1948년까지 30개 주가, 1955년에서 1968년까지 14개 주가 이에 가담하여, 오늘날 미국의 모든 주는 이와 같은 특권을 법으로 인정하고 있다.[28)]

그러나 이와 같이 미국의 각 주에서 인정하고 있는 종교인과 신자가 나눈 대화내용에 대한 증언거부의 특권을 연방 차원의 법률로써 명문으로 보장하고 있지는 않다. 다만 미국 의회는 연방증거법 제501조에서 증언거부의 특권은 "합리적 이성과 경험을 토대로 하여 법원이 보통법의 원리를 해석하여 규율하는 것"으로 규정하였다.[29)] 그렇지만 미연방 대법원이 종교인과 신자가 나눈 대화내용에 대한 증

25) Kari Mercer Dalton, *The Priest−Penitent Privilege v. Child Abuse Reporting Statutes: How to Avoid the Conflict and Serve Society, Id,* at 4.

26) New−York City−Hall Recorder 77 (June 1817).

27) Christine P. Bartholomew, *Exorcising the Clergy Privilege, Id,* at 1020).

28) Caroline Incledon, *The Constitutionality of Broadening Clergy Penitent Privilege Statutes, Id,* at 523.

29) George C. Harris, *The Dangerous Patient Exception to the Psychotherapist−Patient Privilege: The Tarrasoff Duty and the Jaffee Footnote,* 74 Wash. L. Rev. 36 (1999).

언거부의 특권에 관하여 언급한 사례는 많지 않다. 1974년의 United States v. Nixon 사건에서 변호사나 목사(priest)가 비밀스런 전문 상담 과정(professional confidence)에서 알게 된 것을 공개하는 것을 의무화해서는 안 된다고 설시한 바 있고,[30] 1980년의 Trammel v. United States 사건에서는, 사람이 종교인으로부터 위안과 안내를 받기 위하여서는 잘못된 행동과 생각에 대하여서도 비밀성에 대한 온전한 신뢰를 갖고 털어놓을 수 있어야 하므로, 종교인과 신자가 나눈 대화내용에 대한 증언거부의 특권이 필요함을 지적하였다.[31]

3. 종교인과 신자가 나눈 대화내용에 대한 증언거부 특권의 인정 요건

종교인과 신자 간의 대화내용에 대한 증언거부의 특권을 인정하는 것은, 종교인과 신자 간의 신앙적 대화내용에 대하여 비밀이 보장되어야만 자신이 신뢰하는 종교지도자로부터 마음 편히 통상의 영적 안내를 받을 수 있게 된다는 점에 근거한다.[32] 미국의 주에 따라 약간의 차이가 있긴 하지만, 연방 차원과 주에서 인정하고 있는 종교인과 신자가 나눈 대화내용에 대한 증언거부 특권으로서 인정되기 위하여서는 다음과 같은 요건을 갖추어야 한다. 첫째, 상호간의 신뢰를 전제로 하는 비밀성(confidential)이 있어야 하고, 둘째, 종교적 · 영적 대화(spiritual communication)여야 하고, 셋째, 전문 종교인의 입장에서 나눈(made to a cleric in his professional capacity) 대화여야 한다. 그리고 이러한 요건을 충족하는지는 특권을 주장하는 사람이 입증하여야 하고, 이와 같은 특권은 절대적인 것으로 여겨지고 있다.[33]

우선, 종교인과 신자 간에 나눈 대화형식에 있어서 상호 신뢰관계를 바탕으로 하는 비밀성(cofidentiality)의 요건을 충족하여야 한다.[34] 이에 관하여 미국의

30) United States v. Nixon, 418 U.S. 683 (1974).

31) Trammel v. United States, 445 U.S. 40 (1980).

32) Samuel G. Brooks, *Confession and Mandatory Child Abuse Reporting: A New Take on the Constitutionality of Abrogating the Priest-Penitent Privilege, Id,* at 119.

33) Christine P. Bartholomew, *Exorcising the Clergy Privilege, Id,* at 1022-1023.

34) Kari Mercer Dalton, *The Priest-Penitent Privilege v. Child Abuse Reporting Statutes: How to Avoid the Conflict and Serve Society, Id,* at 7.

법원은, 의사교환 당시에 신자가 대화내용의 비밀이 보장되리라는 주관적인 기대를 갖고 있는지를 기준으로 판단하는 경우도 있고,[35] 객관적인 기준으로서 대화가 비밀성에 대한 합리적인 기대 하에서 이루어졌는지를 기준으로 판단하기도 한다.[36]

다음으로, 대화내용이 특권으로서 보호되기 위하여서는, 종교인과 신자 간의 영적(spiritual), 종교적인 내용일 것을 요한다. 원래는 카톨릭 교회의 고해성사와 같이 공식 의식에서 나눈 대화만을 보호하다가 점차 개신교의 신앙상담으로 확대되었는데, 그 범위에 대하여서는 주별로 차이가 있어 왔다.[37] 경우에 따라서는 카톨릭 교회의 신부가 범죄에 대한 고백을 듣고 고민하다가, 계속적으로 행해지는 범죄를 막기 위하여서 정보를 공유하기로 결심한 경우도 있다.[38]

마지막으로, 신자의 대화상대인 종교인이 전문 종교인의 신분으로서 나눈 신앙적 대화여야 한다. 여기서 종교인은 신부, 목사, 승려 또는 기타 종교 단체 등에서 이와 같은 직을 수행하는 사람들이라고 볼 수 있다.[39] 직업이 종교인이지만 사업가 또는 공직자의 신분으로서, 또는 친구로서 나눈 대화내용은 여기에 포함되지 않는다.[40] 목사의 신분을 갖고 있지만, 예컨대 에어컨 회사의 사업주의 입장에서 종업원과 나눈 대화내용이라든가, 오랜 친구 사이인 목사와 나눈 대화내용, 또는 목사가 교회 내 성범죄 사건에 대하여 교인과 징계 차원에서 나눈 대화내용 등은, 종교인과 신자가 나눈 대화내용에 대한 증언거부 특권으로서 보호되지 않을 수 있다.[41]

---

35) Gonzalez v. State, 21 S.W.3d 595, 598 (Tex. App. 2000).

36) State v. Mark R., 17 A.3d 1, 8 (Conn. 2011).

37) Christine P. Bartholomew, *Exorcising the Clergy Privilege, Id,* at 1035–1037.

38) Morales v. Portuondo, 154 F. Supp. 2d 706, 729 (S.D.N.Y. 2001).

39) Ronald J. Colombo, *Forgive Us Our Sins: The Inadequacies of the Clergy–Penitent Privilege,* 73 N.Y.U. L. Rev. 232 (1998).

40) Kari Mercer Dalton, *The Priest–Penitent Privilege v. Child Abuse Reporting Statutes: How to Avoid the Conflict and Serve Society, Id,* at 7.

41) Christine P. Bartholomew, *Exorcising the Clergy Privilege, Id,* at 1032–1035.

Ⅲ. 종교인과 신자가 나눈 대화내용에 대한 증언거부의 특권이 제한되는 경우

종교인과 신자가 나눈 대화내용에 대한 증언거부의 특권은, 변호사나 심리치료사와의 대화내용에 대한 증언거부의 특권과 비교하여 보다 강한 보호를 받는다.[42] 이는 헌법적 권리인 종교행사의 자유에 근거하여 상담내용의 공개를 거부할 수 있다는 점이다.[43] 그러나 이러한 종교인과 신자가 나눈 대화내용에 대한 증언거부의 특권을 구체적인 사안에서 인정할 것인지를 판단함에 있어서, 미국의 법률과 판례는 대화내용의 비밀보장이라는 이익과 증거로서의 필요성을 비교형량하여 그 인정범위를 설정하여 왔다. 폭력범죄와 관련되는 사건, 타인에게 잠재적 위협이 예상되는 경우, 또는 학대 등과 같은 특별한 상황에서 특권으로서 보호되기 위하여서는, 종교인과 신자 간의 의사교환 내용을 보호하여야 하는 보다 강한 종교적인 이유를 제시하여야 한다. 그리고 대화가 이루어진 장소, 종교인과 신자 간의 관계의 지속기간, 그리고 영적 상담 관계가 이전에도 존재하였었는지 등을 아울러 고려하여 판단하고 있다.[44]

1. 아동학대 사건에 대한 신고 의무화

종교인이 신자와 신앙상담 중 아동학대 사실을 알게 된 경우에는 이를 당국에 신고하도록 의무화하고 있다. 종교의 자유와 아동보호라는 공익이 충돌하는 상황에서, 증언거부의 특권을 침해하면서까지 보호하여야 하는 중대한 국가적 이익(compelling state interest)이 존재하고, 기본권의 최소침해 원칙을 충족한다고 보고 있다. 종교인에게 이를 당국에 신고하도록 의무화하는 것은, 아동학대를 인지하고 예방하여야 하는 국가적 이익을 위한 수단으로서 기본권 침해를 가장 최

42) Michael J. Mazza, *Should Clergy Hold the Priest－Penitent Privilege?,* 82 MARQ. L. Rev. 171, 186 (1998).

43) Samuel G. Brooks, *Confession and Mandatory Child Abuse Reporting: A New Take on the Constitutionality of Abrogating the Priest－Penitent Privilege, Id,* at 120.

44) Christine P. Bartholomew, *Exorcising the Clergy Privilege, Id,* at 1066.

소화할 수 있는 방법이라고 보기 때문이다. 그러나 그와 같은 상황에서도, 종교인이 자신이 속한 종교단체에서 퇴출을 당하지 않기 위하여, 신자와 나눈 대화내용에 대하여 신고나 증언을 거부하는 것이 허용되는 것으로 이해되고 있다.[45] 여기서 아동학대(child abuse)는 아동에 대한 신체적 가혹행위, 유기, 정신적·정서적 유해행위, 그리고 성적 부당행위 등을 포함하는 넓은 개념이다.[46]

1974년 미 연방 의회는 아동학대 사건의 예방과 처리를 위하여 주에서 운용할 수 있는 연방기금을 마련하는 법안을 통과시켰는데,[47] 주에서 이 기금을 사용하기 위하여서는 아동학대 사실을 의무적으로 보고하는 사람을 지정할 것을 요건으로 하였다.[48] 이에 부응하여 미국의 모든 주는 결국 아동학대 사건에 대한 의무신고인(mandatory reporters) 제도를 도입하였고, 신고하지 않을 경우의 형사처벌과 증언거부의 특권이 이러한 신고의무에 어떻게 영향을 미치는지 등에 관하여 법률로 규정하게 되었다.[49]

신고의무 불이행에 대한 처벌은 보통 벌금이나 1년 이하의 징역형 정도로 규율하고 있는데, 실제로 미국 텍사스주 휴스턴시의 Robert Holmes 목사가 아동학대 사실을 당국에 신고하지 않고 아동의 상처를 방관하고 유기한 혐의로 체포된 적이 있고, 2010년에는 애리조나주 피닉스시의 두 목사가 아동학대 사실을 신고하지 않은 혐의로 체포된 적이 있다.[50] 그리고 미국 대부분의 주에서는, 아동학대 사실을 실제로 인식할 것을 요하지 않고, 합리적 믿음이나 의심이 가는 상황에서도 신고의무를 부과하고 있고, 신고로 인한 민·형사책임에서 면제하는 조항을 아울러 두고 있다.[51] 의무신고인 제도는 통상 교사, 심리치료사, 의사 등의

45) Caroline Donze, *Breaking the Seal of Confession: Examining the Constitutionality of the Clergy–Penitent Privilege in Mandatory Reporting Law, Id,* at 270.

46) Mary Harter Mitchell, *Must Clergy Tell? Child Abuse Reporting Requirements Versus the Clergy Privilege and Free Exercise of Religion, Id,* at 729–730.

47) Child Abuse Prevention and Treatment Act of 1974.

48) Paul Winters, *Whom Must the Clergy Protect? The Interest of At–Risk Children in Conflict with Clergy–Penitent Privilege,* 62 Depaul L. Rev. 197 (2012).

49) Mary Harter Mitchell, *Must Clergy Tell? Child Abuse Reporting Requirements Versus the Clergy Privilege and Free Exercise of Religion, Id,* at 728.

50) Kari Mercer Dalton, *The Priest–Penitent Privilege v. Child Abuse Reporting Statutes: How to Avoid the Conflict and Serve Society, Id,* at 13.

전문인들을 신고의무자로 지정하는데, 많은 주에서는 목사 등 종교인도 지정하지만, 위에서 언급한 다른 전문인들과는 달리 종교인과 신자 간의 증언거부의 특권에 근거하여 일반적인 신고의무에서 면제하는 경우가 종종 있다.[52]

2. 아동학대 사건에 대한 신고의무와 종교인과 신자 간의 증언거부 특권의 충돌

이와 같이 아동학대 사건에 대한 신고의무와 종교인과 신자 간의 증언거부의 특권의 충돌의 문제가 논란이 되어 왔다. 대개는 종교인이 신자와의 신앙 상담과 같은 종교적 대화를 나누는 중에 아동 학대 등과 같은 범죄 사실을 발견하는 경우이지만, 피해자나 패하자의 가족 또는 친구와 같이 종교인과 신자 간 증언거부의 특권에 의하여 보호되지 않는 대화통로를 통하여 교회 등 종교단체 구성원들이 인지하게 되는 경우도 있다. 오늘날 종교인 자신이 아동에 대한 성적 남용행위를 하는 사례도 빈번히 발생하고 있다.[53] 2002년에는, 미국의 매사추세츠 주 보스턴의 한 천주교 사제에 의한 성적 남용 스캔들이 알려지면서 교구 주민들의 부정적 인식이 확산되려 하자, 이 지역 천주교 주교가 이를 의도적으로 은폐하려 한 사긴이 발생하였다.[54] 이를 계기로 매사추세츠주 의회에서는 아동학대 사건의 경우에는 종교인과 신자 간 증언거부의 특권이 제한되는 것인지가 크게 논란이 되었다. 어떤 의원들은 종교인의 종교의 자유를 보장하기 위하여서는 종교적 상담과정에서 알게 된 정보에 대하여서는 의무적 신고대상에서 제외

51) Mary Harter Mitchell, *Must Clergy Tell? Child Abuse Reporting Requirements Versus the Clergy Privilege and Free Exercise of Religion, Id,* at 730–732; Kari Mercer Dalton, *The Priest–Penitent Privilege v. Child Abuse Reporting Statutes: How to Avoid the Conflict and Serve Society, Id,* at 13.

52) Caroline Donze, *Breaking the Seal of Confession: Examining the Constitutionality of the Clergy–Penitent Privilege in Mandatory Reporting Law, Id,* at 280.

53) Norman Abrams, *Addressing the Tension between the Clergy–Communicant Privilege and the Duty to Report Child Abuse in State Statutes,* 44 B.C. L. Rev. 1127–1128 (2003).

54) Mitchael Rezendes, *Church Allowed Abuse by Priest for Years: Aware of Geoghan Record, Archdiocese Still Shuttled Him from Parish to Parish,* BOS. Globe (Jan. 6, 2002).

하는 입법을 하여야 한다고 주장하였고, 다른 의원들은 학대 등 남용 사건의 경우에 무조건적인 신고의무를 부과하는 다른 의무신고인들의 경우와 마찬가지로 종교인에게도 신고의무를 부과하여야 한다고 주장하였다. 심지어 그러한 경우에도 종교인에게 증언거부의 특권을 인정하는 것은 범죄자를 보호하고 피해자의 희생을 치르면서 학대 등 남용행위가 계속되는 것을 허용하는 것이라는 주장도 제기되었다.[55] 이와 같은 상황에서 종교단체의 로비와 소송의 위협 등의 수단까지 동원되었고, 매사추세츠주에서는 결국 의무적 신고인 제도에서 종교인의 증언거부의 특권을 포함시키는 것으로 입법하였는데,[56] 여기서 교회 등 종교단체와 정부 간의 긴장관계를 읽을 수 있다.[57]

오늘날 미국의 28개 주에서는 목사 등 종교인을 의무신고인으로 명시적으로 규정하고 있다. 그러나 이들 중 거의 모든 주에서는 종교적인 의사교환 과정에서 얻게 되는 정보에 대하여서는 아동학대 등 아동에 대한 부당대우(child abuse) 사실에 대한 신고의무를 부과하지 않는 것으로 되어 있다. 이는 종교인의 종교의 자유를 침해하지 않으면서도 종교인도 의무신고인에 포함시킴으로써 의무적 신고인 제도를 확대하고자 하는 타협의 산물이라고 이해할 수 있다.[58] 그런데 미국의 6개 주에서는 의무적 신고인제도의 범위에서 종교인과 신자 간 증언거부의 특권을 제한하는 법률을 갖고 있는데, 웨스트 버지니아주와 뉴 햄프셔주는 종교인을 의무적 신고인에 포함시키면서 명시적으로 종교인과 신자간 증언거부의 특권을 부정하는 입법을 하고 있다. 그리고 노스 캐롤라이나, 오클라호마, 로드 아일랜드, 그리고 텍사스 등의 주에서는 누구든지 아동에 대한 남용의 의심이 가는 사실을 알게 된 경우에는 이를 당국에 신고하도록 하면서, 특별히 종교인에 대하여 신고의무를 면제하는 규정을 따로 두고 있지 않다.[59] 이와 같이 미

55) Mitchael Paulson, *Sex Abuse Reporting Measure Hits Snag: House, Senate Divided over Clergy Exemption,* BOS. Globe (March. 7, 2002).

56) Jack Jenkins, *Unholy Secrets: The Legal Loophole That Allow Clergy to Hide Child Sexual Abuse,* Think Progress 89 (Aug. 8, 2016).

57) 윤종행, “종교인과 신자가 나눈 대화내용에 대한 증언거부의 특권”, 앞의 글, 180−181면 참조.

58) Caroline Donze, *Breaking the Seal of Confession: Examining the Constitutionality of the Clergy−Penitent Privilege in Mandatory Reporting Law, Id,* at 282.

국의 각 주에 따라 법률로써 다르게 규율하고 있는 것은, 미국의 법원들이 상호 충돌하는 종교인의 비밀준수의무와 아동학대 사건에 대한 신고의무와 관련된 법리의 불명확성으로 인하여, 종교인의 증언거부의 특권과 아동학대 사건에 대한 의무적 신고 법률 양자 간의 긴장관계에서 어느 하나를 선택하는 위험을 감수하는 대신에, 그 해결을 입법부에 넘기고 있기 때문인 것으로 이해할 수 있다.[60)]

3. 소 결

이와 같이 아동에 대한 남용 사실의 의무적 신고제도로 인하여 종교인과 신자 간 증언거부의 특권이 제한되는 것에 대하여 반대하는 이유는, 대개 카톨릭 교회와 같이 특정 종교의 교리에 반하거나, 종교인이 신자와의 신뢰관계를 깨뜨리고 싶지 않은 이유이거나, 또는 만약 신자와의 대화에 비밀성이 보장되지 않는다면 신자들이 신앙상담을 하기를 꺼려할 것이라는 염려 등에 바탕을 두고 있다고 볼 수 있다.[61)] 이 문제에 대한 법적 쟁점은, 기본적으로 종교의 자유와 공공복리를 위한 기본권의 제한의 범위와, 법률에 의한 기본권 제한의 한계로서 "최소침해 원칙"을 충족하는지라고 볼 수 있다. 여기서 아동학대 사건에 대한 신고의무와 종교인의 비밀준수의무, 증거를 포기할 것인지 종교인을 벌할 것인지, 대화의 비밀을 보호할 것인지 실체진실을 추구할 것인지, 종교의 자유와 아동의 복지 등 충돌하는 이익 간의 비교형량과 선택의 문제에 직면하게 된다.[62)] 미국 내에서도 주에 따라 입법방식이 다르고 아직도 많은 논란이 되는 바와 같이, 이 문제는 공동체의 가치적 공감대가 어떠한지에 따라 기본권의 충돌 문제에 대한 해석이 달라질 수 있을 것이다. 결국 아동학대 사건의 방지라는 공공복리의 측면과

---

59) Caroline Donze, *Breaking the Seal of Confession: Examining the Constitutionality of the Clergy–Penitent Privilege in Mandatory Reporting Law, Id,* at 282, 283.

60) Kari Mercer Dalton, *The Priest–Penitent Privilege v. Child Abuse Reporting Statutes: How to Avoid the Conflict and Serve Society, Id,* at 14–15.

61) Mary Harter Mitchell, *Must Clergy Tell? Child Abuse Reporting Requirements Versus the Clergy Privilege and Free Exercise of Religion, Id,* at 794.

62) Kari Mercer Dalton, *The Priest–Penitent Privilege v. Child Abuse Reporting Statutes: How to Avoid the Conflict and Serve Society, Id,* at 14.

종교의 자유라는 측면, 그리고 자유로운 신앙상담 제도의 공익적 측면을 모두 고려하여, 기본권을 제도적 측면에서 조화롭게 보장하는 방안에 대하여 사회적 논의가 필요할 것이다. 이를 통하여 명확한 판단기준을 설정하여 일반인이 알 수 있도록 하여야 할 것이다. 또한 이와 같은 논의에 있어서 구체적 상황에 따라, 즉 종교인과 신자의 대화내용과 형식,[63] 종교인과 신자의 관계 및 교류기간, 범죄의 중대성, 그리고 범죄로 인한 피해 예방을 위한 대체방안의 유무와 수월성 등을 포함하는 제반 정황을 고려하는 유연한 접근을 하는 것이 필요할 것이다.[64]

Ⅳ. 우리나라에서 종교인과 신자 간 증언거부권의 보호

1. 법 규정

종교인과 신자 간 증언거부권과 관련한 우리나라의 법 규정은 다음과 같다. 우선 형법 제317조(업무상비밀누설)에서, "① 의사, 한의사, 치과의사, 약제사, 약종상, 조산사, 변호사, 변리사, 공인회계사, 공증인, 대서업자나 그 직무상 보조자 또는 차등의 직에 있던 자가 그 직무처리중 지득한 타인의 비밀을 누설한 때에는 3년 이하의 징역이나 금고, 10년 이하의 자격정지 또는 700만원 이하의 벌금에 처한다. ② 종교의 직에 있는 자 또는 있던 자가 그 직무상 지득한 사람의 비밀을 누설한 때에도 전항의 형과 같다."라고 규정하고 있다. 그리고 형사소송법 제112조(업무상비밀과 압수)는 "변호사, 변리사, 공증인, 공인회계사, 세무사, 대서업자, 의사, 한의사, 치과의사, 약사, 약종상, 조산사, 간호사, 종교의 직에 있는 자 또는 이러한 직에 있던 자가, 그 업무상 위탁을 받아 소지 또는 보관하는 물건으로 타인의 비밀에 관한 것은 압수를 거부할 수 있다. 단, 그 타인의 승낙이 있거나 중대한 공익상 필요가 있는 때에는 예외로 한다."라고 규정하고 있다. 업

63) Norman Abrams, *Addressing the Tension between the Clergy–Communicant Privilege and the Duty to Report Child Abuse in State Statutes, Id,* at 1166.

64) 윤종행, "종교인과 신자가 나눈 대화내용에 대한 증언거부의 특권", 앞의 글, 182면 참조.

무상비밀누설죄의 주체를 제1항에서 의사, 변호사 등을 열거하고 있고, 제2항에서 종교의 직에 있는 사람을 포함하고 있는 형식을 취하고 있다. 또한 동법 제149조(업무상비밀과 증언거부)는 "변호사, 변리사, 공증인, 공인회계사, 세무사, 대서업자, 의사, 한의사, 치과의사, 약사, 약종상, 조산사, 간호사, 종교의 직에 있는 자 또는 이러한 직에 있던 자가 그 업무상 위탁을 받은 관계로 알게 된 사실로서 타인의 비밀에 관한 것은 증언을 거부할 수 있다. 단, 본인의 승낙이 있거나 중대한 공익상 필요가 있는 때에는 예외로 한다."라고 규정하고 있다. 그리고 증언거부를 할 수 없는 예외 조항에서 중대한 공익상 필요가 있는 때라고 매우 폭넓은 규정을 하고 있음을 알 수 있다. "범죄로 인한 심각한 피해의 방지 등의 중대한 공익상 필요가 있는 때"라고 예외사유를 보다 구체화하면 좋을 것이다.[65)]

한편 민사소송법 제315조(증언거부권)에서는 "① 증인은 다음 각 호 가운데 어느 하나에 해당하면 증언을 거부할 수 있다. 1. 변호사·변리사·공증인·공인회계사·세무사·의료인·약사, 그 밖에 법령에 따라 비밀을 지킬 의무가 있는 직책 또는 종교의 직책에 있거나 이러한 직책에 있었던 사람이 직무상 비밀에 속하는 사항에 대하여 신문을 받을 때, 2. 기술 또는 직업의 비밀에 속하는 사항에 대하여 신문을 받을 때. ② 증인이 비밀을 지킬 의무가 면제된 경우에는 제1항의 규정을 적용하지 아니한다."라고 규정하고 있다.

그러나 우리나라 형사소송법상의 증언거부권과 압수거부권의 주체를 종교의 직에 있는 사람 등으로 규정하고 있는 것은, 종교인과 신자 간의 정보교환 내용에 대한 비밀보호라는 제도의 취지에 맞지 않는다고 보여진다. 종교인과 신자 간 증언거부의 특권이 본래 신자가 어떤 염려나 거리낌 없이 편안하게 영적 신앙상담을 받게 하기 위한 것이므로, 법 규정에서도 특권의 주체가 신자임을 명확히 할 필요가 있을 것이다. 따라서 신자의 동의나 특권의 포기 없이는 신자와 종교인 간의 의사교환 내용을 종교인이 공개하는 것을 금지하는 내용의 형사소송법 개정 등 입법적 보완을 하여야 할 것이다. 요컨대, 형사소송법 제112조의 압수거부권과 제149조의 증언거부권의 주체를 종교인 등으로 하여, "~ 압수를 거

65) 윤종행, "종교인과 신자가 나눈 대화내용에 대한 증언거부의 특권", 앞의 글, 183－184면 참조.

부할 할 수 있다.", "증언을 거부할 수 있다."라고 되어 있는 것을 개정하여, 신자 등의 동의 또는 정당한 예외요건을 충족할 경우 외에는 신자 등이 종교인 등과 나눈 대화내용에 대하여, 종교인 등이 외부에 공개하거나 증언하여서는 아니 되는 것으로 바꾸는 것이 좋을 것이다.[66]

2. 판례의 입장

종교인과 신자 간에 나눈 대화내용에 대한 증언거부권과 관련된 대법원 판례는 많지 않다. 다만, 일반적인 증언거부권과 관련하여, 대법원은 증언거부사유가 있음에도 증인이 증언거부권을 고지받지 못함으로 인하여 그 증언거부권을 행사하는 데 사실상 장애가 초래되었다고 볼 수 있는 경우에는 위증죄의 성립을 부정하여야 한다는 입장이다. 위증죄의 의의 및 보호법익, 형사소송법에 규정된 증인신문절차의 내용, 증언거부권의 취지 등을 종합적으로 살펴보면, 증인신문절차에서 법률에 규정된 증인 보호를 위한 규정이 지켜진 것으로 인정되지 않은 경우에는, 증인이 허위의 진술을 하였다고 하더라도 위증죄의 구성요건인 "법률에 의하여 선서한 증인"에 해당하지 아니한다고 보아 이를 위증죄로 처벌할 수 없는 것이 원칙이라고 판시하였다. 그리고 형사소송법상 증언거부권의 고지 제도는, 증인에게 그러한 권리의 존재를 확인시켜 침묵할 것인지 아니면 진술할 것인지에 관하여 심사숙고할 기회를 충분히 부여함으로써 침묵할 수 있는 권리를 보장하기 위한 것임을 감안할 때, 재판장이 신문 전에 증인에게 증언거부권을 고지하지 않은 경우에도, 당해 사건에서 증언 당시 증인이 처한 구체적인 상황, 증언거부사유의 내용, 증인이 증언거부사유 또는 증언거부권의 존재를 이미 알고 있었는지 여부, 증언거부권을 고지받았더라도 허위진술을 하였을 것이라고 볼 만한 정황이 있는지 등을 전체적·종합적으로 고려하여, 증인이 침묵하지 아니하고 진술한 것이 자신의 진정한 의사에 의한 것인지 여부를 기준으로 위증죄의 성립 여부를 판단하여야 한다는 입장이다.[67] 이와 같은 판례의 태도는 신속한

66) 위의 글, 184면 참조.

67) 대법원 2010. 1. 21. 선고 2008도942 전원합의체 판결.

재판의 원칙과 적정절차의 원칙을 조화롭게 보장하면서 증언거부권이 실효적인 것이 되도록 하는 해석으로서 매우 합리적이라고 생각된다.[68]

V. 소 결

종교의 직에 있는 사람과 신자 간에 나눈 대화내용에 대한 증언거부의 특권은, 개인의 프라이버시를 보장하는 차원에서 미국의 모든 주의 법률과, 연방법원의 보통법 전통에 의하여 인정되고 있는데, 대부분의 주에서는 이 특권의 보유자를 신자로 인정하고 있다. 이는 카톨릭 교회의 "고해성사의 비밀유지의무"의 전통에서 유래하는 것으로서, 종교인과 신자가 나눈 대화 내용이 비밀로서 보장이 되지 않는다면, 사람들이 신뢰를 갖고 종교인과 비밀스런 대화를 나누지 않으려고 할 것이고, 모든 사람은 때때로 참회와 고백, 그리고 영적 훈련의 공간을 필요로 하므로 이러한 사적 영역을 침해받지 말아야 한다는 이유에서이다.

종교인과 신자가 나눈 대화내용에 대한 증언거부 특권으로서 인정되기 위하여서는, 첫째, 상호간의 신뢰를 전제로 하는 비밀성이 있어야 하고, 둘째, 종교적·영적 대화여야 하고, 셋째, 전문 종교인의 입장에서 나눈 대화여야 하는데, 이러한 요건을 충족하는지는 특권을 주장하는 사람이 입증하여야 한다.

종교인과 신자 간의 증언거부 특권은 변호사나 심리치료사의 경우에서의 특권과 비교하여 보다 강한 보호를 받는데,[69] 헌법적 권리인 종교행사의 자유에 근거하여 상담내용의 공개를 거부할 수 있다는 점이다.[70] 다만, 구체적인 사안에서 이 특권을 인정할 것인지를 판단함에 있어서, 미국의 법률과 판례는 대화내용의 비밀보장이라는 이익과 증거로서의 필요성을 비교형량하여 그 인정범위를 판단하는 입장이다. 폭력범죄와 관련되는 사건, 타인에게 잠재적 위협이 예상되는

68) 윤종행, "종교인과 신자가 나눈 대화내용에 대한 증언거부의 특권", 앞의 글, 185면 참조.

69) Michael J. Mazza, *Should Clergy Hold the Priest−Penitent Privilege?, Id,* at 171, 186.

70) Samuel G. Brooks, *Confession and Mandatory Child Abuse Reporting: A New Take on the Constitutionality of Abrogating the Priest−Penitent Privilege, Id,* at 120.

경우, 또는 학대 등과 관련되는지 등의 특수상황을 고려하고, 대화가 이루어진 장소, 종교인과 신자 간의 관계의 지속기간, 그리고 영적 상담 관계가 이전에도 존재하였었는지 등을 아울러 참작하고 있다.

그리고 오늘날 미국 대부분의 주에서는 아동학대 사건 등의 경우에는 종교인이 이를 당국에 신고하도록 의무화하고 있는데, 종교의 자유와 아동보호라는 공익이 충돌하는 상황에서, 증언거부의 특권을 침해하면서라도 보호하여야 하는 중대한 국가적 이익이 존재하고, 기본권의 "최소침해 원칙"을 충족한다고 보기 때문이다. 다만 미국의 각 주에 따라 법률로써 다르게 규율하고 있는 것은, 미국의 법원들이 상호 충돌하는 종교인의 비밀준수의무와 아동학대 사건에 대한 신고의무와 관련된 법리의 불명확성으로 인하여, 종교인의 증언거부의 특권과 아동학대 사건에 대한 의무적 신고 법률 양자 간의 긴장관계에서 어느 하나를 선택하는 위험을 감수하는 대신에, 그 해결을 입법부에 넘기고 있기 때문인 것으로 이해할 수 있다.

이는 공동체의 가치적 공감대가 어떠한지에 따라 해석이 달라질 수 있는 기본권의 충돌 문제이다. 아동학대 사건의 방지라는 공공복리의 측면과 종교의 자유라는 측면, 그리고 자유로운 신앙상담 제도의 공익적 측면을 모두 고려하여, 기본권을 제도적 측면에서 조화롭게 보장하는 방안에 대한 사회적 논의가 필요할 것이다. 이와 같은 논의에 있어서, 종교인과 신자의 대화내용과 형식, 종교인과 신자의 관계 및 교류기간, 범죄의 중대성, 그리고 범죄로 인한 피해 예방을 위한 대체방안의 유무와 수월성 등 제반 정황을 고려하여야 할 것이다.

우리나라에서는 종교의 직책에 있거나 이러한 직책에 있었던 사람이 직무상 비밀에 속하는 사항에 대한 증언거부권을 형법 제317조와 형사소송법 제149조 등에서 보장하고 있다. 우리나라 형사소송법상 인정되는 종교인이 신자와 나눈 대화내용에 대한 증언거부권이 영미법상의 증언거부의 특권과 다른 점은, 우선 우리나라에서는 증언거부권의 주체를 종교인으로 규정하고 있는 점이다. 그러나 우리나라에서 증언거부권과 압수거부권의 주체를 종교의 직에 있는 사람 등으로 규정하고 있는 것은, 종교인과 신자 간의 정보교환 내용에 대한 비밀보호라는 제도의 취지에 맞지 않는다. 종교인과 신자 간 증언거부의 특권이 본래 신자가 어떤 염려나 거리낌 없이 편안하게 영적 신앙 상담을 받게 하기 위한 것으로서 특권의 주체를 신자로 보는 것이 타당하다. 따라서 형사소송법 제112조의 압수거부권과 제149조의 증언거부권의 주체가 종교인으로 되어 있는 것을 개정하여, 신자의 동의 또는 정당한 예외요건을 충족할 경우 외에는 공개하여서는 아니 되는 것으로 바꾸어야 할 것이다. 또한 형사소송법 제149조의 증언거부를 할 수 없는 예외 조항에서 중대한 공익상 필요가 있는 때라고 매우 폭넓은 규정을 하고 있는 것을, "범죄로 인한 심각한 피해의 방지 등의 중대한 공익상 필요가 있는 때"라고 예외사유를 보다 구체화하면 좋을 것이다.

그리고 우리나라 대법원은, 증언거부사유가 있음에도 증인이 증언거부권을 고지받지 못함으로 인하여 그 증언거부권을 행사하는 데 사실상 장애가 초래되었다고 볼 수 있는 경우에는, 위증죄의 성립을 부정하는 입장이다. 다만, 재판장이 신문 전에 증인에게 증언거부권을 고지하지 않은 경우에도, 당해 사건에서 증언 당시 증인이 처한 구체적인 상황, 증언거부사유의 내용, 증인이 증언거부사유 또는 증언거부권의 존재를 이미 알고 있었는지 여부, 증언거부권을 고지 받았더라도 허위진술을 하였을 것이라고 볼 만한 정황이 있는지 등을 전체적·종합적으로 고려하여, 증인이 침묵하지 아니하고 진술한 것이 자신의 진정한 의사에 의한 것인지 여부를 기준으로, 위증죄의 성립 여부를 판단하여야 한다고 보고 있다. 이와 같은 판례의 태도는 신속한 재판의 원칙과 적정절차의 원칙을 조화롭게 보장하면서 증언거부권이 실효적인 것이 되도록 하는 해석으로서 매우 합리적이라고 생각된다.[71)]

71) 윤종행, "종교인과 신자가 나눈 대화내용에 대한 증언거부의 특권", 앞의 글, 185－188면 참조.

참고문헌

[판례]

헌재결 2011. 12. 29. 2009헌마527.

헌재결 2014. 6. 26. 2012헌마782.

헌재결 2015. 4. 30. 2013헌마190, 공보 제223호, 729 [전원재판부].

헌재결 2018. 6. 28. 2011헌바379 등, 판례집 30-1하, 370 [전원재판부].

대법원 1970. 7. 28. 선고 70도1358 판결.

대법원 1982. 2. 23. 선고 81도2691 판결

대법원 1983. 3. 8. 선고 82도3248 판결.

대법원 1984. 9. 11. 선고 84감도179 판결.

대법원 1989. 9. 26. 선고 87도519 판결.

대법원 1991. 7. 12. 선고 91다12905 판결.

대법원 1992. 5. 22. 선고 91다41026 판결.

대법원 1992. 12. 22. 선고 92도1742 판결.

대법원 1993. 1. 19. 선고 91다1226 전원합의체 판결.

대법원 1994. 8. 23. 선고 94도1484 판결.

대법원 1995. 3. 17. 선고 93도923 판결.

대법원 1995. 4. 28. 선고 95도250 판결.

대법원 1996. 4. 12. 선고 94도3309 판결.

대법원 1996. 9. 6. 선고 96다19246, 19253 판결.

대법원 1996. 11. 15. 선고 96므851 판결.

대법원 1997. 6. 27. 선고 97도508 판결.

대법원 1998. 11. 10. 선고 96다37268 판결.

대법원 1998. 12. 22. 선고 98다35754 판결.

대법원 1999. 4. 27. 선고 98다16203 판결.

대법원 1999. 5. 14. 선고 98도3767 판결.

대법원 2003. 10. 9. 선고 2003도4148 판결.

대법원 2003. 11. 13. 선고 2003도3606 판결.

대법원 2003. 11. 14. 선고 2001다32687 판결.

대법원 2004. 5. 14. 선고 2003도5798 판결.

대법원 2004. 7. 15. 선고 2004도2965 전원합의체 판결.

대법원 2004. 8. 20. 선고 2003다26075 판결.

대법원 2004. 8. 20. 선고 2003다26075 판결.

대법원 2004. 9. 3. 선고 2004도3538 판결.

대법원 2005. 6. 24. 선고 2005다10388 판결.

대법원 2005. 7. 21. 선고 2002다1178 전원합의체 판결.

대법원 2006. 2. 10. 선고 2003다63104 판결.

대법원 2006. 4. 20. 선고 2004다37775 전원합의체 판결.

대법원 2006. 6. 9.자 2003마1321 결정.

대법원 2006. 6. 15. 선고 2004도3424 판결.

대법원 2006. 6. 30. 선고 2000다15944 판결.

대법원 2007. 2. 8. 선고 2006도4486 판결.

대법원 2007. 4. 26. 선고 2006다87903 판결.

대법원 2007. 10. 26. 선고 2006도5924 판결.

대법원 2007. 11. 16. 선고 2006다41297 판결.

대법원 2007. 12. 27. 선고 2007도7941 판결.

대법원 2008. 1. 10. 선고 2006다39683 판결.

대법원 2008. 2. 1. 선고 2007도5296 판결.

대법원 2008. 2. 28. 선고 2006도4773 판결.

대법원 2008. 8. 21. 선고 2008도2695 판결.

대법원 2008. 9. 25. 선고 2008도3198 판결.

대법원 2008. 11. 20. 선고 2007다27670 전원합의체 판결.

대법원 2008. 11. 27. 선고 2008다17274 판결.

대법원 2010. 4. 22. 선고 2008다38288 전원합의체 판결.

대법원 2010. 5. 27. 선고 2009다67658 판결.

대법원 2010. 9. 9. 선고 2008다84236 판결.

대법원 2011. 2. 10. 선고 2006다65774 판결.
대법원 2011. 5. 13. 선고 2010다84956 판결.
대법원 2011. 5. 26. 선고 2010다89012 판결.
대법원 2011. 10. 27. 선고 2009다32386 판결.
대법원 2014. 6. 26. 선고 2009도14407 판결.
대법원 2014. 9. 4. 선고 2012도13718 판결.
대법원 2014. 12. 11. 선고 2013다78990 판결.
대법원 2015. 2. 16. 선고 2011다101155 판결
대법원 2015. 4. 23. 선고 2013다20311 판결.
대법원 2016. 7. 22. 선고 2015두59129 판결.
대법원 2017. 11. 9. 선고 2016도12460 판결.
대법원 2017. 12. 5. 선고 2016두42913 판결.
대법원 2018. 11. 1. 선고 2016도10912 전원합의체 판결 [병역법위반].
대법원 2019. 5. 16. 선고 2018다237442 판결.
대법원 2020. 7. 9. 선고 2019도17322 판결.
대법원 2020. 9. 3. 선고 2020도8055 판결.
대법원 2020. 11. 26. 선고 2018도14411 판결.
대법원 2020. 12. 24. 선고 2015다222920 판결.
대법원 2021. 1. 28. 선고 2018도4708 판결.

서울행법 2015. 3. 27. 선고 2014구합68706 판결[난민불인정결정취소] 항소[각공2015상,354].
서울행법 2018. 2. 9. 선고 2017구합59581 판결.

광주고법 2018. 8. 24. 선고 2017나11918 판결.
대구고법 2018. 9. 21. 선고 2018누3005 판결.
서울고법 2006. 11. 16. 선고 2006나21639 판결.
서울고법 2021. 11. 30.자 2021라20866 결정.
서울고법 2022. 4. 19. 선고 2021누34345 판결.

대구지법 2012. 9. 14. 선고 2012가단16763 판결.
부산지법 2015. 9. 11. 선고 2015노1466 판결.
서울동부지법 2010. 10. 21.자 2010카합2341 결정.
수원지법 2018. 2. 13. 선고 2017구합67316 판결.
수원지법 2019. 5. 21. 선고 2019고단528 판결.
인천지법 부천지원 1999. 4. 23. 선고 97가합7980 판결.
제3군사령부 보통군사법원 2014. 10. 30. 선고 2014고13,2014고14(병합) 판결.

BVerfGE 108, 282.
BVerwGE 116, 359.
BVerwGE 99, 1.
BVerwGE 112, 227.
BVerfGE 104, 337.
BVerwGE 94, 82.

Abington School District v. Schempp, 374 U.S. 203 (1963).
Ballard v. United States, 329 U.S. 187–195 (1944).
Bob Jones University v. United States, 461 U.S. 574 (1983).
Bowen v. Kendrick, 487 US 589 (1988).
Bowen v. Roy, 476 U.S. 693 (1986).
Burwell v. Hobby Lobby Stores, Inc., 134 S. Ct. 2751–2766 (2014).
Cantwell v. Connecticut, 310 U.S. 296 (1940).
Carson v. Makin, 596 U.S. ___ (2022).
Church of Lukumi Babalu Aye v. Hialeah, 508 U.S. 520–546 (1993).
Commonwealth v. Rodgers, 48 Mass. (7 Met.) 500, 503 (1844).
Cox v. New Hampshire, 312 U.S. 569 (1941).
Davis v. Beason, 133 U.S. 333 (1890).
Does v. Mills, 595 U. S. ____ (2021).
Dr. A v. Hochul, 597 U. S. ____ (2022).
Edwards v. Aguillard, 482 US 578 (1987).
Employment Division v. Smith, 494 U.S. 872–890 (1990).

Epperson v. Arkansas, 393 US 97 (1968).

Flast v. Cohen, 392 U.S. 83 (1968).

Fulton v. City of Philadelphia, 141 S.Ct. 1876 (2021).

Fulton v. City of Philadelphia, 593 U.S. ___ (2021).

Goldman v. Weinberger, 475 U.S. 503 (1986).

Harris v. McRae, 448 U.S. 297 (1980).

Hernandez v. Commissioner, 490 U.S. 680 (1989).

Holt v. Hobbs, 574 U.S. 352 (2015).

Hosanna—Tabor Evangelical Lutheran Church and School v. Equal Employment Opportunity commission, 565 U.S. 171 (2012).

Jacobson v. Massachusetts, 197 U.S. 11 (1905).

Johnson v. Wilkins, U.S. 14 (1963).

Kennedy v. Bremerton School District, 597 U.S. ___ (2022).

Kirk v. Commonwealth, 186 Va. 839, 44 S.E.2d 409 (1947).

Little Sisters of the Poor Saints Peter & Paul Home v. Pennsylvania, 140 S. Ct. 2367(2020).

Little Sisters of the Poor Saints Peter and Paul Home v. Pennsylvania, 591 U.S. ___ (2020).

Lynch v. Donnelly, 465 US 668 (1984).

Lyng v. Northwest Indian Cemetery Protective Association, 485 U.S. 439 (1988).

Malnak v. Yogi, 592 F.2d 208 (3rd Cir. 1979).

Marsh v. Chambers, 463 US 783 (1983).

Martin v. Struthers, 319 U.S. 141 (1943).

Masterpiece Cakeshop v. Colorado Civil Rights Commission, 584 U.S. ___ (2018).

McDaniel v. Paty, 435 U.S. 618 (1978).

Muller v. Allen, 463 US 388, 399—400 (1983).

Murdock v. Pennsylvania, 319 U.S. 105 (1943).

National Federation of Independent Business v. OSHA, 595 U. S. ____ (2022).

Newman v. Piggie Park Enterprises, Inc., 390 U.S. 400, 402 n.5 (1968).

O'Lone v. Estate of Shabazz, 482 U.S. 342 (1987).

People v. Handzik, 343 U.S. 927 (1952).

People v. Schmidt, 110 N.E. 945－948 (N.Y. 1915).
Prince v. Massachusetts, 321 U.S. 158 (1944).
People v. Woody, 61 Cal.2d 716 (1964).
Reynolds v. United States, 98 U.S. 145 (1878).
Roberts v. United States Jaycees, 468 U.S. 609 (1984).
Roman Catholic Diocese of Brooklyn, New York v. Andrew M. Cuomo, 592 U. S. ____ (2020).
School District of the City of Grand Rapids v. Ball, 473 U.S. 373 (1985).
Sherbert v. Verner, 374 U.S. 398－410 (1963).
Tandon v. Newsom – 141 S. Ct. 1294 (2021).
Thomas v. Review Board of the Indiana Employment Security Division, 450 U.S. 707, 714 (1981).
Tony & Susan Alamo Fndn. v. Secretary of Labor, 471 U.S. 290 (1985).
Torcaso v. Watkins, 367 U.S. 488 (1961).
United States v. Lee, 455 U.S. 252 (1982).
United States v. O'Brien, 391 U.S. 367 (1968).
United States v. Seeger, 380 U.S. 163－167 (1965).
Torcaso v. Watkins, 367 U.S. 488 (1966).
Wallace v. Jaffree, 472 US 38, 52－53 (1985).
Walz v. Tax Commission, 397 US 664 (1970).
Watson v. Jones, 80 U.S. 679 (1871).
Welsh v. United Sates, 398 U.S. 333 (1970).
Widmar v. Vincent, 454 U.S. 263 (1981).
Wisconsin v. Yoder, 406 U.S. 205－222 (1972).
Witters v. Washington Department of Services for the Blind, 474 U.S. 481 (1986).
Wright v. DeWitt School Distric, 238 Ark. 906, 385 S.W.2d 644 (1965).

[단행본]

Bhikhu Parekh, Rethinking Multiculturalism: Cultural Diversity and Political Theory, 2000.

Bruce Lincoln, Holy Terrors: Thinking about Religion after September 11, 5–7 (2003).

Clifford Geertz, Religion as a Cultural System, in The Interpretation of Cultures, 1973.

Cornel West, The Historicist Turn in Philosophy of Religion, in The Cornel West Reader, 1999.

David G. Bromley & J. Gordon Melton, Cults, religion, and violence, (2004).

E. Durkheim, The Elementary Forms of the Religious Life, (J. Swain Trans. 1965).

Edward J. Imwinkelried, The New Wigmore: A Treatise on Evidence: Evidentiary Privileges § 6.2.3, 525–530 (2d ed. 2009).

Encyclopedia of the World's Religions, R.C. Zaehner ed., 393–394 (1997).

Fania E. Davis, The Little Book of Race and Restorative Justice: Black Lives, Healing, and US Social Transformation, 28 (2019).

Harold J. Berman, The Interaction of Law & Religion, Abington Press, 25 (1974).

Ibram X. Kendi, Stamped from the Beginning: The Definitive History of Racist Ideas in America, 478 (2017).

Jack Katz, Seductions of Crime: Moral and Sensual Attractions in Doing Evil, 24 (1988): James Gilligan, Violence: Our Deadly Epidemic and Its Causes, 77 (1996).

Joseph F. Byrnes, The Psychology of Religion, (1984).

Levin Jack and Jack McDevitt, Hate crime: The rising Tide of Bigotry and Bloodshed, New York: Plennum (1993).

Matthew Shepard and James Byrd Jr., Hate Crimes Prevention Act (2009).

Max Weber, The Sociology of Religion, Translated by Ephraim Fischoff, (Beacon Press, 1993).

Lawrence Tribe, American Constitutional Law §14.6, (1st ed. 1978).

Michael J. Perry, Religion in Politics, Constitutional and Moral Perspectives, 15 (1997).

R. Federico, Sociology, (2d ed. 1979).

Mordechai Besser, A Census of Jewish Day Schools in the United States, 2018–19, Avi Chai 10 (Aug. 2020).

Naimark, Norman M.. Fires of Hatred: Ethnic Cleansing in Twentieth–Century Europe, Cambridge, Mass., Harvard University Press, (2001).

Sahar F. Aziz, John L Esposito, Racial Muslim: When Racism Quashes Religious Freedom, Univ. Cal. Press, 91 (2022).

Sean Wilentz, The Age of Reagan: A History, 1974－2008 (American History), 433-434 (2009).

Stephen Jay Gould, Rocks of Ages: Science and Religion in the Fullness of Life, 1999.

Stephen L. Carter, God's Name in Vain, (2000).

Steven M. Nolt, A History of the Amish, (1992).

Susan Moller Okin, Is Multiculturalism Bad for Women? 1999.

Thomas Reese, An Essay on the Influence of Religion in Civil Society, (1788).

Travis Hirschi, Rodney Stark, Hellfire and Delinquency, 1st edition, 91－104 (2002).

Urian Oakes, New－England Pleaded with, and Pressed to Consider the Things Which Concern Her Peace, 1673.

Williston Walker, The Creeds and Platforms of Congregationalism, 1960.

W. L. Reese, Dictionary of Philosophy and Religion, 488 (1980).

[논문]

강승식, “미국헌법상 종교의 자유”, 미국사연구 제22집, 2005.

강태경, “양심적 병역거부의 ‘정당한 사유’ 해석론 비판 : ‘길’로서의 법 vs. ‘문’으로서의 법”, 형사정책연구 제29권 제3호, 2018.

강태수, “독일 무슬림의 종교의 자유”, 세계헌법연구 제15권 제2호, 2009.

고기복, “증오와 종교차별 방지를 위한 헌법적 연구”, 토지공법연구(한국토지공법학회) 제80집, 2017.

김나루, “유럽의 양심적 병역거부자를 위한 대체복무제의 비교법적 연구”, 유럽헌법연구 제29호, 2019.

김병록, “젠더 평등과 종교의 자유 － 동성결혼과 종교의 자유는 동시에 보장될 수 있는가?”, 법학논총(조선대) 제25집 제3호, 2018.

김성희 · 성나경 · 성현준 · 김성현 · 김민선 · 이연제 · 권준성, “혐오표현의 이해 및 특성에 대한 고찰: 해외 혐오표현 규정을 중심으로”, 한국경찰연구 제18권 제1호, 2019.

김승봉, “증오 범죄의 원인과 대책”, 한국방재안전학회 논문집(한국방재안전학회) Vol. 15, No. 3, 2022.

김영근, “종교인과세의 실증적 분석”, 교회와 법(한국교회법학회) Vol. 9, No. 1, 2022.

김유찬 · 홍성익, “종교단체에 대한 지방세 비과세 · 감면의 문제점과 개선방안”, 조세연구 제13권 제1집(한국조세연구포럼), 2013.

김은영, “극우극단주의 및 극우테러리즘 : 독일의 추세, 패턴, 그리고 특성”, 가천법학 제13권 제1호, 2020.

김종철, “종교의 자유와 그 한계에 관한 소고”, 연세 공공거버넌스와 법 제4권 제1호, 2013.

김중곤, “증오범죄에 대한 탐색적 연구 : 인터넷 기사에 나타난 증오범죄 사례분석”, 한국공안행정학회보(한국공안행정학회) Vol. 28 No. 4, 2019.

김중곤, “증오범죄에 대한 형사 정책적 대응– 주요쟁점 및 선결과제 –”, 경찰학연구 제18권 제2호, 2018.

김진혁, “한국형 증오범죄에 관한 연구”, 한국범죄심리연구(한국범죄심리학회) Vol. 6, No. 1, 2010.

김혜정 · 권주혁, “증오범죄의 유형과 원인에 대한 고찰”, 영남법학 제36호, 2013.

남정아, “코로나19 상황 아래 행정명령에 의한 종교의 자유 제한 가능성과 그 한계에 관한 소고 — 미국의 연방법원의 판례를 중심으로 —”, 공법연구(한국공법학회) 제50집 제3호, 2022.

노연상, “사이비 종교범죄의 현황과 대책”, 인문사회과학 연구(세명대 인문사회과학연구소) 제29권 제2호, 2021.

류성민, “한국 종교인구 분포 비율의 변화와 그 특징”, 종교연구(56권), 2009.

명재진, “감염병의 예방 및 관리에 관한 법률에 대한 헌법소원의 정당성”, 교회와 법 Vol. 7, No. 2, 2021.

명재진, “헌법과 종교”, 법학연구(충남대학교 법학연구소) 제29권 제1호, 2018.

박상민, “범행 동기에 따른 가중처벌의 문제점 – 혐오범죄를 예로 하여 –”, 형사정책 제29권 제3호, 2017.

박선영, “재외국민 범죄피해 지원방안 – 해외 범죄피해자지원단체와의 네트워크를 중심으로 –”, 안전문화연구(사단법인 안전문화포럼), 2021.

박윤경, “헌법상 종교의 자유와 종교단체의 과세제도에 관한 연구 – 종교단체에 대한 과세제도의 개선방안을 중심으로 –”, 청파법학(숙명여자대학교 법학연구소 특성화센터) No. 14, 2017.

박정원, “민족분쟁과 인도적 개입의 국제정치: 유고슬라비아에서의 인종청소를 중심으로”, 세계지역연구논총, 23(2), 2005.

박중영, “종교인의 소득에 대한 과세제도 연구－기타소득 과세에 따른 조세형평성 문제를 중심으로－”, 한국세무회계학회지 통권 제45호, 2015.

박홍우, “미국헌법상의 국교설립금지 원칙”, 헌법논총 13집, 1994.

박희영, “독일에 있어서 종교적 이유로 아동의 포경수술을 행한 의사의 형사책임”, 의생명과학과 법(원광대) 제11권, 2014.

배정환, “코로나 시대, 미국에서의 아시아인에 대한 혐오와 증오범죄: 인종주의 담론과 사회 통제에 관한 논의”, 경찰학연구(경찰대학) Vol. 21, No. 3, 2021.

서헌제, “국가인권위원회의 「평등법(시안)」에 대한 비판적 검토 – 성소수자 차별금지와 종교의 자유를 중심으로 –”, 교회와 법 제7권 세1호, 2020.

성정엽, “헌법의 ‘정교분리원칙’의 의미”, 법학논고(경북대) 제70집, 2020.

승재현, “젠더혐오범죄에 대한 형사정책적 대응 방안: 여성혐오 범죄를 중심으로”, 이화젠더법학 제8권 제2호, 2016.

신숙경, “장애인 증오범죄에 대한 탐색적 연구: 교정과 복지의 융복합적 접근”, 디지털융복합연구 제17권 제1호, 2019.

신옥주, “히잡착용을 통하여 본 유럽에서의 종교자유에 대한 고찰”, 공법학연구 제9권 제3호, 2008.

양문승 · 이훈재, “증오범죄의 실태와 원인에 대한 이론적 고찰”, 원광법학 제24권 제4호, 2008.

윤민우, “해외에서의 한국인 대상 범죄 · 테러 발생위험성에 대한 신변안전 강화 방인에 관한 연구: 일상범죄와 증오테러를 중심으로”, 한국경찰연구 제13권 제4호, 2014.

윤민우 · 김은영, “유럽지역의 최근 극우극단주의 동향과 사회정치적 요인들”, 한국치안행정논집(한국치안행정학회) 제17권 제2호, 2020.

윤종행, “미국내 인종적, 종교적 증오범죄의 최신동향과 대책, 그리고 시사점”, 법학연구(연세대) 제34권 제1호, 2024.

______, “신앙의 자유 관련 미국과 우리나라 판례의 동향”, 법이론실무연구(법이론실무학회) 제11권 제3호, 2023.

______, “종교관련 범죄와 재판”, 연세법학(연세법학회) 제42호, 2023.

______, “종교관련 재판의 전제로서의 몇 가지 쟁점들 — 미국 판례를 중심으로 —”, 법학연구(연세대) 제32권 제1호, 2022.

______, “종교단체의 내부 의사결정과정 등에 관한 우리나라 판례의 동향”, 동북아법연

구(전북대) 제16권 제4호, 2023,

______, “종교, 법, 그리고 인권 – 최근 미연방 대법원 판례의 시사점 – ”, 경희법학 제 56권 제4호, 2021.

______, “종교와 법의 교차점”, 강원법학 제62권, 2021. 2.

______, “종교인과 신자가 나눈 대화내용에 대한 증언거부의 특권”, 법학연구(충남대) 제 30권 제4호, 2019.

______, “종교인의 종교활동상 발생하는 범죄에 관한 우리나라 판례의 동향”, 법학연구 (충남대), 제34권 제1호, 2023.

______, “종교인의 지위와 종교단체의 관리운영에 관한 우리나라 판례의 동향”, 법학연구(인하대) 제25집 제4호, 2022.

______, “종교활동의 자유에 대한 미국과 우리나라 판례의 동향”, 법이론실무연구(법이론실무학회) 제12권 제2호, 2024. 5.

______, “증오범죄의 동향과 대책”, 서울법학(서울시립대학교) 제31권 제2호, 2023.

______, “형법과 종교”, 경희법학 제55권 제1호, 2020. 3. 30.

음선필, “종교적 병역거부와 기독교”, 교회와 법 제6권 1호, 2019, 59면 이하.

이봉한, “한국종교범죄의 분석: 범죄현황과 심리”, 한국경찰연구(한국경찰연구학회) Vol. 19, No. 3, 2020.

이부하, “종교의 자유와 관련한 헌법적 쟁점 – 독일 헌법상 논의를 중심으로 –”, 아주법학 제19권 제4호, 2016.

이상현, “미국의 포괄적 차별금지법과 관련 사례 연구”, 교회와 법 제7권 제1호, 2020.

______, “성적지향을 포함한 차별금지법안에 대한 비판적 접근: 영미법제 연구를 중심으로”, 법학논총(숭실대) 제39집, 2017.

______, “포괄적 차별금지법안에 의한 신앙과 표현의 자유 침해”, 기독교사상 743호, 2020.

이석규, “종교인소득 과세제도의 재설계”, 교회와 법(한국교회법학회) Vol. 9, No. 1, 2022.

이수진·문채규, “종교적 행위의 형사법적 허용범위”, 비교형사법연구(한국국비교형사법학회) 제19권 제4호, 2018.

이원주, “종교단체와 성직자의 과세제도에 관한 연구”, 조세와 법 제4권 특별호(서울시립대학교 법학연구소), 2011.

이정덕, “증오범죄의 중독성과 가중처벌방안에 관한 연구”, 한국중독범죄학회보(한국중독범죄학회) Vol. 12, No. 3, 2022.

이지현, “한국에서 차별금지법 제정에 있어서 성적지향을 둘러싼 갈등과 전망”, 중앙법학 제16권 제3호, 2014.

이해은, “종교인 과세제도와 관련한 쟁점에 대한 소고- 종교인 퇴직소득 과세제도를 중심으로 –”, 교회와 법(한국교회법학회) Vol. 8, No. 2, 2022.

장영수, “양심적 병역거부와 병역법 제88조 제1항 등의 ‘정당한 사유’의 해석”, 강원법학 제55권, 2018.

______, “종교인의 정치참여와 정교분리의 원칙”, 고려법학 제94호, 2019.

장진영 · 김성천, “혐오범죄의 유형”, 중앙법학(중앙법학회) Vol. 24, No. 4, 2022.

전성하 · 김지용 · 김호, “재외국민보호를 위한 경찰 역할 제언: – 미국 內 아시아계 대상 증오범죄 분석을 중심으로 –”, 경찰학연구(경찰대학) Vol. 22, No. 4, 2022.

정도희, “다문화사회 증오범죄 방지를 위한 제언”,법학연구 제21권 제1호, 2013.

정은정 · 김대중, “다문화인권교육을 통한 증오범죄 대응방안: 프랑스의 이민 2, 3세의 증오범죄 사례 중심으로”, 민족연구(한국민족연구원) Vol. 74, 2019.

조계원, “한국에서 증오범죄의 가능성과 규제 방안”, 법과 사회(법과사회이론학회) Vol. 55, 2017.

조상현 · 정병수, “코로나19 시대 범죄 관련 이슈와 시사점”, 한국치안행정논집(한국치안행정학회) 제18권 제3호, 2021.

조철옥, “미국과 한국의 증오범죄에 관한 비교 고찰”, 경찰학연구 제12권 제1호, 2012.

조한익, “감성조절 프로그램의 효과”,충남대학교 대학원 박사학위논문, 1998.

지성우, “독일의 혐오표현 관련 규범 및 판례에 대한 헌법적 평가”, 성균관법학 제31권 제4호, 2019.

최병곤 · 서희열, “종교단체의 과세제도에 관한 연구”, 조세연구 제15권 제2집, 2015.

최응렬 · 정승민, “미국에서의 인종차별에 의한 증오범죄에 관한 연구”, 피해자학연구 제13권 제2호, 2005.

허경미 · 김정원, “미국의 증오범죄 피해자 특징에 관한 연구”, 경찰학논총 2(1), 2007.

홍성수, “포괄적 차별금지법의 필요성: 평등기본법을 위하여”, 이화젠더법학 10(3), 2018.

______, “혐오(hate)에 어떻게 대응할 것인가? – 혐오에 관한 법과 정책 –”, 법학연구(충남대) 제30권 제2호, 2019.

Aaron Tang, Who’s Afraid of Carson v. Makin?, 132 Yale L.J. Forum 504–528 (2022).

Abner S. Green, The Political Balance of the Religion Clauses, 102 Yale L.J. (1993).

Alan E. Brownstein, Harmonizing the Heavenly and Earthly Spheres: The Fragmentation and Synthesis of Religion, Equality, and Speech in the Constitution, 51 Ohio St. L.J. 89, 95 (1990).

Alon Harel & Gideon Parchomovsky, On Hate and Equality, 109 Yale L.J. 507, 532-34 (1999).

Andrew T. Hayashi, The Law and Economics of Animus, 89 U. Chi. L. Rev. 581 (May, 2022).

Andrew Wilinger & Shannon Frattaroli, Extreme Risk Protection Orders in the Post-Bruen Age: Weighing Evidence, Scholarship, and Rights for a Promising Gun Violence Prevention Tool, 51 Fordham Urb. L.J. 199-218 (2023).

Angela P. Harris, Gender, Violence, Race, and Criminal Justice, 52 Stan. L. Rev. 806 (2000).

Anna Offit, Religious Convictions, 101 N.C. L. Rev. 272-273 (2023).

Anthony Platt & Bernard L. Diamond, The Origins of the "Right and Wrong" Test of Criminal Responsibility and It's Subsequent Development in the United States: An Historical Survey, 54 Cal. L. Rev. 1233-1237 (1966).

Anthony Victor Alfieri, Race Ethics: Colorblind Formalism and Color-Coded Pragmatism in Lawyer Regulation, 36 Geo. J. Legal Ethics 353-410 (2023).

Ashby D. Boyle II, Fear and Trembling at the Court: Dimensions of Understanding in the Supreme Court's Religion Jurisprudence, 3 Seton Hall Const, L. J. 95-96 (1993).

Azizah al-Hibri, Islam, Law and Custom: Redefining Muslim Woman's Right, 12 Am. U. J. Int'l L. & Pol'y 1, 3 (1997).

Bageshree Ranade, Conceptual Ambiguities in the Insanity Defense: State v. Willson and the New "Wrongfulness" Standard, 30 Conn. L. Rev. 1397 (1998).

Barbara J. Shapiro, "To a Moral Certainty": Theories of Knowledge and Anglo-American Juries 1600-1850, 38 Hastings L.J. 153, 167 (1986).

Beena Sarwar, Brutality Cloaked as Tradition, N.Y. Times, Aug. 6. 2002.

Benda BB. Are the Effects of Religion on Crime Mediated, Moderated, or Misrepresented by Inappropriate Measures? J. Soc. Serv. Res. 27(3), 57-86 (2001).

Bernadette Meyler, The Equal Protection of Free Exercise: Two Approaches and their History, 47 B. C. L. Rev. (2006).

Boddie SC., Religion and Social Welfare Research Strategy Plan, Washington, DC: Pew Forum Relig. Public Life, 5-9 (2009).

Bonita Williams, Accomplishing Cross Cultural Competence in Youth Development Programs, 39 J. EXTENSION 1 (2001).

Caroline Donze, Breaking the Seal of Confession: Examining the Constitutionality of the Clergy-Penitent Privilege in Mandatory Reporting Law, 78 La. L. Rev. (2017).

Caroline Incledon, The Constitutionality of Broadening Clergy Penitent Privilege Statutes, 53 Am. Crim. L. Rev. (2016).

Christine P. Bartholomew, Exorcising the Clergy Privilege, 103 Va. L. Rev. (2017).

Christopher A. Bracey, The Color of Our Future: The Pitfalls and Possibilities of the Race Card in American Culture, 5 Stan. J. Civ. Rts. & Civ. Liberties. 89, 93-94 (2009).

Christopher Hawthorne, "Deific Decree": The hort Happy Life of a Pseudo-Doctrine, 33 Loy. L.A. L. Rev. 1783 (2000).

Chr. Waldhoff, Neue Religionskonflikte und staatliche Neutralität - Erfordern weltanschau-liche und religiöse Entwicklungen Antworten des Staates?, NJW-Beil. (2010).

Colin J. Baier & Bradley R. Wright, If You Love Me, Keep My Commandments: A Meta-Analysis of the Effect of Religion on Crime, 38 J. Res. Crime & Delinquency 3-21 (2001).

Comment, Functional Overlap Between the Lawyer and Other Professionals: It's Implications for the Privileged Communications Doctrine, 71 YALE L.J. (1962).

Cynthia Norman Williams, America's Opposition to New Religious Movements: Limiting the Freedom of Religion, 27 Law & Pscychol. Rev. (2003).

Daniel W. Shuman, The Origins of the Physician-Patient Privilege and Professional Secret, 39 SW. L.J. (1985).

David Cole, Enemy Aliens, 54 Stan. L. Rev. 954-965 (May, 2002).

David C. Williams & Susan H. Williams, Volitionalism and Religious Liberty, 76 Cornell L. Rev. 923, 925 (1991).

David E. Steinberg, Religious Exemptions as Affirmative Action, 40 Emory L.J. 139 (1991).

David KC Huang, The Court and the Legalisation of Same-Sex Marriage: A Critical Analysis of the Judicial Yuan Interpretation No. 748 [2017], 14 U. PA. Asian L. Rev. 84 (2017).

David Schraub, Liberal Jews and Religious Liberty, 98 N.Y.U. L. Rev. 1627 (2023).

Deborah Paruch, From Trusted Confidant to Witness for the Prosecution: The Case Against the Recognition of a Dangerous–Patient Exception to the Psychotherapist–Patient Privilege, 9 U. N.H. L.Rev. (2011).

Dena S. Davis, Joining a "Cult": Religious Choice or Psychological Aberration?, 11 J. L. & Health, p. 172 (1996–1997).

Derrick Bryson Taylor, George Floyd Protests: A Timeline, N.Y. TIMES (Nov. 5, 2021).

Derek Hawkins, FBI Arrests Self–Proclaimed White Supremacist in Alleged Plot to Blow up Historic Synagogue, WASH. POST (Nov. 4, 2019).

Derek W. Black, When Religion and the Public–Education Mission Collide, 132 Yale L.J. Forum 559–597 (2022).

Dhammika Dharmapala & Nuno Garoupa, Penalty Enhancement for Hate Crimes: An Economic Analysis, 6 Am. L. & Econ. Rev. 185, 198–201 (2004).

DiIulio JJ Jr., The three faith factors. Public Interest 149, 50–64 (2002).

__________, Godly Republic: A Centrist Civic Blueprint for America's Faith–Based Future. Berkeley: Univ. Calif. Press, (2009).

Donald A. Giannella, Religious Liberty, Nonestablishment, and Doctrinal Development. Part I. The Religious Liberty Guarantee, 80 Harv. L. Rev. (1967).

Donald R. Songer & Susan J. Tabrizi, The Religious Right in Court: the Decision Making of Christian Evangelicals in State Supreme Courts, 61 J. Pol. (1999).

Donna M. Gitter, First Amendment Challenges to State Vaccine Mandates: Why the U.S. Supreme Court Should Hold that the Free Exercise Clause Does Not Require Religious Exemptions, 71 Am. U. L. Rev. 2243–2317 (2022).

Douglas NeJaime & Reva Siegel, Religious Exemptions and Antidiscrimination Law in Masterpiece Cakeshop, 128 Yale L.J.F. 201–202 (2018).

Donald R. Songer & Susan J. Tabrizi, The Religious Right in Court: the Decision Making of Christian Evangelicals in State Supreme Courts, 61 J. Pol. (1999).

Douglas Nejaime & Reva B. Siegel, Conscience War: Complicity–Based Conscience Claims in Religion and Politics, 124 Yale L.J. 2516 (2015).

______________________________, Conscience Wars in Transnational Perspective: Religious Liberty, Third–Party Harm, and Pluralism, in The Conscience Wars: Rethinking the Balance Between Religion, Identity, and Equality, 187, 203

(Susanna Mancini & Michel Rosenfeld eds., 2018).

Douglas NeJaime & Reva Siegel, Religious Exemptions and Antidiscrimination Law in Masterpiece Cakeshop, 128 Yale L.J.F. 201－202 (2018).

Edward J. Eberle, Roger Williams' Gift: Religious Freedom in America, 4 Roger Williams U. L. Rev. 453 (1999).

Elaina Rahrig, Arielle Schechtman, Meagan Kenner & Catherine Matous, Hate Crime Regulation and Challenges, 24 Geo. J. Gender & L. 576 (2023).

Elena Baylis, White Supremacy, Police Brutality, and Family Separation: Preventing Crimes Against Humanity within the United States, U. Ill. L. Rev. 1502－1503 (2022).

Emily D. Asher, Facing Reasonableness: Cross－cultural Competency Training in Law School Focused on Reasonable Fear Determinations for Lgbtqia＋ Latinx Individuals, 51 Cap. U. L. Rev. 376 (2023).

Erwin Chemerinsky & Michele Goodwin, Religion is not a Basis for Harming Others: Review Essay of Paul A. Offit's Bad Faith: When Religious Belief Undermines Modern Medicine, 104 Geo. L. J. 1132－1134 (2016).

Evelyn Nieves, Suspect at Yosemite Had Fantasy of Killing Women, N.Y. Times (July 28, 1999).

E. Wilbur Bock, John K. Cochran & Leonard Beeghley, Moral Messages: The Relative Influence of Denomination on the Religiosity－Alcohol Relationship, The Sociological Quarterly, Vol. 28, No. 1, 89－103 (Spring, 1987).

Fagan PP. Why Religion Matters Even More: the Impact of Religious Practice on Social Stability. Backgr. No. 1992, Devos Cent. Relig. Civil Soc., Heritage Found., Washington, DC, Dec. 18 (2006).

Gabriel S. Mendlow, Thoughts, Crimes, and Thought Crimes, 118 Michigan L. Rev. 842, 843 (2020).

__________________, Why Is It Wrong To Punish Thought? 127 YALE L. J. 2345 (2018).

Garrett Chase, The Early History of the Black Lives Matter Movement, and the Implications Thereof, 18 NEV. L.J. 1091, 1097 (2018).

Garrett Epps, What We Talk About When We Talk About Free Exercise, 30 Ariz. St. L. J. 563, 570 (1998).

George C. Harris, The Dangerous Patient Exception to the Psychotherapist－Patient Privilege: The Tarrasoff Duty and the Jaffee Footnote, 74 Wash. L. Rev. (1999).

Gergory M. Herek, J. Roy Gillis, Jeanine C. Cogan & Eric K. Glunt, Hate Crime Victimization among Lesbian, Gay, and Bisexual Adults: Prevalence, Psychological Correlates, and Methodological Issues, Journal of Interpersonal Violence 12(2), 195－215 (1997).

Gidon Sapir, Religion and State－ A Fresh Theoretical Start, 75 Notre Dame L. Rev. 587 (1999).

Grant H. Morris & Ansar Haroun, M.D., "God Told Me to Kill": Religion or Delusion?, 38 San Diego L. Rev. (2001).

Gregory C. Cisk, Michael Heise & Andrew P. Morriss, Searching for the Soul of Judicial Decisionmaking: An Empirical Study of Religious Freedom Decisions, 65 Ohio St. L.J. (2004).

Harold J. Berman, The Interaction of Law & Religion, Abington Press, 25 (1974).

Henry Fradella, From Insanity to Beyond Diminished Capacity: Mental Ilness and Criminal Excuse in the Post－Clark Era, 18 Fla. J. L. & Pub. Pol'y 7, 14 (2007).

Ira C. Lupu, Where Rights Begin: The Problem of Burdens on the Free Exercise of Religion, 102 Harv. L. Rev. 938 (1989).

Ira P. Robbins, Citizen's Arrest and Race, 20 Ohio St. J. Crim. L. 135－136 (2023).

Jacey Fortin, Critical Race Theory: A Brief History, The New York Times, Nov. 8, 2021

Jack Jenkins, Unholy Secrets: The Legal Loophole That Allow Clergy to Hide Child Sexual Abuse, Think Progress (Aug. 8, 2016).

Jacob Henry, An Orthodox Jewish Gun Club Takes Aim at NY Gov. Hochul's New Gun Control Package, N.Y. Jewish Wk. (July 21, 2022).

James Brooke, Witnesses Trace Brutal Killing of Gay Student, N.Y. Times (Nov. 21, 1998).

Jason Faulkner et al., Evolved Disease－Avoidance Mechanisms and Contemporary Xenophobic Attitudes, Group Processes & Intergroup Relations, Vol. 7(4) 333 (2004).

Jeremy Waldron, Dignity and Defamation: The Visibility of Hate, 123 Harv. L. Rev. 1601－1614 (2010).

Jesse H. Choper, Religion in the Public Schools: A proposed Constitutional Standard, 47 Minn. L. Rev, 329, 330 (1963).

John C. Jeffries, Jr. & James E. Ryan, A Political History of the Establishmen Clause, 100 Mich. L. Rev. 279, 360 (2001).

John E. Witte, Jr. & Thomas C. Arthur, The Three Uses of the Law: A Protestant Source of the Purposes of Criminal Punishment? 10 J.L. & Religion 434–459 (1993/1994).

John Witte, Jr., The Tax Exemption of Church Propery: Historical Anomaly or Valid Constitutional Practice, 64 S. Cal. L. Rev. 363, 368–395 (1991).

__________, The Essential Rights and Liberties of Religion in the American Constitutional Experiment, 71 Notre Dame L. Rev. 385–387 (1996).

John Inazu, COVID–19, Churches, and Culture Wars, 18 U. St. Thomas L.J. 328–329 (2022).

John J. DiIulio, Jr., More Religion, Less Crime? Science, Felonies, and the Three Faith Factors, 5 Ann. Rev. L. & Soc. Sci. 115–129 (2009).

John O. Hayward, The Power of Religion in a Secular Society, 21 Trinity L. Rev. 44–49 (2016).

Jonatas E. M. Machado, Freedom of Religion: A View From Europe, 10 Roger Williams U. L. Rev. 518–519 (2005).

Joseph William Singer, No Right to Exclude: Pubᄫlic Accommodations and Private Property, 90 NW.U. L. Rev. 1283, 1293 (1996).

________________, We Don't Serve Your Kind Here: Public Accommodations and the Mark of Sodom, 95 B.U. L. Rev. 929, 946–47 (2015).

Judit Bayer & Petra Bard, Hate speech and hate crime in the EU and the evaluation of online content regulation approaches, Policy Department for Citizens' Rights and Constitutional Affairs Directorate–General for Internal Policies PE 655.135 (July 2020).

Julie Shackford–Bradley, Legal Violence and Restorative Justice, 34 Hastings J. Gender & L. 103–131 (2023).

Justin Collings & Stephanie Hall Barclay, Taking Justification Seriously: Proportionality, Strict Scrutiny, and the Substance of Religious Liberty, 63 B.C. L. Rev. 453–520 (2022).

Kai Wiggins, Next Steps for Congress on Hate Crime Reporting, 33 Stan. L. & Pol'y Rev. 393–413 (September, 2022).

Kari Mercer Dalton, The Priest－Penitent Privilege v. Child Abuse Reporting Statutes: How to Avoid the Conflict and Serve Society, 18 Widener L. Rev. (2012).

Kathleen M. Sullivan, Religion and Liberal Democracy, 59 U. Chi. L. Rev. 202 (1992).

Kenneth S. Broun, Giving Codification a Second Chance－Testimonial Privileges and the Federal Rules of Evidence, 53 Hastings L.J. (2002).

Khaled A. Beydoun & Nura A. Sediqe, Unveiling: The Law of Gendered Islamophobia, 111 Calif. L. Rev. 476 (2023).

Lael Weinberge, Carson v. Makin and the Relativity of Religious Neutrality, Harv. J.L. & Pub. Pol'y Per Curiam, 20 (2022).

Leah M. Litman, Disparate Discrimination, 121 Mich. l. rev. 24－74 (2022).

Lee Epstein & Eric A. Posner, The Robert Courts and the Transformation of Constitutional Protections for Religion: A Statistical Portrait, Sup. Ct. Rev. 315, 324 (2021).

Lee MR., The Religious Institutional Base and Violent Crime in Rural Areas, J. Sci. Stud. Relig. 45(3), 309–24 (2006).

Lily Bailey, A significant Rise in Racism Toward Asian People During COVID, PSYCH. TODAY (Oct. 7, 2020).

Louis Lucero II, Walgreens Pharmacist Denies Woman with Unviable Pregnancy the Medication Needed to End It, N.Y. TIMES (June 25, 2018).

Madhavi Sunder, Piercing the Veil, 112 Yale L.J. p. 1401－1408 (2003).

Mallory Simon & Sara Sidner, Heather Heyer's not on this FBI list. How hate crimes become invisible, CNN (Aug. 12, 2019).

Marcos, A., Bahr, S., & Johnson, R. E., Test of Bonding/Association Theory of Adolescent Drug Use, Social Forces Vol. 65, No. 1, 135－160 (1986).

Maria Rosario T. de Guzman et al., Cultural Competence: An Important Skill Set for the 21st Century, NEB. EXTENSION PUBL'NS (June 7, 2016).

Mark David Hall, America's Founders, Religious Liberty, and the Common Good, 15 U. St. Thomas L.J. (2019).

Mark Hill QC & Thomas J. Hellenbrand, Religious Persecution in Africa: Nigeria, Algeria, and Eritrea, 97 Notre Dame L. Rev. Reflection 226－244 (2022).

Mark L. Movsesian, Law, Religion, and the Covid Crisis, 37 J. L. & Religion 9－24 (2022).

Mark M. Gray, US Adult Catholics Attitudes About Vaccination, 1 Rev. for Religious: New Series 285, 286 (2021).

Mark Storslee, The COVID-19 Church-Closure Cases and the Free Exercise of Religion, 34 J. L. & Religion 72, 94 (2022).

Mark Strasser, Definitions, Religion, and Free Exercise Guarantees, 51 Tulsa L. Rev. 20 (2015).

Martha Minow, Should Religious Groups Be Exempt from Civil Rights Laws? 48 B.C. L. Rev. 844-846 (2007).

Martin E. Marty, On a Medial Moraine: Religious Dimensions of American Constitutionalism, 39 Emory L.J. 9, 16-17 (1990).

Mary Harter Mitchell, Must Clergy Tell? Child Abuse Reporting Requirements Versus the Clergy Privilege and Free Exercise of Religion, 71 Minn. L. Rev. (1987).

Mary Nicol Bowman, Seeking Justice: Prosecution Strategies for Avoiding Racially Biased Convictions, 32 S. Cal. Interdisc. L.J. 515-539 (2023).

Megan K. Gentile, Hate Crime Regulation and Challenges, 8 Geo. J. Gender & L. 185-186 (2007).

Michael J. Mazza, Should Clergy Hold the Priest-Penitent Privilege?, 82 MARQ. L. Rev. (1998).

Michael J. Perry, Religion in Politics, Constitutional and Moral Perspectives, 15 (1997).

Mitchael Paulson, Sex Abuse Reporting Measure Hits Snag: House, Senate Divided over Clergy Exemption, BOS. Globe (March. 7, 2002).

Mitchael Rezendes, Church Allowed Abuse by Priest for Years: Aware of Geoghan Record, Archdiocese Still Shuttled Him from Parish to Parish, BOS. Globe (Jan. 6, 2002).

Michael Rosenfeld, Introduction: Can Constitutionalism, Secularism and Religion be Reconciled in an Era of Globalization and Religious Revival? 30 Cardozo L. Rev. 2360 (2009).

Michael W. McConnell, The Origins and Historical Understanding of Free Exercise of Religion, 103 Harv. L. Rev. (1990).

Micah Schwartzman, What If Religion Is Not Special?, 79 U. Chi. L. Rev. 1426, 1427 (2012).

Steven G. Gey, Why is Religion Special?: Reconsidering the Accommodation of Religion under the Religion Clauses of the First Amendment, 52 U. Pitt. L. Rev. p. 167 (1990).

Susan Carle, Reconstruction's Lessons, 13 Colum. J. Race & L. 785–789 (2023).

Susan D. Rozelle, Fear and Loathing in Insanity Law: Explaining the Otherwise Inexplicable Clark v. Arizona, 58 Case W. Res. L. Rev. 19, 23 (2007).

Terry A. Maroney, The Struggle Against Hate Crime: Movement at a Crossroads, 73 N.Y.U. L. REV. 609–611 (1998).

The Distinction between "Mala Prohibita" and "Mala in se" in Criminal Law, Columbia Law Review Vol. 30, No. 1, 74–86 (1930).

Thomas C. Berg, Religious Accomodation and the Welfare State, 38 Harv. J.L & Gender, 103 (2015).

Toni M. Massaro, Justin R. Pidot & Marvin J. Slepian, Pandemics and the Constitution, U. Ill. L. Rev. 229–275 (2022).

Uma M. Jayakumar, Expert Report of Dr. Uma Jayakumar, 4 N.C. C.R. L. Rev. 119–146 (2023).

Vania Blaiklock, The Unintended Consequences of the Court's Religious Freedom Revolution: A History of White Supremacy and Private Christian Church Schools, 117 Nw. U. L. Rev. Online 46–73 (2022).

Walter J. Walsh, The Priest–Penitent Privilege: An Hibernocentric Essay in Postcolonial Jurisprudence, 80 Ind. L.J. (2005).

W. Tarver Rountree, Jr., Cositutionalism as the American Religion: The Good Portion, 39 Emory L.J. 203–207 (1990).

Zachary D. Kaufman, Police Policing Police, 91 Geo. Wash. L. Rev. 353–445 (2023).

Zachary T. Malcom, Marin R. Wenger & Brendan Lantz, Politics or Prejudice? Separating the Influence of Political Affiliation and Prejudicial Attitudes in Determining Support for Hate Crime Law, 29 Psychol. Pub. Pol'y & L. 183 (2023).

Zalman Rothschild, Free Exercise Partisanship, 107 Cornell L. Rev. 1067–1135 (2022).

________________, Individualized Exemptions, Vaccine Mandates, and the New Free Exercise Clause, 131 Yale L.J. Forum 1106–1139 (2022).

저자 약력

윤 종 행(Jonghaeng Yoon)

연세대학교 법학사
연세대학교 법학석사
코넬대학교 로스쿨 LL.M.
연세대학교 법학박사

현) 충남대학교 법학전문대학원 교수

[주요경력]
코넬대학교 로스쿨 방문학자
연세대 법학연구원 전문연구원
한국형사법학회 이사
한국비교형사법학회 이사
한국형사정책학회 이사
사법시험 출제위원
입법고시 출제위원
변호사시험 출제위원
세종특별자치시 소청심사위원
국가인권위원회 면접위원
대전지방검찰청 형사상고심의위원회 위원장
대전고등검찰청 검찰시민위원회 위원
대검찰청 검찰수사심의위원회 위원

[주요연구실적]

－저서－

윤종행,「형사증거법원론」, 동방문화사, 2019. 2.
윤종행,「산업스파이로부터 영업비밀의 보호」, 동방문화사, 2019. 2.
8인공저,「생명인권보호를 위한 법정책」, 삼우사, 2004.

－논문－

윤종행, "종교활동의 자유에 대한 미국과 우리나라 판례의 동향", 법이론실무연구(법이론실무학회) 제12권 제2호, 2024. 5.
______, "미국내 인종적, 종교적 증오범죄의 최신동향과 대책, 그리고 시사점", 법학연구(연세대) 제34권 제1호, 2024. 3.
______, "증오범죄의 동향과 대책", 서울법학(서울시립대) 제31권 제2호, 2023. 8. 31.
______, "신앙의 자유 관련 미국과 우리나라 판례의 동향", 법이론실무연구(법이론실무학회) 제11권 제3호, 2023. 8. 31.
______, "종교관련 범죄와 재판", 연세법학(연세법학회) 제42호, 2023. 7. 31.

______, “종교단체의 내부 의사결정과정 등에 관한 우리나라 판례의 동향”, 동북아법연구(전북대) 제16권 제4호, 2023. 4. 30.
______, “종교인의 종교활동상 발생하는 범죄에 관한 우리나라 판례의 동향”, 법학연구(충남대) 제34권 제1호, 2023. 2. 28.
______, “종교인의 지위와 종교단체의 관리운영에 관한 우리나라 판례의 동향”, 법학연구(인하대) 제25권 제4호, 2022. 12. 31.
______, “종교 관련 재판의 전제로서의 몇 가지 쟁점들 — 미국 판례를 중심으로 —”, 법학연구(연세대) 제32권 제1호, 2022. 3. 31.
______, “종교, 법, 그리고 인권 – 최근 미연방 대법원 판례의 시사점 –”, 경희법학 제56권 제4호, 2021. 12. 31.
______, “지식재산권 침해에 대한 형사소송 및 부정경쟁행위·영업비밀침해행위에 대한 민·형사 소송 등의 관할집중 방안”, 연세법학 제38호, 2021. 12. 31.
______, “변호사와 의뢰인간 상담내용의 비밀보호에 관한 세계 각국의 입법례와 시사점”, 법학연구(충남대) 제32권 제2호, 2021. 5. 31.
______, “종교와 법의 교차점”,강원법학 제62권, 2021. 2. 28.
______, “형법과 종교”, 경희법학, 제55권 제1호, 2020. 3. 30.
______, “피고인의 대면권(confrontation; 반대신문권) ”, 서울법학(서울시립대), 제27권 제4호, 2020. 2. 29.
______, “종교인과 신자가 나눈 대화내용에 대한 증언거부의 특권”, 법학연구(충남대), 제30권 제4호, 2019. 11. 30.
______, “환자가 심리치료사, 의사 등과 나눈 대화내용에 대한 증언거부의 특권”, 강원법학(강원대), 제58권, 2019. 10. 31.
______, “성범죄 가해자와 피해자의 성관계 이력 등의 증거능력–우리나라에서 미국 증거법 규정(rape shield laws 등)의 도입 검토–”, 법학연구(인하대), 제21집 제4호, 2018. 12.
______, “변호사와 의뢰인간의 대화내용에 대한 증언거부권 –미국에서의 논의를 중심으로–”, 법학논총(국민대), 제31권 제2호, 2018. 10.
______, “가족간 증언거부의 특권”, 홍익법학, 제19권 제3호, 2018. 9.
______, “미국증거법 제3자 유죄증거(Third Party Guilt Evidence: SODDI 항변)와 직결성 원칙(Direct Connection Doctrine)”, 법학연구(연세대), 제27권 제4호, 2017. 12.
______, “산업스파이 대응방안에 관한 비교법적 고찰”, 법학논총(단국대), 제41권 제1호, 2017. 4.
______, “위법수집증거배제법칙에 관한 미연방대법원 판례의 최근 동향”, 법학논총(한양대), 제34집 제1호, 2017. 3.
______, “우리나라에서 유죄협상제도의 현실적 도입방안”, 법학연구(전북대), 제51집, 2017. 2.
______, “최근 미국의 산업스파이에 대한 법적 대응방안”, 법학연구(충남대), 제27권 제3호, 2016. 12.
______, “해커로부터 영업비밀의 보호방안”, 법학논총(조선대), 제22권, 2015. 4.
______, “산업스파이에 관한 미국의 최근판례와 입법의 동향”, 강원법학, 제44권, 2015. 2.
______, “영업비밀보호에 관한 형사법적 쟁점과 최근판례의 동향”, 법학논집(이화여대), 제19권 제1호, 2014. 9.
______, “변호사와 의뢰인간의 의사교환 내용과 증언거부의 특권”, 홍익법학, 제14권 제2호, 2013. 6.
______, “사인이 촬영한 영상녹화물의 증거능력에 관한 판례의 동향과 문제점”, 단국법학, 제37권 제2호, 2013. 6.
______, “아동·청소년대상 성폭력범죄에 대한 대책과 선한 사마리아인법의 도입”, 동아법학, 제59호, 2013. 5.
______, “의료과실범죄에 관한 쟁점과 최근 판례의 동향”, 법학연구(충남대), 제23권 제2호, 2012. 12.
______, “파업과 부작위에 의한 위력업무방해죄”, 비교형사법연구, 제13권 2호, 2011. 12.

______, “기업범죄 방지를 위한 우리나라와 미국의 준법감시인제도 비교”, 법학연구(연세대), 제21권 제3호, 2011. 9.
______, “무영장 자동차수색에 관한 미연방대법원 판례의 최근동향과 시사점”, 법학연구(부산대), 제52권 제1호, 2011. 2.
______, “Superior Order and Criminal Liability in International Criminal Law”, 법학연구(연세대), 제20권 제3호, 2010. 9.
______, “과실범에서의 주의의무위반과 객관적 예견가능성, 회피가능성”, 법학연구(연세대), 제18권 제3호, 2008. 9.
______, “자구행위에 관한 판례의 동향과 입법론”, 법학연구(충남대), 제19권 제1호, 2008. 6.
______, “알기 쉬운 형사법 용어 순화안 제시”, 법학연구(연세대), 제18권 제1호, 2008. 3.
______, “적법절차를 따르지 아니하고 수집한 압수물의 증거능력”, 형사법연구, 제19권 제4호, 2007. 12.
______, “피무고자의 승낙과 무고죄의 성부”, 비교형사법연구, 제8권 제1호, 2006. 7.
______, “사이버명예훼손죄에 있어서 비방의 목적과 공익관련성”, 형사정책, 제18권 제1호, 2006. 6.
______, “형사처벌의 대상이 되는 신뢰위반의 유형과 범위”, 신뢰연구(한림대), 제16권, 2006. 11.
______, “공판단계에서의 피해자 보호방안”, 비교형사법연구, 제7권 제2호, 2005. 12.
______, “작위와 부작위의 구별”, 연세법학연구, 제11권 제1호, 2005. 2.
______, “업무방해죄의 입법론적 검토”, 형사법연구, 제22권, 2004. 12.
______, “공소장변경에 있어서 공소시효완성의 판단기준”, 중앙법학, 제6권 제4호, 2004. 12.
______, “부작위범의 입법방향 소고”, 비교형사법연구, 제5권 제2호, 2003. 12.
______, “인권과 형법”, 법학연구(연세대), 제13권 제4호, 2003. 12.
______, “부작위의 인과성”, 법학연구(연세대), 제13권 제3호, 2003. 9.
______, “안락사와 입법정책”, 비교형사법연구, 제5권 제1호, 2003. 7.
______, “사형제도와 인간의 존엄성”, 법학연구(연세대), 제13권 제2호, 2003. 6.
______, “낙태방지를 위한 입법론”, 법학연구(연세대), 제13권 제1호, 2003. 3.
______, “부작위범에 있어서 기대가능성의 체계적 지위”, 형사법연구, 제18권, 2002. 12.
______, “범죄의 원인, 범죄인식과 과오인정”, 연세법학연구, 제9권 제1호, 2002. 8.
______, "작위와 부작위의 동가치성", 법학연구(연세대), 제12권 제2호, 2002. 6.
______, "기업형법에 있어서 위험증대이론의 적용”, 법학연구(연세대), 제12권 제1호, 2002. 3.
______, "증거인멸죄에서의 주요 쟁점”, 연세법학연구, 제8권 제2호, 2002. 2.
______, "정당방위상황으로서의 현재의 부당한 침해”, 연세법학연구, 제7권 제1호, 2000. 6.
______, “부진정부작위범의 구성요건에 관한 연구”, 박사학위논문(연세대), 2002. 8.
______, “오상방위론”, 석사학위논문(연세대), 1999. 8.

법과 종교(Law and Religion)

초판인쇄 2024년 7월 10일
초판발행 2024년 7월 17일

지은이 윤종행
펴낸이 박노일

총괄기획 최준규
편 집 이상민

펴낸곳 pnc publishing and culture 피앤씨미디어
경기도 고양시 일산동구 강송로 153 310-1501
등록 제396-2012-000203호
전 화 070)7550-3758 팩 스 02)6280-3758
홈페이지 www.pncmedia.co.kr 이메일 pnc@pncmedia.co.kr
ISBN 979-11-5730-940-5 93360

정 가 23,000원